·高等工科院校经济与管理专业精品教材·

新编企业财务管理
——理论与实务

祝锡萍◎主编
李传琪 沈春伟◎副主编

电子工业出版社
Publishing House of Electronics Industry
北京·BEIJING

内 容 简 介

本书系统阐述了企业财务管理学的基本理论、方法和企业财务管理的实际问题，以《企业财务通则》为统领，吸收了国内外财务管理经典教材的精髓，结合目前我国企业尤其是上市公司财务管理工作的实际，考虑经济管理类专业学生的教学需要，在教学内容的广度和深度上作了合理的把握。在内容表述上尽量通俗易懂、深入浅出，并配备了颇具启发性的思考题、练习题和案例题，供教学使用，使教学过程体现身临其境的情景。

本书可作为各类高等本科院校经济管理类专业财务管理课程的教学用书，也可作为企事业单位财会工作人员和各类管理人员自学、培训、进修和提高财务管理业务水平的参考用书。

未经许可，不得以任何方式复制或抄袭本书之部分或全部内容。

版权所有，侵权必究。

图书在版编目（CIP）数据

新编企业财务管理：理论与实务/祝锡萍主编. —北京：电子工业出版社，2011.7
ISBN 978-7-121-13890-4

Ⅰ.①新… Ⅱ.①祝… Ⅲ.①企业管理：财务管理 Ⅳ.①F275

中国版本图书馆CIP数据核字（2011）第120503号

责任编辑：李红玉
印　　刷：三河市鑫金马印装有限公司
装　　订：三河市鑫金马印装有限公司
出版发行：电子工业出版社
　　　　　北京市海淀区万寿路173信箱　邮编：100036
开　　本：787×1092　1/16　印张：22.75　字数：611千字
版　　次：2011年7月第1版
印　　次：2021年1月第11次印刷
定　　价：39.80元

凡所购买电子工业出版社图书有缺损问题，请向购买书店调换。若书店售缺，请与本社发行部联系。联系及邮购电话：（010）88254888，88258888。
质量投诉请发邮件至zlts@phei.com.cn，盗版侵权举报请发邮件至dbqq@phei.com.cn。
本书咨询联系方式：（010）57565890，meidipub@phei.com.cn。

前　言

企业财务管理是管理企业资财的一门科学与艺术。随着我国社会主义市场经济体制的不断完善和资本市场的快速发展，企业财务管理的环境发生了深刻的变化。2006年12月财政部发布的《企业财务通则》，给出了现代企业制度下财务管理的基本框架，是企业开展财务管理工作的行为规范。

高校作为培养人才的摇篮，必须在课程设置和教学内容上反映时代变迁的需要。为此我们编写了《新编企业财务管理——理论与实务》一书。本书系统阐述企业财务管理学的基本理论和方法，介绍现实中企业财务管理工作的实际问题。在编写过程中，吸收了国内外财务管理经典教材的精髓，结合目前我国企业尤其是上市公司财务管理工作的实际情况，考虑教学中经济管理类专业学生的需要，在教学内容的广度和深度上作了合理的把握，使本书在内容安排和写作风格上彰显以下特点：

第一，以企业财务通则为统领确定教材内容体系。全书整体内容的安排以财务通则的基本框架为基础，在保留财务管理经典内容的同时，增加了"资产营运管理"、"重组与清算"、"企业财务管理体制"等内容。

第二，以教学用书为主基调树立写作风格。本书作为经济管理类专业学习财务管理课程的教材，根据财务管理课程的教学要求，在内容表述上尽量通俗易懂、深入浅出；并且配备了颇具启发性的思考题、练习题和案例题，供教学中使用。

第三，以企业财务管理实例充实教学内容。本书作者在撰稿过程中，查阅了我国部分上市公司近年来出现的财务管理实际问题和典型案例，经过加工处理后融入到各章节中，使教学过程中有一种身临其境的感觉。

本书由浙江工业大学祝锡萍任主编，浙江理工大学李传琪和浙江树人大学沈春伟任副主编。全书共分为11章，各章撰稿人员分别为：第一章为祝锡萍；第二章为沈春伟、胡丽娜；第三章为祝锡萍、严轶斐；第四章为沈春伟、张鑫；第五章为朱萍、陆云芝；第六章为李传琪、叶雅雯；第七章为李传琪、陈书颖；第八章为祝锡萍；第九章为祝锡萍；第十章为胡苏芬、卢娟娟；第十一章为李传琪。全书由祝锡萍总撰定稿。

本书可作为各类高等本科院校经济管理类专业财务管理课程的教学用书，它不仅便于教师备课，也将使学生在课堂教学和自学过程中感到比较轻松。当然，本书也可作为企事业单位财会工作者和各类管理人员自学、培训、进修和提高财务管理业务水平的参考用书。

本书在编写和出版过程中，得到浙江工业大学经贸管理学院会计学科全体教师和浙江工业大学成人教育学院的大力支持，在此一并表示忠心感谢！

由于编者水平有限，书中缺点和错误在所难免，恳请读者不吝指正。

编　者

目　　录

第一章　企业财务管理导论 · 1
第一节　财务管理的概念 · 1
　　一、企业财务的本质 · 1
　　二、财务管理的含义 · 4
　　三、财务管理的产生与发展 · 4
第二节　财务管理的目标 · 7
　　一、企业的基本目标及其与财务管理的关系 · 7
　　二、企业财务管理的总体目标 · 7
　　三、社会责任 · 11
第三节　财务管理的职能和内容 · 12
　　一、财务管理的职能 · 12
　　二、财务管理的基本内容 · 13
第四节　财务管理的环境 · 15
　　一、财务管理的宏观环境 · 15
　　二、财务管理的微观环境 · 21
【思考与练习】 · 23

第二章　财务管理的价值观念 · 25
第一节　货币时间价值 · 25
　　一、货币时间价值的概念 · 25
　　二、货币时间价值的计量 · 26
第二节　风险与风险报酬 · 35
　　一、风险的含义 · 35
　　二、风险的种类 · 35
　　三、风险的计量 · 36
　　四、风险与收益的关系 · 38
第三节　现金流量 · 40
　　一、现金流量的概念及其重要性 · 40
　　二、投资项目的现金流量 · 40
　　三、融资项目的现金流量 · 41
第四节　贴现率与净现值 · 42
　　一、贴现率 · 42
　　二、净现值 · 43
【思考与练习】 · 45

第三章　筹资方式 · 51
第一节　筹资概述 · 51
　　一、筹资渠道 · 51
　　二、筹资方式 · 52

三、权益资本与债务资本 ……………………………………………………… 53
　　四、筹资管理的目标 ………………………………………………………… 54
　第二节　权益资本筹集 …………………………………………………………… 54
　　一、吸收直接投资 …………………………………………………………… 55
　　二、发行普通股 ……………………………………………………………… 57
　　三、发行优先股 ……………………………………………………………… 65
　第三节　债务资本筹集 …………………………………………………………… 67
　　一、负债经营的利弊 ………………………………………………………… 67
　　二、发行债券筹资 …………………………………………………………… 69
　　三、借款筹资 ………………………………………………………………… 73
　　四、融资租赁 ………………………………………………………………… 79
　　五、商业信用 ………………………………………………………………… 83
　第四节　混合性筹资 ……………………………………………………………… 85
　　一、发行认股权证 …………………………………………………………… 85
　　二、发行可转换债券 ………………………………………………………… 88
　　三、发行可分离债券 ………………………………………………………… 91
　【思考与练习】 …………………………………………………………………… 94

第四章　证券估价 …………………………………………………………………… 101
　第一节　证券估价的基本模型 …………………………………………………… 101
　　一、证券的种类 ……………………………………………………………… 101
　　二、证券的特征 ……………………………………………………………… 102
　　三、证券估价的基本模型 …………………………………………………… 103
　第二节　股票估价 ………………………………………………………………… 103
　　一、股票估价的基本模型 …………………………………………………… 104
　　二、零增长股票估价模型 …………………………………………………… 105
　　三、固定增长股票的估价模型 ……………………………………………… 105
　　四、非固定增长股票的价值 ………………………………………………… 106
　　五、股票投资收益率的计算 ………………………………………………… 107
　第三节　债券估价 ………………………………………………………………… 109
　　一、分期付息到期还本债券的估价 ………………………………………… 109
　　二、一次还本付息债券的估价 ……………………………………………… 110
　　三、平息债券的估价 ………………………………………………………… 110
　　四、零票面利率债券的估价 ………………………………………………… 111
　　五、债券投资收益率的计算 ………………………………………………… 112
　第四节　期权估价 ………………………………………………………………… 114
　　一、期权的概念和种类 ……………………………………………………… 114
　　二、期权的到期日价值 ……………………………………………………… 116
　　三、影响期权价值的因素 …………………………………………………… 118
　　四、期权估价的基本原理 …………………………………………………… 119
　　五、布莱克—斯科尔斯期权定价模型 ……………………………………… 121
　【思考与练习】 …………………………………………………………………… 123

第五章　项目投资决策 ……………………………………………………………… 128
　第一节　项目投资概述 …………………………………………………………… 128

一、项目投资的分类 ·· 128
　　二、项目投资的程序 ·· 128
　第二节　投资项目的现金流量估计 ··· 129
　　一、初始现金流量 ··· 130
　　二、营业现金流量 ··· 130
　　三、终结现金流量 ··· 132
　　四、现金流量估计应注意的几个问题 ··· 132
　第三节　项目投资决策评价指标及其应用 ··· 133
　　一、非贴现指标 ·· 134
　　二、贴现指标 ··· 135
　第四节　项目投资决策实例分析 ·· 140
　　一、扩充型项目投资的决策分析 ··· 140
　　二、重置型项目投资方案的决策分析 ·· 141
　　三、设备租赁或购买的决策分析 ··· 142
　第五节　项目投资决策的临界分析 ·· 142
　　一、临界分析的意义 ··· 142
　　二、临界分析的假设 ··· 143
　　三、临界分析的内容 ··· 143
　【思考与练习】 ·· 148

第六章　资产营运管理 ·· 154
　第一节　资产营运管理概述 ··· 154
　　一、资产的分类 ··· 154
　　二、资产营运的过程 ··· 155
　　三、资产营运管理的内容 ·· 156
　　四、资产营运管理的要求 ·· 156
　第二节　资产的风险性和赢利性 ·· 157
　　一、资产的风险性 ·· 157
　　二、资产的赢利性 ·· 158
　　三、资产风险性与赢利性的关系 ··· 159
　第三节　现金管理 ··· 159
　　一、现金资产的内容和特点 ··· 159
　　二、持有现金的动机 ··· 160
　　三、最佳现金持有量的确定 ··· 161
　　四、现金管理制度 ·· 165
　　五、现金的内部控制 ··· 165
　　六、现金日常管理 ·· 167
　第四节　应收账款管理 ·· 168
　　一、应收账款的特点 ··· 168
　　二、持有应收账款的成本 ·· 169
　　三、信用政策 ··· 170
　　四、收账政策 ··· 174
　　五、应收账款的日常管理 ·· 175
　第五节　存货管理 ··· 177

一、存货的特点 …… 177
　　二、存货的风险性和赢利性 …… 178
　　三、存货管理有关的成本 …… 179
　　四、存货的ABC分类管理 …… 180
　　五、经济订货量的基本模型 …… 181
　　六、经济订货批量基本模型的扩展形式 …… 182
　　七、存货的日常管理 …… 184
　第六节　固定资产管理 …… 185
　　一、固定资产的概念和种类 …… 185
　　二、固定资产的风险性和赢利性 …… 186
　　三、固定资产购置的管理 …… 187
　　四、固定资产折旧的管理 …… 188
　　五、固定资产维修、保养的管理 …… 192
　　六、固定资产处置的管理 …… 193
　第七节　无形资产管理 …… 193
　　一、无形资产的概念和分类 …… 194
　　二、无形资产的风险性和赢利性 …… 194
　　三、无形资产取得的管理 …… 195
　　四、无形资产摊销的管理 …… 196
　　五、无形资产转让的管理 …… 196
　【思考与练习】 …… 197

第七章　收益分配与股利决策 …… 203
　第一节　收益分配概述 …… 203
　　一、收益的构成 …… 203
　　二、收益分配的原则 …… 205
　　三、收益分配的内容和程序 …… 206
　第二节　股利形式及其分配程序 …… 207
　　一、股利的形式 …… 207
　　二、股利分配的程序 …… 210
　第三节　股利分配政策 …… 211
　　一、剩余股利政策 …… 211
　　二、固定股利政策 …… 212
　　三、固定支付率政策 …… 213
　　四、低正常股利加额外股利政策 …… 213
　第四节　股利决策 …… 215
　　一、股利决策的影响 …… 215
　　二、股利理论 …… 215
　　三、影响股利决策的基本因素 …… 216
　【思考与练习】 …… 219

第八章　资本成本和资本结构 …… 223
　第一节　资本成本 …… 223
　　一、资本成本的概念和内容 …… 223
　　二、个别资本成本的计量 …… 224

第二节 经营杠杆和财务杠杆 ·· 231
  一、基础知识 ·· 231
  二、经营杠杆 ·· 233
  三、财务杠杆 ·· 234
  四、总杠杆 ·· 237
  五、经营杠杆和财务杠杆的协调 ·· 238
第三节 资本结构理论 ··· 238
  一、资本结构概述 ··· 238
  二、早期资本结构理论 ·· 239
  三、现代资本结构理论 ·· 241
第四节 资本结构决策 ··· 243
  一、影响资本结构决策的因素 ·· 243
  二、最优资本结构的确定 ·· 244
【思考与练习】 ··· 250

第九章 财务报表分析 ··· 257
第一节 财务报表分析概述 ·· 257
  一、财务报表分析的含义 ·· 257
  二、财务报表分析的目的及其演变 ··· 258
  三、财务报表分析的基本方法 ·· 258
第二节 财务报表分析依赖的信息 ·· 260
  一、资产负债表 ·· 260
  二、利润表 ··· 262
  三、现金流量表 ·· 263
  四、其他有关信息 ··· 265
第三节 基本财务比率 ··· 265
  一、资产权益结构比率 ·· 265
  二、偿债能力比率 ··· 270
  三、资产营运能力比率 ·· 274
  四、赢利能力比率 ··· 277
  五、现金流量比率 ··· 280
  六、上市公司特殊的财务比率 ·· 282
第四节 财务比率的综合分析 ··· 284
  一、杜邦财务分析体系 ·· 284
  二、沃尔评分法 ·· 286
【思考与练习】 ··· 287

第十章 重组与清算 ·· 293
第一节 企业重组 ·· 293
  一、企业增资扩股 ··· 293
  二、企业并购 ·· 295
  三、企业分立 ·· 302
  四、股票回购 ·· 305
  五、财务重整 ·· 310
  六、企业托管 ·· 312

第二节　企业清算 ·· 315
　　一、企业终止经营的原因 ·· 315
　　二、企业清算的种类 ·· 315
　　三、企业清算的程序 ·· 316
【思考与练习】··· 319

第十一章　企业财务管理体制 ··· 325
第一节　财务管理体制概述 ·· 325
　　一、公司治理与财务管理体制 ·· 325
　　二、财务管理体制体现的财务关系 ·· 326
　　三、建立财务管理体制的基本原则 ·· 328
　　四、建立财务管理体制的要求 ·· 328
第二节　财务管理体制的运行机制 ··· 331
　　一、企业财务决策制度 ··· 331
　　二、企业财务风险管理制度 ··· 332
　　三、企业财务预算管理制度 ··· 333
第三节　投资者和经营者的财务管理职责 ································· 338
　　一、投资者的财务管理职责 ··· 338
　　二、经营者的财务管理职责 ··· 339
【思考与练习】··· 340

附表 ·· 342
参考文献 ··· 350

第一章 企业财务管理导论

财务是理财事务的总称。财务管理是对主体的货币资源及相关资源实施管理的各项活动。当今社会，财务活动已经渗透到整个社会的各个领域，财务管理成为家喻户晓的专业或工作。尤其是企业这一主体，财务管理涉及其生产经营的各个方面，已经成为企业管理的基石，它对企业的生存和发展发挥着重要的作用。

本章主要介绍企业财务管理的基本概念和基本理论。重点阐述财务管理的概念、目标、职能和内容，分析财务管理的环境，为学习本书后面的内容奠定基础。

第一节 财务管理的概念

一、企业财务的本质

"财务"的英文表示是"Finance"，它的最初的含义是"筹资"。"Finance"一般解释为金融，从这个意义上说，财务是金融的一部分。一般地说，广义的金融学有三大领域：一是货币银行学，主要涉及中央银行对货币政策的调控，称为宏观金融；二是金融市场学，金融市场是主体进行筹资和投资的场所，它是金融的核心；三是公司财务，主要指企业的投融资决策等问题，称为微观金融。然而公司财务由于其理论的迅速发展，已经成为独立于金融学的一个独立分支。在我国高校的学科和专业分类中，财务管理已经从金融学中分离出来，成为工商管理学科下的会计学科的一个专业，而金融则属于经济学的一个学科。

经济大辞典中对"财务"的解释是："企业事业机关单位或其他经济组织中，通过货币资金的筹集、支配和使用而同各有关方面发生的经济关系。"这个定义是泛指各个主体的财务，财务行为的主体可以大到一个国家，小到一个家庭，当然也可以是一个企业，或者一个非赢利单位（如学校）。以国家为主体的财务属于财政学研究的问题，以家庭为主体的财务属于家政学的内容。本书主要研究以企业为主体的财务，称为企业财务。

理论界对企业财务的理解有不同的侧重点，归纳起来主要有两种观点：一是资金运动，二是经济关系。

（一）资金运动

资金是企业资产的货币表现（包括货币本身）。资金可以从两个方面去观察：一是资金的存在形态，表现为企业的各种资产（投资），即资金的运用；二是资金的来源，即广义的资本概念，包括债权人提供的债务资本和投资者提供的权益资本。

财务是再生产过程中以价值形式表现的资金运动。显然这是广义的财务概念，它与经营很难区别，因为很多经营活动也会引起资金形态发生变化。财务与企业的经营活动是紧密联系在一起的，广义地说，财务是所有引起企业资金运动的事务，它的特征是"能以价值反映"。从价值表现看，企业的生产经营活动是资金运动的过程，包括资金的筹集、使用、收回和分配。

1. 资金的筹集

企业从事生产经营活动，必须筹集资金，这是资金运动的起点。资金筹集就是要从一定的渠道采用一定的方式获得企业所需的资金。总体上说，企业的资金主要来源于投资者和债权人。由投资者提供的资金构成了企业的自有资金（权益资本），它是企业生产经营的"本钱"，财务会计中称为所有者权益。自有资金包括企业设立时由投资者投入的资本、企业设立以后由投资者追加的资本以及企业在经营过程中留存的收益。债权人提供的资金形成企业的债务，会计上称为负债，包括流动负债和长期负债。企业从投资者和债权人那里获得资金可能是货币资金，也可能是固定资产、存货等有形实物，或者无形资产。

2. 资金的使用

企业筹集资金的目的是为了组织生产经营活动。因此，资金运动的第二个环节是资金的投放和使用。企业需要将所筹集的资金投放到各种经营资产上，如购建固定资产、无形资产，购买存货，赊销形成应收款项等，当然也有一部分资金以货币形态存在。这就是资金的使用，财务管理中称为投资。当然，企业投资所形成的各种资产在生产经营过程会发生耗费。这种耗费可以分为两类：一类是形成费用的耗费，直接在当期取得的收入中得到补偿，如企业发生的期间费用；另一类是转化为其他形态资产的耗费，如原材料投入生产后转移到产品价值中，固定资产在使用过程中发生的耗费以折旧的方式转移到存货中去，待产品出售后仍然在取得的收入中得到补偿。因此，资金使用引起资金形态发生变化，这种形态变化会随着企业生产经营活动周而复始地发生。

3. 资金的收回

企业投放在各种形态上的资产最终通过销售过程收回资金，如产品出售后取得货款，变卖固定资产、无形资产后收回现金，或者收回股权投资、债权投资等。企业收回的资金首先需要补偿原先耗费的资金，多余的资金形成了企业的赢利，不足补偿的部分便是企业的亏损。

4. 资金的分配

企业的赢利在缴纳了所得税以后形成企业的净收益，净收益属于企业投资者所有。然后，企业净收益的一部分以股利的形式分配给投资者，另一部分留存于企业。分配给投资者的收益实际上是资金退出企业，而留存于企业的这部分收益则使企业的所有者权益得以增加，意味着投资者对企业的投资增加了。

企业资金运动的这四个过程是相互联系、相互影响的，在一个经营过程的循环中依次发生资金形态的转换。企业资金运动所表现出来的特征是价值运动，这种价值运动就是财务活动。这是对企业财务的第一种理解。

（二）经济关系

对财务本质的另一种解释是经济关系，也称为财务关系，这种经济关系主要体现为利益关系。企业各种财务活动的结果表现为资金运动，而资金运动体现了企业与各相关利益主体的经济关系。这种经济关系包括：企业与投资者之间的财务关系，企业与国家（政府）之间的财务关系，企业与债权人之间的财务关系，企业与经营者之间的财务关系，企业与职工之间的财务关系，以及企业与被投资单位之间的财务关系等。

1. 企业与投资者之间的财务关系

投资者是企业最重要的利益主体，投资者与企业的关系是投资和被投资的关系，投资者向企业出资，并拥有相应的股份，其目的就是为了赚取最大的报酬。企业接受投资者的出资，形成资本，并定期或不定期向投资者分配利润，形成资本成本。投资者在企业中享有利益的依据是他们对企业拥有的股份。因此从理论上说，企业的利益就是投资者的利益。但是，投资者可能没有直接参与经营，他们的经济利益并不是在具体经营活动中直接体现的，而是反映在企业经营的最终结果上。明确地说，投资者在企业中的经济利益主要体现在两个方面：一是拥有企业的净资产，二是参与企业的收益分配。

2. 企业与国家之间的财务关系

就一般的非国有企业而言，国家仅仅是社会管理者；而在国有企业中，国家既是投资者，又是社会管理者。国家的利益就是社会公众的利益。国家为了实现其职能，必须对每一个经济主体实施管制。而这种管制必须拥有一定的资源，消耗一定的人、财、物。因此，国家机器的运转需要一定的收入，这种收入是从各经济主体取得的，其中最主要的是税收收入。由此可见，国家与非国有企业的主要经济关系就是征纳税的关系，国家向企业依法征收税款，企业向国家依法缴纳税金；而国家与国有企业的经济关系除了征纳税关系外，国家作为投资者还要参与企业的股利分配。企业财务必然要面临与国家的这些利益关系，如何正确处理企业和国家的利益关系，就成为财务管理的重要内容。

3. 企业与债权人之间的财务关系

债权人是指将货币资金或其他资产出借给企业的主体。企业的债权人主要包括银行等金融机构、其他经济实体或个人。债权人与企业的经济关系是一种借贷关系。债权人对企业的利益要求就是按时收回本金，并获取一定量的利息。但是，债权人在这种借贷关系中往往处于被动地位，由于信息的不对称，债权人的利益往往会受到某种程度的损害。例如，企业将债权人提供的资金用于风险很大的项目，如果冒险成功，获得的收益由投资者和经营者享受，债权人仍然只能按照出借资金的约定获得利息；而如果冒险失败，企业偿付本金、支付利息的能力会削弱，最终可能会使债权人受到损失。当然，债权人也会采取一些手段来保护自身利益。例如，债权人在向企业出借资金时，通常会对企业提出一些有助于保证贷款及时偿还的条件，将其写入借款合同中，形成合同的保护性条款。如规定抵押或担保条款，规定如逾期未能偿还本金和利息，应向债权人支付滞纳金和罚息，规定资金的使用范围，限制企业将资金投入到风险较大的项目，对投资者分配现金股利的限制等。

4. 企业与经营者之间的财务关系

经营者是接受投资者的委托来具体管理企业的主体，一般是具有专业知识和专门经营技能的人。投资者与经营者是一种委托与代理的关系，它是现代企业代理理论的核心问题。企业与经营者之间的经济关系比较微妙。这是因为，经营者被赋予很多经营权，他们更有机会谋求个人利益，而损害企业的利益。为了使经营者按照投资者的要求去经营企业，可以采取的措施有两类：一是激励，即让经营者的利益与企业的利益联系起来，鼓励他们采取符合企业最大利益的行为。例如，将经营者的薪酬与其经营业绩挂起钩来，采用股票期权的激励形式，使经营者分享公司股票上涨的好处等。二是监督，就是投资者直接或委托第三者对经营者的行为实行控制，限制经营者损害企业利益的行为。激励和监督都有成本，过度的激励和监督可能会得不偿失。因此，投资者在采用激励和监督两种方式时，要把握合适的度。从理论上说，激励和监督应当控制在使激励成本、监督成本和偏离目标损失三者之和最小的最佳状态。

5. 企业与职工之间的财务关系

职工是在企业中从事生产、经营、管理和其他工作的劳动者，也是企业很重要的利益主体。企业与职工的关系是雇佣与被雇佣的关系。职工是企业的人力资源，这种资源给企业带来了经济利益，当然他们也要获得相应的报酬。因此，职工在企业中的经济利益是其获得的劳动报酬。除此之外，职工也享有其他诸如社会保险、经常性福利等利益。

除了上述财务关系以外，企业的财务关系还包括企业与被投资单位之间的财务关系、企业与客户之间的财务关系、企业与供应商之间的财务关系等。财务管理的任务之一就是要处理好这些财务关系，使企业的财务活动得以正常进行。

二、财务管理的含义

明确了财务的含义和本质，就可以给企业财务管理作这样的描述：财务管理是以价值形式对企业资金运动过程中的筹资、投资和收益分配等财务活动进行的决策、计划和控制，以正确处理企业与各利益主体的经济关系，实现企业价值最大化的一项综合性管理活动。

理解财务管理的含义，应当注意以下几点：

第一，财务管理是一种综合性的管理活动，综合性是财务管理最明显的特点，因为财务管理涉及企业资金运动的各个方面，包括生产经营活动、投资活动、融资活动和分配活动等。

第二，财务管理作为一种价值管理活动，主要是围绕企业的投资决策、筹资决策和收益分配决策而展开的。即财务管理的主要内容是投资决策、筹资决策和收益分配决策。

第三，企业财务管理与企业的资金运动密切相关，企业生产经营活动和各种财务活动实际上是资金运动的具体表现形式。因此，也有人将财务管理概括为"管理资金的一门科学"。

三、财务管理的产生与发展

在西方国家，财务管理从经济学中分离出来成为一门独立的学科，至今不过百年的历史。在这大约一个世纪的时间里，财务管理已迅速发展成为既具有相对独立性、又融合了多种学科知识、并在经济管理中扮演着重要角色的一门科学。然而，面对经济全球化浪潮、新经济与电子商务等的冲击，当代财务管理的理论与方法已经明显不完全适应21世纪财务管理的环境变迁，在指导企业的财务管理实务方面捉襟见肘。随着21世纪的到来，在新经济的环境下，现代财务管理将面临新的挑战与创新。

（一）财务管理的产生与发展阶段

20世纪初产生的科学管理理论是对传统经验管理的否定。财务管理是伴随着现代管理科学的产生而出现的，它是现代管理科学的组成部分，着重研究企业当局如何进行财务决策，使企业的价值或财富达到最大。财务管理从最初对筹资的管理演变为一项综合性的价值管理活动，其内涵和外延在不断地扩展。西方财务管理发展至今，大约经历了以下几个阶段。

1. 筹资管理阶段

这是财务管理的产生阶段。20世纪20年代末，资本主义工业化的发展、科学技术的进步，使企业对资金的需求不断扩大。这一阶段的资本主义国家正处于短缺经济状态，经济发展的潜力很大，但资源的缺乏制约了经济的发展。当时的经济特征就是：只要有资金（资源），生产任何产品都能赚钱，企业迫切需要扩大生产规模。这时企业必须考虑如何筹集资金，以满足生产不断扩张的需要。资产负债表的右方（资金来源）成为企业关注的重点，筹资成为当时财务管理的主要内容。其重点是研究公司的筹资环境，考虑公司证券发行等有关事宜。

2. 内部控制阶段

20世纪20年代末开始，出现了资本主义世界性的经济危机，大量的企业破产、工人失业，企业的生存面临很大的挑战，财务管理的重心也随之发生了变化。企业财务管理的重心不再是公司的扩张，企业并购、破产、重组成为企业财务管理的主要问题。企业为求得生存，必须加强内部控制，合理有效地使用资金。

3. 投资管理阶段

20世纪30年代至70年代的一段时期称为投资财务管理阶段。经过经济危机的考验和企业破产、重组的洗礼，人们开始认识到：筹资并不是企业财务管理要解决的唯一问题，人们对企业财务管理的关注开始由资产负债表的右方转向资产负债表的左方（资金运用）；企业要生存、发展，就必须认真研究外部环境，正确进行投资决策，并保持一定的资产流动性。因此，企业财务管理的重点由研究资金的筹措转向研究资金的运用，即投资决策问题。

在这一时期中，财务管理的理论研究开始运用严谨的数量方法，如贴现技术。以时间价值、风险价值为基础，以财务决策为核心的一整套财务管理方法体系已初露端倪。财务决策以提高企业资金利润率、提高股票价格为目标已经为人们所接受。财务管理已经渗透到企业管理的许多方面，财务管理在企业管理中的核心地位已经显现。

20世纪70年代以后，由于金融市场的迅速发展，筹资和投资的环境发生了前所未有的变化。通过金融市场发行证券筹集资金已经成为企业主要的筹资方式，资产负债表的右方再度成为关注的焦点。同时，企业投资的形式也呈现多样化，除直接投资外，将资金投放于证券市场的间接投资越来越受到企业的青睐。此时财务管理面临着两个重要的问题：一是筹资决策中的资本结构问题；二是投资决策中风险的处置问题。前者探讨公司在筹措资金时，应如何搭配债务资本与权益资本、短期资金与长期资金的比例，才能形成可使企业资本成本最低的资本结构。后者探究投资者应该如何制定投资政策，才能形成一个在风险既定的情况下，可使投资报酬率达到最大的投资组合。从此，财务管理的研究领域开始与投资学发生交叉。

4. 国际财务管理阶段

20世纪80年代以后，世界经济的格局又发生了巨大变化。一方面经济全球化的潮流势不可挡；另一方面，20世纪70年代以后国际货币体系的改革，汇率管制的取消导致汇率变幻莫测，国际剩余资金纷纷追求获取汇兑损益，财务管理出现了一个新的领域——国际财务管理。与此同时，电子计算机辅助决策系统的出现，使财务管理的方法发生了根本性变革：电子计算机使管理当局可迅速地储存、传递以及输出大量的资料，并且可以非常容易地代替人脑去进行各种复杂的数量分析。正因为如此，使用电子计算机辅助决策系统也成为现代财务管理区别于传统财务管理的根本特征之一。

21世纪的世界经济已经进入了全球化、知识化和信息化时代。财务管理将面临许多新问题、新课题，财务管理的理论与方法将以环境变迁为契机，不断进行创新，以适应新经济时代财务管理的需要。

（二）财务管理的发展趋势

21世纪的经济是新经济，其显著的时代特征是：经济的全球化、知识化和信息化。面对新经济的挑战，财务管理都将面临许多新问题、新课题，财务管理的理论与方法亟待创新，以适应新经济环境的需要。笔者认为，21世纪初的一段时间内，财务管理理论与方法将以环境变迁为契机，不断进行创新，以下几个方面的发展趋势是可以预期的。

第一，财务管理的理论将有新的突破。当代财务管理是工业经济环境中发展起来的，其基本理论是建立在以"业主产权论"为基础的产权理论之上的，它忽视了人力资本对企业发展的重大作用。而新经济是建立在知识和信息的生产、分配和使用上的经济，知识和信息是人力资源创造的财富，人力资本已经成为企业重要的经济资源，人力资本的权益已经成为企业收益分配中不得不考虑的一个重要因素。因此，新经济时代的财务管理既要重视有形的物质资本管理，即传统的筹资、投资和利润分配，又必须重视无形的知识资本管理，即知识资本的取得、使用以及对知识资本的所有者进行企业剩余分配。

在这样一种背景下，财务管理的某些理论将发生质的变化。例如，财务管理目标"企业价值最大化"不再与"股东财富最大化"具有相同的意义，因为企业的价值并不仅仅属于股东，人力资本的所有者也将参与企业税后利润分配。

第二，财务管理的重心将发生重大转移。在新经济时代，企业资产结构中以知识为基础的专利权、商标权、计算机软件、人才素质、产品创新等无形资产所占比重将大大提高。无形资产和人力资源将成为企业最主要、最重要的投资对象。目前财务管理和会计核算中对无形资产价值低估的现象将彻底改变。当然，这也给财务管理增添了操作上的困难。

第三，风险理财将成为财务管理中的重要问题。随着企业所面临的金融全球化、新经济和电子商务等财务环境的变化，企业的理财活动会面临更大的风险。一方面，由于经济活动的网络化、虚拟化，信息的传播、处理和反馈速度将会大大加快。如果企业内部和外部对信息的披露不充分、不及时，或者企业当局不能及时有效地选择利用内部和外部信息，会加大企业的决策风险。另一方面，由于知识积累和革新的速度加快，一旦企业管理当局及其员工不能及时作出反应，那就不能适应环境的发展变化，会进一步加大企业的风险。因此，如何有效防范、抵御各种风险及危机，使企业更好地追求创新与发展，已是财务管理需要研究和解决的一个重要问题。

第四，网络财务将融入到企业资源规划（ERP）系统中，财务管理的手段与方法将发生深刻的变革。网络财务是以互联网、内部网及电子商务为背景的在线财务活动。网络财务对传统的财务管理手段与方法的冲击主要表现在以下几个方面：

（1）在网络财务环境下，从空间看，企业的上榜事项可以进行远程处理，便于整合整个企业的财务资源，全面提高企业的竞争力；从时间看，企业的一切活动均可以实时报告，便于企业进行在线管理，从而显著提高企业的工作效率。

（2）在网络财务环境下，由于企业拥有许多下属机构，可以实现财务与业务的协同，包括与企业内部部门的协同、与供应链的协同和与社会部门的协同，从而使企业资源配置最优化，最大限度地节约和使用资源。

（3）在网络财务环境下，电子单据和电子货币将得到普遍使用。金融全球化和电子商务所产生的"网上银行"及"电子货币"将使国际间的资本流动更快捷，资本决策可在瞬间完成。

第五，财务管理机构设置将由金字塔模式转变为扁平模式，对财务管理人员的知识结构和素质将提出新的要求。现有企业财务机构的设置大多数是金字塔型，中间层次多、效率低下、缺乏创新和灵活性。在知识经济环境下，一切经济活动都必须以快、准、全的信息为导向。企业财务机构的设置应是管理层次及中间管理人员少，并具有灵敏、高效、快速的特征，现有的机构设置模式已经不能完全适应经济环境的需要。

同时，由于财务管理的内容、方法都将发生深刻的变化，作为管理主体的财务人员也应当实现知识结构的更新。目前企业财务管理人员的理财观念滞后、理财知识欠缺、理财方法落后，习惯一切听从领导，缺乏掌握知识的主动性，缺乏创新精神和创新能力，将不能适应新经济时代财务管理的需要。

第二节 财务管理的目标

企业财务管理的目标是企业从事财务活动所要达到的目的。它具有明显的层次性，即财务管理的目标可以分为总体目标（最终目标）、分部目标和具体目标三个层次。总体目标与企业的目标相一致，是对企业财务管理行为最终目的的高度概括；总体目标统驭分部目标和具体目标。分部目标分别是指投资决策的目标、筹资决策的目标和收益分配决策的目标等。具体目标是指某一具体上榜事项所应达到的目标，不同的企业、不同的上榜活动，其具体目标是各不相同的。

一、企业的基本目标及其与财务管理的关系

企业是赢利性组织，其出发点和归宿是获利。企业一旦成立，就会面临竞争，并始终处于生存和倒闭、发展和萎缩的矛盾之中。企业必须生存下去才可能获利，只有不断地发展才能求得生存，因此企业的基本目标可以概括为生存、发展和获利。这三个基本目标对财务管理提出了相应的要求。

（一）生存

生存是企业的第一目标，它是企业发展和获利的基础，企业只有生存，才谈得上发展和获利。企业不能生存便是破产，而破产的直接原因是不能清偿到期债务。企业不能清偿债务的原因主要有两个：一是现金流匮乏，二是发生长期亏损。因此，企业生存的目标对财务管理的基本要求是：使企业在经营过程中增加现金流量，保持企业良好的偿债能力，减少破产的风险。

（二）发展

发展是企业生存的条件。在激烈的市场竞争中，企业只有不断发展壮大，才能在市场中生存。企业的发展集中表现在收入的可持续增长，收入的增加来源于企业市场份额的扩大，而市场份额的扩大依赖于企业产品的更新换代和产品质量的提高。这些都需要企业增加资源的投入。因此，发展这一目标对企业财务管理的要求是：运用合适的金融手段，筹集企业发展所需要的资金。

（三）获利

获利既是企业生存的条件，也是企业生存和发展的目的。获利是指企业运用资产后获得的经济利益超过其投资成本，使企业的产出大于其投入。获利对企业财务管理的要求是：有效地使用企业的资源，使其产生最大的经济利益。

二、企业财务管理的总体目标

财务管理是一种综合性的价值管理活动，它涉及企业生产经营活动的各个方面。财务管理的目标取决于企业的目标，可以说，企业的财务目标与企业的目标具有一致性。前面已经指出，企业财务管理的目标具有层次性。这里我们只讨论财务管理的总体目标。

财务管理的目标不仅具有层次性，而且具有鲜明的时代特征。从财务管理的产生发展过程

看，其总体目标有着一个演变的过程。不同的理财环境下财务管理的总体目标在理论上有不同的理解和表述，在此作简要的阐述。

（一）筹资数量最大化

西方国家在 20 世纪 20 年代之前，财务管理的总体目标是筹资数量最大。这是短缺经济对企业财务管理提出的要求。短缺经济的特征是：资源十分缺乏，制约了企业的发展；企业只要有了经济资源，投资任何项目都能获利。因此，那时企业的主要目标是获得资源，即取得资金。当然企业盲目地筹资和投资，必然导致筹资成本的提高和投资决策的失误。20 世纪 20 年代末期发生的经济危机便是一个很好的印证。

我国的情况比较特殊，新中国成立至改革开放前的近 30 年，我国实行的是高度集中的计划经济体制。企业的任务就是按照国家下达的计划组织生产和流通，企业的目标是保质保量完成国家生产和销售任务，对企业财务管理的要求就是要监督企业按照国家的计划开展生产经营活动。那时企业财务管理最重要的职能是督促企业遵守国家制定的各项法律、法规和政策，在规定的范围内开支成本费用，维护财经纪律。

改革开放以后的十多年间，我国尽管在经济体制上有一定的突破，但当时的经济特征仍然表现为严重的短缺经济，企业的目标没有实质性的变化，只是国家给企业一定的放权，使企业有一定程度的自主经营权。这一时期企业发展的突出问题仍然是资金的短缺。所以可以说在新中国成立后的半个世纪中，企业财务管理的目标是筹资数量最大化。争项目、争资金成为企业领导和财务人员的主要任务。

（二）产值最大化

追求产值最大化是计划经济的产物，这种目标的提出是与当时我国的经济背景相适应的。因为在计划经济体制下，企业实际上是国家的附属物，企业生产什么、生产多少都是国家以计划的形式下达，企业没有什么自主权。在这种情况下，企业领导的主要任务就是为企业争项目，企业拿到了项目，国家就会给予配套的资金，当然也会下达相应的生产计划任务。

产值最大，在市场经济条件下是不可思议的！产值指标存在许多弊端，如产值指标存在重复计算，产值最大在一定程度上会诱导企业进行高投入、高产出，从而形成高消耗和浪费。因此，产值最大只会导致企业只讲产值，不讲效益；只求数量，不求质量；只抓生产，不抓销售；只重投入，不重挖潜，最终无法达到企业生存、发展和获利的目的。在市场经济条件下，企业生产的产品种类和数量应当由市场决定，企业不可能盲目生产产品以实现产值最大。毫无疑问，产值最大化的财务管理目标在市场经济体制下已被淘汰。

（三）利润最大化

在财务管理发展过程中相当长的一段时期内，利润最大化一直被作为衡量财务管理绩效的标准，也被公认为财务管理的总体目标。这种观点认为：利润代表了企业新创造的价值，利润越多则说明企业的财富增加得越多，就越接近企业目标。其理由是：

（1）人类进行的一切活动，都是为了创造剩余产品；而剩余产品的多少，是以利润的高低衡量的。因此把利润最大化作为企业财务管理的总体目标，可以引导企业去创造出尽可能多的剩余产品。

（2）在自由竞争的市场经济中，资本会最终流向获利能力强的公司，而获利能力强的基本含义就是相同的资本数额能创造出更多的利润。因此，利润最大化的目标有利于社会经济资源的合理配置。

(3) 公司利润最大化可促进整个社会财富的最大化，进而实现社会经济发展的目标。

我国 20 世纪 80 年代中期开始的经济体制改革，第一次明确了企业是自主经营、自负盈亏的经济实体。这是我国经济改革的里程碑，它表明我国经济从传统的计划经济过渡到商品经济，企业的目标也从追求产值最大转向追求利润最大，这是一个重要的观念转变。进入 20 世纪 90 年代以后，特别是邓小平南巡讲话以后，我国的经济格局又一次发生质的变化。我国开始实行社会主义市场经济体制，优胜劣汰的经济规律开始发生作用，企业的财务活动和经营活动开始显现风险，一味追求利润最大已经不能适应现实的经济环境，利润最大化的财务目标明显暴露出一些缺陷。

第一，利润最大化通常没有考虑货币时间价值这一因素。例如，两个企业都能够在未来5年内合计实现 1500 万元的利润，但第一个企业实现利润的分布是：前两年每年实现 600 万元，后三年每年实现 100 万元；而第二个企业是前三年每年实现 100 万元利润，后两年每年实现 600 万元利润。那么投资者会选择哪个企业？利润最大化概念未能对此作出解释。同时，由于利润是一定时期收入和费用的差额，而收入和费用的确认是以权责发生制为基础的。收入的实现和现金的流入并不是同步的；同样，费用的发生和现金的流出也不是同时的。这就导致企业一定时期内实现的利润与现金流量的增加并不是相等的，实现利润和增加现金流量在时间上通常不一致，而不同时点产生的现金流量又具有不同的价值，利润最大化并不能体现这种时间价值的作用。

第二，利润最大化没有考虑风险因素。企业面临的财务决策都存在风险，风险价值理论告诉我们，投资的风险越大，其报酬率应当越高；反之亦然。如果两个投资方案都没有风险，未来的结果（报酬率）是完全确定的，那么投资者一定会选择报酬率高的项目。但是当投资方案的结果不确定时，我们只能根据掌握的信息资料估计其报酬率，这个估计的报酬率是一种"预期报酬率"。如果决策者选择报酬率高的方案，那他就要承担较大的风险。因此，利润最大化会引导企业管理者（决策者）盲目追求利润，忽视风险因素，导致过度的风险投资。

第三，利润最大化易诱发企业经营者的短期行为。企业的经营者接受投资者的委托经营企业，具有很强的时效性。经营者总希望企业在其经营期内取得较好的业绩，这样对企业和经营者都有利。如果企业以利润最大化为目标，那就很容易诱导企业的经营者通过不正当手段进行盈余管理，而这对企业和投资者可能是有害的。

第四，利润最大化只强调实现利润最大，而忽视了利润分配对企业生存、发展和未来获利能力的影响。资本市场的经验告诉我们，企业的价值不仅与企业在一定时期内实现的利润有关，而且与企业采纳的利润分配方案相关。因为不同的利润分配方案标志着企业不同的发展前景，从而体现不同的内在价值。

（四）每股盈余最大化

每股盈余也称为每股收益，它是指企业实现的赢利（指净利润）与其总股本数量的比值[①]。每股盈余被认为是最能反映企业赢利能力的财务指标，也是投资者最为关注的财务指标之一。现实中许多人认为：应当把企业的利润和股东投入的资本联系起来考察，用每股盈余来描述企业财务管理的总体目标，以避免"利润最大化目标"的某些缺陷。与利润最大化相比，

---

① 我国第 31 号会计准则——每股收益中对每股收益的计算有详细的说明。

每股盈余最大化衡量的是一个关于利润的相对数,可以用它对不同资本规模的企业进行比较。然而,这种观点仍然不能克服"利润最大化"的某些缺陷。例如,仍然没有体现时间价值的影响,仍然没有考虑风险因素。

(五) 价值最大化

既然利润最大化作为财务管理的目标已不能适应市场经济下的企业财务行为的指南,那么,市场经济条件下企业财务管理的目标又是什么呢?现代财务管理理论认为,企业财务管理的目标是实现企业价值最大化。

按照企业价值理论,企业的价值有实体价值和股权价值之分。实体价值是指将企业的全部资产看成一个有机的整体,在公平市场中交易的价格。股权价值是指实体价值扣除债务价值的差额。它反映的是企业所有者权益的价值。财务管理目标中所说的价值最大化通常是指企业的股权价值最大化。

股权价值按照不同的衡量方法又有不同的价值,如账面价值、清算价值、重置价值、市场价值等。股权的账面价值是指企业账面的净资产,它是最明确也是最具可靠性的一种价值。只要翻开一个企业的账本或报表,就可以立即获得企业账面价值的数额,即企业的净资产总额,它表示截至某一日期该企业股权的账面价值。但是账面价值往往不能代表企业的内在价值。清算价值和重置价值都是一定假设下企业的价值,这些假设带有非正常的因素,研究这些价值通常在特殊情况下才有意义。

市场价值才是企业价值的最恰当反映,"企业价值最大化"所称的"价值"是指企业的市场价值。市场价值并不是人们在股票市场中见到的交易价格,而是以企业的股权在公平市场交易中的交易价格来体现的价值。事实上谁都不知道一个企业真正的市场价值究竟是多少,正因为企业的市场价格难以捉摸,不同的投资者有不同的估值判断,才会有企业股权在市场中的买卖交易,才有企业股票价格的上涨和下跌。正是市场价值特殊的价值属性,才使其作为衡量公司价值具有某种合理性。因此,价值最大化所说的价值应当理解为企业的公平市场价值。当然以市场价值来衡量企业价值的一个重要前提是:必须存在一个有效的(资本)市场,该企业的股票在这样的市场中挂牌交易。在资本市场尚未发达的中国,大多数公司还没有成为上市公司,它们无法通过股权交易来体现其市场价值。

综上所述,企业价值是一个比较抽象的概念。按照收益现值法的基本思想,企业的价值在于它未来能给所有者带来多大的报酬(包括股利和出售其股权取得的现金)。如果用收益现值法来计量,可以将企业的价值写成下面的形式

$$V = \sum \frac{P_t}{(1+K)^t} \tag{1-1}$$

式中:V 表示企业的价值;P_t 表示企业在时期 t 产生的收益(或现金流量);K 表示对收益折算成现值的贴现率,它与企业的风险成同方向变化,可以用与企业具有相同风险水平的资产报酬率估算。

由式(1-1)可以看出,一个企业的价值取决于它未来可产生的收益和将未来收益折算为现值所使用的贴现率。企业在未来预期产生的收益越多,该企业的价值越高;而贴现率越高,企业的价值越低。这里的未来收益并不是会计意义上的利润概念,而是财务意义上广义的现金流量。而且未来的收益具有风险,风险的大小体现在贴现率上。企业未来收益的不确定性越大,说明企业的风险越大,选择的贴现率应当越高。

价值最大化是现代财务管理理论的出发点。按照业主产权论的观点，企业价值最大化，就是股东财富最大化。股东财富最大化已经被越来越多的公司（尤其是上市公司）作为财务管理的目标。这是因为，以股东财富最大化作为企业的财务目标，可以避免利润最大化等观点所存在的一些弊端。以下三点是很明显的。

首先，股东财富最大化的财务目标考虑了时间价值因素。式（1-1）中不同时期创造的收益 P_t 需要用不同的系数 $(1+K)^{-t}$ 折算成现在的价值，相等数额的收益在不同的时期取得，对企业价值的影响是不同的。

其次，股东财富最大化的财务目标充分考虑了风险因素。在股份公司里，股东财富的多少最终体现在股票价格上，而股票价格的高低不仅取决于公司过去和目前的赢利情况，更主要的是取决于公司未来的赢利水平及实现赢利的风险大小。而影响公司经营风险的因素十分复杂，如宏观经济政策、金融政策等外部环境，以及公司内部各种不确定因素。

再次，股东财富最大化也体现了社会利益最大化。这是因为，在一个完善的资本市场中，股票的价格不仅会反映公司本身的赢利状况和风险水平，而且会反映公司的经营活动和财务活动对整个社会经济产生何种影响。例如，一个污染特别严重的造纸企业，尽管其目前赢利水平较高，但由于它对社会造成的不良影响已被市场投资者所认同，投资者认为这个企业在不远的将来会被政府重罚或强行搬迁，至少也得花相当的成本处理污水。那么它未来的经营活动包含着更多的风险，或者其赢利增长将受到制约，最终在其股票价格的下跌中反映出来。因此，可以这样说，股东财富最大化既是公司财务的目标，也是企业经营行为符合整个社会利益的体现。

最后，将股东财富最大化作为理财目标，便于股东评价经营者的经营绩效。经营者作为公司特殊的雇员，受股东的委托来管理企业，应该根据股东的意志来经营企业。如果企业以追求利润最大作为最终目标，这往往容易产生经营者片面追求利润的倾向；而将实现股东财富最大化作为企业财务管理的最终目标，在一定程度上能抑制经营者的短期行为，这对于企业的长远发展是有利的。

三、社会责任

随着时代的进步，一系列新的管理理念和社会价值观不断出现并迅速成长，企业的社会责任观也在起着积极而丰富的变化。在现代社会里，公司在制定财务管理目标时，应当考虑承担一定的社会责任。

"企业社会责任"的概念最早是由美国的谢尔顿（Oliver Sheldon）在1924年提出的。谢尔顿把企业的社会责任与企业经营者满足产业内外各种人类需要的责任联系起来，并认为企业的社会责任含有道德的因素，企业经营战略对社区提供的服务有利于增进社区利益，社区利益作为一项衡量尺度，远远高于企业的赢利。

国内外学者对企业社会责任的定义有不同的观点。我国学者认为：企业的社会责任可分为经济责任、文化责任、教育责任、环境责任等几个方面，还可分为间接责任和直接责任。企业社会责任是一个整体的概念，它既包括基本的社会责任，也包括高层次的社会责任。企业最基本的社会责任是企业的法律责任，主要体现在遵守国家的各项法律，不违背商业道德等方面，包括：①依法纳税，不偷税漏税；②环境保护，消除环境污染；③向社会招聘员工，减轻社会的就业压力；④履行社会保障工程应有的义务，如为职工足额缴纳养老保险等；⑤保护消费者利益，不制造出售假冒伪劣商品。高层次的社会责任是企业对社区、对社会公益事业的支持和捐助，这并不是每个企业都能够履行的。

企业的社会责任在西方是一个争论很久的问题。股东财富最大化总的来说与社会利益是一致的，但也有矛盾，有时承担社会责任会造成企业利润和股东财富的减少。企业的经营者会将社会责任和企业的财务目标割裂开来，认为社会责任的履行，必然会增加企业的成本，或减少收入，从而减少企业的利润，影响企业价值最大化这一目标的实现。这其实是一种片面观念，或者说是一种短期行为，企业社会责任与企业财务管理目标是相辅相成的。虽然履行社会责任可能会影响企业眼前的利益，但从长远看，它对于企业的发展是具有促进作用的。一个企业对价值最大化的追求与它的社会责任追求的最终目的应当是一致的。因为，在一个竞争有序的市场中，在一个充满正义感的民众心目中，企业只有认真履行其社会责任，才能为社会民众所接受，企业的发展才会得到社会公众的承认。

第三节　财务管理的职能和内容

一、财务管理的职能

众所周知，管理的基本职能是决策、计划和控制。既然企业财务管理是企业管理的一部分，那么财务管理的职能也就包括财务决策、财务计划和财务控制三个方面。财务决策需要解决的是"做什么"的问题，财务计划解决的是"怎么做"的问题，而财务控制则要解决的是"如何做好它"的问题。下面对财务管理的三个基本职能做简单的阐述。

（一）财务决策

财务决策是有关资金筹集、使用和分配的决策，它是财务管理首要的、也是最重要的职能。财务管理具有决策的职能是指财务管理能够对企业财务活动进行分析抉择的功能，而这种功能的发挥标志着决策的完成。财务决策主要包括三个部分：投资决策、筹资决策和收益分配决策。值得注意的是，决策不是决定，决策是一个分析的过程，它是收集情报、设计方案、抉择方案的一个完整的、系统的过程；而决定则是一个瞬间发生的行为，它通常以表决的形式完成，以书面形式公布。

（二）财务计划

计划是指预先谋划做什么、何时做、怎样做和谁去做。财务计划是通过价值形式对企业未来一定时期的财务活动的具体内容所做出的筹划，它是企业财务活动的依据。财务计划实际上是以价值形式反映企业未来一定时期财务活动应达到的目标，它不同于财务预算。财务预算是对财务计划的具体化。

这里，价值形式是财务计划区别于其他计划的一个重要属性。财务计划既是一种综合性的价值管理活动，也是一种系统性计划，它通常以利润为中心来规划企业的财务活动，通过利润指标使财务计划构成一个完整的体系。这使财务计划成为企业从事财务活动和经营活动的行动指南，为协调各部门的行为提供了依据和方向。同时，编制财务计划本身也是协调经营行为的一种手段，最终成为控制和考核经营绩效的依据。

（三）财务控制

控制是执行计划的手段。财务控制就是以财务计划为依据，对企业日常财务活动乃至生产经营活动进行指导、督促和约束，确保计划全面完成的一种管理手段。广义而论，财务控制有三个基本环节：制定控制标准，实施日常控制，定期考核评价。这就是说，制定计划既为控制提供依据，也是控制的方式之一。财务控制的内容相当广泛，但其核心是成本控制。成本控制的主要环节包括确定标准、计算偏差、分析偏差、矫正行为等。

财务管理的上述三项职能是相互影响、相互依存的。财务决策是前提，没有财务决策，财务计划就无从说起；财务计划又是财务控制的依据和目标，而财务控制是实现财务计划的手段，控制得好坏又直接关系到财务决策的成功与否，影响财务活动的经济效果。

二、财务管理的基本内容

按照传统的财务管理理论，财务管理的核心内容是投资决策、筹资决策和收益分配决策。这些确实是企业的重要财务问题，但却不是企业日常发生的财务活动。资产营运管理无疑也是企业财务管理的重要内容。然而随着现代管理理论的发展，财务管理的内容也在不断发展。企业并购、企业重整、企业清算以及企业财务信息的使用等都是财务管理的重要内容。这里只对投资管理、筹资管理、收益分配管理、资产营运管理等的一些基本理论问题作简单的介绍，详细的阐述将在本书的后面章节展开。

（一）筹资管理

筹资是筹集资金的简称，通常也称为融资，它是企业根据投资方案所确定的不同时期的资金需要量，采用一定的筹资方式，从可能的资金来源渠道获得资金的行为。企业筹资管理的主要内容如下。

1. 预测企业资金需要量

筹资管理的首要问题是预测企业的资金需要量。总的来说，企业资金需要量与企业的生产经营规模有关，确切地说与预测期的销售额有关。因此，实务中通常按照销售百分比法来预测资金需要量。

2. 选择企业的资金来源渠道和筹资方式，设计不同的筹资方案

在确定资金需要量之后，企业财务人员需要考虑筹资方案。所谓筹资方案，实际上就是不同筹资渠道和筹资方式的组合。筹资渠道是指资金的来源渠道，即何处存在资金可供企业筹集。目前，企业的筹资渠道主要有：国家财政资金，银行信贷资金，非银行金融机构资金，其他法人单位资金，社会闲散资金，企业实现的收益（留存收益），外商资金等。

明确了筹资渠道，企业还必须考虑筹资方式，即企业筹集资金所采用的手段或工具。企业筹集资金可以采纳的筹资方式有吸收直接投资、发行股票、发行债券、借款、融资租赁、商业信用、收益留存等。

3. 分析不同筹资方案的资本成本和财务风险

企业筹资管理中需要考虑的重要问题是分析不同筹资方案的资本成本和财务风险，并对二者进行利弊权衡。资本成本是企业筹集资金和使用资金所付出的代价。筹资管理的目标之一是降低资本成本。而资本成本的高低与筹资方式有关，一般而言，企业举债筹资的资本成本低于吸收投资者资本的成本。因此，筹资决策时应当更多地通过举债来降低资本成本。但过度负债会引起财务风险，这种风险表现为企业不能清偿到期债务的可能性。而要降低财务风险，企业应当尽可能降低负债比例。

4. 选择最佳的筹资方案

筹资管理的最后环节是选择筹资方案，即对筹资方案做出抉择。选择筹资方案有不同的标

准。首先必须考虑筹资是否能够满足投资的需要，接着要评价筹资方案的资本成本和财务风险。这是一对矛盾，因为要降低资本成本，必须增加负债筹资；而高比例的负债筹资往往使企业承担较大的财务风险。要在承担一定的风险水平下选择资本成本最低的方案，或者在一定的资本成本下选择风险最小的方案。

（二）投资管理

经济学中所说的投资是指投入一定的资财，期望未来获得收益的一种经济行为。财务管理中所说的投资是指资金的运用，投资的结果形成各种资产，即反映在资产负债表左端的各个项目。投资对于企业的生存和发展极为重要，投资决策是企业财务决策的重要内容。

1. 投资的分类

投资按照其对象的不同可以有多种投资，如储蓄投资、证券投资（股票投资、债券投资、基金投资等）、外汇投资、房地产投资、实业投资等。一般地说，投资有两种基本的分类：直接投资和间接投资；长期投资和短期投资。

（1）直接投资和间接投资。直接投资和间接投资的区别在于资金的投向不同。直接投资是将资金直接投入到本企业的经营资产上，主要包括固定资产投资、无形资产投资、流动资产投资（如增加存货）；而间接投资是将资金投放到企业外部的金融市场，或将资金的使用权出让给其他企业的行为，其主要形式是股权投资和债权投资。换句话说，间接投资就是企业将资金提供给他人使用，以获得收益的行为。从经营的形式看，直接投资推动着企业的产品经营（或称商品经营），而间接投资则伴随着企业的资本经营。产品经营和资本经营是两种不同的经营方式，它们推动了企业的发展。

（2）长期投资和短期投资。长期投资和短期投资的区别比较明确。从形式上看，主要是收回投资的时间长短不同，一般以一年为界。但是，实际上长期投资和短期投资的本质区别是投资目的的不同。长期投资的主要目的是谋求企业的长远利益，通常与企业的发展战略有关。一旦投入资金，就不会轻易改变。而短期投资则主要是为了提高企业的资金使用效益，以谋求眼前利益为主要目的。

2. 投资管理的目标

投资管理的目标不同于投资的目标，总体上说，投资的目标是谋求企业的发展，实现企业价值最大。而投资管理的基本目标应当是处理好投资项目的风险和报酬的关系。即在承担一定风险水平的前提下，实现尽可能高的报酬，或在取得一定报酬的前提下，使承担的风险尽可能小。

（三）收益分配管理

财务管理中所说的收益是指净利润，即税后利润。因此，收益分配通常也称为利润分配。收益分配管理的核心问题是确定企业实现的净利润以多大比例分配给股东、多大比例留存于企业。围绕这一核心问题，企业管理当局需要设计利润分配的政策。这实际上是股东的眼前利益和公司的长远发展的关系问题。而且它不仅是一个收益分配问题，也是一个筹资问题。因为，将利润留存于企业是内部筹资的方式。

收益分配管理还需要考虑其他问题，如股利分配的形式、股利分配的时间、分配股利所需资金的筹集等。

收益分配管理的具体内容将在第七章详细介绍。

(四) 资产营运管理

资产营运也称为资产运营，是指资产的使用。投资实际上是使用资金的过程，投资完成后形成各种资产，资产在使用过程中发生消耗，或发生形态的转换。

企业的生产经营过程一方面是制造产品、销售产品、实现价值增值的过程，另一方面也是资产使用和消耗的过程。资产营运管理是经营过程中对资产使用和处置的管理。资产营运管理的主要问题是：分析各种资产的流动性和赢利性，把握各种资产占用的资金量，估计资产使用过程中的价值损耗，估算各种资产的机会成本，分析资产与销售额的匹配性，对资产使用效益的评价，以及对资产处置的管理等。根据资产存在的形态不同，资产营运管理包括以下几个部分。

（1）流动资产管理：如现金管理、应收账款管理、存货管理等。

（2）固定资产管理：是指固定资产日常管理，如固定资产的交付使用、维修、折旧、报废处置等。

（3）无形资产管理：如无形资产的摊销、转让等。

实际上财务管理各方面的内容是相互联系的。首先，投资决定了筹资，筹资又影响投资。筹资并不是盲目取得资金，而是根据投资方案所确定的资金需要量而进行的一种有目的的资金筹措行为。其次，投资决策也决定了收益分配决策。广义地说，企业的收益是投资的结果，投资决策的成功与否直接关系到企业的收益多寡，进而影响企业的收益分配。再次，筹资决策和收益分配决策又相互影响，这是因为，企业收益分配的最终去向有两个：一是以股利方式分配给投资者，二是留存企业。其中将收益留存于企业就是一种筹资的方式（也称为内部融资），这意味着收益分配本身包含了筹资的功能。而且，筹资环境及其变化也会影响企业的收益分配决策。当金融市场资金供给比较充裕、资金成本较低时，企业可以将较多的收益分配给股东；反之，如果外部筹资比较困难、资金成本相对较高，就应当将较多的收益留存于企业，以减少外部筹资。最后，资产营运贯穿于企业整个经营过程，它与投资、筹资都密切相关。资产营运效果的好坏直接影响投资的效果和收益分配决策。

第四节 财务管理的环境

财务管理环境也称为理财环境，是指对企业财务活动和财务管理行为产生影响的企业内外各种条件的统称。环境构成了企业财务活动的客观条件。企业财务管理活动是在一定的环境下进行的，必然受到环境的影响。企业资金的取得、运用和收益的分配会受到环境的影响，资金的配置和利用效率会受到环境的制约；企业成本的高低、利润的多少、资金需求量的大小也会受到环境的影响；企业的并购、破产与重整都要受到内外部环境的影响。所以，财务管理要获得成功，必须深刻认识和认真研究所面临的各种环境。

财务管理的环境分为宏观环境和微观环境两个层面。宏观环境是企业无法改变的，企业只能去顺应它。财务管理的微观环境通常因企业而不同，当然微观环境的某些方面是企业可以努力改善的，但改变微观环境必然受到宏观环境的影响。

一、财务管理的宏观环境

财务管理的宏观环境所包含的内容十分复杂，主要有政治环境、经济环境、法律环境、社会文化环境和科技教育环境等。其中影响最大的是经济环境和法律环境。

财务管理的经济环境是指企业在进行财务活动时所面临的宏观经济状况，如经济周期、金融市场、经济发展水平、通货膨胀状况、经济体制等。

财务管理的法律环境是指企业发生经济关系时所应遵守的各种法律、法规和制度，如公司法、证券法、证券交易法、经济合同法、企业财务通则和税制等。

这里只阐述企业财务管理宏观环境中的经济周期、金融市场和税制这三个方面，分析它们对企业财务管理的一般影响。

（一）经济周期

经济发展总是呈现一定的周期性变化。一个完整的经济周期包括繁荣、衰退、萧条与复苏四个阶段。经济周期对企业财务管理的影响是十分明显的，在经济周期的不同阶段，企业应采用不同的财务政策，在对经济周期进行前瞻性分析的基础上，配合企业的发展战略，寻求企业资金的安全、流动和高效运转，以应对企业处于不同经济周期中对资金的需求。

在经济复苏后期繁荣阶段来临之前，大多数企业会有较好的发展机会，企业财务管理的主要任务是筹资，做好充分的资金储备，以迎接繁荣阶段的到来。

在经济繁荣阶段后期出现衰退之前，应主要以预防出现财务危机、寻找新的发展机会、延长企业的寿命为主要目的，以尽可能减少现金流出、增加现金流入为首要任务；同时，控制负债总量，调整负债结构，特别注意企业偿还债务的资产安排，流动资产与流动负债、非流动资产与非流动负债的搭配。

在经济萧条阶段，企业应在经济出现衰退时，保持适当的现金流，控制一切投资的冲动，这时的第一策略是流动性，因为只有保持流动性，才有可能保住企业。

在经济出现复苏之前，企业应以实现利润的稳定增长和资产规模的平稳扩张为目的。应采取的财务政策是：尽可能优化现有资源的配置，提高现有资源的使用效率；在资金的安排上，要充分利用自有资金作为实现企业资产规模扩张的基本资金来源，防止过重的债务成本，适度负债。

（二）金融市场

财务管理不能只着眼于企业内部的资金运作，企业财务人员必须研究金融市场。金融市场是融通资金的场所，它是财务管理最重要的外部环境之一，在企业财务管理中扮演着十分重要的角色。

1. 金融市场在企业财务管理中的作用

众所周知，金融已经成为经济的中心，而金融市场是金融的核心，它与人们的生活息息相关。同样，公司的财务活动和生产经营活动都离不开金融市场。具体地说，金融市场对企业财务管理的作用主要表现在以下几个方面：

（1）金融市场为企业筹集资金提供了场所。总体来说，企业筹资可以分为内部筹资和外部筹资。内部筹资是通过收益留存实现的，采用这种方式筹集资金是极其有限的。外部筹资才是企业获得资金的主要形式，就绝大多数企业来说，所需资金基本上是通过外部金融市场发行证券或借款方式取得的。很难想象，离开了金融市场，一个企业如何生存，如何求得发展。

（2）金融市场为企业投资创造了机会。我们知道，企业的投资活动可以分为直接投资和间接投资。直接投资与金融市场没有太直接的关联，但间接投资大多是通过金融市场实现的。例如，企业要取得另一企业的股权，必然通过资本市场或类似的产权交易市场的股权交易完成。同时，企业在生产经营过程中出现暂时闲置的资金时，可以在金融市场中寻找合适的投资机会，如购买股票、债券等有价证券。这种现金和短期证券的转换，能够使企业的现金持有量保持在一个较为合理的水平上，从而提高企业整体的资金使用效率和使用效益。

（3）金融市场为企业财务决策提供有用的信息。金融市场不仅促进了企业投资和筹资的顺利实现，而且为企业财务管理提供了十分有用的金融信息。企业要进行投资决策、筹资决策和收益分配决策，必须以充分可靠的经济信息为依据。例如，企业进行投资决策，需要选择资金的投放对象和具体的投资品种，如何做出选择呢？财务人员可以从金融市场获得关于各种投资对象的投资收益及其风险的数据资料，便于设计出较为合理的投资方案。筹资决策也是如此，企业财务人员要分析筹资渠道，确定合适的筹资方式，在很大程度上要依赖于金融市场的信息。例如，企业投融资决策中贴现率的确定，一般以金融市场中风险相当的融资项目的平均利率作为依据。至于收益分配决策对金融市场的依赖性，也是显而易见的。企业实现的利润如何在股利和积累两者间做出合理的分配，也要分析外部金融市场的资金供求状况。当金融市场发出资金紧缺、筹资成本高的信号时，企业应当将较多的利润用于积累；而当金融市场显现出资金供过于求、筹资成本低的迹象时，企业可以将较多的利润用于分配股利。

2. 金融市场的分类

金融市场有多种分类，这里介绍最重要的三种分类。

（1）按信用期限长短划分，金融市场可以分为货币市场和资本市场。货币市场即短期资金市场，是指融通资金的期限在一年之内的资金借贷业务所形成的市场。货币市场的交易对象为短期的信用凭证，如商业票据、银行存单等。资本市场即长期资金市场，它是经营一年以上长期资金的市场，其交易对象为长期信用凭证，如债券、股票等。将金融市场分为货币市场和资本市场，这是国际上通行的做法。

（2）按具体功能划分，金融市场可以分为发行市场和流通市场。发行市场也称为初级市场或一级市场，它是发行人以发行证券的方式筹集资金的场所。例如，股份有限公司通过发行新股筹集资金，投资者通过认购股票进行证券投资，这个交易是通过发行市场完成的。流通市场也称为次级市场或二级市场，它是买卖已经发行证券的市场。例如，一家股份有限公司通过一级市场发行股票以后，其股票在流通市场交易，投资者可以买进或卖出该公司的股票，这种交易是在二级市场完成的。

发行市场和流通市场的功能不同，发行市场的主要功能是筹资，它使发行人获得生产经营所需的资金；流通市场的主要功能是交易，它为投资者提供资金运用的场所，使投资者完成从货币到证券、从证券到货币或从一种证券到另一种证券的快速流动。当然，发行市场和流通市场也存在密切联系，一级市场证券发行价格的高低会影响二级市场证券的交易价格，从而影响投资者的投资收益。而二级市场证券交易价格的高低会影响该公司通过一级市场的再融资行为。

（3）按实际交割的日期划分，金融市场可以分为现货市场和期货市场。现货市场是指在买卖时当场完成交割或在几天内就要完成交割的市场。现行的股票市场就是现货市场，投资者买卖股票完成后，买方即时付款并获得股票，卖方即时转让股票以取得价款。期货市场是指买卖的金融产品不能当场完成交割而需在未来某一特定日期（半年或一年以后）才能实行交割的市场。期货市场将金融资产的价格锁定，使未来交割时不受价格波动的影响。

3. 金融资产及其特点

金融市场交易的资产叫金融资产，也称为金融产品。金融资产的含义相当广泛，它可以是货币（本国货币或外国货币），可以是有价证券，如股票、债券、票据、存单等，也可以是股票、债券的衍生产品，如认股权证、股票期权、指数期货等。金融资产具有一般商品的某些属性，但它又具有某些特性。流动性、收益性和风险性是金融资产的三个显著特点。

（1）流动性。它是指某种金融资产能够在短期内不受损失地得到偿付而变为现金的属性，这一特点使金融资产可以避免或减少因资产不能及时变现而造成的损失。一项金融资产的流动性取决于两个方面：一是该资产的兑现能力，二是该资产的市场价值波动大小。资产容易兑现，价值波动较小，其流动性就强；反之，其流动性差。

（2）风险性。它是指某种金融资产不能恢复其原投资价格的可能性。金融资产的风险性主要体现在两个方面：一是影响整个金融市场的不确定因素引起的风险，称为市场风险，如加息、银根紧缩等宏观经济政策的出台引起金融资产的市场价格发生波动而产生的风险；二是证券发行人未能履行约定的义务，使金融资产持有者不能全部收回本金和利息的风险，称为违约风险。

（3）收益性。它是指某项金融资产具有获取收益的属性。金融资产的收益表现为一定时期内该项资产产生的利息、股利或利得（出售该资产时获得的收入超过取得该资产时所付出的投资成本的差额）。金融资产的收益分为当期收益和到期收益。当期收益是指投资金融资产的当年所获取的利息或其他报酬；到期收益指金融资产到期时收回的价格扣除原投资额后的差额。值得注意的是，金融资产的收益具有很大的不确定性，这就是金融资产高风险性的体现。

上述三种属性相互关联、相互制约。一般地说，金融资产的流动性和收益性成反比，即流动强的资产，其收益性相对比较差。例如，活期存单的流动性比定期存单的流动性要强，但其收益性较差。收益性和风险性成正比关系，资产的风险性越大，其收益性应当越好；反之亦然。同时，资产流动性的好坏本身也是体现资产风险的一个因素，本节后面提到的所谓"变现力风险"实际上与资产的流动性密切相关，二者的关系是：资产的流动性越强，意味着其变现力越强，则其变现力风险越小。

4. 金融机构

金融市场的形成需要各方的参与，这些参与者包括资金的供给方、资金的需求方和金融中介。资金的供给方和需求方可以是国家、法人单位甚至个人，这里不作展开。下面着重介绍金融中介，即金融机构。我国的金融机构主要包括中央银行、商业银行、政策性银行和非银行金融机构。

（1）中央银行。我国的中央银行是中国人民银行，它是国务院下属的管理全国金融工作的国家机关。中央银行只与商业银行发生资金融通业务，不直接从事基层的资金借贷业务。中央银行的主要职能是执行国家宏观金融政策，实施宏观金融调控。

（2）商业银行。商业银行是具体从事存贷款业务和其他金融业务的金融机构。我国的商业银行可以分为三类：第一类是国有控股商业银行，包括中国工商银行、中国农业银行、中国建设银行和中国银行，它们占据着中国金融业的大半边天，处于相对的垄断地位。目前这些银行已通过公开发行股票等方式，成为股份制银行。第二类是非国有控股股份制商业银行，主要有：深圳发展银行、浦东发展银行、广东发展银行、华夏银行、民生银行、招商银行、兴业银行、上海银行、南京银行、宁波银行等。这些银行中绝大部分已经上市，成为公众上市银行，另外一部分也将陆续在境内外交易所上市。第三类是外资银行，这是相对于本国银行而言，凡是由外国资本建立的或由外国资本参股的银行都称外资银行。

（3）政策性银行。政策性银行是我国针对特定项目和特定的企业单位办理信贷业务的金融机构。政策性银行不向社会公众吸收存款，其资金来源主要是向社会发行的国家担保债券和向金融机构发行的金融债券。其业务经营的宗旨是国家整体利益和社会效益，而并不以赢利为目的。目前我国的政策性银行主要是国家开发银行、中国农业发展银行、中国进出口银行等。

（4）非银行金融机构。非银行金融机构是除了银行以外的其他金融机构，主要有：信用合作联社（部分已经改组为商业银行）、保险公司、信托投资公司、证券交易所、证券公司、租赁公司、财务公司等。

根据金融机构在融通资金中的不同作用，可以将融资分为两类：直接融资和间接融资。所谓直接融资，是指没有金融媒介参加的融通资金方式，采用这种方式，资金供给者和资金需要者之间资金的转移由融资双方或通过经纪人直接协商确定。通过证券交易所买卖有价证券（股票或债券）属于典型的直接融资。除此之外，预付和赊购商品也属于直接融资。所谓间接融资，是指由金融媒介参加的融通资金方式，采用这种方式，资金供给者和资金需要者之间资金的转移不能直接由融资双方直接协商来完成，而是通过金融媒介来实现的。例如，银行首先吸收资金供给者的存款，再将资金出借给资金的需求者，这是典型的间接融资。

5. 金融市场的利率结构

利率作为资金使用权的价格，是金融市场资金供给和资金需求两种力量对比的结果。从宏观经济层面看，利率也是国家宏观调控的重要经济杠杆；从微观层面看，利率是企业财务决策必须考虑的重要经济因素。利率有官方利率和市场利率之分，官方利率是由人民银行确定的利率，市场利率是金融市场中资金借贷双方依据市场供求状况确定的利率。市场利率随着金融市场的资金供求关系的变化而发生变化，这种变化受到官方利率的影响；反之，官方利率的制定也会考虑市场利率的变化。

金融市场中不同的融资项目其市场利率有所不同。影响市场利率的因素很多，其决定因素是融资项目的风险大小，而影响融资项目利率的风险因素又可以从各个方面去剖析，这就形成了市场利率的构成内容，也就是利率的结构问题。一般来说，融资项目市场利率的结构可以做如下的分解。

（1）纯粹利率。是指无通货膨胀、无风险情况下的平均利率。纯粹利率的高低主要受平均利润率、资金供求关系和国家宏观经济调控的影响。一般认为，在没有通货膨胀时，国库券的利率可视为纯粹利率。

（2）通货膨胀附加率。由于通货膨胀会使货币贬值，投资者的实际报酬率下降，投资者将资金交给借款人时，会在纯粹利息率的基础上再加上通货膨胀附加率，以弥补通货膨胀造成的购买力损失。

（3）违约风险附加率。金融市场中的违约是指债务人未能按时支付利息或未能如期偿还本金的行为。违约会给资金出借者带来损失，资金出借者向债务人提供资金后，可能发生由于债务人违约而引起的损失，这种风险称为违约风险。债权人承担违约风险应当获得额外的报酬，这就是违约风险附加率。违约风险越大，所要求的违约风险附加率应当越高。

（4）变现力附加率：各种有价证券的变现力是不同的，不同变现力的证券，持有者受到损失的可能性不一样，其风险也不同。有价证券的变现力越强，由于不能及时变现而发生损失的可能性越小,其变现力风险就越小;否则,其变现力风险就越大。由于有价证券存在变现力风险,持有者要求一定的报酬率作为补偿,这就是变现力附加率。

(5)到期风险附加率:到期风险也称再投资风险,它实际上是由于利率下调给短期证券持有者造成损失的可能性。到期风险附加率是对到期风险的一种补偿。一般而言,长期证券的利率会高于短期证券的利率,但是当预期市场利率将持续下降时,人们普遍认为短期投资需要承受再投资损失,这时需要给予短期证券设定更高的报酬率,这种超过正常利率的额外报酬就是到期风险附加率。

将上述各种影响利率的因素综合起来,得到反映市场利率结构的一般表达式如下

$$市场利率=纯粹利率+通货膨胀附加率+变现力附加率$$
$$+到期风险附加率+违约风险附加率 \tag{1-2}$$

(三) 税制

税制是税法、税收制度的统称。企业财务管理必然要将税制作为重要因素加以考虑,这是因为税收的不公平性。从理论上说,税收应当具有公平性,即同一税种对不同纳税人(或负税人)应当是公平的。这是税收的一个重要特征。但是税收又必须具有调节经济的作用,绝对的公平是无法起到调节作用的。因此,税收的公平性是相对的,不同的纳税人所承担的税种可能不同。例如,消费税是专门对某些应税消费品或应税劳务而开设的税种。同样,有些税种尽管对每个纳税人来说都有纳税义务,但其税负也不同。

财务管理中将税收作为重要的因素来考虑,就是因为税收具有这种不公平性。企业税务筹划并产生节税的效果,在很大程度上是由于税收的不公平性。税收的不公平性给企业财务管理工作提供了获利的机会,当然也设置了障碍。我们研究税收这一理财环境,就是要尽可能利用税收政策的有利影响,克服其负面影响。

由于税收是通过相应的政策、法规和制度加以规范的,因此,分析税收对企业财务管理的影响,其关注点是税收法规和制度(合称为税收政策)。下面重点分析税收政策对投资决策、筹资决策和收益分配决策的影响。

1. 对投资决策的影响

投资决策要考虑税收政策,例如,要新办一家企业,或者扩建原有的生产能力,就会考虑许多因素,其中少不了考虑税收这个因素。主要体现在以下几个方面。

首先,税收政策影响注册地点的选择。由于税收政策的不公平性,一个国家的不同地域和不同地区存在着不同的税收优惠政策,这就为企业提供了一个税收筹划的空间和机会。投资者在选择企业的注册地时,肯定会充分利用国家对高新技术产业开发区、贫困地区、经济特区等的税收优惠政策,确定合适的注册地,以达到节税的目的。

其次,税收政策影响企业组织形式的选择。投资者在投资设立企业时,有多种组建形式可以选择,这种选择会影响到投资者的投资收益和税收负担。例如,某企业想要在某一沿海地区(能享受所得税优惠政策)设立分支机构,是采用分公司的形式还是子公司的形式?一般来说,在创立初期,新办企业发生亏损的可能性较大,采用分公司的形式可以把分支机构的损失转嫁到总公司,进而减轻总公司的税收负担。当新办企业进入正常运行之后,就要采用子公司的形式来享受政府提供的税收优惠政策。

再次,税收政策影响投资方向的选择。企业在确定投资方向时会考虑税收政策的导向,这是不言而喻的。例如,随着社会经济的发展,人们越来越注重环境保护,环保型的产业和产品

会享受到税收政策的优惠。企业可以根据这种政策导向，适时调整产品结构，达到减税的目的。

最后，税收直接影响投资收益。这是显而易见的，因为任何一项税金的支付对企业来说都是经济利益的流出，最终表现为利润的减少，从而影响投资收益。

2. 对筹资决策的影响

筹资决策需要研究的重要因素是资本成本，即筹资需要付出的代价。税收政策影响筹资决策主要是通过影响资本成本而实现的。这是因为税收会影响资本成本。我们知道，企业筹集的资金来自于投资者和债权人，通过投资人投入资产形成的是权益成本，而由债权人提供的是债务资本。两种资本都有资本成本，前者主要是股息，后者是利息。然而，这两种资本成本的税收政策是不同的。利息支出对企业来说是一项费用，可以在所得税税前列支，即利息具有抵税作用，企业因为支付利息而少交了所得税，实际上降低了资本成本。而股利是税后由使用资金的一方支付给资金供给方的，股利不是费用，它不像利息那样具有抵税效应。所得税政策对利息和股利支付的不同规定，必然影响企业的资本成本，从而影响筹资决策。

3. 对收益分配决策的影响

收益分配决策要解决的问题是：企业实现的利润中有多大的比例分配给股东、多大的比例留存企业。由于股票投资收益可以分为股利收益和资本利得。在可分配的利润不变的前提下，分配的股利多了，留存的利润就少了，资本利得就会减少。收益分配的最终决定权在于企业的投资者。投资者有两类：个人投资者和法人投资者。法人投资者又可以分为企业法人和非企业法人。这两类投资者对于收益分配的偏好是不同的。法人投资者一般愿意公司分配现金股利，而以牺牲一定的资本利得为代价。这是因为，法人投资者取得现金股利一般不需要交纳所得税，而取得的资本利得属于应纳税所得额，需要交纳企业所得税。

个人投资者取得投资收益的税收政策正好相反。个人投资者取得现金股利需要交纳个人所得税（目前一律采用比例税率20%，2005年起减半征税），所以公司分配现金股利给个人投资者，实际上股东只获得了其中的80%。但是，如果公司不分配现金股利，将收益留存于公司，投资者会取得更多的资本利得，而资本利得对个人并不构成纳税所得。因此，个人投资者与法人投资者不同，他们不愿意公司分配现金股利，而希望公司将利润留存，或分配股票股利。由上面的分析可以看出，税收政策对利润分配的导向作用是显而易见的。

二、财务管理的微观环境

财务管理的微观环境也包括许多内容，如企业类型、市场状况、生产情况、材料采购情况等。下面概括介绍对财务管理有重要影响的几个方面。

（一）企业组织形式

企业按其组织形式的不同可以分为三类：独资企业、合伙企业和公司制企业。

（1）独资企业。独资企业是指由一个人出资，归个人所有和控制的企业。独资企业具有结构简单、容易开办、利润独享等优点。

（2）合伙企业。由两个以上的业主共同出资、共同拥有、共同经营的企业叫合伙企业。合伙企业具有开办容易、信用较佳的优点，但也存在责任无限、权利分散、决策缓慢等缺点。

（3）公司制企业。公司是法人，是有权用自己的名义从事经营、与他人订立合同、向法院起诉或被法院起诉的法律实体。公司的最大优点是公司的所有者——股东只承担有限责任，股东对公司债务的责任以其投资额为限。公司的另一个优点是比较容易筹集资金，可以通过发行股票、债券等形式迅速地筹集到大量资金，这使公司比独资企业和合伙企业有更大发展的可能性。

不同的企业组织形式对企业财务管理有重要影响。独资企业的财务管理比较简单，主要利用的是业主的资金和供应商提供的商业信用。因为信用有限，其利用借款筹资的能力亦相当有限，银行和其他人都不太愿意借钱给独资企业。独资企业的业主想要抽回资金，也比较简单，无任何法律限制。合伙企业的资金来源和信用能力比独资企业有所增加，收益分配会涉及各合伙人的利益。因此，合伙企业的财务管理比独资企业复杂一些。公司制企业的财务管理最为复杂，公司不仅要争取获得最大利润，而且要实现企业价值增加；公司的资金来源多种多样，筹资方式也很多，需要进行认真的分析和选择；收益分配也不像独资企业和合伙企业那样简单，不仅要考虑企业的赢利水平，还要考虑股东各方的利益，受到更多的法律限制。

（二）市场环境

在商品经济下，每个企业都面临着不同的市场环境，这都会影响和制约企业的财务管理行为。不同的企业所处的市场环境不同，通常有完全垄断市场、完全竞争市场、不完全竞争市场和寡头垄断市场。处于完全垄断市场的企业，销售一般都不成问题，价格波动也不会很大，企业的利润不会产生太大的波动，因而风险较小，可利用较多的债务资金；处于完全竞争市场的企业，销售价格完全由市场决定，价格容易出现波动，企业利润也会出现上下波动，因而不宜过多地采用负债方式去筹集资金；处于不完全竞争市场和寡头垄断市场的企业，关键是要使自己的产品超越其他企业的产品，创出特色，创出品牌，这就需要在研究与开发上投入大量资金，研制出新的优质产品，并做好广告、搞好售后服务、给予优惠的信用条件等。为此，财务人员要筹集足够的资金，用于研究与开发和产品推销。

（三）采购环境

采购环境对企业财务管理也产生很大影响。采购环境按物资来源是否稳定，可分为稳定的采购环境和波动的采购环境。前者对企业所需资源有比较稳定的来源，后者则不稳定，有时采购不到所需物资。企业如果处于稳定的采购环境中，可少储存存货，减少存货占用的资金；反之，则必须增加存货的保险储备，以防存货不足影响生产，这就要求财务人员把较多的资金投资于存货的保险储备。

采购环境按价格变动情况，可分为价格上涨的采购环境和价格下降的采购环境。在物价上涨的情况下，企业应尽量提前进货，以防物价进一步上涨而遭受损失，这就要求在存货上投入较多的资金；反之，在物价下降的环境里，应尽量随使用随采购，以便从价格下降中获益，也可在存货上尽量少占用资金。

（四）生产环境

不同的企业具有不同的生产环境，这些生产环境对财务管理有着重要影响。例如，企业的生产如果是高技术型的，那就有比较多的固定资产而只有少数的生产工人。这类企业在固定资产上占用的资金比较多，而工薪费用较少，这就要求企业财务人员必须筹集到足够的长期资金以满足固定资产投资。反之，如果企业生产是劳动密集型的，则可较多地利用短期资金。再如，船舶制造企业和酿酒企业的生产周期较长，企业要较多地利用长期资金；反之，生产食品饮料的企业，生产周期很短，可以比较多地利用短期资金。

【思考与练习】

一、思考题

1. 市场经济环境下，利润最大化作为财务管理的目标主要存在哪些缺陷？
2. 筹资决策和收益分配决策都是财务决策的重要内容。请指出它们之间存在怎样的联系？
3. 金融资产具有哪三个显著特点？它们之间存在怎样的关系？
4. 试述金融市场在企业财务管理中的作用。
5. 股利和资本利得是股东获得的两种主要投资报酬，但是它们所涉及的所得税政策不同，请针对个人投资者和法人投资者分析这两种投资报酬所交纳的所得税有何不同。

二、单项选择题

1. 财务管理作为一种管理活动，最显著的特点是（　　）。
   A. 货币作为计量单位　　　　B. 综合性
   C. 动态性　　　　　　　　　D. 开放性
2. 现代财务管理理论认为，企业的最终目标是实现企业（　　）。
   A. 产值最大　　　　　　　　B. 利润最大
   C. 账面净资产最大　　　　　D. 价值最大
3. 企业社会责任分为基本的社会责任和高层次的社会责任两个层次。下列属于企业高层次社会责任内容的是（　　）。
   A. 依法纳税，不偷税漏税　　　　B. 环境保护，消除环境污染
   C. 履行社会保障工程应有的义务，如为职工足额缴纳养老保险
   D. 对社区、对社会公益事业的支持和捐助
4. 国际惯例将金融市场分为两类：一类是货币市场，另一类是（　　）。
   A. 期货市场　　B. 流通市场　　C. 发行市场　　D. 资本市场
5. 金融市场按照其功能的不同分为两类：一是发行市场，二是（　　）。
   A. 货币市场　　B. 资本市场　　C. 流通市场　　D. 现货市场
6. 下列筹资方式属于间接筹资方式的是（　　）。
   A. 向商业银行取得借款　　　　B. 发行股票
   C. 发行债券　　　　　　　　　D. 吸收直接投资

三、多项选择题

1. 财务决策主要包括（　　）。
   A. 投资决策　　　　　　　　B. 经营决策
   C. 筹资决策　　　　　　　　D. 收益分配决策
2. 财务管理的基本职能是（　　）。
   A. 财务决策　　B. 财务计划　　C. 财务分析　　D. 财务控制
3. 筹资决策的目标之一是所筹集资金应当满足投资的需要，除此之外，筹资决策还要求达到另外两个目标，即（　　）。
   A. 筹资方式多样化　　　　　B. 资本成本尽可能低
   C. 资金使用时间尽可能长　　D. 控制财务风险

4. 留存收益是企业的资金来源之一。企业的留存收益主要包括（　　　）。
   A. 资本公积　　　　　　　　B. 盈余公积
   C. 未分配利润　　　　　　　D. 股利收益
5. 金融资产最基本的特征有三个，它们是（　　　）。
   A. 流动性　　　B. 收益性　　　C. 风险性　　　D. 抽象性
6. 某公司通过上海证券交易所发行普通股，以筹集资金。这种筹资所依赖的金融市场是（　　　）。
   A. 资本市场　　B. 货币市场　　C. 发行市场　　D. 流通市场
7. 市场利率包含纯粹利率和通货膨胀附加率，除此之外，还有（　　　）。
   A. 财务风险附加率　　　　　　B. 变现力附加率
   C. 违约风险附加率　　　　　　D. 到期风险附加率
8. 下列属于财务管理微观环境内容的是（　　　）。
   A. 企业组织形式　　　　　　　B. 采购环境
   C. 生产环境　　　　　　　　　D. 经济周期

四、计算分析题

财务管理的目标是实现企业价值最大化。按照收益现值法的基本原理，财务管理中评价企业经济价值的基本公式如下：

$$V = \sum \frac{P_t}{(1+K)^t}$$

试针对上述表达式回答以下问题：

(1) 公式中的 P_t 和 K 分别表示什么？

(2) 该公式表明了企业的价值主要取决于哪些因素？

(3) 结合该公式说明为什么企业价值最大的财务目标既考虑了货币时间价值，又体现了风险因素？

第二章 财务管理的价值观念

财务管理有两大价值观念——时间价值和风险报酬，虽然它们并不起源于财务活动，却影响着企业财务管理的各个方面，也影响人们的日常生活。现金流量是财务决策的基础，现金流量通过贴现率的作用得到净现值，净现值作为第一重要的决策工具，被广泛应用于财务决策的各个方面。

本章主要阐述财务管理的价值观念——时间价值和风险报酬，以及财务管理实务中应用十分广泛的概念——贴现率和净现值。这些都是重要的理财思想和理念，也是企业财务管理人员必须具备的基本素养。

第一节 货币时间价值

在介绍货币时间价值的概念之前，先来看下面的问题：

灌满啤酒有限公司是一家啤酒制造企业，其产品有良好的市场前景。为扩大生产能力，该公司考虑购置一套大型生产设备，供应商提供了如下两种付款方式。

(1) A 方式：采用交款提货方式，要求购买方现在一次支付 500 万元。

(2) B 方式：采用分期付款方式，现在首付 110 万元，以后每过一年支付 110 万元，连续支付 5 次（包括首付），共 550 万元。

假如你是灌满啤酒有限公司的财务经理，你会选择哪一种付款方式？

如果你选择了 A 方式，理由是"A 方式的总价款比 B 方式低"，那你就不是一位合格的财务经理，因为你的"理由"让人们感觉到你没有货币时间价值的观念。

一、货币时间价值的概念

货币时间价值是指货币经过一定时间的投资和再投资所增加的价值，也称为资金的时间价值。在经济生活中，有这样一种现象：10 年前 1 元钱可以买 1000 克大米，而 10 年后的今天 1 元钱却只能买 500 克同一种的大米。从大米的价值来衡量，10 年前的 1 元钱与今天的 1 元钱其经济价值不同，或者说是经济效用不同。10 年前的 1 元钱比现在的 1 元钱经济价值要大些，即使不存在通货膨胀也是如此。这是为什么呢？例如，你将 100 元钱存入银行，在银行存款利率为 5% 的情况下，一年后你将获得本息 105 元。这里所增加的 5 元就是货币的增加额，是货币经过一年时间的周转使用而产生的增值，这是对货币时间价值的典型描述。

需要注意的是，并非所有的货币都有时间价值。如果把货币闲置在保险柜，显然不可能增值，甚至有可能会因为通货膨胀，使持有的货币实际购买力下降，产生货币贬值。这说明货币之所以有时间价值，前提是它处于投资过程中，实现了资金运动。就企业的财务活动来说，货币投入经营活动后，企业用其去购买所需的资源，然后生产出产品，产品出售后可获得的货币量因为创造了利润而大于最初的货币投入量。就这样，货币通过不断的循环与周转，实现了增值。货币周转的次数越多，货币的增值额也越大。因此，随着时间的推移，货币总量在资金循环和周转中按几何级数增长，使得货币具有时间价值。

然而，单从质的方面去理解货币时间价值的概念，对于财务管理是远远不够的，必须从数量上把握时间价值的基本特征。时间价值是指一种增量或增值率。货币需要经过一段时间的反复投资利用，才可能产生价值的增值。这种增值不仅与时期投资额大小有关，与投资涉及的时间长短有关，而且与投资方式有关。一定量的货币在相等的时期内，由于投资项目的不同，会产生不同的增值。

储蓄与购买股票都是投资，但是相等数量的货币用于这两种投资所产生的增值通常是不等量的。例如，一年期储蓄利率为3%，即某人一年前将10000元钱存入银行，一年后的今天能够获得的本利和为10300元，其增值为300元。如果另一个人一年前将10000元钱投入股市，同样经过一年，现在收回投资，假设获得的本金和收益合计为11000元，增值了1000元。那么，10000元货币经过一年，其时间价值是多少呢？是300元还是1000元？为什么股票投资的增值高于储蓄投资的增值呢？这是因为，股票投资结果具有不确定因素，它可能产生很大的增值，也可能只有小额的增值，甚至减值（亏损）。但就其平均收益率来说，股票投资的收益率应当高于储蓄投资的收益率。也就是说股票投资具有较高的风险，而储蓄投资可以认为无风险或风险极小。高风险投资应当有高报酬作为补偿。股票投资获得的收益高于储蓄收益额的部分是风险溢酬，这种风险溢酬与投资的风险大小有关。为了从不同投资行为中抽象出时间价值的数量特征，合理衡量货币时间价值的大小，应当剔除各种投资风险因素对增值的影响。

此外，我们还知道，严重通货膨胀时储蓄投资的增值率通常高于物价水平稳定时的储蓄增值率。例如，同样是一年期的储蓄投资，目前年利率是3%，2002年2月21日央行调整利率后的一年期存款利率是1.98%，而1993年7月11日央行调整利率后的一年期存款利率却是10.98%。那么，同样10000元的货币，目前存入银行，一年后的增值是300元，9年前存满一年的增值是198元，而在18年前存满一年的增值是1098元。对于18年前的储蓄和9年前的储蓄，其风险应当是基本相同的，但其增值相差悬殊。这是为什么呢？那是因为18年前的物价指数上涨得快，而9年前的物价相对比较稳定。为了弥补高通货膨胀给投资者带来的购买力损失，需要给予较高利率的补偿。因此在衡量货币时间价值大小时，应剔除通货膨胀因素。

综上所述，从定量角度分析，货币时间价值是指在没有风险、没有通货膨胀条件下的社会平均资金利润（利润率）。在实务中，通常用相对数表示时间价值的高低。在没有通货膨胀的情况下，国库券的年利率可以衡量时间价值的大小。从这个意义上说，时间价值可以理解为第一章所说的"纯粹利率"。

二、货币时间价值的计量

要了解货币时间价值的计量，必须首先明确两个重要概念：终值和现值。终值是指现在一笔货币在未来某一时点的价值，即通常所说的本利和；现值是指未来一笔货币相当于现在的价值。终值和现值都是时点数，它们不仅与货币本身数额大小有关，还与货币用于投资所经历的时间长短以及增值率（利率）的高低有关，更重要的是与计算增值的方式（单利或复利）有关。本节首先分别介绍单利和复利两种不同模式下单笔货币终值与现值的计算方法，然后介绍复利模式下年金终值与现值的计量方法。

(一) 单利终值与单利现值

利息的计算有两种模式：单利和复利。前者只计算本金的利息，不计算利息的利息；后者不仅计算本金的利息，而且按照一定的计息周期还要计算利息的利息。

1. 单利终值

为了说明单利模式下终值的计算公式，先看下面的例子。

【例 2-1】小王将 10000 元钱存入银行，5 年内不动用，银行 5 年期的定期存款利率为 4.55%。那么 5 年后小王可获得的本利和是多少呢？

【解答】按银行规定，定期存款的本利和只计算本金的利息，不计算利息的利息。那么 5 年后小王可获得的本利和为

$$F=10000\times(1+5\times4.55\%)=12275（元）$$

因此，在单利模式下，利息的计算以本金为基础，利息不再计息，即假设增值是到期时一次取得的。单利终值的一般计算公式为

$$F=P(1+n\times i) \quad (2-1)$$

其利息的计算公式为

$$I=P\times n\times i \quad (2-2)$$

式中，P 表示现值（本金）；F 表示终值；i 表示增值率（利率）；I 表示增值（利息）；n 表示期数。

【例 2-2】ABC 公司持有一张带息的商业票据，面额为 50000 元，票面利率为 6%，60 天到期。试计算该票据到期时可获得的利息。

【解答】该票据到期时可获得的利息为

$$I=50000\times 6\%\times\frac{60}{360}=500（元）$$

需要指出的是，除非特别指明，在计算利息时，给出的利率均为年利率；对于不足一年的利息，按一年等于 360 天折算。

2. 单利现值

单利现值是单利终值的相反情况，即未来一笔货币按单利计算相当于现在的价值，其计算方法实际上是单利终值的逆运算。单利现值的计算公式为

$$P=\frac{F}{(1+ni)} \quad (2-3)$$

【例 2-3】张女士希望在 3 年后取得本利和 170000 元，用以支付儿子国外上大学的学费。银行 3 年期存款年利率为 4.5%，按单利计息。试问：张女士现在存入多少钱？

【解答】张女士现在需要存入的货币为

$$P=\frac{170000}{(1+3\times 4.5\%)}\approx 149779.74（元）$$

单利模式下时间价值的计量比较简单，目前银行定期储蓄利息的计算普遍采用单利模式。但这种方式有时显得不太合理，严格地讲，它还没有充分考虑时间价值的作用。

(二) 复利终值与复利现值

在复利的方式下，每经过一个利息期，要将所产生的利息加入本金再计利息，逐期滚算，俗称"利滚利"。这里所说的计息期，是指相邻两次计息的时间间隔，如年、季度、月、日等。

除非特别指明，复利的计息期为1年。

1. 复利终值

为了说明复利模式下终值的计算公式，来看下面的例子：

【例2-4】小张将10000元钱存入银行，五年内不动用，但小张请银行工作人员开出一年期存单，一年后自动转存，目前一年期的定期存款利率为3%。那么五年后小张可获得的本利和是多少呢？

【解答】假如在这五年内银行一年期存款利率保持不变，那么一年后的本利和为
$$F = P(1+i) = 10000 \times (1+3\%) = 10300 \text{ 元}$$

第二年转存的意思是将第一年获得的利息300元加入本金，这时新的本金为10300元，继续存入银行，再按3%的利率计算，则第二年末的本利和为
$$F = 10000 \times (1+3\%) \times (1+3\%) = 10000 \times (1+3\%)^2 = 10609 \text{ (元)}$$

同理，三年后的本利和为
$$F = 10000 \times (1+3\%)^3 = 10927.27 \text{ (元)}$$

这样继续算下去，五年后的本利和为
$$F = 10000 \times (1+3\%)^5 \approx 11592.74 \text{ (元)}$$

由【例2-4】可知，复利终值是指最初的本金和加入前期产生的利息形成的新的本金计算的若干期后的本利和。从【例2-4】的分析可以类推，一般情况下，复利终值的计算公式为
$$F = P(1+i)^n \tag{2-4}$$

而累计利息的计算公式为
$$I = F - P = P(1+i)^n - P \tag{2-5}$$

式中，$(1+i)^n$被称为"复利终值系数"，也称为一元终值系数，常用符号$(F/P, i, n)$表示。此时，复利终值公式可以表示为
$$F = P \times (F/P, i, n) \tag{2-6}$$

在实际计算中，对于期限为整数、利率为整数的百分比的复利终值系数可以通过查阅"复利终值系数表"直接获得（见附表一）。该表是按照1元本金为基础编制的，它列示了不同利率水平（i）和不同计息期数（n）的各相应情形的复利终值系数$(1+i)^n$。

【例2-5】某一希望工程今获得500万元的捐助，计划通过一段时间的投资，希望5年后在西部某一地区建造一座希望小学。据估计，该款项的年投资收益率为10%，而建造一座希望小学大约需要800万元的资金。要求：请分析该组织的目标能否实现。

【解答】通过查复利终值系数表可知，$(F/P, 10\%, 5) \approx 1.6105$，那么500万元的捐助资金按复利计算，5年后的本利和为
$$F = P \times (F/P, i, n) \approx 500 \times 1.6105 = 805.25 \text{ (万元)}$$

计算结果表明，按照10%的投资收益率计算，现在的500万元五年后的价值约为805.25万元，超过建造希望小学所需要的资金，故该组织的目标能够实现。

2. 复利现值

复利现值是指未来某一特定时间收到或者付出的一笔款项，按一定的利率（财务管理中称为"贴现率"）折算到现在时点的价值。与单利的情况一样，复利现值的计算方法实际上是复利终值的逆运算。显然复利现值的计算公式为

$$P = \frac{F}{(1+i)^n} = F(1+i)^{-n} \tag{2-7}$$

式中，$(1+i)^{-n}$ 称做"复利现值系数"，也称为一元现值系数，通常用符号 $(P/F, i, n)$ 表示。因而，复利现值公式也可以表示为

$$P = F \times (P/F, i, n) \tag{2-8}$$

与复利终值系数一样，对于期限为整数、利率为整数的百分比的复利现值系数也可以通过查阅"复利现值系数表"直接获得。

此外，从上面的式子中不难推出，复利现值系数与复利终值系数互为倒数，即

$$(P/F, i, n) \times (F/P, i, n) = 1 \tag{2-9}$$

【例 2-6】小钱一家准备 3 年后出国旅游，估计需要 30000 元旅游费用，他计划现在投资一笔钱购买某一稳健型证券投资基金，以作旅游准备。假设该投资基金的年收益率为 12%，按复利计息。请问：小钱现在应投资多少本钱？

【解答】查复利现值系数表可知，$(P/F, 12\%, 3) \approx 0.7118$，那么小钱现在应投资的本钱约为

$$P = 30000 \times (P/F, 7\%, 5) \approx 30000 \times 0.7118 = 21354 （元）$$

（三）年金的终值与现值

前面介绍的终值和现值都是在某一时点发生的一次性货币收付行为，而在现实经济生活中，更多的是在一定时期内，在相等的时间间隔内发生多次收付的款项，即系列收付款项。该系列收付款项可能是等额的，也可能是不等额的，将等额的系列收付款项称为年金，通常记为 A。

年金在生活中到处可见。如储蓄中的"零存整取"或"整存零取"、保险费、折旧、租金、等额还贷、养老金、住房按揭贷款等，都存在着年金的问题。请看下面的例子。

【例 2-7】XYZ 公司考虑购置一套大型生产设备，供应商提供五种方式结算价款，分别如下：

(1) 采用交款提货方式，要求购买方现在一次支付 800 万元。

(2) 采用分期付款方式，每过一年支付 220 万元，连续支付 5 次，共 1100 万元。

(3) 采用分期付款方式，现在首付 235 万元，以后每过一年支付 235 万元，连续支付 4 次（包括首付），共 940 万元。

(4) 从采购之日起 3 年以后首次支付 325 万元，以后每过一年支付 325 万元，连续支付 4 次，共 1300 万元。

(5) 假设 XYZ 公司向供应商提出，将该设备作为供应商对本公司的投资，要求以后每年从 XYZ 公司获得 99 万元的投资回报，此行为永久发生。

现在公司董事会正在讨论选择何种付款方式的问题，对于付款方式有不同的看法。但有一点是基本一致的，那就是本公司的年投资回报率应该是 12% 左右。那么，究竟应该如何选择付款方式呢？

本例中的后四种方式都是年金问题。方式（2）是每一期期末发生的年金，称为普通年金；方式（3）是每一期期初发生的年金，称为即付年金；方式（4）是未来（相对于现在来说）发生的年金，称为递延年金；而方式（5）是永远发生的年金，称为永续年金。下面将对各种年金的终值和现值进行讨论。另外，尽管在现实中单利模式下的年金也经常出现，但在财务管理

理论中,常用的还是复利模式。因此,为便于说明,后文涉及的年金终值与现值只考虑复利的模式。

1. 普通年金

普通年金又称为后付年金,是指从第一期开始,每期期末发生等额收付款项的行为,它是最基本和最普遍的年金形式,其终值与现值的计算方法也是计算其他几种年金的基础。

(1) 普通年金终值。普通年金终值是每期期末收入或者支出等额现金流的复利终值之和,其计算过程可以通过图 2-1 加以说明。

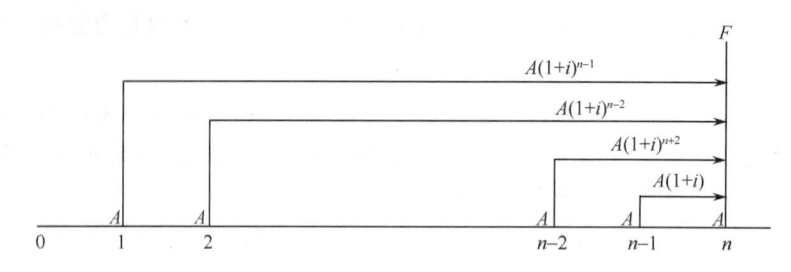

图 2-1 普通年金终值计算图

图 2-1 中,第一期发生的年金的终值为 $A(1+i)^{n-1}$,第二期发生的年金终值为 $A(1+i)^{n-2}$,……,第 $(n-1)$ 期发生的年金的终值为 $A(1+i)$,第 n 期发生的年金的终值为 A。将这 n 个时点的年金终值全部加总,得到复利的普通年金终值为

$$F = A + A(1+i) + A(1+i)^2 + \cdots + A(1+i)^{n-2} + A(1+i)^{n-1}$$
$$= A \times \frac{(1+i)^n - 1}{i} \tag{2-10}$$

式中,$\frac{(1+i)^n - 1}{i}$ 称为年金终值系数,记为 $(F/A, i, n)$,可通过查阅"年金终值系数表"(附表三)求得有关数值。该系数一般大于 n(除非 $n=1$)。它表明:每一期期末连续发生 n 个 A,其本利和是"$(F/A, i, n)$ 个 A"。这时,普通年金的终值计算公式又可写成

$$F = A \times (F/A, i, n) \tag{2-11}$$

现在来看【例 2-7】中的第 (2) 种付款方式,它是一个普通年金。这里 $A=220$ 万元,$n=5$ 年,$i=12\%$,$(F/A, 12\%, 5) \approx 6.3528$。该年金的终值约为

$$F \approx 220 \times 6.3528 \approx 1397.62 \text{(万元)}$$

计算结果表明,每过一年支付 220 万元,连续发生 5 次,按照 12% 的利率计算,相当于 5 年后的价值为 1397.62 万元;即每年支付 220 万元,共支付 5 年,相当于 5 年后一次支付 1397.62 万元。

现实中的年金终值问题,有时需要根据终值来计算年金的数额。请看下面的例子。

【例 2-8】亚泰集团公司向银行借入一笔 1000 万元 5 年期借款,银行规定到期一次还本付息,年利率为 9%,按单利计息。为了保证及时足额收回借款本息,银行规定借款人在该银行的存款账户上建立偿债基金,要求公司每年(年末)在存款账户上等额存入一笔基金,使 5 年后该基金账户的本利和正好能够偿还借款本息。而银行规定这类定期存款的年利率为 6%,并按复利计算。那么该公司为 5 年后偿还借款本息需每年存入偿债基金多少资金?

【解答】首先,计算该笔借款 5 年后应偿还的本利和金额。按照单利模式计算 1000 万元本

金 5 年后的终值为
$$F = 1000 \times (1 + 5 \times 9\%) = 1450 \text{（万元）}$$

再根据该终值来计算每年存入偿债基金的数额。这里 $F=1450$ 万元，$i=6\%$，$n=5$ 年，要求计算 A。
$$A = 1450 \div (F/A, 6\%, 5) \approx 1450 \div 5.6371 = 257.22 \text{（万元）}$$

即该公司每年需存入 257.22 万元才能保证 5 年后有 1450 万元的资金用于偿还债务。

现在通过上述例子引出一个与年金终值有关的概念——偿债基金。所谓偿债基金，是指为在未来某一时日偿还一定数额的债务，现在每期所需要等额存入的款项，已知未来的年金终值，倒过来计算年金数额。因此偿债基金的计算公式为

$$A = F \div (F/A, i, n) = F \times \frac{1}{(F/A, i, n)} \tag{2-12}$$

年金终值系数的倒数称为偿债基金系数，用符号 $(A/F, i, n)$ 表示。因此，式（2-12）可以写成

$$A = F \times (A/F, i, n) \tag{2-13}$$

（2）普通年金现值。普通年金现值，是指每期期末等额收付款项的复利现值之和，其计算过程可以通过图 2-2 加以说明。

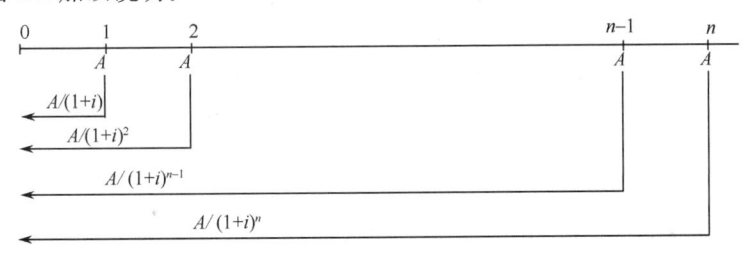

图 2-2 普通年金现值计算图

图 2-2 中，第一期发生的年金的现值为 $A/(1+i)$，第二期发生的年金现值为 $A/(1+i)^2$，……，第 $(n-1)$ 期发生的年金的现值为 $A/(1+i)^{n-1}$，第 n 期发生的年金的现值为 $A/(1+i)^n$。将这 n 个时点的年金现值全部加总，得到复利的普通年金现值为

$$P = A/(1+i) + A/(1+i)^2 + \cdots + A/(1+i)^{n-1} + A/(1+i)^n$$
$$= \sum A \times (1+i)^{-t} = A \times \frac{1 - (1+i)^{-n}}{i} \tag{2-14}$$

式中，$\dfrac{1-(1+i)^{-n}}{i}$ 称为年金现值系数，记为 $(P/A, i, n)$，它也可以表示成 $\dfrac{(1+i)^n - 1}{i(1+i)^n}$[①]，可通过查阅"年金现值系数表"求得有关数值。这样，(2-14) 又可写成

$$P = A \times (P/A, i, n) \tag{2-15}$$

现在来计算【例 2-7】第（2）种付款方式中，每年支付 220 万元的普通年金现值。这里 $A=220$ 万元，$n=5$ 年，$i=12\%$，$(P/A, 12\%, 5) \approx 3.6048$。该年金的现值约为
$$F \approx 220 \times 3.6048 \approx 793.06 \text{（万元）}$$

---

① 该公式表明：年金现值系数和年金终值系数并不是倒数关系，它们相差一个 $(1+i)^n$ 的倍数。

计算结果表明,每过一年支付220万元,连续发生5次,按照12%的利率计算,相当于现在一次支付793.06万元。这个计算结果说明第(2)种付款方式的现值小于800万元,从而表明第(2)种付款方式比第(1)种方式更为节约。

与年金终值一样,现实中的年金现值问题,有时需要根据现值来计算年金的数额。

【例2-9】豫光金铅公司准备一次性投入1500万元用于购买生产设备和引进先进技术来制造电解铅,假设公司要求的必要报酬率为10%,而该项目的寿命期为15年,假定15年后该技术与生产设备都被淘汰,将一文不值,且每年回收的投资额相等。试计算每年至少应回收多少投资额,该投资项目对公司才是有利的?

【解答】这是一个年金现值问题。这里 $P=1500$ 万元,$i=10\%$,$n=15$ 年,要求计算 A。

$$A = 1500 \div (P/A, 10\%, 15) \approx 1500 \div 7.6061 \approx 197.21 \text{(万元)}$$

计算结果表明,5年中每年197.21万元相当于现在的价值是1500万元,也就是说,该投资项目每年至少要收回197.21万元才能在10%的报酬率下收回最初1500万元的投资额。

通过上述例子引出一个与年金现值有关的概念——投资回收额。所谓投资回收额,是指能达到既定的投资额而要求每年回收的年金数额,它是年金现值的逆运算。因此,由普通年金现值计算公式可以直接推导出其计算公式为

$$A = P \div (P/A, i, n) = P \times \frac{1}{(P/A, i, n)} \tag{2-16}$$

相应地,将年金现值系数的倒数称为投资回收系数,用符号 $(A/P, i, n)$ 表示。因此式(2-16)也可以写成

$$A = P \times (A/P, i, n) \tag{2-17}$$

2. 即付年金

即付年金又称为预付年金,是指在每一期的期初发生的年金。它与普通年金的区别在于款项收付时间的起点不同:普通年金的资金收付发生在每期期末,而即付年金的收付行为则发生在期初,两者实质上的差别只是相差一个时期的影响,即 $(1+i)$ 的影响而已。由此可见,即付年金的终值和现值分别是相同期限、相同利率下普通年金终值和现值的 $(1+i)$ 倍。因此,即付年金的终值与现值的计算可分别由普通年金终值与现值的计算公式适当调整得到,即

$$\text{即付年金终值} = \text{期限与折现率相同时的普通年金终值} \times (1+i) \tag{2-18}$$

$$\text{即付年金现值} = \text{期限与折现率相同时的普通年金现值} \times (1+i) \tag{2-19}$$

可分别写成

$$F = A \times (F/A, i, n)(1+i) = A \times \frac{(1+i)^n - 1}{i}(1+i) \tag{2-20}$$

$$P = A \times (P/A, i, n)(1+i) = A \times \frac{1-(1+i)^{-n}}{i}(1+i) \tag{2-21}$$

将式(2-20)和式(2-21)进行适当变换,可以得到下列两个公式:

$$F = A \times \left[\frac{(1+i)^{(n+1)} - 1}{i} - 1\right] \tag{2-22}$$

$$P = A \times \left[\frac{1-(1+i)^{-(n-1)}}{i} + 1\right] \tag{2-23}$$

式（2-21）和式（2-23）提供了一个巧记即付年金终值与现值的方法。那就是：即付年金终值等于普通年金终值的"期数加1，系数减1"，即付年金现值等于普通年金现值的"期数减1，系数加1"。

现在来看【例2-7】中的第（3）种付款方式，它是一个即付年金。这里 $A=235$ 万元，$n=4$ 年，$i=12\%$，$(F/A, 12\%, 4) \approx 4.7793$。根据式（2-20），该即付年金的终值约为

$$F \approx 235 \times 4.7793 \times (1+12\%) \approx 1257.91（万元）$$

或者根据式（2-22），查 $(F/A, 12\%, 4+1) \approx 6.3528$，该即付年金的终值约为

$$F \approx 235 \times (6.3528-1) \approx 1257.91（万元）$$

计算结果与前面相同。

上述计算结果表明，现在起每年支付235万元，4年共支付940万元，相当于4年后一次支付1257.91万元。

接下来计算【例2-7】中第（3）种付款方式的年金现值。这里 $A=235$ 万元，$n=4$ 年，$i=12\%$，$(P/A, 12\%, 4) \approx 3.0373$。根据式（2-21），该即付年金的现值约为

$$P \approx 235 \times 3.0373 \times (1+12\%) \approx 799.42（万元）$$

或者根据式（2-23），查 $(P/A, 12\%, 4-1) \approx 2.4018$，该即付年金的现值约为

$$P \approx 235 \times (2.4018+1) \approx 799.42（万元）$$

计算结果表明，从现在开始每年支付235万元，连续发生4次，按照12%的利率计算，相当于现在一次支付799.42万元。这个计算结果说明第（3）种付款方式的现值小于800万元，但大于第（2）种方式的年金现值（793.06万元），这表明第（3）种付款方式优于第（1）种方式，但比第（2）种方式差。

3. 递延年金

递延年金是指在若干期以后的某一期开始连续发生的年金。实际上，递延年金可以在期末发生，也可以在期初发生。图2-3所示是期末发生的递延年金示意图。

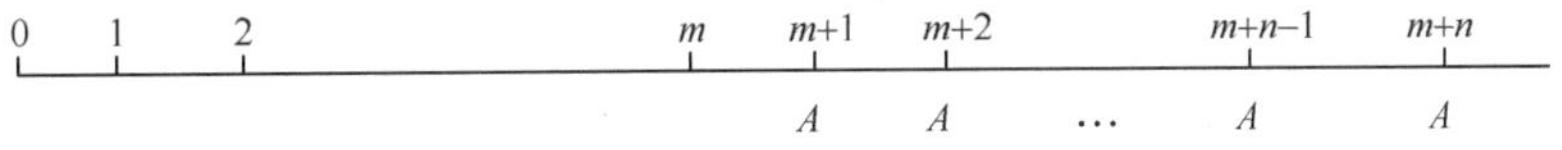

图 2-3 递延年金示意图

图2-3表示第一次支付发生在第 $m+1$ 期期末，连续支付 n 次，m 表示递延期数，称为"递延 m 期发生 n 期的递延年金"。由于递延年金终值的计算是年金向后折算的，所以其终值的计算方式与普通年金的计算方式相同，即

$$\text{递延} m \text{期发生} n \text{期的递延年金终值} = A \times (F/A, i, n) \qquad (2-24)$$

而递延年金现值由于要将年金折算到最初时期，需要跨越递延期限，所以其计算方法与普通年金现值不同，一般有以下三种方式。

（1）先求出递延年金在 $m+1$ 期期初的现值，再利用复利现值系数将它折现至第一期期初的价值，其计算公式为

$$\text{递延} m \text{期发生} n \text{期的递延年金现值} P(n) = A \times (P/A, i, n) \times (P/F, i, m) \qquad (2-25)$$

（2）先求出 $m+n$ 期普通年金现值，再减去前面没有发生的前 m 期普通年金现值，两者之差便是递延 m 期发生 n 期的递延年金现值，其计算公式为

$$P(n) = A \times (P/A, i, m+n) - A \times (P/A, i, m) \qquad (2\text{-}26)$$

(3) 先求出 n 期递延年金的终值，再利用复利现值系数将 n 期年金的终值折现到 $m+n$ 期初的现值，其计算公式为

$$P(n) = A \times (F/A, i, n) \times (P/F, i, m+n) \qquad (2\text{-}27)$$

现在来看【例2-7】中的第（4）种付款方式，它是一个递延年金。这里 $m=2$，$n=4$，$A=325$ 万元，$i=12\%$。运用式（2-25），$(P/A, 12\%, 4) \approx 3.0373$，$(P/F, 12\%, 2) \approx 0.7972$。该递延年金的现值约为

$P(n) = 325 \times (P/A, 12\%, 4) \times (P/F, 12\%, 2) \approx 325 \times 3.0373 \times 0.7972 \approx 786.93$（万元）

根据式（2-26），$(P/A, 12\%, 2+4) \approx 4.1114$，$(P/A, 12\%, 2) \approx 1.6901$。那么该即付年金的现值约为

$$P(n) \approx 325 \times 4.1114 - 325 \times 1.6901 \approx 786.92 \text{（万元）}$$

再根据式（2-27），$(F/A, 12\%, 4) \approx 4.7793$，$(P/F, 12\%, 2+4) \approx 0.5066$。那么该即付年金的现值约为

$$P(n) \approx 325 \times 4.7793 \times 0.5066 \approx 786.89 \text{（万元）}$$

由此可见，上述计算递延年金现值的三种方法，其计算结果是相同的（结果略有误差属于系数近似计算所致）。

将第（4）种付款方式的现值与前面三种方式进行比较，不难发现，该付款方式的现值最小，比第（1）～（3）种付款方式都好。

4. 永续年金

永续年金是指无限期等额收付的特种年金，可视为普通年金的特殊形式，即期限趋于无穷的普通年金。由于永续年金是无限期的，其终值为无穷大，所以无法计算。但是，可以用普通年金的公式来计算永续年金的现值，只要将式（2-14）中的期限 n 趋向于无穷大即可。因此，可以得到永续年金的现值公式为

$$P = \frac{A}{i} \qquad (2\text{-}28)$$

如果年金在每一期期初发生，那么其现值应当在式（2-28）的右端乘以 $(1+i)$，或者直接加上 A。

在现实生活中，永续年金也经常可见。例如，西方国家发行的无限期债券，其利息便是一个永续年金，优先股股利也是一种永续年金。在证券市场上，投资者也常常用永续年金现值计算公式来估算准备长期持有的固定股利股票的价值，具体见本书第四章第三节相关内容。

现在来看【例2-7】中的第（5）种付款方式，它是一个永续年金。这里 $i=12\%$，$A=99$ 万元，该永续年金的现值为 825 万元（99/12%）。

下面总结【例2-7】中关于XYZ公司大型设备价款的结算方式的选择问题。前面已经计算出第（2）～（5）种方式下未来付款额的现值，第（2）种方式约为 793.06 万元，第（3）种方式约为 799.42 万元，第（4）种方式约为 786.92 万元，第（5）种方式为 825 万元。与第（1）种方式"现在一次支付 800 万元"相比较，可见第（4）种方式最合算。当然这是按照 12% 的利率计算的结果；如果XYZ公司董事会要求的年投资回报率高于或低于 12%，则上述结论可能会有改变。

第二节 风险与风险报酬

一、风险的含义

当今社会，"风险"已经成为一个常用词。我们常常会说做这事"有风险"，做那事"风险大"。那么究竟什么是风险呢？实际上，对"风险"一词的解释可以说是众说纷纭。《现代汉语词典》对"风险"的解释是"可能发生的危险"。从理论上说，我们很难给风险下一个准确的定义。迄今为止，关于风险的定义没有一个统一的说法。有学者认为，风险是损失的可能性，也有人认为风险是损失的不确定性。经济学中所说的风险是指一种经济活动可带来的收益或其他经济利益所具有的不确定性。财务管理中所指的风险是指某项财务方案可能结果的变动性。这里的财务方案可能是投资方案，也可能是筹资方案或其他财务事项。财务管理中常说"资产的风险"，这里的"资产"并不等同于会计学中的资产，而是一个含义非常广泛的概念。它可以指一切可在现在或未来获得收益的价值载体，可以指公司中的某一项具体的资产（如厂房、设备、存货等），可以指金融市场中投资者所拥有的各种金融资产，可以是一个企业，也可以是多种资产的一种组合。

理解风险的含义，应当注意以下几点：

第一，风险具有普遍性，广泛存在于企业的各项经济活动之中。企业的生产经营与管理等活动都是在一定的市场经济条件下进行的，难免会受到各种难以预料或难以控制的因素的影响，使得企业面临各色各样的风险。不仅投资决策存在风险，筹资决策也存在风险，日常的生产经营活动都存在着风险。

第二，风险是指事物本身的不确定性，具有客观性。风险是客观存在的，不以人的意志为转移，即所谓"风险面前人人平等"（但每一个人的运气并不是平等的）。决策者只能采取一定的措施降低风险，而不能彻底消除风险。另外，特定投资的风险大小也是客观的，如投资于股票的风险必然大于投资于国库券的风险。

第三，不确定性是风险最基本的特征，但风险和不确定性是不同的。不确定性是指对于某种行为，人们无法预知该行为的结果；或者虽然预知该行为可能的结果，但不知每一结果产生的可能性有多大。对于这一类问题，人们很难做出合理的决策，更多的是依赖于偶然性与运气。而风险决策问题是指出现的各种结果及其发生的概率一般可事先估计和测算，只是不准确而已。

第四，风险是一个中性词。风险存在有利和不利两方面的结果，从这点来说，风险就是损益的波动幅度。它既可能给企业带来损失，也可能给企业带来收益。所以回避风险，既回避了可能遭受的损失，也失去了可能得到的收益。在日常经济生活中，人们说到风险自然就会想到亏损，财务决策通常将风险与损失联系在一起，以为有风险就是会亏钱，这是不正确的。当然决策者对于可能失败的结果总会更谨慎从事。因此，通常所说的风险防范，更多指控制某一不利后果发生的可能性。

二、风险的种类

通常，按照风险是否可以借助于多元化投资与经营加以分散或避免，可将风险分为系统风险与非系统风险两大类。

（一）系统风险

系统风险又称为市场风险或不可分散风险，是指由于外部经济大环境的变化引起的、对所有公司都可能产生影响的那些因素所形成的不确定性，如战争因素、利率的变化、通货膨胀、自然灾害、经济周期的变化等。这类风险涉及面广，对所有企业都会产生影响，无论投资哪个企业都无法避免，因而一般很难通过多元化经营或组合投资等策略予以分散。

（二）非系统风险

非系统风险，也称为可分散风险或公司特有风险，是指各个特定公司的某些特别事件造成的风险，如研发新产品的风险、筹资风险、劳资纠纷的风险、产品滞销的风险、成本管理与控制的风险、国家某一行业或产品政策改变的风险等。这类风险并不涉及所有企业和所有项目，因而可以通过分散投资来抵消。非系统风险根据风险形成的原因不同，又可分为经营风险和财务风险。

1. 经营风险

经营风险是指企业由于市场、技术、成本和企业自身不能左右的其他因素的不确定性而引起的风险。它是任何商业活动都存在的，是最基本的一种风险。经营风险可能来自企业内部，也可能来自企业外部。引起经营风险的外部因素主要有经济周期的变化、产业政策的调整、竞争对手的变化等客观因素。内部因素主要有经济决策能力、市场开拓能力、技术开发能力、管理当局的诚信、企业管理水平等主观因素。这些内外部因素使企业的生产经营产生不确定性，最终引起收益变化。

2. 财务风险

财务风险是指企业资金来源的构成因素对最终获利产生的不确定性影响。财务风险与经营风险不同，它并不存在于每一个企业。如果一个企业不举债，全部使用股东投入的资本，那么该企业自然也就没有财务风险。因而，我们说财务风险是由于企业举债而产生的。企业借款虽然可以解决暂时的资金困难，可以"借鸡生蛋"，提高企业自由资金的赢利能力，但它需要还本付息，加大了企业将来的偿债压力，而且借入资金所创造的利润是否大于支付的利息额具有不确定性，所以借款对于企业来说有着一定的风险。一个企业的资产负债率越高，企业的财务负担就越重，财务风险程度也就越高。

需要注意的是，虽然说企业举债会给企业带来财务风险，但这并不意味着企业要避免举债。借款在给企业带来风险的同时，也会给股东带来额外的收益。当借入资金所创造的利润大于支付的利息额时，股东就可以获得借款为其带来的额外收益，产生财务杠杆正效应。所以，管理层因综合考虑财务风险与收益，合理确定资本成本。

三、风险的计量

风险客观存在，广泛地影响着企业的财务和经营活动，因此，正视风险并将风险予以量化，进行较为准确的衡量，也成为企业财务管理中一项重要的工作。目前，理论上和实务界大都采用概率和统计的方法来衡量风险。统计学中的方差、标准差（也称均方差）和标准差系数成为衡量风险大小最典型的指标。

（一）概率

在经济生活中，某一件事在相同条件下可能发生也可能不发生，这类事件称为随机事件。概率就是用于表示随机事件发生可能性大小的数值。在统计方法中，人们把必然发生事件的概率定为1，把不可能发生事件的概率定义为0，而大多数随机事件的概率介于0～1之间。概率越大，随机事件发生的可能性越大。此外，无论随机事件发生多少种可能的结果，每一结果发生的概率之和为1。

（二）期望值

期望值是一概率分布中的所有可能结果，以各自相对应的概率为权数计算的加权平均值，它反映了随机变量取值的平均化。其计算公式如下：

$$E = \sum_{i=1}^{n} R_i P_i \quad (2-29)$$

式中，E 表示期望报酬率；R_i 表示第 i 种可能结果的预期报酬率；P_i 表示第 i 种结果出现的概率；n 表示可能出现的结果个数。

（三）离散程度

统计上表示随机变量离散程度的大小通常用方差、标准差、标准差系数这三个指标来衡量。

方差 [Var(R) 或 σ^2] 是用来表示随机变量与期望值之间离散程度的一个量，它是离差平方的平均数。标准差是方差的平方根。它们两者的大小不仅受到期望值之间差异程度的影响，也与期望值本身的大小有关。因而，方差与标准差一般只有在期望值相同或者相差不大的情况下才能被用来对不同投资的相关风险程度进行度量、比较。标准差系数（Var），也称标准离差率或者变异系数，是标准差与期望收益率的比值，它可以克服由于不同资产的期望收益率不同而产生的不合理影响。三者的计算公式如下：

方差 $$\text{Var}(R) = \sigma^2 = \sum [R_i - E(R)]^2 \times P_i \quad (2-30)$$

标准差 $$\sigma = \sqrt{\sum [R_i - E(R)]^2 \times P_i} \quad (2-31)$$

标准差系数 $$\text{CV} = \frac{\sigma}{E(R)} \quad (2-32)$$

式中，R_i 表示第 i 种可能结果的预期报酬率；P_i 表示第 i 种结果出现的概率；$E(R)$ 表示资产收益率的期望值。

下面通过一个实例来帮助读者更好地理解与掌握风险衡量的方法。

【例2-10】顶益食品有限公司拟扩大经营规模，形成如下两种投资方案。

A方案：扩建生产能力，继续扩大原有产品的市场份额。

B方案：增加研发投入，开发新产品。

两种投资方案的预期报酬率与市场情形有关，在不同市场情形下两方案的预期报酬率见表2-1。

要求：分析上述两种投资方案的风险大小。

表2-1　A、B两方案在不同市场情况下的报酬率分布

市场情形 方案	繁荣 （概率 P_1=0.3）	正常 （概率 P_2=0.4）	衰退 （概率 P_3=0.3）
A方案	20%	15%	5%
B方案	35%	20%	−10%

【解答】要计量两种投资方案的风险大小,首先要求出其各自的期望报酬率。

根据式(2-29)可以直接求得:

A方案的期望报酬率 $E(A) = 20\% \times 0.3 + 15\% \times 0.4 + 5\% \times 0.3 = 13.5\%$

B方案的期望报酬率 $E(B) = 35\% \times 0.3 + 20\% \times 0.4 + (-10\%) \times 0.3 = 15.5\%$

其次,求出各自的方差与标准差。

A方案:

方差 $Var(A) = (20\% - 13.5\%)^2 \times 0.3 + (15\% - 13.5\%)^2 \times 0.4 + (5\% - 13.5\%)^2 \times 0.3 \approx 0.35\%$

标准差 $\sigma(A) \approx 5.92\%$

B方案:

方差 $Var(B) = (35\% - 15.5\%)^2 \times 0.3 + (20\% - 15.5\%)^2 \times 0.4 + (-10\% - 15.5\%)^2 \times 0.3 \approx 3.17\%$

标准差 $\sigma(B) \approx 17.80\%$

由上述计算可知,A、B两种方案的期望报酬率不同,为了更合理地比较两者的风险大小,还应该计算出两种方案的标准离差系数,即

$$CV(A) = \sigma(A)/E(A) \approx 43.85\%$$

$$CV(B) = \sigma(B)/E(B) \approx 114.84\%$$

计算结果表明,A方案预期报酬率的方差、标准差、标准离差系数均小于B产品,因而可认为A方案的风险要低于B方案。如果公司管理层比较保守,不愿承担过高的风险,则会选择A方案;如公司管理层比较愿意冒险,则会选择期望报酬率较高、风险较大的B方案。

四、风险与收益的关系

(一)风险与收益的基本关系

在投资活动中,风险和收益如影随形,收益以风险为代价,风险用收益来补偿。投资者投资的目的是为了得到收益,与此同时,又不可避免地面临着风险。一般的投资者都会对风险采取规避态度,即当投资报酬率相同时,人们会选择风险小的项目;当风险相同时,人们会选择报酬率高的项目。这样选择的结果是:高风险的项目必须要有高的报酬,否则将没有人愿意投资。因此,可以认为,风险与收益的基本关系为:风险与收益是相对应的,即风险较大的投资项目,其要求的收益率相对较高;反之,收益率较低的投资对象,风险相对较小。例如一般而言,债券投资的风险小于股票投资,其收益率也低于股票投资的收益率。

(二)风险报酬的计量

风险报酬也称为风险溢酬,它是指投资者冒风险投资而获得的报酬超过无风险报酬的额外报酬。它有两种表示方法:风险报酬额和风险报酬率。

投资者要求的报酬率(必要投资报酬率)有三个部分构成:(1)无风险报酬率(确定的,与投资时间长短相关),实质上是货币时间价值,通常以最低的社会平均资金利润率来衡量;(2)风险报酬率(不确定的,与投资项目的风险有关);(3)通货膨胀率(与通货膨胀有关),是对投资者承担的货币贬值损失的一种补偿。

一般而言,投资报酬率是指在没有通货膨胀情况下,投资者要求的报酬率,由前面两部分

组成，即

$$投资报酬率 = 无风险报酬率 + 风险报酬率 \tag{2-33}$$

标准离差率可以反映投资者所冒风险的程度，但它本身并不是风险报酬率。要计量风险报酬率还需要借助一个系数——风险报酬系数。风险报酬系数就是把标准离差率转为风险报酬的一种系数或者倍数。风险报酬率、标准离差率、风险报酬系数三者之间的关系为

$$R = b \times \mathrm{CV} \tag{2-34}$$

式中，R 表示风险报酬率；b 表示风险报酬系数；CV 表示标准离差率。

因此，风险与收益之间的关系可以表示为

$$K = i + b \times \mathrm{CV} \tag{2-35}$$

式中，K 表示投资报酬率；i 表示无风险报酬率。

【例 2-11】沿用【例 2-10】的资料，假如顶益公司董事会决定选择 B 方案，根据前面的计算结果，B 方案的期望报酬率为 15.5%，标准差系数为 114.84%。现在假设有甲、乙两个投资者对该项目进行决策，他们确定的风险报酬系数分别为 0.15 和 0.10，而市场的无风险报酬率为 3%。试分别计算甲、乙投资者的期望收益率。

【解答】甲投资者的期望报酬率为

$$R_甲 = 3\% + 0.15 \times 114.84\% = 20.23\%$$

乙投资者的期望报酬率为

$$R_乙 = 3\% + 0.10 \times 114.84\% = 14.48\%$$

从上述计算可以看出，甲投资者的期望报酬率为 20.23%，说明甲投资该项目至少要获得 20.23% 的报酬率；同样，乙对该投资项目的最低报酬率是 14.48%。如果前面计算得到的 B 方案 15.5% 的期望报酬率是可信的，那么，甲不愿意投资该项目，而乙择愿意接受该项目。

从上述分析可以看出，风险报酬系数的经济意义是十分明显的，它反映了决策者对风险的态度。风险报酬系数的取值越大，说明决策者比较保守，不愿冒险；反之，风险报酬系数的取值越小，说明决策者敢于冒险。【例 2-11】中，相比之下，甲投资者比较保守，而乙投资者择比较冒险。

至于风险报酬系数的确定，一般有以下几种方法：

(1) 根据以往同类项目加以确定。风险报酬系数 b，可以参照以往的历史资料，运用前述有关公式加以确定。例如，根据以往公司统计资料的显示，某一项目的必要报酬率一般为 15% 左右，其标准离差率为 80%，国库券利率（无风险报酬率）为 5%，则由式（2-35）可以推出 $b = (K-i)/\mathrm{CV} = 12.5\%$。

(2) 由企业领导或企业组织有关专家确定。上述方法必须在历史资料比较充分的情况下使用，但是新项目往往缺乏历史资料。此时，风险报酬系数就可以由企业高管根据经验确定，也可以由企业组织有关专家确定。一般而言，风险报酬系数在很大程度上取决于各公司对风险的态度。风险爱好者一般把 b 值定低些；反之，经营比较保守的公司常常把 b 值定高些。

(3) 由国家有关部门组织专家确定。国家有关部门组织专家，根据行业的条件和有关因素，确定各行业的风险报酬系数，由国家定期公布，作为企业投资决策的参考。

第三节 现金流量

一、现金流量的概念及其重要性

(一) 现金流量的概念

现金流量是现代财务管理学中的一个重要概念,它是指企业在一定会计期间按照现金收付实现制,通过一定经济活动(包括经营活动、投资活动、筹资活动和非经常性项目)而产生的现金流入、现金流出及其净流量的总称。这里的"现金"不是会计实务中所指的库存现金,而是指企业的货币资金,还包括现金等价物,即企业持有的期限短、流动性强、容易转换为已知金额现金、价值变动很小的投资等。

(二) 现金流量的重要性

在现代企业发展的过程中,决定企业兴衰存亡的是现金流,最能反映企业财务状况的也是现金流。因而,现金流量对于企业来说是极其重要的,主要体现在以下几个方面:

(1) 现金流量比传统的利润指标更能说明企业的赢利质量。首先,在利用利润指标时,企业常常会利用增加投资收益等非营业活动来操纵利润,而经营活动现金流量只计算营业利润,将投资收益等非经常性收益剔除在外;其次,会计利润是按照权责发生制确定的,可以通过虚假销售、提前确认销售、关联交易等手段调节利润,而现金流量是按收付实现制确定的,上述调节方式一般并不能增加现金流量;再者,现金流量比利润具有刚性,它一般不会随着会计处理方法的变化而变化,如采用不同的方法计提固定资产折旧、计提减值准备等,它们一般不会影响现金流量净额,但却会影响企业在某一期的利润。因而,现金流量比利润更难造假,也就更加可靠真实。

(2) 企业现金流量的增加额是企业生存与发展的基础。对于一个企业而言,要想成长发展,必须有足够的资金。因为企业的直接威胁是破产,而破产的直接动因是出现了财务危机,无法清偿到期债务。一个企业无论其账面上有多少资产、多少利润,如果没有足额的资金来维持企业的正常运营、偿还其到期债务,那么这个企业就不可能有很好的发展,最终还是难逃破产清算的命运。

(3) 现金流量是评价投资项目的重要价值信息,主要有以下几个方面的理由:第一,现金流量有利于考虑时间价值的因素。科学的投资决策需要考虑时间价值的因素,现金流量反映的是当期的现金流入与流出,有利于考虑时间价值的因素;而会计利润不一定当期实现,没有考虑时间价值的因素。第二,利润的计算受人为因素的影响比较大,而现金流量则具有刚性,因而用现金流量来评价投资决策更加客观。第三,在投资分析中,现金流转状况比盈亏状况更重要。一个项目能否持续下去,并不是看其带来的账面利润是多少,而要看其是否有足够的资金来运转,其是否入不敷出。现金一旦支出,不管是否消耗,都不能用于别的目的,只有将现金收回后才能进行进一步投资。因此,在投资决策中更重视现金流量的分析。

二、投资项目的现金流量

投资是将资本投入到企业内部或者企业外部,以获得收益的行为。投资行为往往会使企业的现金流量发生变化。从投资的概念中可以看出,投资行为是现金流出在先,投资完成通过生产经营活动收回现金,产生现金流入。例如,某一企业开办一个新工厂,前期需要建造厂房、购置生产设备，这时会有大量的资金流出企业，等企业投入生产后通过销售商品就会有后续的现金流入企业。后续的流入量一般大于流出量，其差额便是投资收益；如果流入量小于流出量，其差额形成投资损失。这个过程可用图2-4来解释。

图2-4中"现金流量平衡线"是一条倾斜角度为45°的直线，该直线上的每一个点其现金流入量等于流出量。"投资现金流量线"是表示投资活动实际现金流入流出量的直线，通常在"现金流量平衡线"的上方，表明投资活动产生的现金流入量大于现金流出量；它与"现金流量平衡线"的差异表示投资活动形成的收益。如果一项投资活动的"投资现金流量线"在"现金流量平衡线"的下方，则表明该投资活动产生的现金流出量大于现金流入量，会形成投资损失。此时，企业就需要采取一定的措施来增加收入或者减少成本。当无法采取必要措施时，应考虑放弃该投资方案，以免给企业带来更大的亏损。

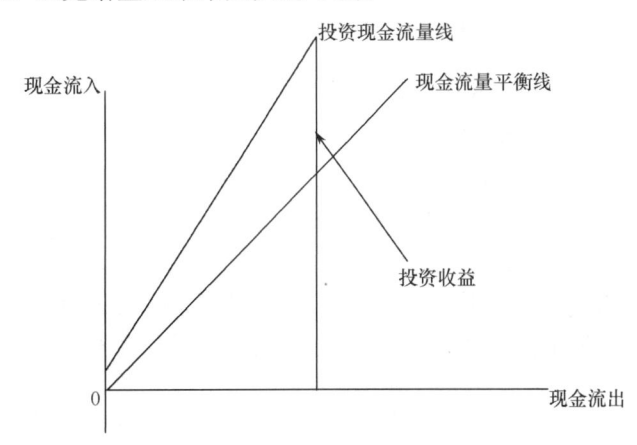

图 2-4　投资活动现金流量图

三、融资项目的现金流量

融资与投资像一对孪生姐妹，支撑着企业的财务活动和经营活动。广义的融资可以分为内部融资与外部融资。内部融资是指企业通过自身经营活动中的收益留存而实现的融资，这实质上是企业收益分配的结果。外部融资是指企业通过一定的方式向企业外部筹集资金的行为，如企业发行债券、向金融机构借款、发行股票等。狭义的融资一般是指外部融资。

与投资活动一样，融资活动也会使企业的现金流量发生变化。但是，与投资不同的是，融资行为是现金流量流入在先，再发生现金流出，现金流出大于现金流入的部分为资本成本。融资活动的现金流可用图2-5来表示。

因为融资活动是现金流入为先，流出为后，而货币具有时间价值，所以"现金流量平衡线"总是在"融资现金流量线"的上方，两者之间的差额就是资本成本。不同的融资方式，资本成本不同。一般而言，债权融资成本小于股权融资成本，融资期限长的资本成本大于期限短的资本成本。本书在后面章节会详细讨论这个问题。

不同的融资方式，现金流入与流出的时间和形式不同。例如债券融资，在发行债券时获得现金流入，到期还本付息时产生更多的现金流出（一次性还本付息）；而股权融资，在发行股票时现金流入，以后各期向股东支付股利（非强制性），产生现金流出。只要主体的经营活动持续不断，它一般不必退还股款给股东。也就是说与债权融资相比，股权融资在以后各期的现

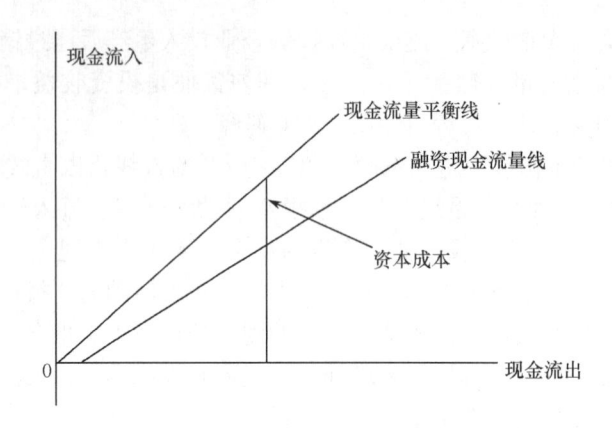

图 2-5 融资活动现金流量图

金流出相对比较均衡，流出的时间也比较随意，不会产生太大的支付压力；而债权融资的还本付息期一般都事先约定，不能随意更改。

投资与融资行为在产生现金流量的过程中存在着对立统一的关系，主要体现在：某一经济行为对于某一经济主体来说是融资行为，而对另一经济主体而言却是投资行为。投资方的开始现金流出就会形成融资方的开始现金流入；融资方的最后现金流出会形成投资方的最后现金流入。所以，在投融资过程中，投融资双方的现金流入量和流出量达到交叉平衡。当然，由于投融资行为通常存在交易费用和税金，融资主体起初发生的现金流入量会小于投资主体起初产生的现金流出量；而投资主体其后产生的现金流入量会小于融资主体产生的现金流出量。也就是说，投融资主体的现金流入与流出由于交易费用和税金的存在而不对等。

第四节 贴现率与净现值

贴现率和净现值是财务管理中两个使用频率很高的词。贴现率是将不同时点的现金流量换算到某一特定时点价值的换算率；净现值是衡量财务活动对企业价值贡献大小的指标，净现值是贴现率的函数。

一、贴现率

（一）贴现率的含义

贴现率也称为折现率，是将未来现金流量还原或转换为现值的比率，它是反映货币时间价值的重要参数。贴现率与利率紧密相关，但它不是利率。这是因为：利率是资金的报酬，而贴现率是管理资产的报酬；利率只表示资金本身的获利能力，与使用条件、占用者和使用途径没有直接联系，而贴现率则与资产以及所有者使用效果相关。所以，如果将贴现率等同于利率，就会过于简单和片面化了。

要搞清楚贴现率的本质，可以从贴现开始分析。这里所说的"贴现"不是通常意义上的票据的贴现，而是指将预期的现金流转换为现值的一个转换过程。贴现作为一个时间价值的概念，认为将来的收益或利益低于现在同样数额的收益或利益，并且随着收益的时间向未来推迟而有系统地降低价值。从企业估价的角度来看，贴现率是企业各类收益索偿权持有人要求报酬率的加权平均数,也就是加权平均资本成本;从贴现率本身来说,它是一种特定条件下的收益率,说明资产取得该项收益的收益率水平。所以,贴现率实质上是一种资本收益率,它与报酬率在本质上是相同的。

(二) 贴现率的确定

贴现率的本质揭示了确定贴现率的基本思路,即贴现率应等同于具有同等风险的资本收益率,也可以说是投资者的预期报酬率或者是融资者的资本成本(率)。根据风险与报酬的关系,可以知道影响投融资贴现率的因素主要有两个:一是投资风险的大小,一般而言,风险越大,投资者希望的报酬率越高,那么该项目的贴现率越高;反之亦然。二是决策者对风险的态度,一般地说,对相同的风险水平的投融资行为,保守的决策者会选择比较高的贴现率,冒险的决策者会选择比较低的贴现率。

贴现率的确定方法很多,如资本资产定价模型法、加权平均资本成本法等。

1. 资本资产定价模型法

按照风险报酬原理,贴现率应当包括两个组成部分:一是无风险贴现率,二是风险贴现率。而风险贴现率又取决于风险的大小和决策者对风险的态度。在实际计算时,确定贴现率可以采用资本资产定价模型[①],其计算公式为

$$K = K_f + \beta \times (K_m - K_f) \tag{2-36}$$

式中,K 表示期望报酬率;K_f 表示无风险报酬率;K_m 表示市场平均风险报酬率;β 表示该项资产的贝塔系数。

2. 加权平均资本成本法

加权平均资本成本法是将企业多种长期资金的风险和收益结合起来确定贴现率的途径,国际上通常将资本成本视为投资项目的"最低收益率"。对于新建或新改组企业,或资产负债结构较合理的企业,采用加权平均资本成本法确定贴现率是较适当的选择。

二、净现值

(一) 净现值的概念

净现值(NPV)是指财务活动现金流入量现值与流出量现值之差。即所有未来现金流入和流出都要按照预定贴现率折算出它们的现值,然后再计算它们的差额。其计算公式为

$$\sum \frac{CFI_t}{(1+K)^t} - \sum \frac{CFO_t}{(1+K)^t} \tag{2-37}$$

式中,NPV 表示财务行为的现金流量净现值;CFI_t 表示第 t 期的现金流入量;CFO_t 表示第 t 期的现金流出量;K 表示贴现率。

从式(2-37)中可以看出,净现值的大小取决于两个因素:一是贴现率的大小;二是财务活动预期的现金流入与流出的时间和数量,即现金流入量和流出量在各个时点的分布状况。因此,计算财务活动现金流量净现值的关键是分析财务活动现金流量的分布状况,然后根据确定的贴现率将流入量和流出量予以贴现。

(二) 净现值是贴现率的函数

从式(2-37)中不难看出,净现值是贴现率的函数,在财务活动现金流量分布一定的前提下,

---

① 资本资产定价模型的有关内容详见本书第九章第一节。

它会随着贴现率的变化而变化。财务活动净现值随贴现率变化的函数称为财务活动的净现值函数。财务活动的净现值函数根据行为方式不同，又可以分为投资净现值函数和融资净现值函数。

1. 投资净现值函数

投资行为的现金流量分布特征是：先流出现金，再流入现金，一般流入现金的绝对额大于流出现金的绝对额，从而形成投资收益。因此，一般而言，投资活动现金流量的净现值是贴现率的递减函数，可以用图 2-6 表示。

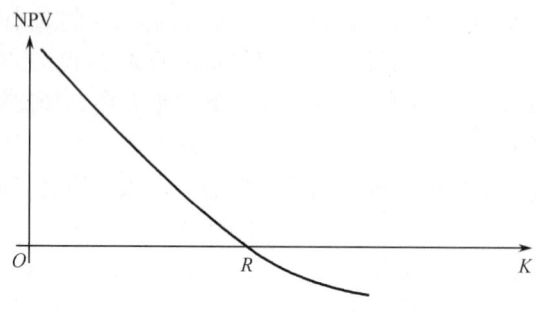

图 2-6 投资活动净现值函数

图中，投资活动的净现值随着贴现率的增大而不断减小。当贴现率 $K=R$ 时，净现值为零，即投资活动的现金流入量的现值等于现金流出量的现值。财务管理中将该贴现率称为内含报酬率。对于独立的投资活动，当投资方案的净现值为正时才能接受，因为只有净现值为正数时，该方案的报酬率才大于项目要求的最低报酬率或资本成本率，才会给企业最终带来收益，使企业的价值增加，该方案才可行；反之，则应该放弃该方案。

投资活动的净现值并不一定在贴现率的任何区间都表现为贴现率的递减函数。有些投资项目在项目寿命期内现金的流入量与流出量是交替发生的。此时，投资项目的净现值就可能在某一区间表现为贴现率的递减函数，而在另一区间表现为贴现率的递增函数。

2. 融资净现值函数

融资行为的现金流量分布特征是：先流入现金，再流出现金，流出现金的绝对额大于流入现金的绝对额，差额形成资本成本。显然，融资活动与投资活动相反，其现金流量的净现值是贴现率的递增函数，可以用图 2-7 表示。

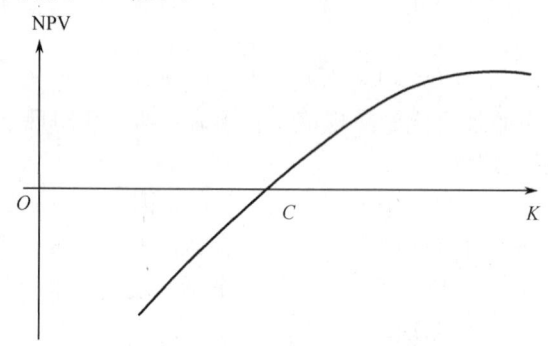

图 2-7 融资活动净现值函数

图 2-7 中，融资活动的净现值随着贴现率的增大而增大，当贴现率 $K=C$ 时，融资活动的净现值为零，即现金流入量现值等于流出量现值。财务管理中将该贴现率称为融资行为的内含成本率。

（三）净现值的特点

净现值多用于评价投资方案在财务上是否可行，是评价投资决策最重要的指标之一，具有广泛的适用性。净现值具有以下优点：

（1）考虑了货币的时间价值，从而能反映项目投资收益的现值，增强了投资经济性的评价。

（2）考虑了投资风险的影响。在计算净现值时，允许使用不同的贴现率来计算。而贴现率的大小又受到投资风险大小和投资者对风险的态度两个因素的影响。

（3）考虑了项目计算期的全部净现金流量的影响，体现了流动性与收益性的统一。

（4）净现值指标是一个绝对值指标，能明确反映一个投资会使企业增值或者减值的数额的大小，可以很好地为企业决策者提供有用的信息。

然而，净现值也有其自身的缺陷，主要体现在以下几个方面：

（1）净现值不能说明投资方案本身投资报酬率的大小，因此，仅凭净现值的大小不能对投资获利水平做出正确的评价。

（2）净现值是一个绝对指标，它只能评价初始投资额相同的投资方案，不利于对不同方案的投资优劣进行排序，从而导致无法做出正确决策。

（3）净现值无法对寿命期不同的投资方案进行直接决策。若寿命期不同，则贴现期间也不同，此时不同投资方案的净现值不具备可比性。

所以，为了能对投资决策做出更正确的评价，在运用净现值指标时，还应该结合其他的指标。关于这方面的内容，将在第六章第三节进行详细阐述。

【思考与练习】

一、思考题

1. 年金终值系数和年金现值系数互为倒数吗？它们之间有怎样的数量关系？

2. 请你对本章计算即付年金终值式（2-22）和即付年金现值式（2-23）给出图示解释。

3. 某人拟购置一处房产，房主提出两种方案（付款方式）：

（1）从现在起，每年年初支付5万元，连续支付10次，共50万元。

（2）从第5年起，每年年初支付7万元，连续支付10次，共70万元。

该购房者目前资金较为宽裕，他认为："第（1）种方案支付的全部价款比第（2）种方案少20万元，因此第（1）种方案对购房者来说更合算。"

你认为该购房者的分析有何不妥？应该如何分析和选择付款方式？

4. 有人说，高风险必定意味着高收益，低风险一定意味着低收益。你认为这句话对吗？请说明理由。

5. 信赖公司准备进行股票投资，现有A、B、C三个股票作为备选品种。反映这三种股票风险大小的有关数据见下表。

指标	股票A	股票B	股票C
期望报酬率	25%	20%	12%
报酬率的标准差	20%	22%	15%

信赖公司证券部的甲、乙两位职员的分析如下。甲认为：A股票的期望报酬率最高，高收益意味着高风险，所以A股票的风险最大，B股票次之，C股票最小。乙认为：B股票的标准差最大，其风险最大，A股票次之，C股票最小。请你分别指出公司证券部的两位职员对A、B、C三种股票的风险分析有何不妥？你认为哪一种股票的风险最大？请说明理由。

6. 财务决策时为什么企业要重视现金流量，而将利润指标放在次要的位置？

7. 什么是贴现率？分别指出投资净现值函数和融资净现值函数与贴现率的关系。

二、单项选择题

1. 现在银行储蓄存款5年期的年利率为4.55%，若5年以后想要得到30000元，按照单利计算，现在应一次存入约（　　）元。

　　A. 23175　　　　B. 24440　　　　C. 28635　　　　D. 28694

2. 偿债基金系数是（　　）。

　　A. 复利终值系数的倒数　　　　B. 复利现值系数的倒数
　　C. 年金终值系数的倒数　　　　D. 年金现值系数的倒数

3. 年金现值系数的倒数是（　　）。

　　A. 复利终值系数的倒数　　　　B. 复利现值系数的倒数
　　C. 偿债基金系数　　　　　　　D. 投资回收系数

4. 某人准备现在存入银行一笔钱，希望从第一年开始在今后6年内每年年末取出3000元供子女上中学，设年复利率为5%，此人现在应一次存入约（　　）元。

　　A. 2239　　　　B. 15227　　　　C. 18000　　　　D. 20406

5. 某人每年年初存入1000元，按5%的年复利率计算利息，10年后获得的利息总额最接近的数额是（　　）。元。

　　A. 2278　　　　B. 2578　　　　C. 3207　　　　D. 8108

6. 某人年初存入银行1000元，假设银行按每年10%的复利计息，每年末取出200元，则最后一次能够足额（200元）提款的时间是（　　）。

　　A. 5年末　　　B. 7年末　　　C. 8年末　　　D. 9年末

7. 小虎拟于5年后一次偿还所欠债务35000元，假定银行利率为8%，则应从现在起每年年末存入的偿债基金约为（　　）元。

　　A. 5965.98　　B. 8766　　　C. 205331　　　D. 139744.50

8. 某人准备将10000元钱存入银行，有两种方式：（1）定期3年，目前银行规定的年期存款年利率为4.14%；（2）定期1年，年利率为2.75%，到期转存。假设3年内上述定期存款的利率均不变。那么，这笔储蓄在上述两种存储方式下最终的利息差异是：第（1）种方式比第（2）种方式多大约（　　）元。

　　A. 394.10　　　B. 417.00　　　C. 446.23　　　D. 469.13

9. 某一投资项目的标准差系数为80%，无风险报酬率为5%，若某投资者的必要报酬率为15%，则该投资者确定的风险报酬系数为（　　）。

　　A. 0.125　　　B. 0.625　　　C. 1.6　　　　D. 2.5

10. 当贴现率等于融资项目的内含成本率时，融资活动的净现值（　　）。

　　A. 大于零　　　B. 小于零　　　C. 等于零　　　D. 不一定

三、多项选择题

1. 货币时间价值在数量上应当理解为扣除（　　　　）后社会平均利润率。
   A. 时间因素 B. 通货膨胀因素
   C. 纯粹利率 D. 风险因素

2. 下列表述中正确的是（　　　）。
   A. 复利终值系数与复利现值系数互为倒数
   B. 普通年金终值系数与普通年金现值系数互为倒数
   C. 普通年金终值系数与偿债基金系数互为倒数
   D. 普通年金现值系数与投资回收系数互为倒数

3. 下列关于复利终值系数、复利现值系数、普通年金终值系数和普通年金现值系数的数值大小的判断正确的有（　　　）。
   A. 复利终值系数大于1 B. 复利现值系数小于1
   C. 普通年金终值系数大于期数 D. 普通年金现值系数小于期数
   E. 普通年金终值系数小于期数

4. 下列关于即付年金的终值公式中正确的有（　　　　）。
   A. $F_A = A \times [(1+i)^n - 1](1+i) \div i$ B. $F_A = A \times [1 - (1+i)^{-n}](1+i) \div i$
   C. $F_A = A \times \{[(1+i)^{n-1} - 1] \div i + 1\}$ D. $F_A = A \times \{[(1+i)^{n+1} - 1] \div i - 1\}$

5. 企业向银行借款1000万元，期限为5年，年利率为9%，确定的还款方式为按年分期等额还本付息。那么可以计算出每年的还款金额约为257.09万元。下列关于分期等额还本付息方式的说法正确的有（　　　）。
   A. 每年支付的利息逐年递减 B. 每年偿还的本金逐年递增
   C. 第一年偿还的本金约为167.09万元 D. 最后一年偿还的本金为200万元

6. 如果年金发生在每一期的期初，那么下列可以作为永续年金现值公式的有（　　　　）
   A. $P_A = A \div i$ B. $P_A = A \times i$
   C. $P_A = A \times (1+i) \div i$ D. $P_A = A \div i + A$

7. 下列因素引起的风险一般属于系统风险的有（　　　）。
   A. 战争 B. 经济周期变化 C. 举债经营 D. 通货膨胀

8. 有关现金流量的说法不正确的有（　　　）。
   A. 财务决策中使用的现金流量是指库存现金
   B. 现金流量反映的是某一时期的现金流入量、现金流出量和净流量
   C. 任何投资活动的现金流入量一定大于现金流出量
   D. 任何融资活动的现金流入量一定小于现金流出量

9. 下列有关净现值的说法正确的是（　　　）
   A. 净现值考虑了货币的时间价值
   B. 净现值考虑了风险的影响
   C. 净现值是财务活动现金流入量的现值与流出量现值之差
   D. 任何投资活动的净现值都表现为贴现率的递减函数

10. 在投融资项目现金流量分布不变的前提下，提高贴现率会导致（　　　　）。
    A. 投资净现值上升 B. 投资净现值下降

C. 融资净现值上升　　　　　　　　D. 融资净现值下降

四、计算分析题

1. 某家长为其女儿5年后出国需要准备200000元人民币。现在有两种存储方式：(1) 现在一次存入，定期5年，年利率为6%，银行按单利计息；(2) 每年年初存入一笔相等金额的本金，银行存款利率为5%，按年复利计算利息。试分别计算应存入的金额（计算结果精确到元）。

2. 某人从现在开始每月月初存入银行500元，银行规定的月利率为0.5%，但银行规定按单利计息。

(1) 试计算该（零存整取）储蓄2年以后的本利和。

(2) 请你根据上述计算过程导出单利计息模式下的即付年金终值公式（假设年利率为 i，期限为 n，年金值为 A，n 期的年金终值为 F_A）。

3. 2011年8月1日正是张先生23周岁生日，也是他大学毕业参加工作的时间。他在一家上市公司做财务工作，按照正常情况，张先生将于2048年7月31日退休。张先生从工作的第一个月开始每月从工资中扣除500元存入他的养老金账户，同时公司也为他存入相等金额的养老金。如果该养老金的月投资收益率为0.5%，请你按照复利计算（结果精确到元）：

(1) 张先生在60周岁退休时养老金账户的本利和是多少？

(2) 如果张先生的寿命为80岁，那么他退休后可以从自己的养老金账户中每月（等额）取出多少钱作为养老？

4. ABC公司拟购置一台设备，销售方提供如下四种付款方案：

(1) 现在一次性支付200万元。

(2) 从现在起，每年年初支付30万，连续支付10次，共300万元。

(3) 从第5年开始，每年年末支付36万元，连续支付10次，共360万元。

假设该公司的资本成本为10%。则ABC公司选择哪个方案对自己最有利？

5. 某企业准备投资开发一个新项目，现有A、B两个方案可供选择，经预测A、B两个方案的期望报酬率见下表。

市场状况	概率	预期年报酬率（%）	
		A方案	B方案
繁荣	0.3	30	40
一般	0.5	15	15
衰退	0.2	−5	−15

要求：

(1) 计算A、B两个方案报酬率的期望值。

(2) 计算A、B两个方案报酬率的标准差和标准差系数。

(3) 假设无风险收益率为4%，某投资者确定的风险报酬系数为0.12，试计算该投资者对A、B方案决策的必要报酬率。

6. XYZ公司财务部和投资发展部共同制定2011年的投融资计划，拟实施投融资项目，融资获得的资金用于投资的需要。融资项目和投资项目如下：

融资项目：现在向银行取得长期借款3000万元，银行未明确给出名义利率，但要求借款人每过一年偿还550万元（含本金和利息），共8年，合计支付4400万元。

投资项目：现在投资3000万元，寿命期为8年，前4年每年能够产生680万元的现金流入，后4年能产生400万元的现金流入，8年中合计收回现金4320万元（假设每年现金流入均在年末）。

公司投资发展部的小张认为，将借款获得的资金用于投资项目能够满足投资的需要，但投资项目在其寿命期内获得的现金流量合计只有4320万元，而8年中需要偿还的借款本息合计却达到4400万元；如果以上述投资项目获得的现金流入量去偿还银行借款的本息，公司会出现入不敷出的现象。

财务部的小王通过简单的计算后认为，虽然投资项目在寿命期内获得的现金流量合计小于8年中需要偿还的借款本息合计，但投资项目的收益率却高于融资项目的成本率。只要公司合理有效地使用资金，以投资项目获得的现金流入量去偿还银行借款的本息，不会出现入不敷出的现象。

要求：在分析上述融资项目和投资项目的现金流量的基础上，完成下列工作。

(1) 分别写出上述融资项目的净现值和投资项目的净现值关于贴现率的函数表达式。

(2) 如果贴现率取10%，计算上述融资项目的净现值和投资项目的净现值。

(3) 根据上述计算结果，判断该公司上述融资项目的内含成本率大于10%还是小于10%？上述投资项目的内含收益率大于10%还是小于10%？是否可以得出"投资项目的收益率却高于融资项目的成本率"的结论？

(4) 在今后8年内，如果以上述投资项目获得的现金流入量去偿还银行借款的本息，该公司是否会产生入不敷出的现象？

五、案例题

【案例一】 　　　　　　　　　　**85届英语校友互助会**

资料：

1995年国庆节杭城某大学英语专业85届同学举行毕业十周年同学会，叙旧交谈中得知，有一位做生意的同学急需一笔资金，有人建议校友们组建一个互助会基金，结果有十位校友参加了该互助会。制定的游戏规则如下。

(1) 互助会基金期限为9年（1995年10月—2004年10月）。

(2) 选举一位会长（组织者）具体操办。

(3) 第一年（1995年10月）由会长坐庄，其他9位成员各付出5000元，共计45000元款项交予会长，由会长用于投资。以后各年由其他9位成员依次轮换坐庄。以此类推，每年付款金额依次为5000元、5500元、6040元、6600元、7200元、7850元、8600元、9400元、10250元、11100元。

问题：

(1) 从财务管理的角度看，在此游戏中，排在前面的人和排在后面的人分别是什么财务行为？

(2) 如果会长在后9年每年都能按期支付款项，他运用这笔资金所产生的年收益率至少要达到多少？

(3) 对最后一位坐庄的人来说，他在该互助会中所能获得多高的年收益率？

(4) 如果你是其中的一位同学，请你从不同的角度分析：坐庄排在前面有利，还是排在后面有利？

【案例二】　　　　　　　　　　　住房按揭贷款

资料：

张尧锦、王郭颖是结婚5年的年轻夫妇，他们俩都在事业单位上班。在2000年年末小家庭已有20万元积蓄，以后每月的工资收入估计能保证7500元，除去日常生活开支每月4000元左右，每月还可积蓄约3500元。他们准备购置一处房产，总房价约为45万元，准备首付一部分房款，余款实行银行按揭。

张尧锦和王郭颖正在商讨购房付款的事宜，考虑现有积蓄20万元中留存5万元准备装修之用，购房时首付15万元，30万元实行商业银行贷款按揭。张尧锦认为按揭年限短一些为好，初步定在10年，采用按月等额本息还款方式（假设按揭款在每月的月末支付，下同）。王郭颖则认为按揭的时间定得长一些比较好，确定为20年，采用按月等额本金还款方式。

经过协商以后，张尧锦和王郭颖最终决定将按揭的年限定为15年。当时银行规定5年期及以上期限的按揭月利率为0.5175%，他们从2001年1月开始缴纳按揭款。

一年以后，他们收到了前12个月的按揭贷款还款对账单，对账单列示的还款数额见下表。

期数	还本	付息	期数	还本	付息
1	1013.23	1552.50	7	1045.10	1520.63
2	1018.47	1547.26	8	1050.51	1515.22
3	1023.74	1541.99	9	1055.95	1509.78
4	1029.04	1536.69	10	1061.41	1504.32
5	1034.37	1531.36	11	1066.90	1498.83
6	1039.72	1526.01	12	1072.42	1493.31

王郭颖看完对账单，有些沮丧，为什么呢？你看：一年内共还款30788.76元，其中归还本金12510.86元，支付利息合计18277.9元，由此可见，前12个月支付的款项中有59.37%是利息，而本金只偿付了30万元的4.17%。

2002年2月21日，中国人民银行下调人民币存贷款利率，将5年期及以上的贷款年利率调整为5.76%。按规定，住房按揭贷款从2003年1月起按0.48%的月利率调整按揭额。

然而，张尧锦和王郭颖在2001—2003年的收入大大超过了他们的预期，同时银行的还款对账单也使他们感到按揭是在"给银行打工"，于是他们想在2004年1月初将剩余12年的房款一次付清。

问题：

(1) 按照张尧锦的最初想法，若将按揭年限定为10年，采用按月等额本息还款方式，他们每月3500元的支付能力能否支付每月的按揭款？

(2) 按照王郭颖的最初想法，若将按揭年限定为20年，采用月等额本金还款方式，那么他们每个月的还款额呈现怎样的变化规律？

(3) 张尧锦和王郭颖最终将按揭的年限定为15年。按照月利率0.5175%计算，15年中他们一共要支付大约多少利息？

(4) 2003年1月起调整利率后，上述30万元15年按揭的月还款额会有怎样的变化？

(5) 现实中确实有不少购房者会考虑提前还按揭贷款，你认为其中可能的原因有哪些？银行对账单是否对提前还款的决定产生影响？

(6) 若张尧锦和王郭颖想在2004年1月初将剩余12年的房款一次付清。请计算：他们在2004年1月初应一次偿还多少？

第三章 筹资方式

企业要谋求生存、发展，往往离不开筹资活动。筹集资金是企业资金运动的起点，是决定生产经营规模和发展速度的重要环节。在现代金融市场上，公司有诸多的筹资渠道和融资工具可供选择，各种筹资工具都有自己独特的交易方式、融资功能和资本成本。如何根据实际和企业自身情况选择一些合适的筹资渠道和工具，是财务管理人员必须面对的问题。

本章主要阐述企业筹资的基本理论问题，介绍各种筹资方式，包括吸收直接投资、发行普通股、发行优先股等权益资本筹集方式，以及发行债券、借款、融资租赁等债务资本筹集方式。

第一节 筹资概述

一、筹资渠道

筹资渠道指资金的来源渠道，即何处存在资金可供企业筹集，它体现着资金的源泉和流量。目前我国企业的筹资渠道相当广泛，主要的筹资渠道有以下几种：

（1）国家财政资金。国家财政资金，是代表国家投资的政府部门或者机构以国有资金投入企业的资金，形成国家资本金。国家财政资金是国有企业的主要资金来源。

（2）银行信贷资金。在我国，银行信贷资金是各类企业的主要资金来源，特别是对于具备良好信誉但又缺乏资金的企业。我国商业银行拥有巨额存款余额，这是极为丰富的资金来源。我国银行一般分为商业性银行和政策性银行。商业性银行为各类企业提供商业性贷款，政策性银行主要为特定企业提供政策性贷款。

（3）非银行金融机构资金。非银行金融机构包括信用社、保险公司、信托投资公司、证券公司、租赁公司、典当业和企业集团的财务公司等。这些金融机构也积聚了大量的资金，对其他企业来说是重要的资金来源。非银行金融机构所提供的各种金融服务，既包括信贷资金投放，也包括物资的融通，还包括为企业承销证券等金融服务。

（4）其他法人单位资金。除了金融机构以外，其他法人单位也有其可以支配的资金可以在企业之间相互融通。企业在生产经营过程中，往往有部分暂时闲置的资金可以在企业之间相互调剂余缺，这种资金既可以是短期的、临时的资金融通，也可以是相互投资形成长期稳定的经济联合。

（5）民间资金。企业职工和城乡居民手中暂时不用的节余资金，企业可以通过发行股票、债券等方式，将这些个人闲散资金集聚起来形成企业的资金，以充分利用这一大有潜力的资金来源。

（6）外商资金。指的是境外金融机构、投资者（企业和个人）可以向境内企业投资的资金。

（7）企业内部留存收益。主要是指企业从税后利润中提取的盈余公积金和未分配利润而形成的资金，也包括一些经常性的延期支付款项，如应付职工薪酬、应交税费、应付股利等负债而形成的资金来源。企业内部形成资金是企业生产经营资金的补充来源渠道。

当然，对某一企业而言，其筹资的渠道并没有如此广泛。一般企业要取得国家财政资金是比较困难的；小企业要获得银行信贷资金往往比较困难；有些企业处于微利状态，没有收益留存。

二、筹资方式

如何从资金的来源渠道获得资金，这是筹资方式问题。企业可以采用的筹资方式多种多样，主要有吸收直接投资、发行股票、收益留存、借款、发行债券、租赁（主要指融资租赁）、商业信用等。当然，某一企业不可能都采用或都曾经采用过上述筹资方式。有些企业可以采用上述任何一种筹资方式；但也有一些企业只能采用其中的某些筹资方式。

1. 吸收直接投资

吸收直接投资是指企业按照"共同投资、共同经营、共担风险、共享利润"的原则直接吸收国家、法人、个人投入资金的一种筹资方式。吸收投资中的出资者都是企业的所有者，他们对企业具有经营管理权，各方可按出资额的比例分享利润，承担损失。吸收直接投资是非股份制企业筹集权益资本的一种基本方式。

2. 发行股票

股票是股份公司为筹集自有资金而发行的有价证券，是投资人投资入股以及取得股份的凭证，它代表了股东对股份公司的所有权。发行股票是股份有限公司筹集资本的有效方法。通过股票筹集到的资本是权益资本，它是股份公司发展壮大过程中的重要资金来源。

3. 收益留存

收益留存是指企业将净利润留存于企业，用于企业今后发展的一种筹资方式。这种筹资方式也称为内部积累，或者叫做内源融资。收益留存实际上是投资者追加投资的一种形式，只不过这种追加投资并不由投资者从企业外部将资本投入企业，而是将本来属于投资者的收益作为企业资本的补充。采用收益留存方式筹集资金简便易行，既有利于满足企业扩大生产经营规模的资金需要，又能够减少企业的财务风险。

4. 借款

借款是指企业根据借款合同从银行或非银行金融机构借入所需资金的一种筹资方式。这种方式手续简便，企业可以在较短时间内取得所需的资金，保密性也很好。但企业需要负担固定利息，到期必须还本归息，如果企业不能合理安排还贷资金就会引起企业财务状况的恶化。

5. 发行债券

债券是企业为筹措资金而发行的、约定在一定期限向债权人还本付息的有价证券。发行债券是企业负债筹资的一种重要方式，具有筹资渠道广、筹资额大等特点，同时具有较大的财务风险。

6. 融资租赁

融资租赁是由租赁公司按照承租企业的要求融资购买设备，并在契约或合同规定的较长期限内提供给承租企业使用的信用性业务，是一种不可撤销的、完全付清的中长期融资形式，是现在租赁的主要类型。通过融资租赁，承租企业以"融物"的形式达到了融资的目的。一般融资的对象是资金，而融资租赁集融资与融物于一身，实际上相当于一项与资产（通常是设备）有关的贷款业务，是承租企业筹集长期借入资金的一种特殊方式。

7. 利用商业信用

商业信用是指在商品交易中的延期付款或延期交货所形成的借贷关系,是企业之间的一种直接信用关系。商业信用的形式主要有:赊购商品形成应付账款、商业汇票(应付票据)、应付职工薪酬、应交税费等。

8. 其他筹资方式

随着金融市场的发展,出现了更多的筹资方式,如认股权证筹资、可转换债券筹资等,便于企业筹资,满足企业的需要。

筹资渠道解决的是资金来源问题,筹资方式则解决通过何种方式取得资金的问题,它们之间存在一定的对应关系。一定的筹资方式可能只适用于某一特定的筹资渠道,但是同一渠道的资金往往可采用不同的方式取得,同一筹资方式又往往适用于不同的筹资渠道。因此,企业在筹资时,应实现两者的合理配合。

三、权益资本与债务资本

有人说,资产负债表的左边是经营问题,右边是财务问题。这个话有一定道理。资产负债表右端列示的是企业的资金来源,不同的资金来源体现了企业不同的财务政策。总的来说,企业的资金由债权人和投资者提供。债权人提供的资金称为债务资本,投资者提供的称为权益资本。

(一) 权益资本

权益资本也称为权益资金或股东权益,是指企业通过接受直接投资、发行股票、内部盈余积累等方式筹集的资本。它代表投资者对企业的所有权。

1. 权益资本的内容

权益资本从数量关系来看,实际上是企业总资产减去负债后的剩余权益;从来源来看,它包括所有者投入资本以及通过企业生产经营活动形成的赢利而形成的积累。

(1) 所有者从外部投入的资本。所有者从外部投入企业资本又包括以下两项内容:一是投入资本,既包括企业创办初期投资者实际投入资本,也包括企业经营过程追加投入的资本,它是企业得以正常运行的必要条件,也是企业承担经营亏损和债务风险的基础。二是资本公积,也属于所有者从企业外部投入资本范畴,但由于资本额超过法定资本,形成一种资本储备。资本公积可按法定程序转为实收资本或股本。资本公积与投入资本的主要区别在于:它不是法定的出资额,其主要来源于投入资本的溢价等。

(2) 企业内部积累形成的权益资本。企业内部积累形成的权益资本是指企业从历年所实现的净利润中提成的留存于企业内部的积累资金,也叫留存收益,它是企业资本的增值。这类资本主要包括以下两项内容:一是盈余公积,是指企业按照有关规定比例从税后利润中提取的法定公积金和任意公积金;二是未分配利润,是企业利润分配后剩下的留待以后年度分配的利润,或者是从本年利润转入未分配利润中等待当年分配的利润。企业将税后利润的一部分分配给所有者,一部分仍留在企业内部,无论是留给企业还是分配给所有者,税后利润都属于所有者的权益,而留在企业内部的那部分利润相当于原投资者对企业的再投资。

2. 权益资本的特点

权益投资具有以下特点:

首先,权益资本的投资者拥有参与企业经营管理权,同时也要以投资额为限承担责任和风险；其次，权益资本是法人财产的表现，又是企业负债的载体，资本的所有者一旦缴纳了资金，除依法转让外，无权抽回，从而成为企业永久性的资本；再次，权益资本与债务资本相比较，无须还本付息，所以财务风险较小；最后，企业支付给权益资本所有者的收益（或分配的股利）是由税后净利润列支的，与税前支付的债务利息相比没有节税效应，所以权益资本的成本较高。

（二）债务资本

债务资本是指债权人为企业提供的资金。企业通常可通过发行债券、借款、融资租赁等方式筹集借入资金。借入资金要按期归还，有一定的风险，但其要求的报酬率比权益资本低，企业付出的资本成本较低。

债务资本具有以下特点：①债务资本的还本付息现金流出期限结构要求固定而明确，法律责任清晰；②债务固定，不能分享企业投资于较高风险的投资机会所带来的超额收益；③债务利息在税前列支，在企业存在应纳税所得额的条件下，支付利息可以减少税收负担；④债务资本对企业有固定的利息负担和还款压力，如果企业的经营不太景气，过高的债务资本会给企业带来不能清偿债务的危机。

四、筹资管理的目标

筹资管理是企业财务管理的重要内容。筹资管理的目标主要包括以下三个方面。

第一，所筹集的资金要满足投资的需要。就是说投资决定筹资，筹资是为了满足投资的需要，包括筹资数量的要求和筹资时间的要求。企业不能盲目筹资，否则就会形成资金的闲置和浪费。

第二，资本成本尽可能低。这是筹资决策的重要目标，因为低成本筹资能使企业增加收益。在一定的筹资环境下，筹资成本的高低与筹资方式有关。一般而言，债务资本的筹资成本低于权益资本的筹资成本。要降低筹资成本就必须提高债务资本在全部资本中的比例，但这样做又会增加企业的财务风险。因此，在进行筹资决策时，不能一味追求低筹资成本。资本成本和资本结构的关系实在是一个复杂的问题，具体内容将在本书的第八章中阐述。

第三，控制财务风险。简单地说，财务风险是由于举债经营而引起的风险。不举债的企业也有风险，那是经营风险；但举债经营会使企业承担的风险增大，增大的那部分风险就是财务风险。显然，企业的负债比例越高，所承担的财务风险就越大，过大的财务风险会对企业的生存产生威胁。从控制财务风险、避免破产的目标看，企业应当尽可能降低负债比例；但过低的负债比例又会提高企业全部资金的筹资成本。如何解决这一矛盾？这是财务学家一直研究并将继续研究的课题。

第二节 权益资本筹集

权益资本是企业的投资者提供的资本，它是企业开展经营活动所必须的"本钱"。然而，不同规模和不同组织形式的企业，权益资本的筹资渠道和筹资方式则可能存在较大差别。从筹资渠道看，独资企业和合伙制企业的权益资本之筹资渠道比较狭窄，而有限责任公司与股份有限公司的筹资渠道则相对宽一些。从筹资方式看，股份有限公司采用发行股票的方式筹集权益资本，有限责任公司等其他企业则通过吸收直接投资方式筹集权益资本。而收益留存这种方式对于任何有赢利的企业均可使用。本节主要介绍企业通过吸收直接投资和发行股票（包括普通股和优先股）两种方式筹集权益资本的主要内容，至于收益留存的筹资方式，因其相对简单，且与利润分配管理密切相关，将在第八章介绍。

一、吸收直接投资

吸收直接投资是指非股份制企业（指非股份有限公司）以协议等形式吸收国家、法人、个人和外商等直接投入资金，形成企业资本金的一种筹资方式。吸收直接投资与发行股票、留存收益都是企业筹集自有资金的重要方式，但发行股票要以股票为媒介，而吸收直接投资则无须发行任何证券。吸收直接投资中的出资者都是企业的所有者，并对企业具有经营管理权。企业经营状况好，赢利多，各方可按出资额的比例分享利润；但如果企业经营状况差，连年亏损，甚至被迫破产清算，则各方要在其出资的限额内按出资比例承担损失。

（一）吸收直接投资的种类

按照筹资渠道的不同，企业采用吸收直接投资方式筹集的资金一般可分为以下四类。

1. 吸收国家投资

吸收国家投资是国有企业筹集自有资金的主要方式。国家投资是指有权代表国家投资的政府部门或者机构以国有资产投入企业，由此形成国家资本金。目前，除了国家以拨款形式投入企业所形成的各种资金外，用利润总额归还贷款后所形成的国家资金、财政和主管部门拨给企业的专用拨款以及减免税后形成的资金，也应视为国家投资。吸收国家投资一般具有以下特点：①产权归属于国家；②资金数额较大；③在国有企业中采用比较广泛；④资金的运用和处置受国家约束较大。

2. 吸收法人投资

法人投资是指法人单位以其依法可以支配的资产投入企业，由此形成法人资本金，目前主要指法人单位在进行横向经济联合时所产生的联营、合资等投资。吸收法人投资一般具有如下特点：①投资发生在法人单位之间；②投资以参与企业利润分配为目的；③投资方式灵活多样。

3. 吸收个人投资

个人投资是指社会个人或本企业内部职工以个人合法财产投入企业，由此形成个人资本金。吸收个人投资一般来说投资者数量相对较多，每人出资的数额相对较少，投资者以参与公司利润分配为主要目的。

（二）吸收直接投资的形式

企业在采用吸收直接投资这一方式筹集资金时，投资者可以用货币出资，也可以用实物、知识产权、土地使用权等可以用货币估价并可以依法转让的非货币财产作价出资。非货币财产包括厂房、机器设备、材料物资、无形资产等多种形式。具体而言，主要有以下几种出资形式。

1. 现金出资

现金出资是吸收投资中最重要的一种出资方式。有了现金，便可以获取其他物质资源。吸收投资中所需投入现金的数额，取决于投入的实物、工业产权之外尚需多少资金来满足建厂的开支和日常周转需要。国外公司法或投资法对现金投资占资本总额的多少，一般都有规定。我国公司法规定，有限责任公司全体股东的货币出资金额不得低于公司注册资本的30%。

2. 实物出资

实物投资是指以房屋、建筑物、设备等固定资产和材料、燃料、商品等流动资产所进行的投资。一般来说，企业吸收的实物投资应符合如下条件：①确为企业生产、经营所需；②技术性能比较好；③作价公平合理，对作为出资的非货币财产应当评估作价，核实财产，不得高估或者低估作价。

3. 工业产权出资

工业产权投资是指以专有技术、商标权、专利权等无形资产所进行的投资。一般来说，企业吸收的工业产权投资应符合以下条件：①能帮助企业研究和开发出高新技术产品；②能帮助企业生产出适销对路的高科技产品；③能帮助企业改进产品质量，提高生产效率；④能帮助企业大幅度降低各种消耗；⑤作价公平合理。

企业在吸收工业产权投资时应特别谨慎，进行认真的可行性研究。因为以工业产权投资实际上是把有关技术资本化了，把技术的价值固定化了，而技术实际上都是在不断老化，价值在不断减少甚至会完全丧失。

4. 土地使用权出资

投资者也可以用土地使用权来进行投资。土地使用权是按有关法规和合同的规定使用土地的权利。企业吸收土地使用权投资应符合以下条件：①是企业科研、生产、销售活动所需要的；②交通、地理条件比较适宜；③作价公平合理。

（三）吸收直接投资实例分析

【例 3-1】 卧龙电气集团股份有限公司董事会于 2009 年 4 月 22 日就对外投资事项发布公告称，公司拟与王海龙等 8 人共同出资在深圳市设立深圳卧龙自动化技术有限公司。新公司注册资本为 2000 万元，经营范围为：可编程逻辑控制器（简称 PLC）及其相关领域产品的研发、生产、销售等。各投资者出资情况如下：

(1) 卧龙电气集团股份有限公司以现金出资 1020 万元，占注册资本的 51%。

(2) 王海龙以现金出资 330 万元，占注册资本的 16.5%。

(3) 林霄舸、祝裕福、龙思玲、谷鹏、王志华、刘建华、孙文 7 人以现金出资 150 万元，占注册资本的 7.5%。

(4) 林霄舸、祝裕福、龙思玲以技术出资 500 万元，占注册资本的 25%。其中丙方林霄舸 380 万元，祝裕福 60 万元，龙思玲 60 万元。

本例中，对拟成立的深圳卧龙自动化技术有限公司来说，筹集资本金的方式就是吸收直接投资，即该公司吸收卧龙电气集团股份有限公司与王海龙等 8 人的出资。出资的方式有现金出资和无形资产出资。

（四）对吸收直接投资方式的评价

吸收直接投资是我国企业筹资最早采用的一种筹资方式，也是我国国有企业、集体企业、联营企业、合资企业和有限责任公司普遍采用的筹资方式。

1. 吸收直接投资的优点

(1) 有利于增强企业信誉。吸收直接投资所筹集的资金属于企业的自有资金，与借入资金相比较，能增强企业的信誉和负债能力，对扩大企业经营规模，壮大企业实力具有重要作用。

(2) 有利于企业尽快形成生产能力。吸收直接投资不仅可以筹取现金，而且能够直接获得所需的先进设备和先进技术，与仅筹现金的筹资方式相比较，有利于企业尽快形成生产经营能力,尽快开拓市场。

(3) 有利于降低财务风险。吸收直接投资可以根据企业的经营状况向投资者支付报酬,企业经营状况好,就向投资者多支付一些报酬,企业经营状况不好,就可以向投资者少支付一些报酬或不支付报酬,比较灵活,因此财务风险比较小。

2. 吸收直接投资的缺点

(1) 资本成本较高。相对于负债筹资而言,采用吸收投资方式筹集资金所需负担的资本成本较高,特别是企业经营状况较好和赢利较强时更是如此。因为向投资者支付的报酬是根据其出资的数额和企业实现利润的多寡来计算的。

(2) 不利于产权流动。吸收直接投资由于没有证券作为媒介,产权关系有时不清晰,也不便于进行产权交易。

(3) 企业控制权容易分散。采用吸收直接投资方式筹集资金,投资者一般都要求获得与投资数量相适应的经营管理权,这是接受外来投资的代价之一。如果外部投资者的投资较多,则投资者会有相当大的管理权,甚至会对企业实行完全控制,这是吸收直接投资的不利因素。

二、发行普通股

(一) 股票的种类

股票是股份有限公司为筹集权益资本而发行的有价证券,是持股人拥有公司股份的凭证。股票持有人即为公司股东,公司股东作为出资人,按投入公司的资本额享有各种权利,并以其所持有股份为限对公司负有限责任。

根据不同标准,可以对股票进行不同的分类。

(1) 以股东享有权利和承担义务的大小为标准,将股票分为普通股股票和优先股股票。

普通股股票简称普通股,是股份公司依法发行的具有管理权、股利不固定的股票。普通股具备股票的最一般特征,是股份公司资本的最基本部分。

优先股股票简称优先股,是股份公司依法发行的具有一定优先权的股票。从法律上讲,企业对优先股不承担法定的还本义务,是公司权益资本的一部分。

理论上说,上市公司筹资发行的股票可以是普通股,也可以是优先股。但目前境内上市公司所采用的融资方式绝大多数是发行普通股,只有极少数公司发行优先股筹资,而且这些公司在股权分置改革之后已经不再存在优先股。

(2) 按股票票面是否标明金额划分,股票可分为有面值股票和无面值股票。有面值股票是在票面上标有一定金额的股票。持有这种股票的股东,对公司享有的权利和承担的义务大小依其所持有的股票票面金额占公司发行在外股票总面值的比例而定。无面值股票是不在票面上标出金额,只载明所占公司股本总额的比例或股份数的股票。无面值股票的价值随公司财产的增减而变动,而股东对公司享有的权利和承担义务的大小,直接依股票标明的比例而定。目前,我国《公司法》不承认无面值股票,规定股票应记载股票的面额,并且其发行价格不得低于票面金额。

(3) 按股票票面是否记名划分,股票可分为记名股票和无记名股票。记名股是在股票票面上记载股东姓名或名称的股票。这种股票除了股票上所记载的股东外,其他人不得行使其权利,且股份的转让有严格的法律程序与手续,需办理过户。我国《公司法》规定,公司向发起人、国家授权投资的机构、法人发行的股票,应当为记名股票;不记名股是票面上不记载股东姓名或名称的股票。这类股票的持有人即股份的所有人,具有股东资格,股票的转让也比较自由、方便，无须办理过户手续。

（4）按投资主体的不同划分，股票可分为国家股、法人股、个人股等。国家股是有权代表国家投资的部门或机构以国有资产向公司投资而形成的股份。法人股是企业法人依法以其可支配的财产向公司投资而形成的股份，或具有法人资格的事业单位和社会团体以国家允许用于经营的资产向公司投资而形成的股份。个人股是社会个人或公司内部职工以个人合法财产投入公司而形成的股份。

（5）以发行时间的先后为标准，可将股票分为始发股和增发股。

所谓始发股，是指公司设立时发行的股票，也称为原始股。首次向社会公开发行股票称为"IPO"。有时称 IPO 时发行的股份为原始股。增发股是公司增资时发行的股票。始发股通常是向特定投资者发行的，而增发股可以向特定投资者发行，也可以向社会公众发行。始发股和增发股的发行条件、发行目的、发行价格都不尽相同，但是股东的权利和义务却是一样的。

（6）按照股份是否可以流通，可分为流通股和非流通股，流通股又可以分为无限售流通股和限制性流通股。

（7）以发行对象和上市地区为标准，可将股票分为 A 股、B 股、H 股和 N 股等。

我国内地有上海、深圳两个证券交易所，在这两个交易所发行和上市的股票有 A 股和 B 股两种。A 股是以人民币标明票面金额并以人民币认购和交易的股票。B 股是以人民币标明票面金额，以外币认购和交易的股票。另外，内地一些公司也有通过其他交易所发行股票并上市，形成所谓的 H 股、N 股和 S 股，分别指在中国香港联合证券交易所，以及境外的纽约证券交易所和新加坡证券交易所上市的股票。

（二）普通股的权利和义务

依照我国《公司法》的规定，普通股股东主要有如下权利：

（1）投票权。普通股股东出席或委托代理人出席股东大会，并依公司章程规定行使表决权，对公司账目和股东大会决议的审查权和对公司事务的质询权。

（2）股份转让权。股东持有的股份可以自由转让，但必须符合《公司法》及其他法规和公司章程规定的条件和程序。

（3）股利分配要求权。分享盈余也是普通股股东的一项基本权利。盈余的分配方案由股东大会决定，每一个会计年度由董事会根据企业的赢利数额和财务状况来决定分发股利的多少并经股东大会批准通过。

（4）分配公司剩余财产的权利。当公司解散、清算时，普通股股东有分配公司剩余财产的权利。但是，当公司破产清算时，财产的变价收入，首先要用来清偿债务，然后支付优先股股东，最后才能分配给普通股股东。所以，在破产清算时，普通股股东实际上很少能分到剩余财产。

（5）优先认股权。公司增发新股时，普通股股东有权按照其持股比例优先认购同样比例的新股。目前我国上市公司实施配股就是按照一定的比例向原有股东配售股份的一种筹资方式，向社会公开增发新股时也规定一定比例向原有股东配售。

当然，普通股股东同时要履行以下义务：遵守公司章程；缴纳股款；以缴纳的股款资本额为限承担公司的亏损责任；公司核准登记后不得要求退股，但可以依法转让股份。

（三）普通股的发行

1. 股票发行的方式

股票发行方式指的是公司通过何种途径发行股票。总的来讲，股票的发行方式分为公开间接发行和不公开直接发行两类。公开间接发行也称为不特定对象公开发行,指的是通过中介机构(券商),公开向社会公众发行股票。我国股份有限公司采用募集设立方式向社会公开发行新股时,须由证券经营机构承销的做法,就属于股票的公开间接发行。这种发行方式的发行范围广、股票的流通性好,而且有助于提高发行公司知名度,但手续繁杂,发行成本高。

不公开直接发行也称为向特定对象公开发行,指的是不公开对外发行,只向少数特定的对象直接发行股票,即定向发行股票,这种方式一般不需经过中介机构承销。我国股份有限公司采用发起设立方式和不向社会公开募集的方式发行新股的做法,即属于股票的不公开间接发行,这种发行方式弹性较大,发行成本低,但股票的变现性差。

2. 股票发行的规定

股份有限公司在设立时需要发行股票。此外,公司设立之后,为了扩大经营、改善资本结构,也会增资发行新股,包括配股和增发。股票发行实行公开、公平、公正的"三公"原则,必须同股同权、同股同利。任何单位或个人所认购的股份,每股应支付相同的价款。同时,发行股票还应接受国务院证券监督管理机构的管理和监督。

按照我国《公司法》的有关规定,股份有限公司发行股票,应符合以下规定。

(1) 每股金额相等。同次发行的股票,每股的发行条件和价格应当相同。但不属于同一次发行的股票,其发行价格可以不相等。

(2) 股票发行价格可以按票面金额,也可以超过票面金额(溢价发行),但不得低于票面金额。因为认购股票的股东对公司所承担的最低责任是股票的面值。

(3) 股票应当载明公司名称、公司登记日期、股票种类、票面金额及代表的股份数、股票编号等主要事项。

(4) 向发起人、国家授权投资的机构、法人发行的股票,应当为记名股票;对社会公众发行的股票,可以为记名股票,也可以为无记名股票。

(5) 公司发行记名股票的,应当置备股东名册,记载股东的姓名或者名称、住所、各股东所持股份、各股东所持股票编号、各股东取得其股份的日期;发行无记名股票的,公司应当记载其股票数量、编号及发行日期。

3. 股票发行的条件

我国《上市公司证券发行管理办法》对公司公开发行证券(包括股票和可转换公司债券)的条件作了具体规定和要求。主要体现在以下几个方面:一是上市公司的组织机构健全、运行良好;二是上市公司的赢利能力具有可持续性;三是上市公司的财务状况良好;四是上市公司最近36个月内财务会计文件无虚假记载,且不存在重大违法行为;五是上市公司募集资金的数额和使用应当符合规定。对于配股和增发还作了如下特殊的规定。

(1) 上市公司向原股东配售股份(简称"配股"),除符合发行证券的一般规定外,还应当符合下列规定:拟配售股份数量不超过本次配售股份前股本总额的30%;控股股东应当在股东大会召开前公开承诺认配股份的数量;采用证券法规定的代销方式发行。控股股东不履行认配股份的承诺,或者代销期限届满,原股东认购股票的数量未达到拟配售数量70%的,发行人应当按照发行价并加算银行同期存款利息返还已经认购的股东。

(2) 上市公司向不特定对象公开募集股份(简称"增发"),除符合发行证券的一般规定外,还应当符合下列规定:最近三个会计年度加权平均净资产收益率平均不低于6%。扣除非经常性损益后的净利润与扣除前的净利润相比,以低者作为加权平均净资产收益率的计算依据；除金融类企业外，最近一期末不存在持有金额较大的交易性金融资产和可供出售的金融资产、借予他人款项、委托理财等财务性投资的情形。

(3) 非公开发行股票的条件。这里所说的非公开发行股票，是指上市公司采用非公开方式，向特定对象发行股票的行为。根据《证券发行管理办法》的规定，公司非公开发行股票的特定对象必须符合股东大会决议规定的条件，并且发行对象不超过十名。该管理办法同时规定，上市公司存在下列情形之一的，不得非公开发行股票：①本次发行申请文件有虚假记载、误导性陈述或重大遗漏；②上市公司的权益被控股股东或实际控制人严重损害且尚未消除；③上市公司及其附属公司违规对外提供担保且尚未解除；④现任董事、高级管理人员最近36个月内受到过中国证监会的行政处罚，或者最近12个月内受到过证券交易所公开谴责；⑤上市公司或其现任董事、高级管理人员因涉嫌犯罪正被司法机关立案侦查或涉嫌违法违规正被中国证监会立案调查；⑥最近一年及一期财务报表被注册会计师出具保留意见、否定意见或无法表示意见的审计报告，保留意见、否定意见或无法表示意见所涉及事项的重大影响已经消除或者本次发行涉及重大重组的除外。

4. 股票发行的程序

在我国，向社会公开发行股票并上市的公司称为上市公司。公司上市一般有两种模式，第一种是传统的国有企业改制上市的模式，即将某一国有企业的部分优质资产剥离出来，组建一个新的股份有限公司，该股份有限公司的股份一部分由国有企业以其剥离的经营性资产出资，另一部分通过向社会公开发行的方式募集，向社会公开发行股票完成后公司才正式成立。在这种模式下，公司发行股票的基本程序如下：①发起人认足股份，交付出资；②提出募集股份申请；③公告招股说明书，制作认股书，鉴定承销协议和代收股款协议；④招认股份，缴纳股款；⑤召开创立大会，选举董事会、监事会；⑥办理设立登记。

第二种是目前中小企业板或创业板公司IPO并上市的模式。在这种模式下，首次公开发行股票的主体是一个业已设立的股份有限公司，IPO只是该公司发展过程中的一次特殊增资行为，它与设立时发行股票在程序上有所不同。

对发行公司来说，IPO是一个程序复杂又耗时的过程，它需要借助一大群人的合力来共同完成。如果从进入辅导期开始计算，股票上市可能需要好几年；如果从证监会发审委审核通过后开始计算，那么所需的时间就会相对短很多。IPO程序主要可以分为以下几个步骤。

第一步：申请阶段。在申请前公司需要聘请保荐机构对其进行辅导，辅导期至少一年。接着要聘请会计师事务所、资产评估事务所、律师事务所等专业性服务机构，对其资产资信、财务状况等进行审计、评估，并就审计、评估结果出具财务状况意见书、资产评估意见书以及法律意见书。最后公司向地方政府或中央企业主管部门提出公开发行股票的申请，并上报相关材料。

第二步：审批阶段。地方政府或中央企业管理部门应当在自接到申请之日起30个工作日内做出是否批准的审批决定，并抄报证监会。

第三步：复审阶段。证监会应当自收到复审申请之日起20个工作日内出具复审意见书，并将复审意见书抄报国务院证券委员会。经证监会复审同意后，提请发行审核委会议审核，经发审委审核通过后，方可在交易所发行股票。

第四步：机构询价阶段。询价阶段主要是确定发行价格的区间。

第五步：发行阶段。上市公司首先要在证监会指定的全国性证券报刊上刊登招股说明书。证券保荐机构要对招股说明书的真实性、完整性负责。目前发行方式主要有网上竞价发行、网下询价发行和网上定价发行相结合。网上竞价发行是指由投资者以不低于发行底价的价格竞价购买,然后由交易系统主机根据投资者的申购价格,按照价格优先、同价位时间优先的顺序从高价位到低价位依次排队。网上定价发行是指发行者以确定的价格发售股票,申购者通过网上申购系统申购股票,最后通过摇号抽签的方式决定申购成功者的方法。

5. 股票的发行价格的确定

股票的发行价格是投资者认购股票时所支付的价格。股票发行价格通常由发行公司根据股票面额、股市行情和其他有关因素决定。以募集设立方式设立公司首次发行的股票价格,由发起人决定;公司增资发行新股的股票价格,由股东大会作出决议。股票的发行价格可以与股票的票面金额一致,但多数情况高于面值。从理论上说,股票发行价格的确定方法主要有如下三种。

(1) 市盈率法。市盈率(P/E)是指公司股票市场价格与公司赢利的比率。计算公式为

$$市盈率 = \frac{每股市价}{每股收益} \tag{3-1}$$

市盈率法是以公司股票的市盈率为依据确定发行价格的一种方法。采用市盈率法确定股票发行价格的步骤如下:应根据注册会计师审核后的赢利预测计算出发行公司的每股收益;参考股票二级市场的平均市盈率、发行公司所处行业的情况(同类行业公司股票的市盈率)、发行公司的经营状况及其成长性等拟定发行市盈率,依发行市盈率与每股收益的乘积决定发行价,即

$$发行价格 = 每股收益 \times 发行市盈率 \tag{3-2}$$

(2) 市净率法。市净率法也称为净资产倍率法,它是指通过资产评估和相关会计手段确定发行公司拟募股资产的每股净资产值,然后根据证券市场的状况将每股净资产值乘以一定的倍数,以此确定股票发行价格的方法。市净率法在国外常用于房地产公司或资产现值要重于商业利益的公司的股票的发行,但在国内一直未采用。以此种方式确定每股发行价格不仅应考虑公平市值,还须考虑市场所能接受的溢价倍数。

$$发行价格 = 每股净资产 \times 净资产倍率 \tag{3-3}$$

(3) 现金流量折现法。现金流量折现法通过预测公司未来赢利能力,据此计算出公司净现值,并按一定的折扣率折算,从而确定股票发行价格。该方法首先是用市场接受的会计手段预测公司每个项目未来若干年内每年的净现金流量,再按照市场公允的折现率,分别计算出每个项目未来的净现金流量的净现值。公司的净现值除以公司股份数,即为每股净现值。由于未来收益存在不确定性,发行价格通常要对上述每股净现值折让20%~30%。国际主要股票市场对新上市公路、港口、桥梁、电厂等基建公司的估值和发行定价一般采用现金流量折现法。这类公司的特点是前期投资大、初期回报不高,上市时的利润一般偏低,如果采用市盈率法发行定价则会低估其真实价值,而对公司未来收益(现金流量)的分析和预测能比较准确地反映公司的整体和长远价值。

然而,现实中股票的发行价格并不完全按照上述方法确定。尤其是向社会公开发行股票,其发行价格远高于其面值,属于高溢价发行。我国《证券法》规定,股票发行采取溢价发行的,其发行价格由发行人与承销的证券公司协商确定,报国务院证券监督管理机构核准。

我国首次公开发行股票以询价方式确定股票发行价格。简言之,就是向投资者征求意见,以什么价格发行股票,投资者愿意接受。询价方式有一般询价方式和累积投标询价方式。一般

询价方式是指通过向询价对象询价来确定发行价格的。询价对象是指依法设立的证券投资基金、合格境外投资者、符合中国证监会规定条件的证券公司,以及其他中国证监会认可的机构投资者。累积投标询价方式是指当投资者的有效申购总量大于本次股票发行量,但超额认购倍数小于 5 倍时,以询价下限为发行价;如果超额认购倍数大于 5 倍时,则从申购价格最高的有效申购开始逐笔向下累计计算,直至超额认购倍数首次超过 5 倍为止,以此时的价格为发行价,相当于在机构询价的基础上让市场定价。

按规定,上市公司向不特定对象公开募集股份,发行价格应不低于公告招股意向书前 20 个交易日公司股票均价或前一个交易日的均价。上市公司非公开发行股票,其发行价格不低于定价基准日前 20 个交易日公司股票均价的 90%。

(四) 公司股票的上市

股票上市,是指股份有限公司公开发行的股票,符合规定条件,经申请批准后在证券交易所进行挂牌交易。按照国际通行做法,只有公开募集发行并经批准上市的股票才能进入证券交易所流通转让。我国《公司法》规定,股东转让其股份,必须在依法设立的证券交易所进行。同时对股票的上市以及暂停上市和退市有明确的规定。

1. 股票上市的条件

按照公司法的规定,股份有限公司申请股票上市,应当符合下列条件:

(1) 股票经国务院证券监督管理机构核准已公开发行;

(2) 公司股本总额不少于人民币 3000 万元;

(3) 公开发行的股份达到公司股份总数的 25% 以上;公司股本总额超过人民币 4 亿元的,公开发行股份的比例为 10% 以上;

(4) 公司最近三年无重大违法行为,财务会计报告无虚假记载。

2. 股票上市的信息披露要求

申请股票上市交易,应当向证券交易所报送下列文件:

(1) 上市报告书;

(2) 申请股票上市的股东大会决议;

(3) 公司章程;

(4) 公司营业执照;

(5) 依法经会计师事务所审计的公司最近三年的财务会计报告;

(6) 法律意见书和上市保荐书;

(7) 最近一次的招股说明书;

(8) 证券交易所上市规则规定的其他文件。

股票上市交易申请经证券交易所审核同意后,签订上市协议的公司应当在规定的期限内公告股票上市的有关文件,并将该文件置备于指定场所供公众查阅。

签订上市协议的公司除公告前条规定的文件外,还应当公告下列事项:①股票获准在证券交易所交易的日期;②持有公司股份最多的前十名股东的名单和持股数额;③公司的实际控制人;④董事、监事、高级管理人员的姓名及其持有本公司股票和债券的情况。

3. 股票上市的暂停与终止

按照我国《证券法》的规定,上市公司有下列情形之一的,由证券交易所决定暂停其股票上市交易:

(1) 公司股本总额、股权分布等发生变化不再具备上市条件；

(2) 公司不按照规定公开其财务状况，或者对财务会计报告作虚假记载，可能误导投资者；

(3) 公司有重大违法行为；

(4) 公司最近三年连续亏损；

(5) 证券交易所上市规则规定的其他情形。

上市公司有下列情形之一的，由证券交易所决定终止其股票上市交易：

(1) 公司股本总额、股权分布等发生变化不再具备上市条件，在证券交易所规定的期限内仍不能达到上市条件；

(2) 公司不按照规定公开其财务状况，或者对财务会计报告作虚假记载，且拒绝纠正；

(3) 公司最近三年连续亏损，在其后一个年度内未能恢复赢利；

(4) 公司解散或者被宣告破产；

(5) 证券交易所上市规则规定的其他情形。

值得指出的是，上市公司原发起人认购的股份，自公开发行结束之日起，12个月内不得转让；控股股东、实际控制人及其控制的企业认购的股份，36个月内不得转让。

（五）普通股发行与上市实例

【例3-2】亚太股份IPO。

1. 公司沿革及IPO前的情况

浙江亚太机电股份有限公司（简称：亚太股份，股票代码：002284）是由成立于1976年的石岩人民公社汽车制动器厂多年演变而来，2000年12月7日经浙江省人民政府企业上市工作领导小组浙上市〔2000〕36号文批准，由原浙江亚太机电集团有限公司依法整体变更设立。以截止2000年7月31日经海南从信会计师事务所审计的净资产7168万元按1:1的比例折合股本，每股面值1元。设立时注册资本7168万元。

该公司的发起人及其持股数量和比例见表3-1。

表3-1 浙江亚太机电股份有限公司IPO前股东持股情况

股东名称	持股数（股）	所占比例（%）	股权性质
集团公司	47691776	66.53	法人股
计华投资	5120000	7.14	国有法人股
中汽中心	1024000	1.43	国有法人股
黄来兴	11700224	16.32	自然人股
徐桦	2048000	2.86	自然人股
施纪法	1536000	2.14	自然人股
黄伟中	1536000	2.14	自然人股
施瑞康	512000	0.72	自然人股
陈雅华	512000	0.72	自然人股
合计	71680000	100	—

截止2009年6月30日，公司资产总额1157903236.96元，负债总额724813506.61元，净资产433089730.35元。总股本71680000.00元，2008年实现净利润39248652.48元，按照发行前总股本计算，每股收益为0.55元；2009年1—6月实现净利润50314048.52元，每股

收益为 0.70 元。

2. 公司 IPO 的过程

该公司 2009 年 8 月 17 日首次向社会公开发行人民币普通股 2400 万股，每股发行价 18.80 元，发行总市值 45120 万元，筹资费用 2908.66 万元，募集资金净额 42211.34 万元。

IOP 的主要过程如下：

(1) 中国证监会核准。2009 年 8 月 7 日公司发布公告，浙江亚太机电股份有限公司首次公开发行 2400 万股人民币普通股（A 股）的申请已获中国证券监督管理委员会证监许可[2009] 739 号文核准。

(2) 询价推介。第一创业证券有限责任公司作为发行的保荐人（主承销商）于 2009 年 8 月 10 日至 2009 年 8 月 12 日期间，组织本次发行的初步询价和现场推介。符合《证券发行与承销管理办法》要求的询价对象可自主选择在深圳、上海、北京参加现场推介会。股票配售对象自主决定是否参与初步询价，自行确定申报价格和申报数量，同时申报价格和数量，由询价对象通过深交所网下发行电子平台统一申报。询价对象应按规定进行初步询价，并自行承担相应的法律责任。

(3) 公开招股说明书。该公司于 2009 年 8 月 14 日公开其首次公开发行股票招股说明书。

(4) 刊登定价公告。2009 年 8 月 14 日，发行人和主承销商根据初步询价结果，以累计投标的方式，综合考虑发行人基本面、所处行业、可比公司估值水平、市场情况、有效募集资金需求及承销风险等因素，协商确定发行价格，同时确定可参与网下申购的股票配售对象名单及有效申报数量。

(5) 发行方式。该公司公开发行采用网下向股票配售对象询价配售和网上向社会公众投资者定价发行相结合的方式同时进行，其中网下配售不超过 480 万股，为本次发行数量的 20%；网上发行数量为本次发行总量减去网下最终发行量。

(6) 公告申购日期和缴款日期。该公司公开发行股份的时间为 2009 年 8 月 17 日，8 月 19 日公布了网下配售结果和网上发行中签率，其中网下配售数量为 480 万股，网上发行 1920 万股，网上发行的有效申购倍数为 427 倍，中签率为 0.2341004064%，8 月 20 日公布网上发行中签结果，并对中签者扣款。

(7) 刊登上市公告书。2009 年 8 月 27 日公司首次公开发行股票上市公告书。

(8) 上市。经深圳证券交易所同意，该公司网上公开发行的 1920 万股于 2009 年 8 月 28 日在深圳证券交易所上市交易，网下配售的 480 万股在 2009 年 11 月 28 日上市，控股股东亚太机电集团有限公司和实际控制人黄来兴、黄伟中、黄伟潮在公司公开发行前已经持有的股份，自公司股票上市之日起 36 个月之内不转让或委托他人管理，其他发起人持有的股份自公司股票上市之日起 12 个月之内不转让或委托他人管理。

股票上市后，公司总股本 9568 万股，其中实际流通股份 1920 万股，占 20.07%，限制性流通股 7648 万股（其中网下配售的 480 万股于 2009 年 11 月 28 日获得流通权），占 79.93%。

(六) 对普通股筹资的评价

1. 普通股筹资的优点

利用普通股融资有明显的优点，主要表现在以下几个方面：

(1) 普通股融资使公司筹集到可以长期使用的巨额资金，降低公司的财务风险。普通股股票没有固定到期日，不用偿还，是一项永久的资金来源。同时利用普通股融资，公司不需要支付固定的开支,公司有利润,才能支付普通股股息。

(2) 使公司财务实力得到增强。普通股股票提供了对债权人损失的保障,从而增加了公司的信用价值,其结果可以增强公司进一步的举债能力或者减少公司相关的筹资成本。

(3) 筹资限制较少。利用优先股或债券筹资,通常有许多限制,这些限制往往会影响公司的灵活性,而利用普通股筹资则没有这种限制。

2. 普通股融资的缺点

普通股筹资也存在一些固有的缺点,主要有以下几个方面:

(1) 普通股的资本成本较高。这是因为,从投资者的角度讲,投资于普通股风险较高,相应地要求有较高的投资报酬率。其次,对于筹资公司来讲,普通股股利从税后利润中支付,不像债券利息那样作为费用从税前支付,因而不具抵税作用。此外,普通股的发行费用一般也高于其他证券。

(2) 可能会分散公司的控制权。以普通股筹资会增加新股东,或引起股东在公司享有股份比例的重新调整,这可能会分散公司的控制权,削弱原有股东对公司的控制权。但在我国不存在这个问题,因为绝大多数上市公司的非流通股占总股份的一半以上,控制权掌握在国家或者法人股东手中。公司配股或增发新股时,即使大股东放弃认购权,也不会动摇其控制地位。

(3) 限制条件多。与其他筹资方式(如借款)相比,发行普通股筹资(尤其是公开发行股份)需要有更多的限制条件,如要求公司有更强的赢利能力、法人治理结构更加完善。上市后政府对公司的信息披露要求更高,一定程度上会对公司的经营产生负面影响。

(4) 稀释公司的赢利。公司发行普通股筹资,募集资金投入使用后会提升公司的赢利水平,但公司的股本和账面净资产也随之增加。如果公司盈余没有增加,或增加的幅度赶不上股本和净资产的增长幅度,发行普通股将会降低每股收益和净资产收益率,使股东每股分得的赢利相对减少。

三、发行优先股

优先股起源于欧洲,英国在16世纪就已发行过优先股。但在以后几百年内,由于生产力水平不高,一般公司为了便于管理,只发行普通股,很少发行优先股。进入20世纪后,随着经济发展和技术进步,为了筹集急需的巨额资金,优先股就有了适宜生长的土壤。公司最初发行优先股主要出于以下考虑:一是为了清偿公司债务;二是帮助公司渡过财政难关;三是在不影响普通股股东控制权的前提下增加公司的资本。一些国家的公司法规定,优先股只能在公司增募新股或清理债务等特殊情况下才能发行,而我国很少有公司发行优先股。

(一) 优先股的特征

优先股是相对普通股而言的,是较普通股具有某些优先权利,同时也受到一定限制的股票。优先股与普通股有许多相似之处,如优先股也无到期日,公司运用优先股所筹资本,也属于权益资本。但是,它又具有债券的某些特征,所以是一种混合性证券。与普通股相比,优先股一般具有如下特征:

(1) 优先分配固定的股利。优先股股东通常优先于普通股股东分配股利,且其股利一般是固定的,受公司经营状况和赢利水平的影响较少。所以优先股类似于固定利息的债券。

(2) 优先分配公司剩余财产。当公司破产进行财产清算时,优先股股东有对公司剩余财产优先于普通股股东的要求权。

(3) 优先股股东一般无表决权。在公司股东大会上，优先股股东一般无表决权，仅在涉及优先股股东权益问题时享有表决权。因此优先股股东不可能控制整个公司。

（二）优先股种类

按照优先股在具体权力上的不同，可以将优先股做如下分类。

(1) 累积优先股和非累积优先股。累积优先股是指在任何年度内未支付的股利可以累积起来，由以后各年度的利润一起支付的股票。非累积优先股是指按当年利润分配优先股股利，而不予以积累支付的优先股股票。显然对于投资者而言，累积优先股的优势更为明显，因此，累积优先股股票的发行更为广泛，而非累积先股股票的发行则逐步减少。

(2) 参与优先股与非参与优先股。参与优先股是指优先股股东除获取固定股利外，还有权参与普通股股东剩余利润的分配。参与优先股由于参与利润分配方式不同，又可分为完全参与优先股和部分参与优先股。完全参与优先股与普通股股东共同等额分享剩余利润的分配；部分参与优先股只参与分享一定限额的剩余利润分配。非参与优先股则无权参与剩余利润的分配，只能获得固定的红利。一般大多数公司发行的优先股都是非参与优先股。

(3) 可转换优先股和不可转换优先股。可转换优先股是指在一定的时期内，优先股的持有者有权根据优先股发行的规定将其转换为公司的普通股。不可转换优先股则没有这项权利，只能收取固定的股利。显然可转换优先股股东在公司不稳定时受到保护，在公司赢利时可分享成功的果实，处于有利地位。

(4) 可赎回优先股和不可赎回优先股。可赎回优先股是指公司可以按照发行的规定，在将来某一时期以一定的价格赎回的优先股股票。不可赎回优先股则在任何情况下公司都不能赎回。大多数优先股都是可赎回的，而公司赎回优先股的目的则是为了减轻股息负担。显然，可赎回优先股在剩余索取方面对股东不利。

（三）优先股的发行

按照许多国家的公司法规定，优先股可以在公司设立时发行，也可以在公司增资发行新股时发行。有些国家的法律则规定，优先股只能在特定情况下，如公司增发新股或清偿债务时方可发行。发行优先股在操作方面与发行普通股无太大差别。在我国，虽然公司法规定可以发行优先股，但几乎没有公司发行这种股份。

（四）发行优先股的动机

公司发行优先股的动机很多，主要包括以下几种：

(1) 防止公司股权分散化。优先股不具有表决权，因此，公司发行一定数量的优先股以保护原有普通股股东对公司经营权的控制。

(2) 维持公司举债能力。优先股所筹集的资本属于权益资本，因此，它可作为公司举债的基础提高公司的负债能力。

(3) 增加公司普通股股东的权益。因为优先股的股息固定，且优先股对公司留存收益不具有要求权，因此，在公司收益较高的情况下，提高优先股的比例会相应提高普通股股东的权益，提高普通股每股净收益。

(4) 调整公司资本结构。因为优先股在特定情况下具有"可转换性"和"可赎回性"，所以，公司安排权益资本与借入资本比例关系时，可借助于优先股的这些特性来调整公司的资本结构。

(五) 对发行优先股筹资的评价

与其他筹资方式比较，公司发行优先股筹资，有其优点，主要表现在以下几个方面：

(1) 股息的支付既固定又有一定的灵活性。一般而言，优先股均采用固定股息，但对固定股息的支付并不构成公司的法定义务，若公司财务状况不佳或无赢利，则可以不支付优先股股息，不像债券那样，需要定期地、定额地履行支付义务。

(2) 保持普通股股东对公司的控制权。由于通常情况下优先股股东没有表决权，公司发行优先股既可以增加权益资本，又不影响原有股东对公司财务决策的控制权。

(3) 提高公司的举债能力。优先股股本是公司权益资本的组成部分，发行优先股，可以进一步保障债权人的权益，提高公司的举债能力。

(4) 财务灵活性增强。优先股一般没有固定的到期日，不必偿还本金，这与负债筹资相比，减轻了财务压力，增强了灵活性。对于可赎回优先股，公司可以视经营需要决定是否赎回、在何时赎回，以调整公司的资本结构。

发行优先股筹资也存在一些缺陷，主要有如下几点：

(1) 与发行债券筹资比较，优先股筹资资本成本较高。因为优先股股息率通常高于债券的利息率，并且优先股的股利，从公司税后利润中支付，无法产生所得税抵减的作用。

(2) 发行优先股筹资后对公司的限制因素较多。例如，公司不能连续三年拖欠股利、公司的赢利必须先分配给优先股股东，公司举债额度较大时要先征求优先股股东的意见，等等。

(3) 可能形成较重的财务负担。优先股要求支付固定股利，当公司赢利下降时，优先股股利可能会成为公司一项沉重的财务负担。

第三节 债务资本筹集

企业通过发行债券、借款、融资租赁等方式筹集债务资本，对公司经营者有非常重要的意义。负债经营是一把双刃剑，其优势明显，运用得好，能使企业迅速筹集所需资金，降低经营成本，减轻税负，获得财务杠杆利益等；运用得不好，则会给企业带来风险甚至灭顶之灾。本节介绍负债经营的利弊，并阐述发行债券、借款、融资租赁、商业信用等筹资方式的主要内容及其优缺点。

一、负债经营的利弊
(一) 负债经营对企业的有利影响

1. 负债经营可以弥补企业在经营和长期发展中资金的不足

企业在生产经营过程中必然需要资金，而单靠企业内部积累的自有资金，不仅在时间上不允许，而且在数目上也难以适应其发展的需要。所以，企业在资金不足的情况下，负债经营可以运用更大的资金力量，扩大企业规模和经济实力。一个企业不仅在资金不足时需要负债经营，就是在资金比较充裕时，负债经营也是十分必要的。因为一个企业只靠自有资金的积累和运用，其资金数量总是有限的。企业通过负债可以有效地取得和支配更多的资金量，合理地组织和协调资金比例关系，改善技术设备，扩大企业规模，增强经济实力。

2. 负债经营能给所有者带来"财务杠杆效应"

负债经营给企业带来"财务杠杆效应"。由于对债权人的利息支付是一项与企业赢利水平高低无关的固定支出,当企业的资产报酬率[①]高于债务利率时,企业的股东权益报酬率将会提高,即产生所谓的财务杠杆效应。同时,企业可利用负债节省下来的权益资本可以赚取更多的利润。例如,设某企业的资产总额为5000万元,资产报酬率为15%,即每年能产生750万元的息税前利润。假如企业没有负债,股东权益报酬率等于资产报酬率。假如企业60%的资本(3000万元)通过负债筹集,股东权益仅为40%(2000万元),而负债的平均年利率为10%,那么,股东权益报酬率将提高到22.5%[②]。因此,一定条件下实施负债经营对提高企业股东权益报酬率产生积极作用。

3. 负债经营有利于维持企业的控制权

在企业面临新的筹资决策中,如果以发行股票等方式筹集权益资本,势必带来股权的分散,影响到现有股东对于企业的控制权。而负债筹资在增加企业资金来源的同时不影响到企业控制权,有利于保持现有股东对于企业的控制。

4. 负债经营能使企业从通货膨胀中受益

在通货膨胀环境中,货币贬值,物价上涨,而企业负债的偿还仍然以账面价值为标准而不考虑通货膨胀因素。这样,企业实际偿还款额的真实价值低于其所借入款项的真实价值,使企业获得货币贬值的好处。

5. 负债经营是公司改善治理机制的途径

企业负债不仅是一种融资手段,而且通过资本结构的优化,可以引入债权人的监督来减少股东与经理人员的代理成本。债权人为了保证自己资本的回收和增值,必定会对企业的运行进行关注,这无形中就起到了对经理人员的监督,从而减少股东对经理人员的监督成本。负债不仅是企业融资的一种手段,也是公司改善其治理机制的一种外在监督因素的引入。

(二)负债经营对企业不利影响

(1)"财务杠杆效应"的负面作用。当企业面临经济发展低潮或者其他原因带来的经营困境时,若资产报酬率低于负债的利率,由于负债需要承担固定的利息负担,负债会导致企业股东权益报酬率下降。例如前面所说的例子中,假如企业的资产报酬率仅为8%,而负债利率仍为10%,则由于负债将会使企业的股东权益报酬率降低至5%[③]。因此,负债经营是一把"双刃剑",它可能给企业带来好处,也可能使企业陷入困境。

(2)无力偿付债务的财务风险。对于负债经营,企业负有到期偿还本金和利息的法律责任。如果企业利用负债筹集到的资金进行的投资项目不能获得预期的收益率,或企业整体生产经营和财务状况恶化,或企业短期资金运作不当等,这些因素不仅会造成企业利润额大幅下降,而且会使企业面临无力偿债的风险。其结果可能导致企业资金紧张,被迫低价拍卖或抵押资产。

(3)提高再筹资成本。由于负债经营使企业资产负债率增大,对债权人保证程度降低,企业投资者也因企业风险增大而要求更高报酬率,作为可能产生风险的一种补偿,会使企业发行股票、债券等借款筹资成本大大提高,难度加大。

---

① 这里的资产报酬率是息税前利润与资产总额的比值。
② (750−3000×10%)/2000=22.5%。
③ 股东权益报酬率=(5000×8%−3000×10%)/2000=5%。

二、发行债券筹资

债券是债务人依照法律手续发行,承诺按约定的利率和日期支付利息,并在特定日期偿还本金的书面债权凭证。发行债券是企业负债筹资的一种重要方式。债券的发行人是债务人,投资于债券的人是债权人。公司债券是指公司依照法定程序发行、约定在一定期限还本付息的有价证券。这里所说的债券,一般指的是期限超过一年的公司债券。

(一)公司债券的种类

公司债券有很多形式,大致有如下几种分类:

(1) 按债券上是否记有持券人的姓名或名称,分为记名债券和无记名债券。记名债券是在券面上记有持有人的姓名,发行企业在企业债券存根簿上载明债券持有人的姓名及支付本息有关的其他事项,这种债券转让时需背书。不记名债券在券面上不载明持券人姓名,还本付息仅以债券为凭,转让不需要背书。

(2) 按能否转换为公司股票,分为可转换债券和不可转换债券。若公司债券能转换为本公司股票,为可转换债券;反之则为不可转换债券。一般来讲,前种债券的利率要低于后种债券。

(3) 按有无特定的财产担保,分为抵押债券和信用债券。发行公司以特定财产作为抵押品的债券为抵押债券;没有特定财产作为抵押,凭信用发行的债券为信用债券。抵押债券又分为:一般抵押债券,即以公司产业的全部作为抵押品而发行的债券;不动产抵押债券,即以公司的不动产为抵押而发行的债券;设备抵押债券,即以公司的机器设备为抵押而发行的债券;证券信托债券,即以公司持有的股票证券以及其他担保证书交付给信托公司作为抵押而发行的债券等。

(4) 按利率的不同,分为固定利率债券与浮动利率债券。固定利率债券的利率在发行债券时即已确定并载于债券票面上。浮动利率债券的利率水平在发行债券之初不固定,而是根据有关利率加以确定。

(5) 按是否参加公司盈余分配,分为参加公司债券和不参加公司债券。债权人除享有到期向公司请求还本付息的权利外,还有权按规定参加公司盈余分配的债券,为参加公司债券;反之则为不参加公司债券。

(6) 按能否上市,分为上市债券和非上市债券。可在证券交易所挂牌交易的债券为上市债券;反之则为非上市债券。上市债券信用度高、价值高,且变现速度快,所以较吸引投资者;但上市条件严格,并要承担上市费用。

除上述基本分类外,债券还有其他的分类标准。如按照所附条件的不同,债券有收益债券、附认股权债券、附属信用债券等。收益债券是只有当公司获得赢利时方向持券人支付利息的债券,这种债券不会给发行公司带来固定的利息费用,对投资者而言收益较高,但风险也较大。附认股权债券是附带允许债券持有人按特定价格认购公司股票权利的债券,这种债券与可转换公司债券一样,票面利率通常低于一般公司债券。附属信用债券是当公司清偿时,受偿权排列顺序低于其他债券的债券;为了补偿其较低受偿顺序可能带来的损失,这种债券的利率高于一般债券。

(二)公司债券的特征

债券与股票都属于有价证券,对于发行公司来说都是一种筹资手段,而对于购买者来说都是投资手段。与股票相比,债券主要有以下特征:

（1）债券是债务凭证，是对债权的证明；股票是所有权凭证，是对所有权的证明。债券持有人是债权人，股票持有人是所有者。债券持有者与发行公司只是一种借贷关系，而股票持有者则是发行公司经营的参与者。

（2）债券的收入为利息，利息的多少一般与发行公司的经营状况无关，是固定的；股票的收入是股息，股息的多少是由公司的赢利水平决定的，一般是不固定的。如果公司经营不善发生亏损或者破产，投资者就得不到任何股息，甚至连本金也保不住。

（3）债券的风险较小，因为其利息收入基本是稳定的，作为购买债券的投资者，未来获得本金和利息的结果是一般是确定的。

（4）债券是有期限的，到期必还本付息；股票除非公司停业，一般不退还股本。

（5）债券属于公司的债务，债券持有人在公司清算时财产分配中优于股东。

（三）公司债券发行的条件

根据我国公司法和《公司债券发行试点办法》，公司发行债券应当符合下列规定：

（1）公司的生产经营符合法律、行政法规和公司章程的规定，符合国家产业政策。公开发行公司债券筹集的资金，必须用于核准的用途，不得用于弥补亏损和非生产性支出。

（2）公司内部控制制度健全，内部控制制度的完整性、合理性、有效性不存在重大缺陷。

（3）经资信评级机构评级，债券信用级别良好。

（4）公司最近一期末经审计的净资产额应符合法律、行政法规和中国证监会的有关规定，股份有限公司的净资产不低于人民币 3000 万元，有限责任公司的净资产不低于人民币 6000 万元。

（5）最近 3 个会计年度实现的年均可分配利润不少于公司债券 1 年的利息。

（6）本次发行后累计公司债券余额不超过最近一期末净资产额的 40%；金融类公司的累计公司债券余额按金融企业的有关规定计算。

（7）债券的利率不超过国务院限定的利率水平。

（8）上市公司发行可转换为股票的公司债券，除应当符合前面规定的条件外，还应当符合公司法关于公开发行股票的条件，并报国务院证券监督管理机构核准。

存在下列情形之一的，不得发行公司债券：①最近 36 个月内公司财务会计文件存在虚假记载，或公司存在其他重大违法行为；②本次发行申请文件存在虚假记载、误导性陈述或者重大遗漏；③对已发行的公司债券或者其他债务有违约或者迟延支付本息的事实，仍处于继续状态；④严重损害投资者合法权益和社会公共利益的其他情形。

（四）公司债券发行的程序

发行公司债券的程序比发行股票要简单一些，但公开发行公司债券也应按照规定的程序进行。

（1）公司董事会制定发行方案，由股东会或股东大会对下列事项做出决议：①发行债券的数量；②向公司股东配售的安排；③债券期限；④募集资金的用途；⑤决议的有效期；⑥对董事会的授权事项；⑦其他需要明确的事项。

（2）提出申请。发行公司债券，应当由保荐人保荐，并向中国证监会申报。保荐人应当按照中国证监会的有关规定编制和报送募集说明书和发行申请文件。债券募集说明书自最后签署之日起 6 个月内有效。

申请公开发行公司债券，应当向国务院授权的部门或者国务院证券监督管理机构报送下列文件：①公司营业执照；②公司章程；③公司债券募集办法；④资产评估报告和验资报告；⑤国务院授权的部门或者国务院证券监督管理机构规定的其他文件。

（3）审核。中国证监会依照下列程序审核发行公司债券的申请：收到申请文件后，5个工作日内决定是否受理；中国证监会受理后，对申请文件进行初审；发行审核委员会按照《中国证券监督管理委员会发行审核委员会办法》规定的特别程序审核申请文件；中国证监会作出核准或者不予核准的决定。

发行公司债券，可以申请1次核准，分期发行。自中国证监会核准发行之日起，公司应在6个月内首期发行，剩余数量应当在24个月内发行完毕。超过核准文件限定的时效未发行的，须重新经中国证监会核准后方可发行。

首期发行数量应当不少于总发行数量的50%，剩余各期发行的数量由公司自行确定，每期发行完毕后5个工作日内报中国证监会备案。

（4）刊登债券募集说明书。公司应当在发行公司债券前的2~5个工作日内，将经中国证监会核准的债券募集说明书摘要刊登在至少1种中国证监会指定的报刊，同时将其全文刊登在中国证监会指定的互联网网站。

公司债券募集办法中应当载明下列主要事项：①公司名称；②债券募集资金的用途；③债券总额和债券的票面金额；④债券利率的确定方式；⑤还本付息的期限和方式；⑥债券担保情况；⑦债券的发行价格、发行的起止日期；⑧公司净资产额；⑨已发行的尚未到期的公司债券总额；⑩公司债券的承销机构。

（五）债券的发行价格

债券的发行价格是债券发行时使用的价格，也就是投资者购买债券时所支付的价格。公司债券的发行价格通常有三种：平价、溢价和折价。

平价是指以债券的票面金额为发行价格；溢价是指以高出债券票面金额的价格为发行价格；折价是指以低于债券票面金额的价格为发行价格。债券发行价格的形成受诸多因素的影响，其中主要是票面利率与市场利率的一致程度以及债券的付息方式。债券的票面金额、票面利率在债券发行前即已参照市场利率和发行公司的具体情况确定下来，并载明在债券上，无法改变，但市场利率经常发生变动。在债券发售时，如果已确定的票面利率与当时的市场利率不一致，为了协调债券购销双方的利益，就要调整发行价格（溢价或折价）。同时发行公司采用的付息方式不同也会对债券的发行价格产生重要影响。关于一般债券价值的确定方法，本书第五章第三节将作详细阐述，这里不再介绍。

（六）发行债券实例分析

【例3-3】东北制药集团股份有限公司（简称：东北制药，股票代码：000597）于2009年11月26日向社会公开发行公司债券6亿元。发行事项与程序如下：

（1）东北制药集团股份有限公司2009年公司债券发行议案经2009年1月15日召开的公司第四届董事会第三十次会议审议通过，并经2009年2月3日召开的公司2009年第一次临时股东大会会议审议通过。

（2）发行公司债券的申请经中国证券监督管理委员会核准，该公司获准在中国境内公开发行不超过6亿元人民币公司债券。

（3）公司于2009年10月29日公布《公开发行公司债券募集说明书》。

（4）发行债券的基本要素详见表3-2。

表 3-2　东北制药集团股份有限公司 2009 年公司债券基本要素

发行主体	东北制药集团股份有限公司
债券名称	东北制药集团股份有限公司 2009 年公司债券
发行规模	6 亿元
票面金额	100 元
发行价格	按面值平价发行
债券期限	5 年
债券利率确定方式	7.05%；票面利率在债券存续期内固定不变，采取单利按年计息，不计复利
还本付息的期限和方式①	单利按年付息、到期一次还本。利息每年支付一次，最后一期利息随本金一起支付
担保情况	由东北制药集团有限责任公司提供无条件的不可撤销的连带责任保证担保
主承销商（保荐人）及承销方式	第一创业证券有限责任公司组织的承销团以余额包销的方式承销
发行费用	发行费用不超过募集资金总额的 2.0%，主要包括保荐及承销费用、审计师费用、律师费用、资信评级费用、发行推介费用、信息披露费用等
发行方式及发行对象	采取网上面向公众投资者公开发行和网下面向机构投资者协议发行相结合的方式。网上、网下预设的发行数量占本期债券发行总量的比例分别为 30% 和 70%

（5）债券发行时间安排。①发行公告刊登日期：2009 年 10 月 29 日；②发行期限：2009 年 11 月 2 日至 2009 年 11 月 6 日；③网上申购期：2009 年 11 月 2 日至 2009 年 11 月 3 日；④网下申购期：2009 年 11 月 2 日至 2009 年 11 月 6 日。

（七）对发行债券筹资的评价

发行债券募集资金，对发行公司既有利也有弊，应加以识别和权衡。债券作为负债筹资的一种方式，它具有以下优点：

（1）能产生财务杠杆作用。作为负债筹资的一种方式，发行债券筹资能产生财务杠杆作用，即当企业资金利润率高于负债利率时，负债筹资能给所有者带来更大的利益。

（2）筹资成本较低。与股票的股利相比，债券的利息允许在所得税前支付，发行公司可享受抵税利益，这使公司实际负担的筹资成本常常低于发行股票的筹资成本。

（3）不会影响企业所有者对企业的控制权。债券持有人无权参与发行公司的管理决策，因此公司发行债券不会对公司的控制权构成威胁。

利用债券筹资，虽有上述优点，但也有明显的不足。主要表现在以下几个方面：

（1）产生财务杠杆的负面影响，增加财务风险。债券有固定到期日，并需支付利息。当企业的资产报酬率低于债券利率时，发行债券筹资会降低公司的股东权益报酬率。在公司经营不景气时，公司也必须向债券持有人支付本息，这会给公司带来更大的财务困难，有时甚至导致破产。

（2）限制条件较多。发行债券的限制条件一般要比长期借款、租赁融资的限制条件都要多且严格，从而限制了公司对债券筹资方式的使用。

---

① 本次公司债券票面利率由发行人和保荐人（主承销商）通过市场询价协商确定。预设利率 6.5%～7.1%，2009 年 10 月 30 日，东北制药和保荐人（主承销商）在网下向机构投资者进行了票面利率询价，根据网下向机构投资者询价的统计结果，经发行人和保荐人（主承销商）充分协商和审慎判断，最终确定东北制药集团股份有限公司 2009 年公司债券的票面利率为 7.05%。

(3) 筹资数量有限。公司利用债券筹资一般受一定额度的限制。例如我国《公司法》规定，发行公司流通在外的债券累计总额不得超过公司净资产的 40%。

三、借款筹资

借款是企业根据借款合同从有关银行或非银行金融机构借入所需资金的一种筹资方式。它是几乎每一个企业曾经采用或准备采用的筹资方式。

（一）借款的种类

企业可供选择的借款的种类很多，可按不同标准进行划分。

1. 按借款的期限划分

按借款的期限长短不同，借款可分为短期借款、中期借款和长期借款。短期借款是指借款期限在 1 年以内（含 1 年）的借款；中期借款是指借款期限在 1 年以上（不含 1 年）5 年以下（含 5 年）的借款；长期借款是指借款期限在 5 年以上（不含 5 年）的借款。

2. 按借款的条件划分

按借款是否需要担保，借款可分为信用借款、担保借款和票据贴现。信用借款是指以借款人的信誉为依据而获得的借款，企业取得这种借款，无须以财产做抵押；担保借款是指以一定的财产做抵押或以一定的保证人做担保为条件所取得的借款；票据贴现是指企业以持有的未到期的商业票据向银行贴付一定的利息而取得的借款。

3. 按借款的用途划分

按借款的用途不同，借款可分为固定资产投资借款、更新改造借款、技术开发借款、产品试制借款和流动资金借款等。

4. 按提供贷款的机构划分

按提供贷款的机构不同，借款可分为政策性银行贷款和商业银行贷款。此外，企业还可从信托投资公司取得实物或货币形式的信托投资贷款，从财务公司取得各种贷款等。

（二）借款的程序

下面以银行借款为例说明企业申请贷款的基本程序。主要包括以下内容：

（1）提出借款申请。企业申请借款时应当填写包括借款金额、借款用途、偿还能力及还款方式等主要内容的《借款申请书》，并提供有关资料。

（2）贷款方审查申请。贷款人受理借款人申请后，对借款企业的信用等级以及借款企业的合法性、安全性、赢利性等情况进行调查，核实抵押物、保证人情况，测定贷款的风险度。

（3）签订借款合同。贷款方核准借款申请后，借贷当事人双方进一步协商贷款的具体条件，签订正式的贷款合同。

（4）取得借款。借款合同签订后，企业可以在核定的贷款额度内，根据用款计划和实际需要，一次或分次将贷款转入企业的存款结算户，按借款合同约定用途使用贷款。

（三）借款合同的基本内容

借款合同是规定当事人双方权利和义务的契约。借款合同应当具备下列基本条款：借款种类；借款用途；借款金额；借款利率；借款期限；还款资金来源及还款方式；保证条款和违约责任。其中，保证条款是规定借款方应具有银行规定比例的自有资金，并有适销适用的物资和财产作贷款的保证，必要时还可规定保证人。当借款方不履行合同时，由保证人连带承担偿还本息的责任。下面列示的是中国人民建设银行（固定资产投资贷款类）借款合同。

中国人民建设银行借款合同（固定资产投资贷款类）

借款单位：（简称甲方）_____
贷款银行：（简称乙方）中国人民建设银行_____行
甲方为进行建设和发展的需要，依据_____，特向乙方申请_____借款，经乙方审同意发放。为明确双方责任，恪守信用，特签订本合同，共同遵守。

一、甲方向乙方借款人民币（大写）_____万元，规定用于_____。

二、借款期约定为_____年_____个月，即从_____年_____月_____日至_____年_____月_____日。乙方保证按固定资产投资计划和信贷计划，在下达的贷款指标额度内供应资金。甲方保证按规定的借款用途用款，预计分年用款计划为：

_____年_____月_____万元　　_____年_____月_____万元
_____年_____月_____万元　　_____年_____月_____万元
_____年_____月_____万元　　_____年_____月_____万元

三、贷款利息自支用贷款之日起，以实际支出数按年（月）息_____%（‰）计算，按年（季、月）结息。甲方不能按本合同规定的分_____年（次）还款计划归还的部分，作为逾期处理，加收利息_____%。在本合同有效期内，若国家利率调整，从调整之日起，乙方即按调整后的贷款利率计（结）算贷款利息，同时书面通知甲方和担保单位。

四、甲方保证按还款计划归还贷款本金。分年（次）还款计划为：

_____年_____月_____万元　　_____年_____月_____万元
_____年_____月_____万元　　_____年_____月_____万元
_____年_____月_____万元　　_____年_____月_____万元

甲方保证按下达方式按时付息：
甲方不能按时付息时，乙方有权从甲方账户中扣收或暂时停止支付贷款。

五、借款到期，甲方如不能按期偿还，由担保单位代为偿还。担保单位在收到乙方还款通知三个月后仍未归还，乙方有权从甲方或担保单位的投资或存款户中扣收，或变卖甲方抵押的财产归还其借款。

六、乙方有权检查贷款使用情况，了解甲方的经营管理、计划执行、财务活动、物资库存等情况。甲方保证按季提供有关统计、会计、财务等方面的报表和资料。如发现借被挪作他用，对挪用部分向甲方加收罚息_____%。乙方不能在下达的贷款指标及时供应甲方资金需要，在未达时间内按未达资金数额，向甲方承付按逾期贷款利率计算的违约金。

七、在本合同有效期内，甲方因实行承包、租赁、兼并等而变更经营方式的，必须通知乙方参与清产核资和承包、租赁、兼并合同（协议）的研究、签订的全过程，并根据国家有关规定落实债务、债权关系。

八、需要变更合同条款的，经甲乙双方协商一致，应签订借款合同补充文本。

九、甲方需向乙方填送借款申请书，并对偿还借款本息，以抵押或（和）第三方保证的方式提供担保，并签订抵押、担保协议书。甲方填送的申请书和各方签订的协议书，均为本合同的组成部分。

十、其他约定（甲乙双方商定的其他条款）

十一、本合同自签订之日起生效，贷款本息全部偿清后失效。

十二、本合同正本三份，甲乙方、保证方各执一份，付本_____份，送乙方财会部门和有关部门。

借款单位：（公章）_____
法定代表人：（签字）_____
贷款银行：（公章）_____
法人代表人或负责人：（签字）_____
担保单位：（公章）_____
法定代表人：（签字）_____

（四）借款的名义利率和实际利率

利率是资金的价格。它是影响借贷双方投融资决策的重要因素。人们通常会十分注重借款合同中规定的利率，但这仅仅是一种名义利率，还有更重要的一种利率需要关注，那就是实际利率。实际利率是债务人在一定时期内实际所承担的利息费用与借款获得的可使用资金净额按复利方式计算的年利率。理解实际利率的概念，要注意以下几点：

第一，实际利率是借款人实际承担的利息费用计算的。有时借贷双方虽然在借款合同中规定了一个名义利率，但债权人会给债务人一个免息期限或贴息优惠，这样一来，债务人实际承担的利息费用没有像借款合同中规定的利率所计算的那么多。因此，实际利率应当将实际未承担的利息费用扣除。

第二，实际利率必须是按照借款所筹集的可使用资金净额计算的利率。简单地说，利率是利息和本金的比值，但有时债务人取得一笔借款，实际可以使用的数额并没有借款的本金那么大。实际利率当然应该按照可以使用的资金净额计算，而不能按照名义上的本金计算。

第三，实际利率必须是按复利计算的利率。由于不同借款合同中规定的付息方式和还款方式不尽相同，有些是到期一次还本付息，有些是按季度付息，按月付息也十分普遍。不同的付息方式和还本方式对借款人实际承担的利率负担有着很大的差异。

由于借款合同中的某些条款（如付息方式、补偿性余额等）会使债务人实际承担的利率水平高于或低于其名义利率。下面举例说明名义利率与实际利率产生差异的几种典型情形。

【例3-4】 斯密思公司向银行借款2000万元，期限为3年，合同上注明的年利率为10%。

1. 到期一次还本付息的情形

如果长期借款合同规定到期一次付息，并且按单利计算利息，那么由于货币时间价值的作用，借款的实际利率会低于其名义利率。在【例3-4】中，如果银行规定该借款的本金和利息于借款到期时一次支付。

下面来计算该方案的实际利率。设实际利率为 x，得到如下方程

$$2000(1+x)^3 = 2000 \times (1+10\% \times 3)$$

解得 $x \approx 9.14\%$。

可见，实际利率9.14%比名义利率低0.86个百分点。本例中的借款年限才3年，利率也不见得高，实际利率与名义利率的差异可见一斑；如果借款的期限相当长，结果会怎样呢？

假如上述借款的期限不是3年而是30年。结果会怎样呢？很快就可以计算出实际利率为4.73%，连名义利率的一半还不到。可见"到期一次还本付息"（单利计息）的威力还真不小，它让债权人的收益一下子少了一半，当然也让借款人赚了不少便宜。当然这只是一个假设，因为现实中期限为30年的借款并不多见，30年期限的借款又是到期一次还本付息的就更罕见了。

2. 一年内多次付息

如果长期借款需要在一年内多次支付利息，由于时间价值的作用，借款的实际利率高于其名义利率。假如【例3-4】中的借款为每季度支付利息，到期还本。那么每季度付息一次，一年分4次付息，每次按照2.50%的利率支付。这样，此项借款的实际利率就是以2.5%的季度利率按4期复利计算得到的年利率。即实际利率为

$$(1+10\%/4)^4 - 1 \approx 10.38\%$$

这个结果比名义利率高出约0.38%。显然，一年内付息的时间间隔越短，名义利率会越

高。如果上述借款按月支付利息，那么其实际利率约为 10.47%（请读者自行计算）。如果付息时间间隔无限短（称为连续复利），则实际利率将会达到多少呢？显然，即使利息支付的时间间隔无限短，其实际利率也不可能是无穷大，而应是下列算式

$$\lim(1+10\%/n)^n-1\approx e^{10\%}-1=10.52\%$$

由此可见，即使连续复利，上述借款的实际利率也不过 10.52%，比名义利率差得并不明显。所以，债权人没有必要在支付利息的时间间隔这一问题上给借款人提出过于苛刻的要求。

3. 预扣利息

在资金比较紧张的状况下，民间的某些借贷业务会出现这样的契约条款：借款人同意在借款时将利息预先支付给债权人，这就是所谓的预扣利息。这时借款人实际得到的资金数额只有本金减去利息后的差额，债务人实际可使用的资金减少，这会导致其实际利率提高。

一般来说，预扣利息的做法大多是用于短期借款。因为，如果借款期限较长，借款人实际得到的资金净额由于利息的预先支付而大打折扣，债务人势必要增加借款的本金额度，这会增加债务人的付息压力。

现在假设【例 3-4】中，3 年的利息（单利计息）600 万元在借款时预扣，实际借款净额为 1400 万元，而 3 年后仍需偿还 2000 万元的本金。设实际利率为 x，得到如下方程

$$1400(1+x)^3=2000$$

解得 $x=12.62\%$。

计算结果表明，由于利息预先在本金中扣除，实际利率较名义利率高出 2.62%。这个差异还是比较明显的。

4. 存在补偿性余额条款

补偿性余额是银行要求借款人在银行中保持按贷款限额或实际借用额一定百分比的最低存款余额。对于借款企业，补偿性余额条款会导致借款人可使用的资金减少。因此，补偿性余额提高了借款的实际利率。

假设【例 3-4】中，银行规定每年支付利息，到期还本，但要求借款人维持 12% 的补偿性余额，每年支付。下面再来计算其实际利率。

显然，如果不存在补偿性余额，按年分期付息、到期一次还本的借款，其实际利率与名义利率相同。由于存在补偿性余额，该公司此项 2000 万的借款实际可以使用的资金为借款额的 88%，即 1760 万，但利息仍需按 2000 万元的本金计算支付。因此，其实际利率为

$$\frac{2000\times100\%}{1760}\approx11.36\%$$

实际利率明显高于其名义利率。当然，借款人存放在银行的存款也有利息收入，但相对于贷款利息来说，可以忽略不计。上述计算中没有考虑存款利息的影响。

（五）还款方式及其选择

从财务角度来看，还款方式实际上是一个现金流量的安排问题。对借款人来说，借款这种筹资活动的现金流量分布是：借入的本金产生现金流入，归还本金、支付利息产生现金流出，流出量大于流入量的差额为利息。对巨额的长期借款来说，还款方式的选择直接关系到债务人借款期限内现金流量的分布，对企业的其他理财决策乃至经营活动都会产生一定的影响。还款方式其实包括两个方面：本金偿还方式和利息支付方式。

1. 本金偿还方式及其选择

本金偿还方式简称还本方式。概括地说，借款的还本方式主要有到期一次还本和分期还本

两种。

（1）到期一次还本。顾名思义，到期一次还本方式就是债务人只要在借款到期日向贷款人归还本金，平时不需要还本，但可能要支付利息。这是一种传统的还本方式，也是目前银行贷款中最常见的还本方式。采用这种方式，债务人在规定的期限内可以足额使用借款本金，平时没有还款压力，但在到期时要一次支付全部本金，可能会产生较大的压力。

（2）分期还本。分期还本是指借款人自取得款项后的某一日期开始分期归还借款的本金，同时偿付利息。这种方式在具体操作中又可以有多种形式。例如，一笔3000万元的5年期借款，可以是从借款后的第一年开始还本，也可以是从第三年开始还本；可以是每期等额还本，如每年还本600万，也可以是每期不等额还本，如前3年每年还400万元，后2年每年还900万元。分期还本方式可以将借款人的还本压力分摊在一定期限内，避免到期还巨额本金的压力。

还本方式的选择是借贷双方都要考虑的问题，在这个问题上，债务人有更多的主动权，而银行只是为客户提供可能的还本方式。现在要讨论的问题是：如果金融机构给出了若干种还本的方式，借款人应当如何选择？一般来说，借款人选择还本方式主要应当考虑以下几个基本的因素。

一是借款本身的期限长短。短期借款通常采用到期一次还本付息，没有必要采用分期还本付息；而长期借款通常则采用定期支付利息，到期一次性偿还本金的方式，或采用分期等额偿还本金或平时逐期偿还小额本金和利息、期末偿还余款的方式。目前在一般的商业银行贷款种类中还没有分期还本的方式，而按揭贷款中采用的大多是分期还本方式。

二是借款数额的大小。借款数额的大小对选择还本方式也会产生较大的影响。小额借款对企业现金流量的影响不大，分期还本没有什么优势，借款人一般都会选择一次还本方式。而对巨额借款，由于到期一次性还本对借款人的压力太大，采用分期还本方式比较合适。

三是投资项目或企业经营产生现金流量的分布情况。企业的借款有一定的目的，可能用于补充日常的流动资金，也可能是为了进行某项固定资产投资。选择还本方式要考虑的一个重要因素是借款人的经营活动或投资项目投产后所产生的现金流量的分布情况。当企业每期有稳定的现金流入，又无其他合适的投资机会时，企业还是希望采用分期还本的方式；如果企业的借款用于专门的投资项目，而该项目的寿命期较长，每年产生的现金流量也比较均匀，也应当选择分期等额还本的方式。假如企业的借款用于某种变现力较强的资产，如为收购某一公司的股份而获得的借款，可以选择一次还本方式。

四是预期利率的变动趋势。对于固定利率借款，由于利率是在借款合同中约定的，在借款期内不可能更改，所以借贷双方对未来市场利率的预期趋势也会影响其还本方式的选择。如果借款人认为未来银行利率会上升，选择到期一次还本对借款人比较有利；反之则选择分期还本比较主动。

五是借款人的融资能力。企业的融资方式是多种多样的，借款只是其中的一种方式，而借款也可以有多种渠道。企业举新债还旧债的情况也是经常出现的，因此，借款人确定某一笔借款的还本方式时，应当考虑其融资能力及其可能性。

2. 利息支付方式及其选择

总体上说，支付利息对债务人现金流量的影响并没有偿还本金那样明显。利息支付方式（简称付息方式）主要有以下几种：①到期一次付息（复利和单利两种）；②分期付息；③预扣利息。这些方式在前面已经介绍，这里不再阐述。那么借款人应当如何选择利息支付方式呢？实际上，借款的付息方式与还本方式是有密切关系的，本金的偿还方式会直接影响利息的支付方式和支付金额。例如，采用到期还本的借款，其利息可以分期支付，也可以到期一次支付，但借款人实际承担的利率是不同的；而采用分期等额还本方式，利息自然是分期支付，而各期支付的利息额必然是逐期减少的。

3. 具体还款方式的比较

将前面给出的各种还本方式和付息方式进行各种组合，便会形成各种各样的还款方式。归纳起来主要有以下几种：①到期一次还本付息；②定期付息，到期一次还本；③贷款期内分期等额偿还本息；④贷款期内分期付息，分期等额还本；⑤平时逐期偿还小额本金和利息，期末偿还余额。

下面通过一个实例来说明各种还款方式的现金流量分布情况。

【例 3-5】中顺股份有限公司向中国工商银行取得 1000 万元的长期借款，借款期限为 5 年，目前 5 年期贷款年利率为 6.22%。假如银行给出的还款方式有以下几种：

(1) 到期一次还本付息，单利计息；

(2) 分期（每年）付息，到期还本；

(3) 分期（每年）付息，分期（每年）等额还本；

(4) 分期（每年）等额还本付息；

(5) 前四年每年年末归还一笔相等金额的款项，最后一年归还本息共 400 万元，五年内全部还清全部本息。

要求：计算各种还款方式下的还款金额，并对最后一种还款方式编制还款计划表。

【解答】(1) 到期一次还本付息。5 年后应付本利和共计为

$$1000 \times (1 + 6.22\% \times 5) = 1311（万元）$$

(2) 每年付息，到期还本。每年付息 62.2 万元，到期还本 1000 万元。

(3) 每年付息，每年等额还本。第一年付息 62.2 万元，还本 200 万元；本利合计 262.2 万元；第二年付息 49.76 万元（800×6.22%），还本 200 万元，本利合计为 249.76 万元；依此类推，每年的还款额（本金和利息）成等差数列递减，公差为-12.44 万元（200×6.22%）。

(4) 分期（每年）等额还本付息。这是年金现值问题，每年偿还的本金和利息的和是相等的。设每年的还款额为 A，可以得到

$$A \times 年金现值系数（6.22\%, 5）= 1000$$

从而

$$A \approx 1000 \div 4.1873 \approx 238.82（万元）$$

利息总额约为 238.82×5-1000=194.1（万元）。

(5) 最后一年还款 400 万元，相当于现在的价值为

$$400 / (1 + 6.22\%)^5 \approx 295.82（万元）$$

设前 4 年每年还款额为 B，则

$$1000 - 295.82 = B \times 年金现值系数（6.22\%, 4）$$

解得 $B \approx 204.25$ 万元。

最后一种还款方式的借款偿还计划表见表 3-3。

表 3-3　借款偿还计划表　　　（单位：万元）

年份	年初尚未归还本金余额	当年利息	年末止本利和	计划还款额	当年归还本金数额
1	1000	62.2	1062.2	204.25	142.05
2	857.95	53.36	911.31	204.25	150.89
3	707.06	43.98	751.04	204.25	160.27
4	546.79	34.01	580.80	204.25	170.24
5	376.55	23.42	399.97①	399.97	376.55
合计	—	216.97	—	1216.97	1000

应当注意的是，上述还款方式各有所长，没有严格的优劣之分，更不能以借款期内支付的利息多少来评价各种还款方式的好坏。如果按照承担的利率高低评价，应当说第一种方式的实际利率最低，因为该方式是按照单利计息的，而其他方式都是按照复利计息的。

（六）对借款筹资的评价

与其他筹资方式相比，借款筹资的优点主要表现在以下几个方面：

（1）筹资速度快。借款的手续比发行股票、债券要简单得多，因此得到借款所花费的时间也就比较短。

（2）筹资成本较低。借款利率一般低于债券利率，筹资费用也较低。另外与股票等权益资本筹集方式相比，由于借款利息可以在税前列支，存在抵税的作用，因而资本成本较低。

（3）筹资弹性较大。借款时企业与银行等金融机构直接交涉，有关条件可以经过谈判确定，用款期间发生变动，也可以与金融部门协商。因此，借款筹资对借款企业来讲，具有较大的灵活性。

当然，借款筹资也存在一些缺陷，主要表现在两个方面：

（1）增加财务风险。与债券筹资一样，无论企业是否赢利，借款人必须按规定时间还本付息。当企业的资产报酬率低于债券利率时，借款筹资会导致企业的股东权益报酬率下降。在企业经营不景气时，借款可能会使企业产生不能偿债的风险，给企业带来财务困难，甚至导致破产。

（2）筹资数量有限。借款方式筹集资金不像发行股票、债券那样能够一次性筹集到大量资金。在企业资金需要量较大时，借款只能作为辅助性的筹资方式，而不能成为主导的筹资方式。

四、融资租赁

租赁是一个古老的经济范畴，现代租赁已成为许多国家发展最快的一种融资形式。所谓租赁，是指出租人以收取租金为条件，在契约或合同规定的期限内，将资产租借给承租人使用的一种经济行为。它的主要特征是转移资产的使用权，而不转移资产的所有权，并且这种转移是有偿的，取得使用权以支付租金为代价。租赁行为在实质上具有借贷属性，不过它直接涉及的是物而不是货币。在租赁业发达的国家，它为企业所普遍采用，是企业

---

① 计算结果与题目中要求的 400 万元略有误差，系"四舍五入"引起的。

筹资的一种特殊方式。

(一) 租赁的种类

1. 按租赁期分类

租赁期是指租赁开始日至终止日的时间。根据租赁期的长短分为短期租赁和长期租赁，短期租赁的时间明显少于租赁资产的经济寿命，而长期租赁的时间接近租赁资产的经济寿命。

2. 按租金是否超过租赁资产成本分类

租金是承租人向出租人承诺提供的一系列现金支付。租金的经济内容包括出租人的全部出租成本和利润。出租成本包括租赁资产的购置成本、营业成本及相关的利息。如果出租人收取的租赁费用超过其成本，剩余部分则成为利润。

根据全部租金是否超过资本的成本，租赁分为不完全补偿租赁和完全补偿租赁。不完全补偿租赁是指租金不足以弥补租赁资产的全部成本的租赁。完全补偿租赁，是指租金超过资产全部成本的租赁。

3. 按租赁是否可以解除分类

根据租赁是否可以随时解除可分为可以撤销租赁和不可撤销租赁。可以撤销租赁是指合同中注明承租人可以随时解除租赁。通常，如果提前终止合同，承租人要支付一定的赔偿额。不可撤销租赁是指在合同到期前不可以单方面解除的租赁。如果经出租人同意或者承租人支付一笔足够大的额外款项，不可撤销租赁也可以提前终止。

4. 按出租人是否负责租赁资产的维修分类

根据出租人是否负责租赁资产的维护分为毛租赁和净租赁。毛租赁是指由出租人负责资产维护的租赁。净租赁是指由承租人负责维护的租赁。租赁资产的维修，也可以单独签订一个维修合同，与租赁合同分开处理。

5. 按与租赁资产所有权有关的全部风险和报酬是否转移分类

按与租赁资产所有权有关的全部风险和报酬是否转移，可将租赁分为融资租赁和经营租赁。经营租赁又称为营业租赁、服务租赁，是由出租人向承租企业提供租赁设备，并提供设备维修保养和人员培训等服务性业务。经营租赁通常为短期租赁。承租企业采用经营租赁的目的，并不在于融通资本，而是为了获得设备的短期使用以及出租人提供的专门技术服务。

融资租赁又称为资本租赁、财务租赁，是由租赁公司按照承租企业的要求，融资购买设备，并在契约或合同规定的较长期限内，提供给承租企业使用的信用性业务。融资租赁实质上是转移一项资产所有权有关全部风险和报酬的一种租赁。承租企业采用融资租赁的主要目的是为了融通资金。融资租赁集"融物"与"融资"于一身，具有借贷性质，是承租企业筹集长期借入资金的一种特殊方式。有关经营租赁和融资租赁的区别将在后面展开介绍。

(二) 经营租赁和融资租赁的区别

现实中的租赁尽管形式多样，理论上一般将其分为两类：经营租赁和融资租赁。二者的本质区别在于：被租赁的资产其未来的收益和风险实质上是否转让给承租人。具体可以归纳为以下几个方面：

(1) 所涉及的当事人不同。融资租赁一般至少涉及三方当事人，签订两个或两个以上的合同；而经营租赁只涉及出租人与承租人双方当事人，只签订一个租赁合同。

（2）租赁合同是否可以取消。融资租赁合同一般是不可取消的。而经营租赁的租约中一般都有解约条款，租赁期内承租人可预先通知出租人终止合同，退回设备，以租赁其他更先进的设备。

（3）租赁资产的收益和风险实质上是否转让给承租人。经营租赁的承租人在获得租赁权的同时，还可获得出租人对其设备维修、保养、保险等服务。但融资租赁的出租人对这些均不负责。

（4）租赁期限的长短不同。经营租赁的期限通常较短，因此，出租人需要将该项设备多次出租给不同的承租人使用，才能收回投资并产生利润；而融资租赁的期限较长，一般达到资产使用寿命的70%以上，承租人在租赁期限内定期支付租金，旨在让出租人收回其投资并获得合理的利润。

（5）租赁期满时承租人对租赁资产是否有留购、续租和退租的选择权。融资租赁的承租人在租赁期满时，对设备有留购、续租和退租三种选择，通常是承租人通过支付名义价款的形式，获得租赁设备的所有权；而经营租赁的承租人没有财产所有权，也没有购买的特殊权利。

承租人没有取得财产所有权，也没有购买他的特殊权利，所以不得将租赁财产作为资产列入资产负债表；承租人所许诺的付款义务，不需要列入负债。

6. 会计处理不同

无论是承租人还是出租人，对于经营租赁和融资租赁的会计处理存在很大区别。就经营租赁而言，承租人不应将租赁的资产在资产负债表中反映，其支付的租金也不需要列为负债，但应当在利润表中反映为一项费用或预付费用。而出租人尽管已将设备使用权转让给承租人，但仍需要在其资产负债表中反映该项资产；出租人所享有的收款权利列为一项资产，而需要在利润表中反映为收入或递延收入。对于融资租赁，承租人实质上已经取得该资产的控制权，应将租赁的资产在资产负债表中反映，其应支付的租金也需要列为一种长期负债，而不在利润表中反映为费用。而出租人应将已出租的设备在其资产负债表中剔除，代替为一种长期应收款（应收租赁款），其差额作为一种营业收入。

（三）融资租赁的种类

融资租赁，按租赁的方式不同，又可分为直接租赁、售后租回和杠杆租赁三种。

1. **直接租赁**

直接租赁是融资租赁中最常见的形式，即租赁公司按照承租人的要求，向制造商购买所需要的资产（一般是设备，下同），再将资产出租给承租人，承租人向出租人租入支付租金。直接租赁一般由以下两个合同构成：①出租人与承租人签订的租赁合同；②出租人按照承租人订货要求与制造商签订的购销合同。

2. **售后租回**

售后租回也称为回租，指资产所有人先将拥有的资产出售给租赁公司，然后再从租赁公司租回使用，并定期向租赁公司支付租金。这种租赁形式的好处是：一方面，企业可以通过出售资产的所有权取得相当于售价的一笔资金，同时仍可使用该项资产；但在此期间，该企业要支付租金，并失去了资产的所有权。售后租回的融资功能特别明显。它可以使企业在不丧失资产使用权的前提下，获得一笔资金。从形式上看，它相当于以设备为抵押品取得了一项贷款（注意：从法律上看则完全不同）。对于缺乏头寸的企业，这种租赁形式是一种改善财务状况的非常有利的做法。

3. 杠杆租赁

杠杆租赁是指采用"财务杠杆"方式的融资租赁。它与其他融资租赁形式的最大区别在于：出租人购置设备时只用总价款的一定比例（通常在20%～40%）的自有资金，而大部分资金则从相关金融机构获得，那就是说，出租人以较少的自有资金就可在经济上拥有设备的所有权。

从法律上说，杠杆租赁实际上是承租人、出租人和贷款人三方的协议安排。值得指出的是：杠杆租赁中的贷款是典型的无追索权贷款。一旦出现违约，出租人无义务向贷款人偿债。对此，贷款人可以采取下列两个措施保护自己：①规定贷款人对出租资产具有第一留置权；②在出租人债务违约的情况下，承租人必须把租金直接支付给贷款人。

【例3-6】山东华泰纸业股份有限公司（简称："华泰公司"，股票代码：600308）及全资子公司河北华泰纸业有限公司（下称"河北华泰"）2010年7月29日实施售后融资租赁业务：华泰公司和河北华泰作为共同承租人，于2010年7月29日与建信金融租赁股份有限公司（下称"建信租赁"）签订了《转让合同》、《融资租赁协议》，将河北华泰部分生产设备（租赁物原值127660.41万元，账面净值84589.39万元；经建信租赁认定，租赁物置换价值为84589.39万元）以售后回租方式，向建信租赁融资人民币80000万元，租赁期限届满，出租人确认共同承租人已经履行完毕其在协议项下的所有责任和义务后，设备的所有权自动转移至共同承租人。租赁期限自起租日（指建信租赁根据转让合同的规定向河北华泰支付首笔设备转让价款之日）起算，共计5年。租赁利率为中国人民银行公布的人民币3—5年期贷款基准利率（5.76%）下浮20%，即按每次放款日（即出租人根据转让合同向共同承租人支付每笔设备转让价款之日）当日适用的中国人民银行公布的人民币3—5年期贷款基准利率（"基准利率"）下浮20%分别计算。租金支付期间共计20期。第一个租赁年度，承租方仅支付利息，按季度后付；自第二个租赁年度起，按等额本息的方式计算租金，按季度后付。除前四期（第一个租赁年度）租金外，其余每期租金为55116710元（概算）。承租方在建信租赁依据转让合同向承租方支付首笔设备转让价款之前，向建信租赁一次性支付相当于全部租赁成本3.5%（2800万元）的保证金（不计利息）和1.95%（1560万元）的手续费。

本例中的租赁行为属于融资租赁，具体租赁方式为售后租回。该项租赁涉及的当事人有三方，分别是：河北华泰纸业有限公司、建信金融租赁股份有限公司和山东华泰纸业股份有限公司，其中河北华泰纸业有限公司为资产转让人，并与山东华泰纸业股份有限公司共同作为承租人，建信金融租赁股份有限公司为出租人。租赁期限为5年，起租日为建信租赁公司根据转让合同的规定向河北华泰支付首笔设备转让价款之日。租赁利率按照中国人民银行公布的人民币3—5年期贷款基准利率下浮20%确定，首期按照年利率4.608%（每季度利率为1.1326%）计算。租金及支付方式为：租金支付期间共计20期。第一个租赁年度，承租方仅支付利息，为906.08万元，按季度支付；自第二个租赁年度起，按等额本息的方式计算租金，按季度支付租金55116710元。

（四）对融资租赁的评价

对承租企业而言，融资租赁是一种特殊的筹资方式。通过租赁，企业可不必预先筹措一笔相当于设备价款的现金，即可获得所需设备。因此，与其他筹资方式相比，融资租赁颇具特点。

与其他的融资方式相比，融资租赁的优点主要体现在以下几个方面：

(1) 可以迅速获得所需资产。融资租赁集融资与融物于一身，通常要比筹措现金后再购置设备来得更快，可尽快形成企业的生产能力。

(2) 筹资限制较少。利用股票、债券、长期借款等筹资方式，都受到相当多的资格条件的限制，相比之下，融资租赁筹资的限制较少。

(3) 免遭设备淘汰的风险。科技的不断进步使得功能更全、效率更高的设备大量出现。对设备陈旧过时可能导致使用不经济的风险，在多数租赁协议中都规定由出租人承担，承租企业可以避免这种风险损失。

(4) 减轻财务支付压力。按照规定，全部租金在整个租期内分期支付，并且租金可在税前扣除。

尽管与其他筹资方式相比，融资租赁具有其优越性，但也存在缺点，主要体现在以下几个方面：

(1) 租赁成本高。长期租赁利率一般高于举债筹资的利率。另外，当市场利率下降时，企业可在借款到期之前提前偿还本息，而租赁则受合同制约，企业不能因市场利率下降而降低租金。

(2) 物价上涨时，企业会失去资产增值的好处。当市场商品价格普遍上涨时，设备资产也随之增值，像土地、建筑物等残值较大的资产增值更快。租赁期满后，如果租赁合同中未签署交付转让费后留购的条款，企业就享受不到资产增值所带来的好处。

(3) 难以对设备进行技术改造。通常合约明文规定，承租企业不得对设备进行拆卸、改装，不得中途解约，这会使设备技改难以实施。

五、商业信用

商业信用是指在商品交易中由于延期付款或预收货款所形成的企业间的借贷关系。商业信用产生于商品交换之中，是所谓的"自发性融资"。它运用广泛，在短期负债筹资中占有相当大的比重。企业可以利用应付款周期、应收款周期和预收款周期进行自发性融资。

(一) 应付款融资

1. 应付账款

应付账款是企业采用赊购方式而形成的债务，它是卖方允许买方在购货后一定时期内支付货款的一种形式。卖方利用这种方式促销，而对买方来说，延期付款则等于向卖方借用资金购进商品，可以满足短期的资金需要。

(1) 应付账款的成本。应付账款形式提供的短期资金无须付息，但通常附有现金折扣的信用条件。所谓现金折扣，是指卖方给予买方提前支付货款的一种报酬。倘若买方企业购买货物后在卖方规定的折扣期内付款，便可以享受免费信用，这种情况下企业没有因为享受信用而付出代价。这种信用条件是按"2/10，N/30"方式在购货发票上注明的，意指购货方在10天内付款，可享受2%折扣；10天之后付款不能享受折扣，在30天之内应全数付清。在此条件下，10天为折扣期，30天为信用期。倘若买方企业放弃折扣，在10天后（不超过30天）付款，该企业便要承受因放弃折扣而造成的隐含利息成本。一般而言，放弃现金折扣的成本（按年计算）可由下式求得

$$放弃现金折扣成本 = \frac{折扣百分比}{1-折扣百分比} \times \frac{360}{信用期-折扣期} \tag{3-4}$$

【例 3-7】 假定某企业按"2/10，N/30"的条件购入货物 100 万元。如果该企业在 10 天内付款，便享受了 10 天的免费信用期，并获得折扣 2 万元，免费信用额为 98 万元。

本例中，该企业放弃现金折扣成本为

$$\frac{2\%}{1-2\%} \times \frac{360}{30-10} = 36.73\%$$

公式表明，放弃现金折扣的成本与折扣百分比的大小、折扣期的长短同方向变化，与信用期的长短反方向变化。可见，如果买方放弃折扣而获得信用，其代价较高。然而，如果企业在放弃折扣的情况下，推迟付款的时间越长，其成本便会越小。例如，如果企业延至 50 天付款，其放弃折扣的成本则为

$$\frac{2\%}{1-2\%} \times \frac{360}{50-10} = 18.37\%$$

（2）利用现金折扣的决策。在附有信用条件的情况下，因为获得不同信用要负担不同的代价，买方企业便要在利用哪种信用之间作出决策。一般说来，如果能以低于放弃折扣的隐含利息成本（实质是一种机会成本）的利率借入资金，便应在现金折扣期内用借入的资金支付货款，享受现金折扣；反之，企业应放弃折扣。如果在折扣期内将应付账款用于短期投资，所得的投资收益率高于放弃折扣的隐含利息成本，则应放弃折扣而去追求更高的收益。当然，假使企业放弃折扣优惠，也应将付款日推迟至信用期内的最后一天，以降低放弃折扣的成本。

2. 应付票据

应付票据是企业进行延期付款商品交易时开具的反映债权、债务关系的票据。根据承兑人的不同，应付票据分为商业承兑汇票和银行承兑汇票两种，支付期最长不超过 6 个月。应付票据可以带息，也可以不带息。应付票据的利率一般比银行借款的利率低，且不用保持相应的补偿余额和支付协议费，所以应付票据的筹资成本低于银行借款成本。但是应付票据到期必须归还，如果延期便要交付罚金，所以风险较大。

（二）应收款融资

向银行等金融机构借款时，一般均须由借款人提供担保。在商业信贷盛行的国家，有将应收账款作为借款的抵押、应收账款贴现和出让应收账款等筹资方式。

1. 应收账款抵借

应收账款抵借就是以应收账款这一债权作为抵押担保，向银行等金融机构借款的方式。通常，借款企业同贷款人签订合同，在合同有效期内，借款企业定期将它的客户的定货单送交贷款人审核，贷款人对某些信用不佳或不符合要求的客户定单予以剔除，然后借款人根据贷款人审核通过的定单供货，将发票存根集中定期向贷款人申请抵押借款，借款额一般折合应收账款的 75% 左右。如果客户到期不还款，银行保留向借款人即供货人追索的权利。所以应收账款抵押业务中，坏账风险仍由借款企业承担。

2. 应收账款贴现

企业将应收账款向银行等金融机构贴现，一般可贴得相当于其总额 75% 的现款。贷款人在支付贴现值的同时，出具贴现人承兑的汇票。贴现后，借款企业照常收取应收账款，在汇票到期日将汇票兑现还款。

3. 应收账款让售

应收账款让售是将应收账款出让给银行等金融机构以筹措资金的一种筹资方式。通常，让

售应收账款的企业，事先与银行等金融机构签订合同，商品运出，应收账款就转让售给贷款机构，借款额一般为应收账款额扣减：①允许客户在付款时扣取的现金折扣；②贷款机构的手续费；③在应收账款中可能发生的销货退回和折让而保留的扣存款的余额。

让售应收账款与抵押应收账款不一样，前者转移了应收账款所有权，款项由让售企业通知客户后由客户直接付货款给银行，并负责催收。如果遇到应收账款坏账，由贷款人承担。因此，在办理应收账款让售业务时，银行对每一个现有和未来的欠款人（应收账款对象）的信用状况与偿债能力应严加查审，不符条件的不接受让售。换个角度说，在企业让售应收账款过程中，借款企业无疑得到了客户信誉及偿债能力方面的咨询，节约了借款企业的咨询成本。

（三）预收账款

预收账款是卖方企业在交付货物之前向买方预先收取部分或全部贷款的信用形式。对于卖方而言，预收账款相当于向买方借用资金后用货物抵偿。预收账款一般用于生产周期长、资金需要量大的货物销售。

第四节 混合性筹资

混合性筹资是指兼具债权和股权筹资双重属性的长期筹资方式。这里介绍的是发行认股权证、可转换债券和可分离债券。

一、发行认股权证

（一）认股权证及其特征

认股权证是期权的一种表现形式。认股权证是公司发行的一种长期的股票买入选择权，它本身不是股票，既不享受股利收益，也没有投票权，但它的持有者拥有在一定时期内以一定价格购买一定数量公司普通股的权利。因而认股权证具有股票看涨期权的性质。认股权证主要有以下几个特征：

（1）对发行公司而言，发行认股权证是一种特殊的筹资手段。其主要目的通常是为了吸引广大投资者和某些投资机构购买公司发行的股票。它是促销的一种手段。投资者既可以因购入股票而获得固定的红利收入，又可获得按规定价格优先购买公司普通股的权利。尤其当普通股市场价格超过认购价格时，投资者将获得额外收益。

（2）认股权证本身含有期权条款，其持有人在认股之前，对发行公司既不拥有债券也不拥有股权，而只是拥有股票认购权。

（3）认股权证具有价值和市场价格。用认股权证购买普通股票，其价格一般低于市价。这样认股权证就有了价值。发行公司可以通过发行权证筹得现金，还可以用于公司成立时对承销商的一种补偿。

（4）认股权证与优先认股权的不同之处。优先认股权是股份公司增发新股时，赋予普通股股东优于其他投资者，在一定期限内以低于市价的统一规定认购价格购买新股的权利。也就是说只有公司普通股东才拥有优先认股权，而权证持有人不必是公司股东。

（二）认股权证的基本要素

（1）认股权证对应的标的资产，指认股权证发行所依附的基础资产，即认股权证持有人行使权利时所指向的可交易的资产。最常见的标的资产则是股票,即所谓的"正股"。

(2) 有效期限,即认股权证的权力期限。在有效期内,认股权证持有者可随时要求将其转换成股票。

(3) 认购比率,即每一份认股权证可认购的相关证券数量。

(4) 认购价格,即认股权证持有者行使转换权的结算价格,相当于一般标准期权的执行价格。

(三) 认购权证的融资功能

从融资角度看,认股权证一般采取三种方式发行:依附于其他证券发行、单独发行和配股时发行。先看下面的例题。

【例3-8】以下公司分别发行认股权证,试计算它们的理论价格。

(1) 广兴股份有限公司发行认股权证10万张,每张认股权证的发行价格为400元,规定一张认股权证可在2年内以每股15元的价格购买广兴公司股票100股。该公司股票目前的市场价格为17.50元。

(2) 三星公司拟实施配股,目前股本总额8000万元,配股比例为30%,配股价格为每股8元,配股有效期为6个月。配股股权登记日该公司股票的收盘价格为13.2元,配股权证可以上市流通,在除权日公司股票市场价格为12元,配股权证的市价为5.5元。

(3) 北美电脑公司1995年发行8000万美元、20年期限的债券,投资银行认为应有10%的利率才能顺利发行。例如,规定购买1000美元面值的债券可附30张认股权证,每张认股权证可以在2年内以每股22美元的价格买进1股该公司普通股股票(该公司股票目前的市场价格为20美元),这样公司债券可按8%的年利率发行。

【解答】本例中广兴股份有限公司发行的认购权证属于单独发行认股权证,三星公司属于配股中发行认购权证,而北美电脑公司则属于依附于其他证券发行认购权证。

1. 单独发行认股权证

单独发行认股权证有两种情况:一是公司向老股东发放认股权证,即按老股东的持股数量以一定比例分配,这种发放可能是无偿的,这时可以认为是公司对老股东的一种回报,也可能是以一定的价格配售给老股东的。另一种情况是公司直接向所有投资者公开发行认股权证,这时发行的认股权证是有偿的。

因此在西方,认股权证备受上市公司的欢迎。上市公司希望尝试新的融资方式,而一些具有增发资格的上市公司也青睐认股权证。发行认股权证能鉴别真正的绩优公司,提高投资者对发行公司的认知度,激发投资者的认购热情。此外,资金分步到位对部分公司的投资行为有所约束,但对于真正需要资金、有良好项目的公司,随着项目展开和资金陆续到位,反而能提高资金的使用效率。业绩稳定增长的公司,在认股权证到期之前,公司股票价格上涨,可以及时向上修正认股价格,从而按更高价格发售新股,在不扩大规模的前提下募集更多的资金。

2. 配股时设置认股权证

根据有关法律规定,股份公司在发行新股时,原股东有权优先认购。这种优先认购的权利如果采取证券化的形式,就形成了配股中的认股权证。这种情况也可以认为是单独发行认股权证的特殊情况。具体做法是:由股东大会通过配股的方案,确定配股比例、股权登记日以及认股权证的有效期限等,然后按比例在配股除权日将认股权证"无偿"送给原股东（注意：这时候股票价格仍需要除权），股东可以在今后 6 个月内的任何时候认购股份。

3. 依附于其他证券发行认股权证

认股权证可以独立发行，但更多的是附在债券、优先股及普通股上一起发行，最普遍的方式是附在债券上一起发行。当认股权证附在债券上一起发行时，有两种不同的情况：一是发行后债券与认股权证不可分割，不可作为两种独立的证券在市场上流通，这种附有认股权证的债券实际上就是可转换债券，本书将在后面进一步讨论；二是发行后的债券与认股权证可分割，并分别作为两种独立的金融产品在市场上流通，这就是我国证券市场上发行的可分离债券。

【例 3-9】深圳华侨城股份有限公司（简称：华侨城，股票代码：000069）于 2006 年 1 月 6 日实施股权分置改革（简称股改）方案。实施股改前公司总股本为 111120.52 万股，其中流通股 39331.42 万股，非流通股 71789.1 万股（均为华侨城集团公司持有）。股权分置改革的具体内容如下。

华侨城集团公司作为本公司唯一非流通股股东，为使其持有的本公司非流通股份获得流通权而向流通股股东支付的对价为：本次股权分置改革方案实施股权登记日登记在册的流通股股东每持有 10 股流通股将获得 2.8 股股份。股权分置改革方案实施后首个交易日，华侨城集团持有的非流通股份即获得上市流通权。

同时本公司拟向股权分置改革方案实施股权登记日登记在册的流通股股东以 10∶3.8 的比例免费派发欧式认股权证，共计 149522568 份[①]。该认股权证的有关情况如下。

权证派发总量 149522568 份，每份认股权证可以在行权日以 7.00 元的价格，认购本公司 1 股新发的股份。认股权证的存续期自 2006 年 11 月 24 日起，至 2007 年 11 月 23 日止，最后一个交易日为 2007 年 11 月 16 日（星期五），从 2007 年 11 月 19 日（星期一）起终止交易。认股权证的行权期为 5 天，即自 2007 年 11 月 19 日起至 2007 年 11 月 23 日止。

认股权证经分红除息调整后的行权价格为 6.958 元，投资者每持有 1 份认股权证，有权在 2007 年 11 月 19 日至 23 日期间以 6.958 元的价格购买 1 股"华侨城 A"股票。

认股权证行权的基本情况为：2007 年 11 月 19 日起至 2007 年 11 月 23 日期间，华侨城公司股票市价在 50 元以上，远高于其行权价，行权对权证持有人是有利的。截至 2007 年 11 月 23 日交易时间结束时，共有 149338821 份认股权证成功行权，占权证总发行数量的 99.877%，尚有 183747 份认股权证未成功行权，已被注销。由于认股权证行权，公司筹资总额达到 103910 万元，总股本变为 1310544063 股（包括部分可转换债券转股而增加的股份），其中有限售股 675325122 股，无限售股 635218941 股。

(四) 发行认股权证筹资的评价

认股权证一般作为企业融资的辅助手段，适当利用有助于降低资本成本。当认股权证持有人行使认购权，认股权证便成为一种融资手段。

1. 认股权证筹资的优点

(1) 能使公司筹集到更多的资金。上述广兴公司单独发行认股权证，能够使公司筹集到更多的资金。如果广兴公司现在立即发行新股，其每股的最高价格为 17.50 元，而采用

[①] 数额略有差异属于可转换债券转股引起。

认股权证的形式,你在发行认股权证时可以获得相当于每股4元的现金收入,在认股权证持有者认购股份时,公司又可以获得每股15元的现金流入。二者加起来相当于发行了每股19元的新股。当然前面的分析有一个假设:认股权证的持有者会在2年内足额认购股份。

(2) 能够使高价格的配股得以实施。有时由于股票市场不景气,公司的股票价格被低估,这对想要通过配股筹资的公司来说是十分被动的。因为配股的定价不可能高于目前的股价,而过低的配股价会影响公司的筹资。假如在配股中采用认股权证的形式,情况就可能大为改观。公司可以将配股价格定在适当的高位,因为认股权证实际上让股东在较长的时间内行使认购股份的权利,如果公司的股票价格在配股的有效期内能涨到配股价格之上,股东就会乐于认购股份。既然目前的股价是跌过头了,那么在一定时期内股价的回升是完全可能的。同时,在配股中采用认股权证的形式,可以增加公司筹资的灵活性。按照现行的配股政策规定,配股权利只能由老股东享受,不能转让给他人,这会使公司和投资者陷入很尴尬的境地。假如公司的配股价比市场价格低得多,但某些流通股股东没有资金来认购股份。他要么设法去筹措资金,要么将手头持有的股票(可能是该公司的股票)变现,要么就放弃配股权。而放弃配股权实在很可惜。这样的局面对公司和老股东来说可谓是"双输"。然而,假如向老股东配股时采取发放认股权证的方式,情况就完全不同。认股权证可以单独流通,而且有较长时间的有效期,它可使得一些暂时没有认购能力的投资者在未来具备认购能力时行使配股权利;对那些不打算配股的股东有机会将认股权证转让。这一方面使得公司配股的认购率提高,另一方面使原股东在转让认股权证中取得收益,促进股票价格上涨,从而有效地保护了股东的权益。

(3) 能吸引投资者,顺利发行其他证券,降低筹资成本。认股权证的发行是企业发行证券特别是债券的引诱物,是企业给予投资者的一种优惠,它使得企业在不利条件下也能顺利地发行债券。北美电脑公司之所以能以低于正常票面利率的水平发行附认股权证的债券,是因为认股权证给持有人一种选择权,这种选择权可能会给投资者丰厚的回报(当然也可能没有任何价值)。从上面的例子可以看出,认股权证能促进其他证券顺利发行,并且降低筹资成本。

2. 认股权证筹资的缺点

(1) 认股权证行使期权时间的不确定性。认股权证为公司提供了一个筹资数额,但这笔资金何时才能取得,公司又不能控制。在公司急需资金时,认股权证还没有被行使,这笔资金数额便不能满足需求。

(2) 稀释每股普通股收益。当认股权被执行时,普通股股份增加,每股收益减少。同时,还会稀释原股东对公司的控制权。

(3) 可能导致筹资失败。因为行权价定得过高,当公司股票市场不景气时,投资者会放弃行权,公司就无法获得资金。

(4) 可能导致筹资成本提高。如果行权价定得过低,投资者当然乐于行权,公司筹资没问题,但等于公司的股票贱卖了,这就会导致公司的筹资成本提高。

二、发行可转换债券

可转换公司债券是指发行人依照法定程序发行,在一定期间内依据约定的条件,债券持有人可将其转换为发行公司股票的债券。中国资本市场中推出可转换公司债券可谓是融资方式的一种创新。发行可转换公司债券具有筹资成本低、易于调整资本结构等优势,已经成为我国上市公司乐于采用的一种筹资方式。

(一) 可转换公司债券的特点

对于中国上市公司而言,通过发行可转换公司债券实现其再融资,有着较为明显的优势。这些优势是与可转换债券本身的特点相关联的。可转换债券兼具有债券和股票的特性,它具有以下三个特点:

1. **债权性**

与其他债券一样,可转换债券也有规定的利率和期限。投资者可以选择持有债券到期,收取本金和利息。

2. **股权性**

可转换债券在转换成股票之前是纯粹的债券,但在转换成股票之后,原债券持有人就由债权人变成了公司的股东,可参与企业的经营决策和利润分配。

3. **可转换性**

可转换性是可转换债券的重要标志,债券持有者可以按约定的条件将债券转换成股票。可转换债券在发行时就明确约定,债券持有者可按照发行时约定的价格将债券转换成公司的普通股股票。如果债券持有者不想转换,则可继续持有债券,直到偿还期满时收取本金和利息,或者在流通市场出售变现。

(二) 可转换公司债券的要素

1. **标的股票**

可转换债券对股票的可转换性,实际上是一种股票期权或股票选择权,它的标的物就是可以转换成的股票。在我国上市公司发行的可转换债券的标的股票都是发行公司自己的股票,通常称为"正股"。

2. **转换价格**

可转换债券发行之时,应该明确以怎样的价格转换为普通股,该价格就是可转换债券的转换价格。我国《上市公司发行可转换公司债券实施办法》规定,可转换公司债券的转股价格的确定应以公布募集说明书前 20 个交易日公司股票的平均交易价格和前一交易日的均价为基础,并上浮一定幅度。具体上浮幅度由发行人与主承销商商定。

3. **转换比率**

转换比率是债权人通过转换可获得的普通股股数。对于一定面值的可转换债券,转换价格越高,转换比率越低;反之亦然。

4. **转换期**

转换期是指可转换债券转换为股份的起始日至结束日的期间。可转换债券的转换期可以与债券的期限相同,也可以短于债券的期限。我国上市公司发行可转换债券时通常规定的转换期为发行后 6 个月起至债券到期日止。

5. **赎回条款**

赎回条款是可转换债券的发行企业可以在债券到期日之前提前赎回债券的规定。赎回条款包括下列内容:

(1) 赎回期。赎回期是可转换债券的发行公司可以赎回债券的期间。赎回期安排在不可赎回期之后,不可赎回期结束后,即进入可转换债券的赎回期。不可赎回期是可转换债券从发行时开始,不能被赎回的那段期间。我国上市公司发行的可转换债券的赎回期一般规定为发行后的6个月之后至到期日止。

(2) 赎回价格。赎回价格是事前规定的发行公司赎回债券的出售价格。赎回价格一般高于面值。

(3) 赎回条件。赎回条件是对可转换债券发行公司赎回债券的情况要求,即需要在什么样的情况下才能赎回债券。一般是在可转换债券发行公司的股票价格达到持续上涨到某一价格时,公司才能赎回债券。

6. 回售条款

回售条款是在可转换债券发行公司的股票价格达到某种恶劣程度时,债券持有人有权按照约定的价格将可转换债券卖给发行公司的有关规定。设置回售条款是为了保护债券投资人的利益,使他们能够避免遭受过大的投资损失,从而降低投资风险。

(三) 可转换债券实例

【例3-10】四川美丰化工股份有限公司（简称：四川美丰,股票代码：000731）2009年11月13日召开的第六届董事会第七次会议审议通过了发行可转换债券的决议,经2009年12月11日召开的公司第三十八次（临时）股东大会表决通过,并经中国证监会证监核准。发行可转换债券的有关事项如下：

(1) 发行可转债总额为65000万元。

(2) 可转债按面值发行,每张面值人民币100元,共计发行650万张。

(3) 票面利率。第一年0.8%,第二年1%,第三年1.2%,第四年1.5%,第五年1.8%。

(4) 利息支付方式。本可转债采用每年付息一次的付息方式,计息起始日为可转债发行首日。每年的付息登记日为每年付息日的前一交易日,公司将在每年付息日之后的五个交易日内支付当年利息。在付息债权登记日前（包括付息债权登记日）转换成股票的可转债不享受当年度利息。

(5) 转股期限。自本可转债发行结束之日起6个月后至可转债到期日止。

(6) 初始转股价格的确定依据。本次发行可转债初始转股价格以公布《募集说明书》之日前20个交易日公司A股股票交易均价和前一交易日的均价的较高者为基础,上浮2%。在本次发行之后,当公司因送红股、增发新股或配股、派息等情况（不包括因可转债转股增加的股本）使公司股份发生变化时,将进行转股价格的调整。

(7) 赎回条款。本可转债进入转股期后,如果公司股价任何连续30个交易日中至少20个交易日收盘价高于当期转股价格的130%（含130%）,公司有权按可转换公司债券面值103%（含当期计息年度利息）的赎回价格赎回全部或部分未转股的可转换公司债券。任一计息年度本公司在赎回条件首次满足后可以进行赎回,首次不实施赎回的,该计息年度不应再行使赎回权。若在上述交易日内发生过转股价格调整的情形,则在调整前的交易日按调整前的转股价格和收盘价格计算,在调整后的交易日按调整后的转股价格和收盘价格计算。

(8) 回售条款。在本可转债最后两个计息年度,如果公司股票收盘价连续30个交易日低于当期转股价格的70%,可转债持有人有权将其持有的可转债全部或部分按面值的103%（含当期计息年度利息）回售给本公司。若在上述交易日内发生过转股价格调整的情形,则在调整前的交易日按调整前的转股价格和收盘价格计算,在调整后的交易日按调整后的转股价格和收盘价格计算。持有人在回售条件首次满足后可以进行回售,首次不实施回售的,当年不能再行使回售权。

（四）对可转换债券筹资的评价

发行可转换债券是一种特殊的筹资方式，它具有一般公司债券的优点外，还存在明显的优势。

（1）筹资成本低，可以减轻公司的财务负担。可转换债券的利率通常低于普通债券，所以在转换前可转换债券的资本成本低于普通债券；转换为股票后，又可节省股票的发行成本，从而降低股票的资本成本。

（2）可能实现了高价格股权融资，使公司筹集更多资本。可转换债券的转换价格通常高于发行时的股票价格，因此，可转换债券转换后，其筹资额大于当时发行股票的筹资额。另外它也有稳定股价的作用。

（3）有利于调整资本结构。可转换债券是一种具有债权筹资和股权筹资双重性质的筹资方式。在转换前属于公司的一种债务，若发行公司希望可转换债券持有人转股，还可以借助诱导，促其转换，进而借以调整资本结构。

利用可转换公司债券筹资，虽有上述优点，但缺点也很明显，主要表现在以下几个方面：一是转股后可转换债券筹资将失去低利率的好处；二是若确需股票筹资，但股价并未上升，可转换债券的持有人不愿转股时，发行公司将承受偿债压力；三是若可转换债券转股时股价高于转换价格，则发行可转换债券将遭受筹资损失，实际上提高了股权筹资成本。

三、发行可分离债券

可分离债券又称为附认股权证公司债。我国国内市场上的可分离债券是指"认股权证和债券可分离交易的可转换债券"，即上市公司在发行债券的同时附有认股权证，该权证持有人将依法享有在一定期间内按约定价格认购公司股票的权利。2006年11月13日，马钢股份作为首家尝试这一融资新品种的上市公司，成功发行了55亿元分离交易式可转债。此后已有几十家上市公司实施或拟实施可分离债券融资。由于其独特的优势，可分离债券正发展成为大型上市公司后续融资的一种重要工具。

（一）可分离债券的特点

（1）捆绑发行、分离交易。可分离债券与普通可转债的本质区别在于其债券与权证的可分离性。在传统的可转债中，债券持有人不能同时享受债权与股权。债券持有人在转股前仅获取债券固定利率带来的收益不享有股权，转股后债权即被股权取代。而可分离债券中的债权与期权是同时存在的，二者捆绑发行，上市后即可分开交易。这种债券与权证捆绑发行、分离交易的组合特征，正是该金融产品的最大特色之一。

（2）一次发行、两次融资。可分离债券作为一种介于债券与股票之间的混合债券产品，赋予了上市公司两次筹资的机会：一次是发行附认股权证公司债，属于债券融资；另一次是认股权证持有人行权期内行权，属于股权融资。如果债权融资部分完成后，企业经营业绩得到市场认可，债券所付的认股权证就很可能会被行权。以此方式，企业可以轻松地实现一次发行、两次融资的效果，这也是发行可分离债券区别于配股、增发普通股及发行可转债的一大特点。

（3）票面利率低，债券期限长。可转换债券是用期权价值补偿普通公司长期债券的债性，以获取较低的票面利率。可分离债券则把普通可转债的股性分离出来，加大了期权价值对普通公司长期债券债性的补偿，从而进一步降低了票面利率。同时，按照相关规定，可分离债券仅有"期限最短为一年"的限制，对于债券期限的上限则没有要求，这也为上市公司通过发行可分离债券寻求长期资金来源创造了机会。

（4）发行限制严，投资风险小。发行可分离债券对发行公司有严格的资格要求。发行限制严决定了通过发行可分离债券进行再融资的公司均为规模大、资产质量较好、负债率较低的上市公司。并且发行可分离债券的公司必须承担还本付息的义务，若改变了公告募集资金的用途，可分离债券持有人与传统可转债持有人一样被赋予回售权利，这样大大降低了投资者的风险。

（二）可分离债券实例分析

可分离债券实际上是债券和认股权证的"先合后分"，发行时将二者合并，交易时将二者分离。所以可分离债券的基本要素与普通债券、认股权证的要素基本相同，所不同的是发行可分离债券应事先明确配送比例，即投资者每购买1张债券可以配送认股权证的数量。下面举例说明。

【例 3-11】江西铜业股份有限公司（简称：江西铜业，股票代码：600362）2008年发行可分离债券的基本情况如下。

2008年1月23日，江西铜业股份有限公司刊登董事会决议公告：江西铜业股份有限公司于2007年1月16日召开四届十七次董事会，会议审议通过了《关于发行认股权和债券分离交易的可转换公司债券方案的议案》。

2008年3月20日该公司召开股东大会，逐项审议批准《关于发行认股权和债券分离交易的可转换公司债券方案》议案，以及《关于认股权和债券分离交易可转债募集资金投向的可行性报告》议案。

2008年7月29日江西铜业关于发行分离交易可转换债券申请获得中国证券监督管理委员会发行审核委员会审核通过。

2008年9月18日公司刊登了认股权和债券分离交易的可转换公司债券募集说明书。该债券发行基本情况见表3-4。

表3-4 江西铜业股份有限公司可分离交易可转债基本要素

发行主体	江西铜业股份有限公司
发行种类	分离交易可转债
发行总额	6800000000 元
票面金额	100 元/张
发行价格	债券按面值平价发行，债券所附认股权证按比例向债券的认购人派发
债券期限	8 年
债券利率确定方式	票面利率在债券存续期内固定不变，采取单利按年计息，不计复利。最终确定票面利率为 1%
还本付息的期限和方式	计息起始日 2008 年 9 月 22 日，每年付息一次，到期一次还本，最后一期利息随本金的兑付一起支付
权证发行数量及配送比例	权证 176120 万份，每手债券的认购人可以同时获得发行人派发的 259 份认股权证

(续表)

权证的存续期	2008年10月10日—2010年10月9日（自认股权证上市之日起24个月）
行权期	权证存续期最后五个交易日
行权比例	认股权证行权比例为4：1，即每4份认股权证代表1股公司发行的A股股票的认购权利
行权价格	认股权证的初始行权价格为15.44元/股。不低于募集说明书公告前20个交易日公司A股股票均价、前1个交易日公A股股票均价、前20个交易日公司H股股票均价和前1个交易日公司H股股票均价的孰高值①
发行对象与发行方式	向发行人原A股股东优先配售；向符合法律法规的机构投资者网下发行；向持有上交所股票账户的自然人、法人、证券投资基金，以及符合法律法规规定的其他投资者网上发行
发行时间	优先配售日和网上、网下申购日为2008年9月22日
主承销商（保荐人）及承销方式	中国国际金融有限公司组织的承销团以余额包销的方式承销
发行费用	承销及保荐费用为募集资金的1.5%；发行手续费92万元，律师费150万元，审计费10万元，评估费90万元，资信评级费用57万元，推介及路演等其他费用168万元

（三）发行可分离债券的优缺点

1. 上市公司可分离债券融资的优点

（1）融资规模大。虽然规定发行后累计公司债券余额不超过最近一期期末净资产额的40%，但由于附有认股权证融资，在考虑了到期行权效应后，可分离债券的融资总额大大规避了这一限制。上市公司发行可分离债券最终实现的融资规模将是发行普通可转债或长期企业债券融资规模的1~2倍。

（2）融资成本低。一方面，由于嵌入了股票的看涨期权，可分离债券的利率要低于相同信用级别的普通公司债利率，为上市公司提供了享受低利率长期债券融资的优势，减少了财务费用。另一方面，债券融资与权证并行，如果发行公司的业绩增长，股价上升，上市公司通过认股权证行权可获得二次融资。因此，可分离债券只需要通过一次审批，将为上市公司带来双重的融资效应，比债券与权证分别发行的融资方式节约了更多的发行成本。

2. 上市公司可分离债券融资的缺点

（1）发行风险。可分离债券的成功发行有赖于投资者对上市公司资信的认可及债券发行条款的合理设置。发行时机是否恰当、利率设计是否合理、行权价是否经过科学论证都将直接影响可分离债券发行对投资者吸引力的大小。发行时机选择不当或发行要素设置不合理均可能导致发行失败。

（2）偿债风险。相对股权融资而言，债权融资所筹集资金的使用风险较大。传统的可转换债券在转换为股票时可转债的总数减少，公司的负债同步减少而股本增加。可分离债券的债权与股权是分离的，即使行权也不会减少负债总额。可分离债券必须在规定的期限内还本付息，届时上市公司将会有一大笔现金流出。倘若公司在发行可分离债券后项目运行不良或经营管理不善，到期高额的还款义务将造成巨大的财务压力，引发偿债危机。

---

① 在认股权证存续期内，若公司A股股票除权、除息，将对本次认股权证的行权价格、行权比例作相应调整。

(3) 行权风险。可分离债券的权证部分行权时，相当于上市公司向持有权证的投资人增发新股。在权证存续期间内，尽管上市公司可以通过自身努力不断提高经营业绩，其股价仍不可避免地受整个证券市场走势的影响。因而，可分离债券的期权价值受股价波动的影响也将具有很强的不确定性。此外，与普通可转债不同，分离交易式可转债没有认股价格向下修正条款，也不设赎回条款。如果发行后股价下跌，行权价不能修正，上市公司将面临无法行权的威胁，进而造成项目资金短缺，影响企业经营管理并可能导致到期无法偿债等严重后果。

【思考与练习】

一、思考题

1. 目前我国企业的筹资渠道与筹资方式有哪些？
2. 企业筹资管理的目标主要体现在哪几个方面？
3. 三星股份有限公司为扩大生产能力需筹集5000万元的资金。现有两种筹资方式：
(1) 举借长期借款，估计年利率为6%；
(2) 拟实施配股。

该公司财务人员王林认为：从理论上说，公司发行股票筹资的资本成本应该高于借款筹资的资本成本。公司证券部张扬则认为：目前通过证券市场实施配股，其实际筹资成本远低于借款筹资成本。

王林和张扬的观点完全相反，但他们分别从理论和实际分析资本成本，有各自的论据。请你说明：
(1) 为什么从理论上说，公配股筹资的资本成本应该高于借款筹资的资本成本？
(2) 为什么目前我国上市公司配股筹资的实际资本成本远低于借款筹资的资本成本？

4. 长期负债筹资的优点之一是"可以发挥财务杠杆作用"，缺点之一是"财务风险较大"。请对长期负债筹资的上述优缺点加以说明。
5. 企业选择长期借款的还本方式应该考虑哪些主要因素？
6. 融资租赁和经营租赁的主要区别表现在哪些方面？融资租赁主要有哪几种形式？
7. 试说明应收账款抵借和应收账款让售两种筹资方式的主要区别。
8. 【例3-8】中介绍的企业运用认股权证进行融资有三种情形，请分别加以说明。并结合【例3-8】阐述认股权证筹资的优点。

二、单项选择题

1. 企业权益资本筹集方式除了吸收直接投资和发行普通股外，还有一种常用的方式是（　　）。
   A. 发行可转换债券　　　　　　B. 融资租赁
   C. 利用商业信用　　　　　　　D. 收益留存
2. 股票按股东的权利不同、义务不同可以分为（　　）两种。
   A. 普通股票和优先股票　　　　B. 记名股票和无记名股票
   C. A股、B股和H股　　　　　　D. 参加优先股和不参加优先股

3. 下列权利中，属于普通股股东但不属于优先股股东权利的是（   ）。
   A. 利润分配权　　　　　　　　　　B. 优先认股权
   C. 剩余财产分配权　　　　　　　　D. 重大问题的投票权

4. 某企业按年利率5%向银行借款300万元，银行规定按年支付利息，并要求保留20%的补偿性余额。则该项借款的实际利率（存款利息忽略不计）为（   ）。
   A. 5.00%　　　B. 6.25%　　　C. 10.0%　　　D. 25.0%

5. 可转换债券是指在一定时期内，可按事先商定的价格或一定比例，由持券人自由地选择转换为（   ）的一种债券。
   A. 发行该债券公司的普通股　　　　B. 发行该债券公司的的认股权证
   C. 发行该债券公司的优先股　　　　D. 发行该债券公司的任何一种有价证券

6. 下列各项中，属于融资租赁特点的是（   ）。
   A. 租赁期限长
   B. 在租赁期内出租人一般都提供维修服务
   C. 在合理限制条件范围内，可以解除租赁契约
   D. 租赁期满，租赁资产一般要归还给出租人

7. 与其他负债资金筹资方式相比，下列各项属于融资租赁缺点的是（   ）。
   A. 资本成本较高　　　　　　　　　B. 限制条件多
   C. 税收负担重　　　　　　　　　　D. 筹资速度慢

8. 下列属于商业信用融资的缺点是（   ）。
   A. 筹资非常不方便　　　　　　　　B. 限制条款多
   C. 期限较短　　　　　　　　　　　D. 筹资成本高

9. 某企业按"2/10，N/60"的条件购进商品一批，若该企业放弃现金折扣优惠，而在信用期满时按发票全额付款，则（按照一年计算）放弃现金折扣的机会成本约为（   ）。
   A. 10.50%　　　B. 12.24%　　　C. 14.40%　　　D. 14.69%

10. 公司发行可转换债券时，为了保护债券投资人的利益，避免遭受过大的投资损失，降低投资风险，通常（   ）。
    A. 设置赎回条款　　　　　　　　　B. 设置回售条款
    C. 延长转换期　　　　　　　　　　D. 降低转换价格

三、多项选择题

1. 下列属于负债筹资方式的有（   ）。
   A. 借款　　　B. 发行债券　　　C. 融资租赁　　　D. 收益留存

2. 普通股融资的优点有（   ）。
   A. 没有到期日，不需要归还，资本具有永久性
   B. 没有固定的利息负担，筹资风险小
   C. 能增强公司的信誉，增强公司的举债能力
   D. 由于筹资的风险小，所以资本成本也较低

3. 优先股股东的优先权利主要体现在（   ）。
   A. 优先认股权　　　　　　　　　　B. 优先分配股利权

C. 优先分配剩余财产权　　　　　　D. 优先投票权

4. 下列条件属于目前我国股份公司股票上市条件的有（　　）。
   A. 公司股本总额3000万元以上　　B. 净资产收益率达到10%以上
   C. 流通股的持股比例至少达到25%
   D. 公司在最近三年内无重大违法行为，财务会计报告无虚假记载

5. 企业在持续经营过程中，会自发地、直接地产生一些资金来源，部分地满足企业经营的需要，如（　　）等。
   A. 预收账款　　　　　　　　　　B. 应付职工薪酬
   C. 应付票据　　　　　　　　　　D. 短期借款

6. 融资租赁是一种筹资方式。融资租赁的主要形式又有（　　）。
   A. 直接租赁　　B. 售后租回　　C. 杠杆租赁　　D. 经营租赁

7. 现金折扣政策是信用政策的重要内容。销售方提供现金折扣优惠条件主要是为了鼓励购买方尽早付款。在现金折扣中，销售方付出的代价（　　）。
   A. 与折扣百分比的大小呈正比例　　B. 与信用期的长短呈正比例
   C. 与折扣百分比的大小呈反比例　　D. 与信用期的长短呈反比例

8. 下列属于混合筹资方式的有（　　）。
   A. 发行可转换债券　　　　　　　B. 发行优先股票
   C. 融资租赁　　　　　　　　　　D. 发行认股权证

9. 公司利用认股权证进行融资时，若认股权证到期时股票市价远高于行权价，则（　　）。
   A. 认股权证持有者会选择行权　　B. 认股权证持有者会放弃行权
   C. 公司利用认股权证筹资的成本会比直接发行股票筹资的成本高
   D. 公司利用认股权证筹资的成本会比直接发行股票筹资的成本低

10. 目前我国上市公司发行可分离债券融资的特点主要体现在（　　）。
    A. 捆绑发行、分离交易　　　　　B. 票面利率低，债券期限长
    C. 融资成功率低，发行风险大　　D. 票面利率高，债券期限短

四、计算分析题

1. 中顺洁柔纸业股份有限公司原先是一家非上市公司，2009年年末总股本为12000万股（均为普通股，每股面值人民币1元），归属于母公司的股东权益总额为432987262.41元，2009年实现净利润（归属于母公司股东）110441435.16元。经中国证监会批准，该公司于2010年11月15日向社会公开发行人民币普通股4000万股，最终确定的发行价格为每股38.00元。要求：

   （1）按照2009年年末总股本计算该公司2009年的每股收益（结果精确到0.01元）和每股净资产；

   （2）按照2009年年末总股本和年末净资产计算，该公司发行新股的市盈率和市净率分别是多少倍（结果精确到0.01倍，下同）？

   （3）按照2009年实现的净利润和2010年发行新股后的总股本计算，该公司发行新股的市盈率又是多少倍？

2. PK 公司向银行借入一笔 6 年期的可变利率贷款 2500 万元。规定一年后按年分期等额还本付息，年利率为 7%。第 3 年开始，银行宣布年利率按 6% 计算。试分别计算该笔借款前 2 年和后 4 年每年应等额还款的数额（计算结果精确到 0.01 万元）。

3. ABC 公司向银行借入 1000 万元，年复利率为 8%，规定的还款方式为：第 2 年年末、第 4 年年末和第 5 年年末均偿还一笔相等金额的款项。试计算（结果精确到 0.01 万元）

(1) 第 2、4、5 年年末偿还的相等金额；

(2) 第 2 年偿还的款项中利息和最初本金的数额；

(3) 第 5 年偿还的款项中利息和最初本金的数额。

4. 利尔公司从供应商购进一批原材料，总价款为 420 万元，供应商给出的付款条件为"3/10，N/35"。商场采购部经理正在考虑是否在折扣期内付款的问题，他想知道放弃折扣的代价有多大，于是找到财务人员请教。假如你是商场财务人员，请你帮助采购部经理做下列计算工作：

(1) 如果商场在折扣期内付款，应当支付的总金额是多少？

(2) 如果商场放弃在折扣期内付款，而承诺在信用期的最后一天付款，则商场放弃折扣的代价是多少（计算结果以百分比表示，精确到 0.01%，下同）？

(3) 如果商场放弃在折扣期内付款，而且不准备在信用期内付款，估计在信用期过后 20 天付款，则商场放弃折扣的代价又是多少？

五、案例题

【案例一】　　　　　　　　　　联发股份 IPO

江苏联发纺织股份有限公司（简称：联发股份，股票代码：002394）于 2010 年 4 月 14 日实施 IPO，有关资料如下。

（一）公司基本情况

江苏联发纺织股份有限公司前身是成立于 2002 年 11 月 11 日的南通港联纺织有限公司，属台港澳与境内合资企业。2007 年 11 月 9 日，港联纺织董事会通过整体改制的决议，同意按经审计的港联纺织 2007 年 9 月 30 日的净资产以 2.95：1 的比例折股，确定的股本总额为 8090 万股，每股面值 1 元人民币，余额计入资本公积，将公司整体变更为股份有限公司。该公司于 2008 年 1 月 23 日在江苏省南通工商行政管理局办理了工商变更登记，取得了企业法人营业执照，注册资本为 8090 万元。

该公司是一家专业化生产销售色织布、服装、纺织品的外向型棉纺企业，是集纱线、染色、织造、整理、制衣于一体的大型企业，具有年产 6600 万米色织布、衬衫 600 万件的生产能力。该公司主要生产 40-160S 纯棉、莱卡、天丝、麻类等十大系列 1500 多种色织布，近万个花色。产品销往全国 20 多个省市，出口日本、美国、英国和意大利等 36 个国家和地区。

据中国棉纺织行业协会统计，该公司 2006、2007、2008 年连续三年主要经济指标列"全国色织行业十强"。在 2008 年全国色织行业主要经济效益指标排名中，出口交货值（出口创汇）排名第三、主营业务收入排名第四、人均利税排名第五、社会贡献率排名第四。联发公司是江苏省规模最大、业绩最好的色织企业，是江苏省一类工业产品出口企业。

（二）公司主要财务数据

根据天健正信会计师事务所有限公司出具的审计报告，发行人 2007—2009 年经审计的主要财务数据如下（单位：万元）。

1. 合并资产负债表主要数据

项目	2009 年 12 月 31 日	2008 年 12 月 31 日	2007 年 12 月 31 日
资产总计	129185.57	100623.92	81943.98
其中：流动资产	50747.75	38291.08	32719.68
非流动资产	78437.82	62332.84	49224.30
负债总计	72741.19	62203.74	52224.59
其中：流动负债	56456.19	54018.74	52224.59
非流动负债	16285.00	8185.00	0.00
股东权益总计	56444.38	38420.18	29719.39
其中：股本	8090.00	8090.00	8090.00
资本公积	15787.95	15787.95	15782.55
盈余公积	2373.73	1184.67	465.94
未分配利润	25729.60	10805.18	2406.36
归属于母公司股东权益	51981.28	35867.80	26744.85
少数股东权益	4463.10	2552.38	2974.54

2. 合并利润表主要数据

项目	2009 年度	2008 年度	2007 年度
营业收入	152876.53	142238.19	122194.55
营业利润	21921.74	11966.72	12913.55
利润总额	22922.82	12469.68	13307.86
净利润	18012.33	9805.79	11892.14
归属于母公司股东的净利润	16113.49	9117.55	11445.62

（三）IPO 前股东持股情况

股东	持股数量（万股）	持股比例
江苏联发集团股份有限公司	4364.47	53.95%
联邦国际纺织有限公司	2747.53	33.96%
上海港鸿投资有限公司	978.00	12.09%
合　计	8090.00	100.00%

（四）IPO 基本情况

(1) 股票种类：人民币普通股（A 股）。

(2) 每股面值：1.00 元。

(3) 发行股数、占发行后总股本的比例：本次公开发行的股票数量 2700 万股，占发行后总股本的 25.02%。

(4) 每股发行价：45.00 元。

(5) 募集资金情况：筹资总额 121500 万元，发行费用 6104 万元，实际筹资净额 115396 万元。

(6) 发行方式：采用网下向询价对象询价配售发行与网上资金申购定价发行相结合的方式。

(7) 发行对象：网下配售对象为符合中国证监会规定的配售对象；网上发行对象为已在深圳证券交易所开立 A 股账户的投资者（国家法律、法规禁止购买者除外）。

(8) 承销方式：承销团余额包销。

问题：

(1) 请登录联发股份网站（http：//www.lianfa.cn/），查阅该公司 IPO 招股说明书后回答：该公司 IPO 募集资金的主要用途有哪些？实际使用情况如何？

(2) 按照该公司 2007—2009 年的会计数据计算，该公司发行前三年的平均每股收益是多少？按该每股收益计算，其发行市盈率为多少倍？

(3) 该公司 2009 年年末的每股净资产为多少？按该每股净资产计算，其发行市净率是多少倍？

(4) 按照 2009 年度的净利润和发行后的总股本全面摊薄计算，该公司的发行市盈率又是多少倍？

(5) 如果不考虑 2010 年 1 月 1 日至 4 月 14 日实现的净利润和股利分配的情况，该公司 IPO 完成后的每股净资产达到多少？

(6) 该公司 IPO 完成后，公司第一大股东——江苏联发集团股份有限公司对该公司的持股比例变为多少？

(7) 已知该公司 2010 年 4 月 23 日上市首日的开盘价为 59.10 元，按此价格计算，该公司的市盈率（按 2009 年度的净利润和发行后的总股本全面摊薄计算）和市净率（按 IPO 完成后的每股净资产计算）各为多少倍？

【案例二】　　　　　SX 城东热电公司的借款的年利率究竟有多高？

资料：

1998 年冬季，SX 城东热电有限公司（简称 SX 公司）的财务经理王昕在工作中碰到了这样一个筹资方案：SX 公司与某信托投资公司正在洽谈一笔融资业务，由信托投资公司向该公司提供 2000 万元的信贷资金，分 10 年付清本息，前 5 年每季度由 SX 公司付给该信托投资公司 60 万元的利息，后 5 年每年年末向信托投资公司还本付息 500 万元。这样 2000 万元的借款就算还清。另外，在取得借款时，SX 公司还得向信托投资公司一次性支付 30 万元的咨询费。

SX 公司在进行融资决策时，首先应确定该融资项目的实际利率大约有多高。公司财务经理王昕请财务部的张兴中计算该融资项目的年利率。张兴中是这样计算该融资项目的年利率的：

$$[(60\times20+500\times5)-(2000-30)]\div1970\div10=8.78\%$$

从当时的金融市场状况看，8.78% 的年利率是很低的。SX 公司也许应该接受该融资项目。然而财务经理觉得这个融资项目的年利率不可能在 8.78% 这么低的水平。因为她知道信托投资公司这种放贷业务的预期收益率至少也得达到 10%，8.78% 的收益率不仅低于信托投资公司的预期收益率，甚至低于信托投资公司的筹资成本。这说明张兴中的计算式错误的，但王昕也确实也搞不清楚张兴中的计算究竟错在哪里。

问题：

(1) 张兴中计算该融资项目的年利率的方法为什么是错误的？

（2）财务经理王昕将该融资项目的年利率与信托投资公司的预期收益率及其筹资成本进行比较？有什么意义？

（3）你认为应该如何计算上述融资项目的实际利率？

（4）根据你的计算结果，请你指出：该融资项目中前5年每季度支付的"60万元利息"是否全为利息？如果其中包含了一部分本金，请你计算第一个季度支付的60万元中所偿还的本金约是多少？

第四章 证券估价

证券不仅是融资工具，也是投资品种。当今社会，证券已经成为企业、家庭广泛拥有的金融资产。证券估价不仅是金融学研究的热点问题，也是整个社会经济生活中十分重要的现实问题。证券估价是指对证券价值的估计，这里的"价值"是指证券的内在价值，或者称为经济价值。从理论上说，证券的经济价值是用适当的折现率计算的证券未来现金流量的现值。

本章以时间价值和风险价值两大财务观念为基础，运用财务估价的手段，对证券价值进行估计，给出证券估价基本模型。在此基础上重点阐述债券、股票的估价模型及其应用，并简要介绍期权估价的基本原理和方法。本章阐述的证券估价相关内容仅作为证券投资的依据之一，而不能替代金融学或投资学中"证券投资"的全部内容。

第一节 证券估价的基本模型

广义地讲，证券是指证明或设定民事、经济权益的法律凭证，是相应的各类财产所有权或债权凭证的统称，是用来证明证券持有人有权取得相应权益的凭证。证券也称为有价证券，它通常分为货币证券（如票据、存款单等）和资本证券（如股票、债券、认股权证等）两类。这里介绍的证券仅指资本证券。

一、证券的种类

证券按照不同的标准可有不同的分类，以下几种分类是比较常见的。

（一）债权性证券、权益性证券和混合性证券

按证券的性质不同，证券可以分为债权性证券、权益性证券和混合性证券。

债权性证券是由企业或政府机构发行，承诺按规定时间和方式还本付息的债务证书，它表明持有人拥有证券发行单位的债权，如国库券、金融债券、公司债券等。

权益性证券是一种既不定期支付利息，也无偿还期的证券，其收益的高低取决于发行公司的股利支付水平和股票市场价格，如普通股股票。此种证券表明持有者拥有证券发行公司的所有权。

混合性证券是同时具有债权性证券和权益性证券性质的证券。其典型代表是优先股股票，它是介于普通股股票和债券之间的一种混合性有价证券，兼有普通股股票和债券的某些特点。一方面它可以像债券那样，定期获得固定的收入；另一方面它又像普通股股票，没有偿还期限。除优先股股票外，可转换债券也是一种混合证券。

当然，上述这三种证券的性质并非一成不变，如可转换债券和优先股股票在规定的条件下又可转换为普通股股票。

（二）短期证券和长期证券

按投出资金的收回期限长短不同，证券有短期证券和长期证券之分。

短期证券是指持有期限在一年以内的有价证券，如商业本票、短期融资券等。短期证券的投资目的是利用生产经营暂时闲置的资金谋求收益。长期证券一般是指持有期限在一年以上的有价证券，如股票、债券等。对短期证券与长期证券的划分并不完全取决于所投资金收回期限的长短，主要取决于投资的目的。例如，投资股票、债券，既可以是长期持有，也可以是短期持有；企业究竟购入何种证券更为有利，则要根据企业的投资目的、投资策略和证券的风险程度而定。

（三）固定收益证券和不固定收益证券

按证券投资的收益稳定与否，证券可以分为固定收益证券和不固定收益证券。

固定收益证券是指投资者可定期获得稳定收益的证券，即投资者在购买该种证券时，预先已知该证券的收益率，并在整个证券寿命期中固定不变，如优先股股票、债券、银行承兑汇票、商业票据等。

不固定收益证券是指投资者事先并不知道收益率高低的证券，持有该种证券的收益因时而异且不一定按期获得，普通股股票属于典型的不固定收益证券。企业选择固定收益证券还是不固定收益证券进行投资更为有利，主要根据公司投资的目的和各种证券的风险和收益情况而定。

由此可见，证券的种类是多种多样的。由于各种证券的性质、期限、偿还条件、各期收益等各有差异，所以，企业在进行证券投资时，应根据不同的投资目的、一定时期证券市场的变化情况和企业投资的风险承受能力等因素，合理组合各种证券投资，以获得最佳的投资收益。

必须指出，上述固定收益与不固定收益并非绝对的，在某些特定情况下，也会有所改变。如在通货膨胀较严重的情况下，债券发行单位为了照顾投资者所蒙受的损失，并使自己的债券易于推销，规定其发行的债券可按市场利率变动，在一定时间按一定利率加以调整，这种债券便称为浮动利率债券，属于一种收益不固定的证券。

二、证券的特征

证券作为一种金融资产，它既具有一般金融资产的特征，如货币性特征，同时也具有自身的特征。一般地说，证券具有如下基本特征。

1. 证券的产权性

证券的产权性是指有价证券记载着权利人的财产权内容，代表着一定的财产所有权，拥有证券就意味着享有财产的占有、使用、收益和处置的权利。在现代经济社会里，财产权利和证券已密不可分，证券已成为财产权利的一般形式。虽然证券持有人并不实际占有财产，但可以通过持有证券，拥有有关财产的所有权或债权。

2. 证券的期限性

债券一般有明确的还本付息期限，以满足不同筹资者和投资者对融资期限以及与此相关的收益率需求。债券的期限具有法律约束力，是对融资双方权益的保护。股票一般没有期限性，可以视为无期证券。

3. 证券的流通性

证券的流通性又称为变现性，是指证券持有人可按自己的需要灵活地转让证券以换取现金的属性。流通性是证券的生命力所在，流通性不但可以使证券持有人随时把证券转变为现金，而且还使持有人根据自己的偏好选择持有证券的种类。证券的流通是通过到期兑付、承兑、贴现、转让等方式实现的。不同证券的流动性是不同的。

4. 证券的收益性

证券的收益性是指持有证券本身可以获得一定数额的收益，这是投资者转让资本所有权或使用权的回报。证券代表的是对一定数额的某种特定资产的所有权或债权，它要在社会经济运行中不断运动、不断增值，最终形成高于原始投入价值的价值。由于这种资产的所有权属于证券投资者，投资者持有证券也就同时拥有取得这部分资产增值收益的权利，所以，证券本身具有收益性。有价证券的收益表现为利息收入、红利收入和买卖证券的差价（资本利得）等。

5. 证券的风险性

证券的风险性是指证券持有者面临着预期投资收益不能实现，甚至使本金受到损失的可能。从整体上说，证券的风险与其收益成正比，风险是由未来经济状况的不确定性所致，不确定性越高，风险越大，投资者要求的预期收益率越高；不确定性程度越低，风险越小，投资者要求的预期收益率越低。

三、证券估价的基本模型

证券的价值取决于证券持有期间的现金收入情况，具体来说取决于证券持有期间的利息收入、股利收入及证券转让收回的货币收入。证券的价值与证券持有期间的上述现金收入呈同方向变动，并受该期间社会平均收益水平的制约。因此，证券估价首先就要估计持有期间的现金流量的分布，然后采用贴现的办法计算证券的价值。证券估价的基本模型为

$$V_0 = \sum_{t=1}^{n} \frac{D_t}{(1+K)^t} + \frac{V_n}{(1+K)^n} \tag{4-1}$$

式中，V_0 为证券的价值；D_t 为第 t 年证券的利息或股息；K 为投资者购买证券时的市场利率或投资者要求的必要报酬率；V_n 为投资者出售证券或持有到期获得的货币收入；n 为持有证券的期限。

式（4-1）的估价模型表明，证券的价值 V_0 主要受到两个因素的影响：一是证券未来能够实现的收益；二是投资证券所承担的风险的大小。在相同的风险水平下，证券未来能够产生的收益越高，其价值就越大；反之亦然。同样，在相同的收益水平下，投资者投资证券所承担的风险越小，投资者要求的必要报酬率即贴现率 K 的取值就越小，证券的价值就越大；反之亦然。

当证券持有人持有证券的时间很短或者由于证券自身的规定，而导致投资者在证券持有期间没有获得股利或者利息，那么式（4-1）的现值估价模型就简化为下面的形式

$$V_0 = \frac{V_n}{(1+K)^n} \tag{4-2}$$

第二节 股票估价

股票是股份公司发给股东的所有权凭证，是股东借以取得股利的一种有价证券。股票的估价是投资者对某种股票进行分析以后确定的估计价值，也称为股票的内在价值或投资价值。股票的价值是指股票预期能够提供的所有未来现金流量的现值。衡量股票价值有各种不同的方

式，下面介绍几种常见的股票估价模型。

一、股票估价的基本模型

股票给投资者带来的现金流入包括两部分：股利收入和出售时的资本利得。股票的内在价值是由发行股票的公司未来支付给股东的一系列股利的现值和将来出售股票的资本利得的现值所构成。根据投资者持有期限长短不同，股票股价模型可以分为基本的两类：长期持有的股票估价模型和短期持有的股票估价模型。

（一）长期持有的股票估价模型

如果股东准备永远持有股票，他只获得股利，是一个永续的现金流入。这个现金流入的现值就是股票的价值，此时的股票估价模型为

$$V_0 = \frac{D_1}{(1+K)^1} + \frac{D_2}{(1+K)^2} + \cdots + \frac{D_n}{(1+K)^n} = \sum_{t=1}^{\infty} \frac{D_t}{(1+K)^t} \tag{4-3}$$

式中，V_0 为股票内在价值；D_t 为第 t 年的股利；K 为贴现率，即投资者的必要报酬率；t 为年份。

（二）短期持有股票的估价模型

在一般情况下，投资者将资金投资于股票，不仅希望得到股利收入，更重要的是希望在未来出售股票时从股票价格的上涨中得到利益。如果投资者将股票持有一段时间后出售，这时其未来现金流入是若干次股利收入和出售时收回的价款。此时的股票估价模型为

$$V_0 = \sum_{t=1}^{n} \frac{D_t}{(1+K)^t} + \frac{V_n}{(1+K)^n} \tag{4-4}$$

式中，V_0 为股票内在价值；D_t 为第 t 年的股利；V_n 为未来出售时预计的股票价格；n 为预计持有股票的期限。

需要指出的是，上述股票股价模型中，每年分配的股利有税前和税后的区别。按照目前我国税收法规的规定，对个人投资者（包括证券投资基金等机构投资者）获得的股利需按照10%的税率征收个人所得税（由公司代扣代缴），而对企业等法人投资者获得的股利，不计入应纳税所得额，免征所得税。因此，应用上述模型估计股票价值时，应该考虑不同投资主体获得股利收益的不同所得税的影响。个人投资者和证券投资基金等机构投资者进行股票估价时，应该按税后股利计算，而企业等法人投资者则应按税前股利计算股票价值。

【例 4-1】汪小言是一位普通的股票投资者，她在 2007 年 4 月份因中彩而获得了 50 万元的意外收益，她准备将其中的 30 万元投资于股票，初步选中的股票是上海汽车集团股份有限公司（简称：上海汽车，股票代码：600104）。4 月 13 日这一天她准备按照 13.71 元的价格买进该股票。已知 2007 年 4 月 13 日上海汽车股票的收盘价为每股 13.71 元，该公司在 2007 年 8 月 9 日、2008 年 6 月 5 日和 2009 年 6 月 26 日分别分配 2006 年、2007 年和 2008 年的现金股利（税后）每股 0.144 元、0.189 元和 0.0234 元。三年后（2010 年 4 月 13 日）该股票的市场价格达到 20.22 元。假如汪小言在 2007 年 4 月 13 日购买上海汽车股票所要求的报酬率为 12%，那么 2007 年 4 月 13 日上海汽车股票每股 13.71 元的价格是否值得投资？

【解答】可以计算该股票在 2007 年 4 月 13 日每股价值应为

$$V_0 = \frac{0.144}{(1+12\%)^{0.325}} + \frac{0.189}{(1+12\%)^{1.147}} + \frac{0.0234}{(1+12\%)^{2.203}} + \frac{20.22}{(1+12\%)^3} \approx 14.72 \text{ (元)}①$$

通过计算可知，股票在 2007 年 4 月 13 日每股的内在价值为 14.72 元，事实上 2007 年 4 月 13 日该公司股票收盘价格为 13.71 元。也就是说，当时的股价被低估，汪小言当时可以考虑买进该股票。

当然，上面对上海汽车股票的估价是一种"事后诸葛亮"的决策。因为在 2007 年的 4 月 13 日我们并不知道该公司以后三年分配的股利，更无法判断三年后该股票的市场价格会在怎样的水平。

二、零增长股票估价模型

由式（4-3）可知，如果投资者准备长期持有股票，那么股票的价值取决于公司分配的股利多少。现在，对式（4-3）的模型做进一步的假设，假定公司未来每年提供的股利是固定不变的，即 D_t 是一个常数，这就是所谓的零增长股票，每年的股利保持不变，就是一个永续年金。运用永续年金现值的计算公式，可得出此时股票价值的估价模型为

$$V_0 = \frac{D}{K} \tag{4-5}$$

式中，D 为每年固定的股利额。

值得指出的是，股利利用零增长股票估价模型计算的股票价值没有时间上的区别，即不同时点的股票价值是相等的。因为，任何时候计算的股票价值都是一个相同永续年金的现值。

【例 4-2】ABC 公司准备在 2006 年 8 月 1 日大秦铁路股份有限公司（简称：大秦铁路，股票代码：601006）首日上市时投资该公司股票。已知该股票上市日的开盘价为 6.39 元，据查上市后四年中大秦铁路分配的现金股利均为每股 0.30 元（税前）。ABC 公司预计该公司以后每年分配的每股现金股利均为 0.30 元，并假设该公司于每年的 8 月 1 日分配上一年的股利②。如果 ABC 公司准备长期持有该公司股票，所要求的报酬率为 7.5%。那么，ABC 公司在上市首日投资大秦铁路的股票是否有投资价值呢？

【解答】根据零增长股票估价模型，大秦铁路股票的每股价值应为

$$V_0 = 0.30/7.5\% = 4.00 \text{ (元)}$$

这就是说，如果该股票每年给你带来 0.30 元的股利收益，而你准备长期持有该股票，在 7.5% 的期望报酬率下，每年 0.30 元的股利相当于 4.00 元资本的收益，所以股票的理论价值为 4.00 元，低于大秦铁路股票上市首日的开盘价 6.39 元，说明该股票价格没有投资价值，或者说 ABC 公司 6.39 元的价格投资该股票获得的报酬率将低于 7.5%。

三、固定增长股票的估价模型

在正常情况下，公司的股利不应当是固定不变的，而应当不断增长。固定增长股票是指发

---

① 第一次分配股利的时间为 2007 年 8 月 9 日，与购买日的时间间隔为 3 个月零 27 天，约为 0.325 年。同理计算得到后面历次分配股利的时间与购买日的期限。

② 事实上，该公司在上市后的四年中每年分配股利的时间分别为 2007 年 6 月 18 日、2008 年 7 月 1 日、2009 年 7 月 1 日和 2010 年 6 月 24 日，这里为计算方便，假设分配股利的时间为每年的 8 月 1 日。

行公司每年分配的股利以固定的增长率长期增长。在这种情况下，公司未来每年提供的股利是呈等比级数增长的，利用等比级数的求和公式能够推导出这种股票的估价模型为

$$V = \frac{D_0(1+G)}{K-G} = \frac{D_1}{K-G} \tag{4-6}$$

式中，D_0 为上年的股利；D_1 为未来第一年的股利；G 为股利增长率。

【例 4-3】郑州宇通客车股份有限公司（简称：宇通客车，股票代码：600066）被市场人士称为"分红大王"。该公司于 1997 年 5 月 8 日上市后的 13 年中（1999 年和 2002 年未分配外）每年分配的每股现金股利在 0.40~1.00 元，考虑到该公司历年送转股本和配股增加的股本，实际分配的股利（按上市之初的股本计算）远超过上述水平。根据历年分配的现金股利总额初步计算，该公司上市后分配现金股利的年平均增长率约为 16.2%[①]。已知该公司 2009 年分配的现金股利为每股 1.00 元，假如该公司以后每年分配的现金股利按 16.2% 的增长率持续增长，预计 2010 年每股现金股利（将于 2011 年分配）为 1.162 元，并假设该公司以后每年的股利在次年 6 月末分配[②]。

现在 XYZ 公司拟在 2010 年 6 月末投资宇通客车的股票，2010 年 6 月 30 日宇通客车股票的收盘价为 34.99 元，若 XYZ 公司投资宇通客车股票所要求的报酬率为 20%。试问：XYZ 公司在 2006 年 6 月 30 日以每股 34.99 元的价格购买宇通客车股票是否值得？

【解答】根据股利固定增长股票的估价模型式（4-6），$D_1 = 1.162$，$G = 16.2\%$，$K = 20\%$。则

$$V_0 = 1.162/(0.20-0.162) \approx 30.58 \text{（元）}$$

计算结果表明，由于该公司每年发放的股利成固定比率增长，其股票的价值为 30.58 元，所以该股票 2010 年 6 月 30 日 34.99 元的收盘价没有投资价值。

四、非固定增长股票的价值

前面介绍的股票估价模型都是在公司的股利呈某种规则变化的假设下推出的结果，但实际上大多数公司的股利分配并无规律可循，既不是绝对的固定不变，也不是严格的固定增长，而是一种不规则的变化。可能公司未来股利的增长分成几个阶段，不同阶段股利增长率是不固定的，有的阶段内高速增长，有的阶段内正常固定增长或固定不变。这就是说所谓的股利非固定成长股票估价问题。在这种情况下，股票价值的计算必须分段进行。

【例 4-4】北京利尔高温材料股份有限公司（简称：北京利尔，股票代码：002392）2010 年 4 月 13 日首次向社会公开发行人民币普通股 3375 万股，发行价 42.00 元。其中网上公开发行的 2700 万股社会公众股已于 2010 年 4 月 23 日起在深圳证券交易所上市，当日开盘价为 53.20 元；网下向询价对象配售的 675 万股也于 2010 年 7 月 23 日上市。

假设投资者预计该公司上市之后的赢利和股利分配情况如下：2010—2012 年的赢利和现金股利均出现高速增长，增长率分别为 15%、20%、25%，2013—2016 年增长率出现明显回落，分别为 18%、15%、12% 和 10%，2017 年及以后转为正常增长，其增长率基本上趋同于

[①] 年股利的年均增长率按各年增长率（包括未分配年份）的简单算术平均数计算。

[②] 正常情况下 2010 年的股利将在 2011 年上半年分配，这里为计算方便假设每年的 6 月末分配上年的股利。

行业平均增长率,约为8%。又已知公司2009年实现每股收益0.959元,为方便起见并假设上市后公司每年实现的利润全部分配现金股利①,每年的现金股利在次年的4月23日分配,投资者要求的必要报酬率为12%。试计算该公司股票在2009年4月23日的内在价值。

【解答】这是非正常增长股票的估价问题。

(1) 首先,计算高速增长期的各年股利,并计算出其现值。

2009年度的每股股利:0.959(元)

2010年度的每股股利:0.959×(1+15%)≈1.103(元)

2011年度的每股股利:0.959×(1+15%)×(1+20%)≈1.323(元)

2012年度的每股股利:0.959×(1+15%)×(1+20%)×(1+25%)≈1.654(元)

四年股利的现值合计为:0.959/(1+12%)+1.103/(1+12%)^2+1.323/(1+12%)^3+1.654/(1+12%)^4≈3.728(元)

(2) 其次,计算2013—2016年各年股利,并折算到2009年4月23日的现值。

2013年度的每股股利:1.654×(1+18%)≈1.952(元)

2014年度的每股股利:1.654×(1+18%)×(1+15%)≈2.244(元)

2015年度的每股股利:1.654×(1+18%)×(1+15%)×(1+12%)≈2.514(元)

2016年的每股股利:1.654×(1+18%)×(1+15%)×(1+12%)×(1+10%)≈2.765(元)

四年股利折算到2009年4月23日的现值合计为:[1.952/(1+12%)^5+2.244/(1+12%)^6+2.514/(1+12%)^7+2.765/(1+12%)^8]≈4.498(元)

(3) 再次,计算2017年以后各年股利的现值:

[2.765×(1+8%)/(12%-8%)]/(1+12%)^8≈30.152(元)

(4) 最后,计算出该股票2009年4月23日的内在价值:

V_0=3.728+4.498+30.152≈38.38(元)

计算结果说明,北京利尔股票在2009年4月23日的价值为38.38元,该股票的发行价和上市首日的开盘价均高估了其内在价值。

五、股票投资收益率的计算

股票估价是股票投资决策的依据之一,根据股票估价结果,可以判断某种股票是否被市场高估或低估。股票投资一旦完成,投资者必须考虑另外一个问题,那就是股票投资收益率。下面对股票投资的收益率及其计算作简单的介绍。

(一) 短期持有股票收益率的计算

投资者短期持有股票,其收益由发行公司分配的股利以及出售股票实现的资本利得组成。因此,股票的收益率包括两部分:股利收益率和资本利得收益率。

股利收益率是获得的股票股利除以投资者的买入价格,资本利得利益率是买卖价差除以买入价格,则股票的收益率为

---

① 按规定公司实现的利润不可能全部分配现金股利,这里为计算方便做出这一假设。

$$K=\frac{D+V_n-V_0}{V_0}\times 100\% \tag{4-7}$$

式中，D 为持有期间获得的股利；V_0 为股票的买入价格；V_n 为股票的卖出价格。

由于持有股票的时间不同，通常要将式（4-7）的收益率转化为年收益率（俗称"年化收益率"），转换时只要将上述计算得到的收益率除以持有时间（以年为单位）。

【例4-5】PB公司准备从证券市场买进中国石油化工股份有限公司（简称：中国石化，股票代码：600028）的股票进行短期投资。该公司于2010年6月8日以每股8.79元（当日收盘价，下同）的价格买进中国石化股票10 0000股，总价款879000元。中国石化于2010年6月17日实施2009年度利润分配方案，每股分配现金股利0.11元，于2010年9月13日实施2010年中期利润分配方案，每股分配现金股利0.08元。2010年10月8日PB公司将10 0000股中国石化股票以9.26元的价格出售，取得价款926000元。若不考虑其中的交易费用和税金，请计算PB公司投资中国石化股票的年收益率。

【解答】运用式（4-7），PB公司投资中国石化股票（持有时间为4个月）的投资收益率为

$$K=\frac{0.11+0.08+9.26-8.79}{8.79}\times 100\% \approx 7.51\%$$

由于上面计算得到的收益率是持有时间为4个月的收益率，转换为年收益率便是22.53%。

显然，利用式（4-7）计算的投资收益率没有考虑货币的时间价值，因为投资者购买股票、出售股票、获得股利所产生的货币并不是在同一时点发生的，将这些不同时点发生的货币简单相加减不尽合理，尤其是持有股票时间较长时，按上述公式计算的投资收益率就不太合理。在这种情况下，需要考虑时间价值的影响，采用更为合理的方法计算收益率。

【例4-6】利用【例4-1】的资料，假如汪小言在2007年4月13日以每股13.71元的价格购买了上海汽车股票，在持有三年后于2010年4月13日将股票以20.22元的价格出售。那么汪小言投资上海汽车股票所获得年收益率是多少呢？

【解答】由于该投资者持有股票的时间超长达三年，应该考虑时间价值。实际上，投资收益率就是一个特殊的贴现率，这个贴现率能使持有股票获得的股利和出售股票的价款贴现得到的现值刚好等于买进的价格。于是收益率便是下列方程的解

$$\frac{0.144}{(1+K)^{0.325}}+\frac{0.189}{(1+K)^{1.147}}+\frac{0.0234}{(1+K)^{2.203}}+\frac{20.22}{(1+K)^3}\approx 13.71 \text{（元）}[①]$$

取贴现率为15%，上述方程的左边为13.61；再取贴现率为14%，上述方程的左边为13.97。运用逐步测算法[②]，计算得到上述股票的年投资收益率约为14.72%。

如果按照式（4-7）计算股票投资收益率，年化收益率约为16.69%（计算过程略），二者的差距不可小视。

（二）股利固定增长、长期持有的股票收益率的计算

如果投资者长期持有股票，那么股利成为股票投资的唯一收益，股票投资的收益率也就完

---

① 第一次分配股利的时间为2007年8月9日，与购买日的时间间隔为3个月零27天，约为0.325年。同理计算得到后面历次分配股利的时间与购买日的期限。

② 逐步测算法的原理将在本书第五章第三节中介绍。

全依赖于公司股利在不同时期的分布情况。股票投资收益率就是下列等式的贴现率 K

$$V_0 = \frac{D_1}{(1+K)} + \frac{D_2}{(1+K)^2} + \cdots + \frac{D_n}{(1+K)^n} + \cdots = \sum_{t=1}^{\infty} \frac{D_t}{(1+K)^t} \quad (4-8)$$

式中，V_0 为购入股票的价格；D_t 为持有股票期间历年分配的股利；K 为股票投资年收益率。

当然，如果被投资公司的股利分配没有什么规律，计算式（4-8）中的贴现率 K 将是一件困难的事情。现在假设公司每年分配的股利呈固定增长率增长，那么由式（4-8）可以得到

$$V_0 = \frac{D_1}{K-G}$$

把公式移项整理，可以得到

$$K = \frac{D_1}{V_0} + G \quad (4-9)$$

这个公式说明，股票的收益率可以分为两个部分：第一部分是 D_1/V_0，叫做股利收益率，它是根据预期股利除以当前股价计算出来的。第二部分是增长率 G，叫做股利增长率。由于股利的增长速度也是股价的增长速度，因此 G 可以解释为股价增长率或资本利得收益率。G 的数值可以根据公司的可持续增长率估计，V_0 是股票市场形成的价格，只要能预计出下一期的股利，就可以估计出股东预期收益率，在有效市场中它就是与股票风险相适应的必要报酬率。

【例 4-7】接前面【例 4-3】，XYZ 公司拟在 2010 年 6 月末投资宇通客车的股票，当时宇通客车股票的收盘价为 34.99 元，已知该公司 2009 年度每股股利为 1.00 元，假设 2010 年及以后每年的股利比上年增长 16.2%。那么按照 2010 年 6 月 30 日的收盘价 34.99 元计算，该股票的预期收益率为

$$K = 1.00 \times (1+16.2\%) / 34.99 + 16.2\% \approx 19.52\%$$

计算结果表明，XYZ 公司投资宇通客车股票的预期收益率约为 19.52%。

第三节 债券估价

债券是债务人为了获得资金向债权人出具的、反映债权债务关系的有价证券。债券估价是运用合理的方法对某种债券的内在价值进行合理的估计。影响债券价值的主要因素有：债券的票面利率和发行时的市场利率的高低、债券的期限长短以及规定的付息方式等。按照证券估价的基本模型，债券价值就是债券未来现金流入量的现值。债券未来现金流入量包括债券的利息收入及到期归还的本金。对于债券价值的计算，可以利用前面所介绍的方法，先进行现金流量分析，确定合适的贴现率，然后利用净现值法将其折算成现值，即可得到债券的价值。

下面将按照不同的还本付息方式分别来讨论债券的理论价值。

一、分期付息到期还本债券的估价

典型的债券是固定利率、每年计算并支付利息、到期归还本金。这种债券的价值估价模型为

$$V_0 = I \times (P/A, K, n) + M \times (P/F, K, n) \quad (4-10)$$

式中，V_0 为债券价值；I 为每年的利息；M 为债券面值；K 为贴现率，一般取金融市场中与该债券风险相适应的市场利率；n 为债券到期前的期限。下面以第三章第三节中介绍的东北制

药发行的公司债券为例来说明债券估价的方法。

【例 4-8】 东北制药集团股份有限公司于 2009 年 11 月 2 日向社会公开发行公司债券 6 亿元。期限为 5 年，票面利率为 7.05%，规定每年 11 月 2 日支付上年利息，到期一次还本。已知同期发行的 5 年期国库券年利率为 2.9%（作为无风险报酬率），假设投资者对该债券的必要报酬率为 4.9%（其中 2% 视为风险报酬率）。

下面来计算该债券发行时的价值（按一张面值 100 元计算）。$I=100\times7.05\%=7.05$ 元，$M=100$ 元，$K=4.9\%$。则

$$V_0 = 7.05 \times (P/A, 4.9\%, 5) + 100 \times (P/F, 4.9\%, 5)$$
$$= 7.05 \times 4.3415 + 100 \times 0.7873 = 109.34 \text{（元）}$$

显然，随着时间的推延，这种分期付息、到期一次还本债券的价值会逐渐上升，到付息前达到最高值，在除息日债券的价格会因为除息而下跌到一个较低的水平，然后再慢慢上升，如此不断循环。

二、一次还本付息债券的估价

在我国，公司发行债券也有到期一次还本付息（利随本清）的情形，且不计复利，这种债券的价值计算模型为

$$V_0 = (I \times n + M) \times (P/F, K, n) \tag{4-11}$$

式中，字母的意义同前面相同。

【例 4-9】 我国财政部于 2006 年 6 月发行 2006 年凭证式（三期）国债，发行总额 400 亿元人民币，其中 3 年期 280 亿元，票面年利率 3.14%；5 年期 120 亿元，票面年利率 3.49%。国债从购买之日开始计息，到期一次还本付息，不计复利，逾期兑付不加计利息。该债券不能上市流通。据查当时发行的同期限可流通国库券的利率水平：3 年期为 2.46%，5 年期为 2.72%，适当考虑流动性风险，确定投资上述两种不可流通国债的必要报酬率分别为：3 年期国债 3%，5 年期国债 3.3%。试计算这两种国债每份（面值为 100 元）的理论价值。

【解答】（1）对于 3 年期国债，$I=100\times3.14\%=3.14$ 元，$M=100$ 元，$K=3\%$。则

$$V_0 = [3.14 \times 3 + 100] \times (P/F, 3\%, 3) = 100.13 \text{（元）}$$

（2）同样可以计算出 5 年期国债的价值为

$$V_0 = [3.49 \times 5 + 100] \times (P/F, 3.3\%, 5) = 99.85 \text{（元）}$$

从计算结果可以看出，虽然发行的 3 年期国债的票面利率高于 5 年期国债利率，但由于该两种债券为到期一次还本付息，且所确定的市场利率略有差异，最后计算得到的 3 年期国债的理论价值却高于 5 年期国债。由此可见，债券的价值不仅与债券的票面利率和市场利率有关，而且与利息的支付方式和期限长短也相关。

三、平息债券的估价

平息债券是指利息在债券存续期内平均支付的债券。支付的频率可能是一年一次、半年一次或每季度一次等。这种债券的价值计算模型为

$$V_0 = I \div m \times (P/A, K/m, m \times n) + M \times (P/F, K/m, n \times m) \tag{4-12}$$

式中，m 为年内付利息次数。

【例 4-10】 财政部于 2010 年 5 月发行 2010 年记账式附息（十二期）国债 296 亿元，期限为 10 年，票面年利率 3.25%；规定国债每半年支付利息，到期一次还本，该债券发行后即在深圳证券交易所上市流通。假如按照同期银行最长期限（5 年期）的定期存款利率 3.60% 作为该债券的市场利率。试计算这该国债每份（面值为 100 元）的理论价值。

【解答】 本例中，$I=100\times 3.25\%=3.25$ 元，$M=100$ 元，$K=3.6\%$，$n=10$，$m=2$。则

$$V_0 = (3.25\div 2)\times (P/A, 1.8\%, 20) + 100\times (P/F, 1.8\%, 20)$$
$$= 1.625\times 16.6715 + 100\times 0.6999 = 97.08 \text{（元）}$$

假如该国债为每年付息，其他条件不变，则其每份的价值应为多少？若为每季度付息，则每份的价值又是多少？请读者计算，并将结果与上例的结果进行比较，细细体会付息间隔时间的长短对债券价值的影响。

四、零票面利率债券的估价

零票面利率债券也称为初始发行折价债券或纯折价债券，简称零息债券。它是指不支付利息而却以低于面值折价出售给投资者的一种债券。零票面利率债券提供给持有者的报酬是资本增值而非利息收入。零票面利率债券最初产生在 19 世纪 80 年代，近年来，国外（尤其是美国）的一些大公司也发行此类债券筹集资金。

例如，Penny 百货公司在 1989 年曾经发行总额为 2 亿美元的 8 年期零票面利率债券，这种债券每份的面额为 1000 美元，但发行价格仅为 332.41 美元[1]。通俗地讲就是，投资者现在以 332.41 美元购入一份债券，8 年后能够获得 1000 美元。对发行债券的公司来说，现在向别人借入 332.41 美元，8 年后还给人家 1000 美元。

尽管我们说，零票面利率债券形式上没有利息，其收益形式是资本利得。但实际上可以将这种资本利得看成一种利息收益。例如，对于上面的零票面利率债券，可以这样来理解：投资者现在购入"面值"为 332.41 美元的 8 年期一次还本付息的债券，按单利计算的年利率约为 25.10%[2]。对发行债券的公司来说就是：现在向别人借入"本金"332.41 美元，8 年后一次还本付息，年利率为 25.10%。因此，零票面利率债券实际上可以看成是一种变相的有利息债券，所以称为"零票面利率债券"，而不是"无息债券"。

零票面利率债券的估价只要将未来将获得的面值按照一定的贴现率折算到现在的价值，其估价模型可以表述如下

$$V = M\times (P/F, K, n) \tag{4-13}$$

在投资决策中，实际上更需要知道这种债券的实际利率，即根据发行价格（购买价格）和到期价值（面值）倒过来计算利率。对于前面所举的 Penny 百货公司发行的零票面利率债券，设实际利率为 K，得到下列方程

$$332.41\times (1+K)^8 = 1000$$

解得 $K\approx 14.76\%$。

也可以这样理解，购买该种债券的投资者相当于获得了 14.76% 的年收益率。

---

[1] 该资料来源于周首华等编著的《当代西方财务管理》，东北财经大学出版社出版，1997 年 1 月第 1 版。

[2] 年利率为 [(1000−332.41)÷8]÷332.41=25.10%，这个计算没有考虑时间价值，不合理。

五、债券投资收益率的计算

与股票投资一样，在进行债券投资时，有必要比较各类债券的收益情况，计算出投资收益率，以便做出正确的投资决策。债券投资收益率是一定时期内债券投资收益与投资额的比率。债券投资收益主要包括债券利息收入、债券的价差收益和债券利息的再投资收益。债券利息收入就是根据债券的面值与票面利率计算的利息额；债券的价差收益是债券到期得到的偿还金额（即债券面额）或到期前出售债券的价款与投资时购买债券的金额之差；债券利息的再投资收益可以理解为用债券利息再进行投资所得的收益，与前两项不同，它不是债券投资所实际取得的收入，通常在复利计息方式下才予以考虑，单利计息时一般不考虑该项收益。债券投资额是投资时购买债券的金额，主要是购买价格和购买时发生的佣金、手续费等。

不同种类的债券，因为计息方式不同、投资时间不同，其投资收益率的计算方法也有所差异。下面分别介绍债券的实现收益率和到期收益率的计算方法。

（一）债券的实现收益率

债券的实现收益率是指投资者在一定时期内买进和卖出债券所获得的收益率。一般是将债券作为短期投资而计算的收益率。在这种情况下，由于投资者持有债券期限较短，一般不用考虑资金时间价值因素，只需考虑债券价差及利息收入，将收益额与投资额相比，即可求得债券收益率。其基本计算公式为

$$K = \frac{V_1 - V_0 + I}{V_0} \times 100\% \tag{4-14}$$

式中，K 为债券投资收益率；V_0 为债券购买价格；V_1 为债券出售价格；I 为债券持有期间的利息。

【例4-11】名流置业集团股份有限公司（简称：名流置业，股票代码：000667）2009年11月3日发行面值100元的债券18亿元。该债券于2009年11月20日上市流通，年利率为7.05%，期限为5年，规定每年的11月3日付息。华特公司于2010年9月6日以每份104.89元（为该债券当日收盘价，下同）的价格购进该公司债券5000张，在2010年11月3日取得第一年利息后，于2010年12月21日以每份101.49元的市价出售全部债券。试问：华特公司投资该债券的年收益率为多少？

【解答】本例中，$V_1=101.49$元，$V_0=104.89$元，$I=100\times7.05\%=7.05$元。则

$$K = \frac{101.49 - 104.89 + 7.06}{104.89} \times 100\% \approx 3.48\%$$

转换为年收益率是16.70%。由以上计算表明，投资该债券的年实现收益率为16.70%。

应当注意的是，按照式（4-14）计算的收益率没有考虑时间价值，而且这种收益率是投资者在整个持有期间获得的投资收益率。而投资不同的债券，其持有时间的长短不同，式（4-14）计算的收益率不宜直接比较，应当转换为年收益率，再进行比较和选择。

（二）债券的到期收益率

债券的实现收益率表明了债券投资者由于持有债券获得的利息收益和通过买卖债券获得差价的收益水平，这种收益率必须在债券买卖交易完成后才能准确地计算，这对于债券投资决策缺乏指导作用。在债券投资决策时，需要事先估计投资某一债券能够获得的收益率有多高，这就是所谓的到期收益率。到期收益率是指按照市场价格购进债券后一直持有至到期日，投资者

可获得的年收益率。按照净现值的观点看,到期收益率实际上是使债券未来现金流入量的现值等于债券购入价格的折现率。下面按照债券付息方式不同分两种情况加以阐述。

1. 分期付息到期还本债券的到期收益率

计算债券到期收益率的方法是求解含有贴现率的方程,求出使债券投资活动的现金流量的净现值等于零的贴现率,即

购进价格＝每年利息×年金现值系数＋面值×复利现值系数

$$V_0 = I \times (P/A, K, n) + M \times (P/F, K, n) \tag{4-15}$$

式中,V_0 为债券的价格;I 为每年的利息;M 为面值;n 为到期的年数;K 为贴现率(即债券到期收益率)。

由于无法直接计算收益率,必须采用逐步测试法及内插法来计算,下面举例说明。

【例4-12】利用【例4-8】的资料,东北制药集团股份有限公司2009年11月2日向社会公开发行公司债券6亿元,已知该债券期限为5年,票面利率为7.05%,规定每年11月2日支付利息,到期一次还本。该债券于2009年12月3日上市交易,交易首日的开盘价为102.10元,而2010年11月2日(除息后)的收盘价为108.55元。试问:

(1) 假如投资者在该债券上市首日以开盘价买进该债券,一直持有至到期,该投资者能够获得的年收益率为多少?

(2) 按照2010年11月2日该债券的收盘价计算,该债券的到期收益率为多高?

【解答】(1) 如果投资者在债券上市首日以开盘价买进该债券,一直持有至到期,该债券未来现金流量的分布为:5年中每年7.05元的利息,最后一年100元的本金,这些现金流量的现值应该等于投资者上市首日买进的价格,于是得到下列关于到期收益率 K 的方程

$$102.10/(1+K)^{1/12} = 7.05 \times (P/A, K, 5) + 100 \times (P/F, K, 5)^{①}$$

运用"逐步测试法"(计算过程从略),求得到期收益率约为6.68%。

(2) 按照2010年11月2日该债券的收盘价计算,该债券未来现金流量的分布为:4年中每年7.05元的利息,4年以后100元的本金,同样得到如下方程

$$108.55 = 7.05 \times (P/A, K, 4) + 100 \times (P/F, K, 4)。$$

运用"逐步测试法",求得到期收益率约为4.66%。

从计算结果可以看出,债券价格上涨后,债券的到期收益率会下降;反之亦然。

2. 到期一次还本付息的单利债券到期收益率

计算到期一次还本付息债券的到期收益率相对比较简单,只需要求解如下方程

$$V_0 = \frac{M(1 + n \times i)}{(1+K)^n} \tag{4-16}$$

式中,i 为债券的票面利率。

在已知债券购买价格,票面利率,债券面值的情况下,只要通过开方运算便可计算出债券的到期收益率。

【例4-13】利用【例4-9】的资料,假如甲某在2006年6月1日购买了我国财政部于2006年6月发行的5年期国债100000元,票面年利率为3.49%。国债从购买之日开始计息,到期

---

① 因为债券上市日与发行日相差一个月,故将利息折算成现值时需要在年金现值系数上乘以一个月的复利终值系数 $(1+K)^{1/12}$。

一次还本付息，不计复利。

由于该国债不能上市交易，2008年6月1日甲某通过协议方式将该国债以108000元的价格转让给乙某。

(1) 如果甲某在2006年6月1日买进国债后一直持有至到期，计算其到期收益率。

(2) 甲某将该国债转让给乙某，其实现收益率为多少？

(3) 计算乙某受让国债的到期收益率。

【解答】(1) 甲某按面值购买此国债的到期收益率是如下方程的解
$$100000=100000×(1+5×3.49\%)/(1+K)^5$$
解得 $K=3.27\%$。

(2) 甲某持有国债的时间为两年，转让国债的实现收益率有两种算法。

不考虑时间价值的算法：
$$年实现收益率=(108000-100000)/(100000×2)=4\%$$

考虑时间价值的算法：年实现收益率是下列方程的解
$$108000/100000=(1+K)^2$$
解得 $K=3.92\%$。

(3) 乙某一年以后受让国债的到期收益率是如下方程的解
$$108000=100000×(1+5×3.49\%)/(1+K)^4$$
解得 $K=2.12\%$。

第四节 期权估价

期权与期权定价理论是现代财务管理最新发展的一部分，它引起了20世纪最后二十几年内财务金融理论与资本市场巨大的革命性变化。本节简要介绍期权的基本概念、种类以及期权估价的原理和方法。

一、期权的概念和种类

（一）期权的基本概念

期权是一种合约，该合约赋予持有人在某一特定日期或一定期限内，以约定的价格购进或售出一定数量资产的权利。本质上来说，期权就是一种"权利"。期权交易就是一种权利的交易。下面介绍几个与期权相关的概念。

1. 期权持有者和期权签发者

期权持有者在支付一定期权费后，就获得了在一定时日或一定时期内以事先确定的价格向期权签发者买进或卖出一定数量的某种资产的权利。这个权利，对于期权持有者来说，可以行使，也可以放弃，即期权持有者有行使权利的权利，而无行使权利的义务。

期权签发者指期权权利的提供方。在期权交易中，期权签发者在收取了期权持有者的期权费后，就承担着在规定的时间内履行该期权合约的义务。也就是说，在规定的时间内，只要期权持有者要求行使其权利，期权签发者就必须无条件地履行规定的义务。这表明，对期权签发者而言，除了在成交时向期权持有者收取一定的期权费之外，期权合约只规定了他必须履行的义务，而未赋予他其他任何权利。

由此可见，在期权交易中，期权持有者和期权签发者在权利与义务上存在着明显的不对称性，这种权利与义务的不对称性，必然引起期权交易双方风险与收益的不对称性和获利概率的不对称性。期权持有者的损失是锁定的，最大损失为支付的期权费，而潜在的收益从理论上说是无限的；期权签发者的收益是锁定的，最大收益为收取的期权费，而承担的损失则可能是无限的。

2. 执行价格

执行价格又称为行权价格或敲定价格。它是指期权合约所规定的、期权持有者在行使权利时所执行的价格。该价格一经确定，则在期权有效期内无论期权标的资产市场价格上涨或下跌到什么水平，只要期权持有者要求执行该期权，期权签发者就必须以此价格履行其义务。

3. 期权价格

期权价格又称为期权费、权利金或保险费，是指期权持有者为获得期权合约所赋予的权利而向期权签发者支付的费用。一经支付，不管期权持有者执行还是放弃该期权，期权费都不予退还。

(二) 期权的种类

1. 看涨期权和看跌期权

按照合约授予期权持有人权利的类别不同，期权可分为看涨期权和看跌期权。这是期权最基本的分类方式。

看涨期权，也称为买入期权或买权，是指期权赋予持有人在到期日或到期日之前，以固定价格购买一定数量某种期权合约的权利。看涨期权的买方之所以要购买这一权利，是因为期权的买方对标的资产的价格看涨，所以向期权的卖方支付一定的权利金，以获得按执行价格买入该种标的资产的权利。如果有关标的资产市场价格的变化与预测一样，即标的资产的市场价格高于执行价格，看涨期权的买方就可以用期权合约上约定的执行价格购买标的资产获得收益；如果标的资产市场价格的变化与其预测相反，即标的资产的市场价格小于或等于执行价格，看涨期权的买方可以放弃购买权利。

看跌期权也称为卖出期权或称卖权，是指期权赋予持有人在到期日或到期日之前，以固定价格出售一定数量期权合约的权利。看跌期权的买方一般对相关标的资产的市场价格看跌，所以买入看跌期权。如果在未来规定的时间内市场价格与其预测一致时，即标的资产的市场价格低于执行价格，买方可以按照期权合约约定的执行价格出售标的资产，而相应的看跌期权的卖方则买入该标的资产。需注意的是，看跌期权的买方是卖出标的资产，而相应的卖方则是买入标的资产；如果标的资产的市场价格与其预测相反时，即标的资产的市场价格上涨，看跌期权的买方有不卖出标的资产的权利。

2. 欧式期权和美式期权

按照期权履约时间不同，可将期权分为欧式期权和美式期权。

欧式期权是指期权持有者只能在期权到期日这一天行使其权利，既不能提前也不能推迟。

美式期权是指期权持有者在期权有效期内任何一天都可以行使其权利，即既可以在期权到期日这一天行使权利，也可在期权到期日之前的任何一个交易日行使权利。

对期权的持有者来说，美式期权比欧式期权更有吸引力，因为在相同的条件下，美式期权比欧式期权更有机会行权，也就有更多的机会获得收益；而对于期权的签发者来说，美式期权比欧式期权风险更大，因为在相同的条件下，签发美式期权比签发欧式期权有更多的可能履行其义务。我国证券市场中出现的股票期权（如认股权证和认沽权证）都属于欧式期权，但规定的行权时间通常为期权到期日前5个交易日。

3. 实值期权、平值期权和虚值期权

按期权执行价格与标的资产市场价格的关系不同，可将期权分为实值期权、虚值期权和平值期权。

实值期权具有正内在价值，即如果期权立即执行，期权持有者能够从行权中获得利益的期权。当看涨期权标的资产的市场价格大于执行价格，或看跌期权标的资产市场价格小于执行价格时，如果持有者决定执行期权，均会获利，此时期权为实值期权（不计交易成本）。当然这并不表明投资实值期权一定有利可图，因为期权持有者取得期权时支付了期权费，如果行权中获得的利益无法弥补期权费，那么该投资者从期权投资中总体是亏损的。例如，四川长虹电器股份有限公司在2009年7月31日发行可分离债券时派送了认股权证。该认股权证的存续期为2009年8月19日至2011年8月18日。该认股权证自从2009年8月19日上市之日起大多数时间处于实值状态。其初始执行价格为5.23元，由于分配和资本公积金转增股本方案的实施，目前的执行价格为3.48元。而在该权证上市之后的大多数时间，四川长虹股票的市价一直高于其执行价格。如果某一投资者以2010年12月31日的收盘价2.532元从市场上买进该认股权证，而当日四川长虹股票的收盘价为3.70元。即使该投资者立即行权，他最后还是亏损的。这说明该期权目前市价存在明显的"溢价"。

虚值期权具有负内在价值，即如果期权立即执行，期权持有者会发生损失的期权。当看涨期权标的资产的市场价格小于执行价格，或看跌期权标的资产的市场价格大于执行价格，持有期权的投资者执行期权时会发生亏损，此时的期权称为虚值期权。从静止的观点看，投资虚值期权一定会有损失，因为这时期权持有者会放弃行权，他至少要损失取得期权时支付的期权费。当然，如果期权还没有到期，投资者可以继续持有期权，希望将来该期权会变为实值期权。例如，中国石油化工股份有限公司在2008年2月20日发行可分离债券时派送了认股权证。该认股权证的存续期为2008年3月4日至2010年3月3日，其初始执行价格为19.68元，到期日的执行价格为19.15元。据查，在该权证的存续期内，中国石化股票的市价从未高于其执行价格，可以说该期权一直处于虚值状态。

平值期权又称为两平期权，不具有内在价值，即当期权标的资产的市场价格等于期权的执行价格时的期权。当看涨期权或看跌期权的执行价格与标的资产的市场价格相等时，该期权表现为平值期权。

实值、平值和虚值描述的是期权在有效期内某个时点的状态，随着时间的变化，标的资产价格会不断变化，同一期权的状态也会不断变化，有时是实值状态，有时是平值状态，有时会变成虚值状态。

二、期权的到期日价值

期权的到期日价值，是指到期时执行期权可以取得的净收入，它依赖于标的股票的到期日价格和执行价格。执行价格是已知的，而股票到期日的市场价格此前是未知的。但是，期权的到期日价值与股票的市场价格之间存在函数关系。这种函数关系因期权的类别不同而存在差异。

期权分为看涨期权和看跌期权两类，每类期权都可以分为"多头"和"空头"两种情形。

期权多头是指买进期权即持有期权,空头期权是指抛出期权即签发期权。为方便起见,假设各种期权均持有至到期日,不提前执行,并且忽略交易成本。下面将分别说明四种情况下期权到期日价值和股价的关系。

(一) 多头看涨期权

多头看涨期权是指买入看涨期权,被称为处于多头状态,持有看涨期权多头头寸。先来看下面的例子。

【例4-14】 投资者购买一项看涨期权,标的股票的当前市价为104元,执行价格为100元,到期日为2012年4月1日,期权价格为10元。

多头看涨期权的净损益有以下四种可能:

(1) 股票市价小于或等于100元,即标的股票市场价格小于或等于执行价格,看涨期权的买方不会执行期权,其净收入为0元,即期权到期日价值为零,其净损益为−10元(期权价值0元−期权成本10元)。

(2) 股票市价大于100小于110时,如股票市价为105元,投资者会执行期权。其净收入为5元(股票价格105元−执行价格100元),即期权到期日价值为5元,买方期权净损益为−5元(期权价值5元−期权成本10元)。

(3) 股票市价等于110元,投资者会执行期权,取得净收入10元(股票市价110元−执行价格100元),即期权到期日价值为10元。多头看涨期权的净损益为0元(期权价值10元−期权成本10元)。

(4) 股票市价大于110元,假设为115元,投资者会执行期权,净收入为15元(股票市价115元−执行价格100元),即期权到期日价值为15元。投资者的净损益为5元(期权价值15元−期权成本10元)。

综上所述,多头看涨期权的到期日价值可以概括为以下表达式

$$多头看涨期权到期日价值 = \text{Max}(股票市价 - 执行价格, 0)$$

该式表明:如果股票市价>执行价格,买方会执行期权,看涨期权价值=股票市价−执行价格;如果股票市价<执行价格,买方不会执行期权,看涨期权价值为零。到期日价值为上述两者中较大的一个。

$$多头看涨期权净损益 = 多头看涨期权到期日价值 - 期权价格$$

(二) 空头看涨期权

空头看涨期权是指签发期权给买方并收取期权费,他处于空头状态,持有看涨期权空头头寸。来看下面的例子。

【例4-15】 空方抛出一种股票看涨期权,其他数据与前例相同,标的股票的当前市价为104元,执行价格为100元,到期日为2012年4月1日,期权价格为10元。

其到期日损益有以下四种可能:

(1) 股票市价小于或等于100元,买方不会执行期权。因期权价格为10元,空头看涨期权的净收益为10元(期权价格10元+期权到期日价值0元)。

(2) 股票市价大于100元并小于110元,如为105元,买方会执行期权。卖方有义务以100元执行价格出售股票,需要以105元补进标的股票,其净收入为−5元(执行价格100元−股票市价105元),即空头看涨期权价值为−5元。空头看涨期权净收益为5元(期权价格10元+期权到期日价值−5元)。

(3) 股票市价等于110元，期权买方会执行期权，空头净收入为－10元（执行价格100元－股票市价110元），即空头看涨期权到期日价值为－10元，空头看涨期权的净损益为0元（期权价格10元＋期权到期日价值－10元）。

(4) 股票市价大于110元，假设为115元，买方会执行期权，空头净收入为－15元（执行价格100元－股票市价115元）。空头看涨期权净损益为－5元（期权价格10元＋期权到期日价值－15元）。

综上所述，空头看涨期权到期日价值及净损益可以概括为下述表达式

空头看涨期权到期日价值＝－Max（股票市价－执行价格，0）

空头看涨期权净损益＝空头看涨期权到期日价值＋期权价格

（三）多头看跌期权

看跌期权买方拥有以执行价格出售股票的权利。例如，投资人持有执行价格为100元的看跌期权，如果到期日股票市价为75元，投资人可以执行期权，以75元的价格购入股票，再以100元的价格售出，获利25元。如果期权到期日股票价格高于100元，投资人则会放弃行权，期权失效，其收入为零。

因此，到期日看跌期权买方损益可以表示为

多头看跌期权到期日价值＝Max（执行价格－股票价格，0）

多头看跌期权净损益＝多头看跌期权到期日价值－期权成本

（四）空头看跌期权

看跌期权的出售者收取期权费，成为或有负债的持有人，其负债的金额不确定。例如，看跌期权签发者收取期权费5元，售出1股执行价格为100元、1年后到期的宏大公司股票的看跌期权。如果1年后股价高于100元，看跌期权持有者不会行权，期权签发者的负债变为零；如果1年后股价低于100元，看跌期权购买方会行权，期权签发者必须依约按执行价格收购股票。其损失为股票市价与执行价格之间的差额，即损失的是期权的价值。

因此，到期日看跌期权卖方损益可以表示为

空头看跌期权到期日价值＝－Max（执行价格－股票市价，0）

空头看跌期权净损益＝空头看跌期权到期日价值＋期权价格

三、影响期权价值的因素

从理论研究角度看，影响期权价值的因素十分复杂。从期权市场中影响期权交易价格的驱动因素看，标的资产的市场价格、执行价格、到期期限、标的资产市场价格的波动幅度、无风险利率和期权有效期内预计发放的红利等对期权价值产生直接的影响。

（一）标的资产的市价

标的资产的市场价格对期权价格影响最大，其变动大小会直接影响期权价格。当标的资产市场价格上涨时，看涨期权的市价会上升，而看跌期权的市价会下跌；反之，当标的资产市场价格下跌时，看涨期权的市价会下跌，而看跌期权的市价会上升。而且期权价格的波动幅度会远大于标的资产市价的波动幅度。

（二）执行价格

执行价格主要通过影响期权的内在价值来影响期权价格。看涨期权的执行价格越高，股票市价与执行价格的差额越小，期权价值越小，相反，看跌期权的执行价格越高，执行价格与股

票市价的差额越大,期权价值越大。

(三) 标的资产市场价格的波动幅度

标的资产市场价格的波动幅度是影响期权价格水平的重要因素之一。波动幅度较小时,期权价格较低;波动幅度较大时,期权签发方由于持有者履约会发生较大的亏损,从而要求较高的期权费。标的资产波动频率高,期权价值向实值方向变动可能性加大,因此期权费会相应增加,期权持有方也愿意接受期权签发方期权费增加的要求。

(四) 无风险利率

无风险利率反映了投资者的资金成本。无风险利率一般认为是短期国库券的利率。一般来说,由于期权费较标的资产面值小得多,加之无风险利率低,无风险利率对期权价值影响十分有限。对于股票期权及股指期权而言,无风险利率变动会引起其他利率变化,从而影响股票价格及股指的变化,自然就使期权的内在价值发生变化,其变化大小与标的资产对利率的敏感度有关。

(五) 到期期限

期权距离到期日前剩余时间即到期期限,它是通过时间价值来影响期权的价格。剩余时间对期权的价格影响较大,在其他因素不变的情况下,剩余时间越多,期权价格越高。因为剩余时间越多,对期权持有者而言,期权价格向有利方向变动的可能性越大。

(六) 期权有效期内预计发放的红利

期权有效期内预计发放的红利会影响股票期权的价格。一般来说,在除息日后,红利的发放会引起股票价格下降。因此,对看涨期权来说,在其他条件不变的情况下,标的股票发放红利越多,股价下降得越多,看涨期权的内在价值越小,从而引起期权价格下降。与此相反,标的股票发放红利越多,股价下降得越多,看跌期权的内在价值越大,看跌期权的价格则会上升[①]。

四、期权估价的基本原理

(一) 复制原理

复制原理的基本思想是:构造一个股票和借款的适当组合,使得无论股价如何变动,该投资组合的损益都与期权相同,那么,创建该投资组合的成本就是期权现在的价值。

下面通过一个简单举例来说明复制原理。

【例4-16】假设宏大股份有限公司目前的股票市价是20元。有1股以该股票为标的资产的看涨期权,执行价格为21.40元,到期时间为6个月。6个月以后该公司股票价格有两种可能:上升25%(即涨至25元),或者下跌20%(跌至16元)。现在需要建立一个投资组合,包括购进适量的股票以及借入必要的款项(假设无风险利率为每年5%),使得该组合6个月后的价值与购进该看涨期权相等。下面按照复制原理来确定该投资组合。

1. 确定6个月后可能的股票价格

假设股票当前价格为S_0,未来变化有两种可能:上升后股价S_u和下降后股价S_d。为便于

[①] 我国证券市场对实施利润分配方案(包括现金股利与股票股利)和资本公积金转增股本方案的上市公司实行除息除权,与该股票有关的认股权证或认股权证的执行价格也做相应的调整,以消除利润分配等方案对权证的不合理影响。

用当前价格表示未来价格，设 $S_u = S_0 \times u$，u 称为股价上行乘数；$S_d = S_0 \times d$，d 称为股价下行乘数。

本例中，$S_0 = 20$ 元，$u = 1.25$，$d = 0.8$，$S_u = 25$ 元，$S_d = 16$ 元。

2. 确定看涨期权的到期价值

以 X 表示执行价格，C_u 和 C_d 分别表示股价上涨或下跌时看涨期权到期价值。

本例中 $X = 21.40$ 元，当估价上涨时，期权的到期价值 $C_u = 25 - 21.40 = 3.60$ 元，股价下跌时股价低于其执行价格，$C_d = 0$。

3. 建立对冲组合

现在来建立这样一个组合：购买 0.4 股的股票，同时以 3% 的利息借入 6.21 元。该组合的收入同样也依赖于期权到期日股票的价格，见表 4-1。

表 4-1 购进股票和借款投资组合的净收入分布

股票到期日价格	组合中股票到期日收入	组合中借款本利和（需偿还）	到期日收入合计
股价 25 元	25×0.4=10	6.40	3.6
股价 16 元	16×0.4=6.40	6.40	0

显然，该组合的到期日净收入分布与购入看涨期权的净收入完全一样。因此，该看涨期权的价值就应当与建立投资组合的成本一样。

组合投资成本 = 购买股票支出 − 借款 = 20×0.4 − 6.21 = 1.79（元）

因此，该看涨期权的价格应当是 1.79 元。

（二）套期保值原理

复制原理中，既然购入股票和借入款项的组合与期权在经济上是等效的，那么可以这样说：购进 0.4 股股票同时抛出 1 份看涨期权的组合，在到期日与借款的本利和相等，即该组合的未来现金流量与股价变化无关。也就是说该组合能够实现完全的套期保值。详见表 4-2。

表 4-2 购进股票和抛出看涨期权投资组合的净收入分布

股票到期日价格	组合中股票到期日收入	组合抛出看涨期权的净损益	到期日收入合计
股价 25 元	25×0.4=10	1.76 − (25−21.4) = −1.84	8.16
股价 16 元	16×0.4=6.40	1.76	8.16

根据套期保值原理，复制原理中购买股票的数量和借款的数额是可以计算得到的。组合中购进股票的数量称为套期保值比率（以 H 表示），它可以通过下面公式来计算

$$H = \frac{C_u - C_d}{S_u - S_d} = \frac{C_u - C_d}{S_0 \times (u-d)} \tag{4-17}$$

根据【例 4-16】的资料，套期保值比率 $H = (3.6-0)/(25-16) = 0.4$。

组合中借款的数额（以 L 表示）可以按如下公式计算（其中 r 表示无风险利率）

$$L = (S_d \times H - C_d)(1+r) \tag{4-18}$$

最后，期权价值（以 C_0 表示）可以由如下公式计算

$$C_0 S_0 \times H - L \tag{4-19}$$

在本例中，$L = (16 \times 0.4 - 0) \div (1+3\%) \approx 6.21$（元），$C_0 = 20 \times 0.4 - 6.21 = 1.79$（元）。

(三) 风险中性原理

所谓风险中性原理,是指假设投资者对待风险的态度是中性的,对所有证券的预期收益率都应当是无风险利率。风险中性的投资者不需要额外的收益补偿其承担的风险。在风险中性的世界里,任何资产的价值就是未来现金流量期望值以无风险利率折现的现值。

利用风险中性原理,期望报酬率应符合下列公式

期望报酬率 = 上行概率×价格上涨时收益率 + 下行概率×价格下跌时收益率 (4-20)

假设股票不派发红利,股票价格的上升百分比就是股票投资的收益率。假设股票价格的波动只有上涨和下跌两种情形,则上行概率与下行概率之和为100%。因此

期望报酬率 = 上行概率×股价上升百分比 + (1−上行概率)×(−股价下降百分比)

根据风险中性原理,购买期权的期望报酬率也应该等于无风险利率。因此,只要根据股价上行或下行的概率和期权的到期日价值,先求出期权到期日价值的期望值,然后用无风险利率将其折现,就可以求出期权的现在的价值。

根据【例4-16】的数据,可以用风险中性原理,进行如下的验算

$$3\% = 上行概率 \times 25\% + (1-上行概率) \times (-20\%)$$

其中,上行概率 = 23/45,下行概率 = 22/45。

该看涨期权6个月后的期望价值 = 3.6×(23/45) + 0×(22/45) = 1.84(元)。

期权的现值 = 1.84/(1+3%) ≈ 1.79(元)。

五、布莱克—斯科尔斯期权定价模型

自从期权交易产生以来,尤其是股票期权交易产生以来,人们就一直致力于对期权定价问题的探讨。1973年,美国芝加哥大学教授费希尔·布莱克(Fischer Black)与迈伦·斯科尔斯(Myron Scholes)发表《期权定价与公司负债》一文,提出了有史以来第一个期权定价模型,在学术界和实务界引起了强烈反响。此后,有关期权理论和估计方法的研究方兴未艾,成为投资学和财务学的重要组成部分。

(一) 布莱克—斯科尔斯模型 (B—S模型) 的假设条件

建立布莱克—斯科尔斯期权定价模型的基本假设包括:

(1) 在期权寿命期内,买方期权标的股票不发放股利,也不做其他分配;
(2) 股票或期权的买卖没有交易成本;
(3) 短期的无风险利率是已知的,并且在期权寿命期内保持不变;
(4) 任何证券购买者能以短期的无风险利率借得任何数量的资金;
(5) 允许卖空,卖空者将立即得到所卖空股票当天价格的资金;
(6) 看涨期权只能在到期日执行;
(7) 所以证券交易都是连续发生的,股票价格随机游走。

(二) 期权定价公式

1. 看涨期权的定价模型

在上述假设条件的基础上,布莱克和斯科尔斯得出如下适用于欧式看涨期权的定价模型

$$C = SN(d_1) - Xe^{-rT}N(d_2) \tag{4-21}$$

$$d_1 = \frac{\ln(S/X) + rT}{\sigma\sqrt{T}} + \frac{1}{2}\sigma\sqrt{T} \tag{4-22}$$

$$d_2 = d_1 - \sigma\sqrt{T} \tag{4-23}$$

式中，C 为看涨期权价格；S 为标的资产的现行价格；X 为期权的执行价格；r 为无风险利率；T 为期权到期日前的时间（年）；$\ln(S/X)$ 为 S/X 的自然对数；σ 为标的资产价格的波动性；$N(d)$ 为标准正态分布中离差小于 d 的概率。

2. 看跌期权的定价模型

以上所述的布莱克—斯科尔斯模型只能适用于看涨期权，而不能适用于看跌期权。但是，通过看涨期权与看跌期权的平价关系，可用看涨期权的价格，推算出相同标的物、相同权利期间和相同执行价格的看跌期权的价格模型如下：

$$\begin{aligned}P &= C - S + Xe^{-rT}\\ &= SN(d_1) - Xe^{-rT}N(d_2) - S + Xe^{-rT}\\ &= S[N(d_1) - 1] + Xe^{-rT}[1 - N(d_2)]\\ &= Xe^{-rT} \times N(-d_2) - SN(-d_1)\end{aligned} \tag{4-24}$$

下面将以中国上市公司股权分置改革中第一个出现的认股权证——宝钢认股权证的定价为例，来说明布莱克—斯科尔斯模型模型的运用。

【例 4-17】宝山钢铁股份有限公司于 2005 年 8 月 12 日召开 2005 年第一次临时股东大会，会议以现场投票与网络投票相结合的表决方式审议通过公司股权分置改革方案，其要点如下：控股股东上海宝钢集团公司向股权登记日登记在册的流通股股东每 10 股支付 2.2 股本公司股份，并获得宝钢集团公司发行的 1 份认购权证，宝钢集团公司持有的本公司原非流通股份将获得上市流通权，成为流通股份。

宝钢集团支付的 38770 万份认购权证于 2005 年 8 月 22 日在上海证券交易所挂牌交易，第一天的开盘参考价确定为 0.688 元。这一开盘参考价产生的依据是：按照宝钢股份 2005 年第一次临时股东大会通过的股权分置改革方案中认购权证主要条款的相关内容，按照布莱克—斯科尔斯模型，选取有关参数分别如下：权证行使价格 4.50 元，权证剩余存续期为 374 天（从 2005 年 8 月 22 日算起为 374 天，约 1.039 年），无风险收益率 3.3%（参考当时 7 年期国债到期收益率），标的股票宝钢股份 2008 年 8 月 19 日收盘价 4.62 元，标的股票波动率（即标准差）30.1%（根据最近一年的历史股价波动率估计）。

$$d_1 = [\ln(4.62/4.50) + (3.30\% + 0.301^2/2) \times 1.039] \div 0.301 \times \sqrt{1.039})$$

$$\approx 0.3509$$

$$d_2 = 0.3509 - (0.301 \times \sqrt{1.039})$$

$$\approx 0.0441$$

$$N(d_1) \approx 0.6371$$

$$N(d_2) \approx 0.5176$$

$$C_0 = 4.62 \times 0.6371 - 4.50 \times e^{-0.033 \times 1.039} \times 0.5176$$

$$\approx 0.688$$

但开盘参考价是根据布莱克—斯科尔斯定价模型测算出的理论价格,只作为计算宝钢权证当日涨跌幅的基准,并不代表实际的开盘价或者指导价,实际开盘价格将由投资者竞价交易产生。

【思考与练习】

一、思考题

1. 请写出固定增长股票估价模型,并指出:
(1) 该模型说明股票的价值取决于哪些因素?
(2) 应用该模型对股票进行估值,其假设前提有哪些?
2. 当银行存贷款利率提高时,固定利率债券的市场价格为什么会下跌?债券价格下跌会使债券的到期收益率上升还是下降?为什么?
3. 如果一种债券的票面利率等于市场利率,该债券的价值等于面值;若债券的票面利率搞于市场利率,该债券的价值大于面值;反之亦然。这种说法有何不妥?
4. 何谓实值期权?何谓虚值期权?
5. 影响期权价值的主要因素有哪些?试分别加以说明。

二、单项选择题

1. 某种股票为固定成长股,年增长率为8%,预期第一年的股利为0.40元。投资者要求的必要报酬率为12%,那么该股票的理论价值为(　　)。
   A. 10.00元　　B. 12.00元　　C. 10.08元　　D. 12.80元
2. 某种股票当前的市价是8.00元,每股股利是0.40元,预期的股利增长率是5%,则其市场决定的预期收益率是(　　)。
   A. 5%　　B. 5.5%　　C. 10%　　D. 10.25%
3. 市场上有一种面值为1000元的债券,其票面利率为8%,期限为5年,每年付息一次,当时市场利率为10%。则该债券的市场价值约为(　　)元。
   A. 924　　B. 952　　C. 1000　　D. 1352
4. 某投资者现在以118元购得面值为100元的公司债券,该债券3年前发行,再过2年将到期,债券的票面利率为8%,规定到期时一次还本付息(按单利计息),若投资者持有该债券至到期日,其到期收益率约为(　　)。
   A. 5.86%　　B. 6.00%　　C. 8.92%　　D. 18.32%
5. 某投资者以1051的价格从债券市场购入甲公司于9个月前发行的面值为1000元的债券,该投资者持有半年后以1064的价格将债券全部出售,该投资者在持有期间获得利息45元。则在不考虑交易费用的情况下,该投资者买卖该债券的(年)实现收益率约为(　　)。
   A. 4.28%　　B. 5.52%　　C. 8.56%　　D. 11.04%
6. A股票市价为110元,以该股票为标的资产的看涨期权的执行价格为107元,期权费为5元,则该期权到期日价值为(　　)元。
   A. 3　　B. 5　　C. 7　　D. 10
7. 现有一未到期的看跌期权,其标的股票的现行市价为20元,期权执行价格为23元,该期权现在市价为5元。则该期权的到期日价值是(　　)。

A. 0　　　　　B. 2　　　　　C. 3　　　　　D. 5

8. 空头看涨期权到期日价值和净损益的计算公式分别是（　　）。
   A. 到期日价值＝Max（股票市价－执行价格，0）；净损益＝到期日价值＋期权价格
   B. 到期日价值＝－Max（股票市价－执行价格，0）；净损益＝到期日价值＋期权价格
   C. 到期日价值＝Max（股票市价－执行价格，0）；净损益＝到期日价值－期权价格
   D. 到期日价值＝－Max（股票市价－执行价格，0）；净损益＝到期日价值－期权价格

三、多项选择题

1. 下列属于混合性证券的是（　　）。
   A. 定期存单　　　　　　　　　B. 优先股股票
   C. 国债　　　　　　　　　　　D. 可转换公司债券

2. 按照短期持有股票的估价模型分析，股票的价值主要取决于三个因素，分别是（　　）。
   A. 投资者的必要报酬率　　　　B. 该股票过去的交易价格
   C. 未来出售时预计的股票价格　D. 以前年度分配的股利水平

3. 在债券面值一定的前提下，影响债券到期收益率的因素有（　　）
   A. 债券的票面利率　　　　　　B. 债券期限
   C. 债券的付息方式　　　　　　D. 购买债券的价格

4. 对于期权持有人来说，下列表述正确的有（　　）。
   A. 对于看涨期权来说，资产现行市价高于执行价格时的期权称为"实值期权"
   B. 对于看涨期权来说，资产现行市价低于执行价格时的期权称为"虚值期权"
   C. 对于看跌期权来说，资产现行市价高于执行价格时的期权称为"虚值期权"
   D. 对于看跌期权来说，资产现行市价低于执行价格时的期权称为"实值期权"

5. 现有一未到期的看跌期权，其标的股票的现行市价为20元，期权执行价格为23元，某投资者按照每份5元的市价买入该期权，则（　　）。
   A. 该期权处于实值状态　　　　B. 该期权处于虚值状态
   C. 购买该期权的净损益为3元　D. 购买该期权的净损益为－2元

6. 现有一看涨期权，其执行价格为20元，期权费为3元。如果到期日股票的市场价格为22元，则对一份期权来说，（　　）。
   A. 多头期权的净损益为－1元　B. 多头期权的净损益为2元
   C. 空头期权的净损益为－1元　D. 空头期权的净损益为3元

四、计算分析题

1. 奉达公司计划利用一笔长期资金投资购买股票。现有A公司股票和B公司股票可供选择，奉达公司只准备投资于一家公司股票。已知A公司股票现行市价为每股3.50元，上年每股股利为0.15元，预计以后每年以6%的增长率增长；B公司股票现行市价为每股7.00元，上年每股股利为0.60元，实行固定股利政策。奉达公司要求的投资报酬率为10%。
   要求：
   (1) 利用股票估价模型，分别计算A、B公司股票每股价值；
   (2) 如果奉达公司只投资一种股票，请问应当选择上述哪个公司的股票进行投资？

2. 红联股份有限公司2010年发放的现金股利为每股1.20元，预计红联公司2011—2013

年分配的股利会比上年递增15%，但从2014年起股利将以10%的速度递增。若投资者要求的必要报酬率为18%。试计算：

（1）利用股票估价模型计算红联股份有限公司股票在2010年年末的每股价值；

（2）假如该公司在2010年年末的股价为每股13.50元，投资者准备长期持有该公司股票，那么按照该价格计算的股票投资预期收益率是多少？

3. 债券市场有下列两种公司债券挂牌交易：

A公司债券。该债券每张面额100元，于2009年6月末平价发行，期限为6年，票面利率为6.30%，规定每年的6月末支付一年的利息。该债券目前的市场价格为每份103.86元。

B公司债券。该债券每张面额100元，于2011年初即时发行，期限为5年，票面利率为6.72%，规定按单利计息，到期时一次还本付息。

现有甲、乙两位投资者已经投资或准备投资这两种债券。甲投资者于2009年6月末平价购入A公司债券10万元，并于2011年年初以每张103.86元的价格出售。乙投资者于2011年年初以每张103.86元的价格购入A公司债券103860元，同时平价购入B公司债券10万元。如果不考虑债券的交易费用。试问：

（1）如果投资A、B公司债券的风险相当，目前（指2011年年初，下同）与该两种债券风险相当的市场利率为6%，那么A公司债券目前103.86元的市场价格是否有投资价值？B公司目前平价发行的债券是否有投资价值？

（2）甲投资者一年半前购买A公司债券，并于2011年初出售，其年实现收益率为多少？

（3）乙投资者2011年初投资A、B公司债券的到期收益率分别为多少？

4. ABC公司为一家上市公司，目前的股价为每股20元，以该股票为标的资产的看涨期权的执行价格为18.05元，到期时间为6个月。6个月后的股价有两种可能：上涨30%，或下跌23%。6个月的无风险报酬率为3%。运用期权定价的复制原理，设计一个投资组合：购入一定数量的股票和借入一定数量的款项，使得该组合6个月后的价值与1份看涨期权到期日价值相等。请计算：

（1）该组合的套期保值比率；

（2）组合中借款的数额；

（3）按照期权定价的风险中性原理，计算其股价上涨的概率；

（4）分别按复制原理和风险中性原理计算1份该看涨期权的价值。

5. 期权交易所2010年11月20日对昌盛股份有限公司的股票期权报价如下：6个月的看涨期权价格为5.50元，6个月的看跌期权的价格为3.50元，这两种期权的执行价格均为15元。现有下列四位投资者进行期权投资：

（1）张飞多头看涨期权10万份；

（2）贾青空头看涨期权10万份；

（3）王永多头看跌期权10万份；

（4）孟星空头看涨期权10万份。

若在到期日股票价格为8.50元或者22元。试就上述四位期权投资者的净损益情况作出计算和评价。

6. 假设A公司股票当前价格为20元，以该股票为标的资产的看涨期权的执行价格为21元，期权到期日前的时间是0.25年，0.25年的无风险利率为2%，根据历史资料知该股票价格波动的标准差为0.25。

要求：运用布莱克—斯科尔斯模型计算该期权的价格。

五、案例题

【案例一】 <center>工商银行股票估价</center>

资料：

中国工商银行股份有限公司（简称"工商银行"，股票代码：601398）于2006年10月19日首次向社会公开发行人民币普通股1495000万股，发行价为每股3.12元。发行完成后，工商银行的总股本达到33401885万股，股票于2006年10月27日在上海证券交易所挂牌交易，交易首日开盘价3.40元，最高价3.44元，最低价3.26元，收盘价3.28元。该公司上市后四年中每年实现的净利润和分配的股利情况见下表。

年份	实现净利润（万元）	每股（税后）股利（元）	股利分配时间
2006	4871900	0.016	2007-6-21
2007	8125600	0.133	2008-6-18
2008	11076600	0.165	2009-6-4
2009	12859900	0.17	2010-5-27

已知上市整四年后（2010年10月27日）该股票收盘价为4.45元，而2010年12月31日股票的收盘价为4.24元。

问题：

（1）如果市场投资者认为投资工商银行股票的必要报酬率为10%，那么根据该股票上市后4年的分红情况和2010年10月27日的收盘价看，该股票在2006年10月27日上市首日的收盘价是被高估还是低估了？

（2）如果某投资者在2006年10月27日上市首日以其开盘价买进该股票，一直持有至2010年10月27日，那么该投资者获得的持有期（年）收益率为多少？

（3）假设工商银行在2011年以后均在每年的6月底分配现金股利，每年分配的现金股利将以2007—2009年间赢利的年平均增长率持续增长，投资工商银行股票的必要报酬率仍为10%，则该股票2010年12月31日每股4.15元的价格是被低估还是高估了？

（4）假设工商银行在2011年以后均在每年的6月底分配现金股利，每年分配的现金股利按照某一固定增长率稳定增长，投资工商银行股票的必要报酬率仍为10%，那么工商银行每年的股利增长率应达到多高的水平，才能使该股票2010年12月31日每股4.15元的价格能够体现其内在价值？

【案例二】 <center>江西铜业认股权证</center>

资料：

江西铜业股份有限公司（简称：江西铜业，股票代码：600362）于2008年9月22日发行了68亿元认股权和债券分离交易的可转换公司债券（以下简称"分离交易可转债"）。该分离交易可转债已于2008年10月7日分离为公司债券和认股权证，10月9日债券和认股权证同时在上海证券交易所上市交易，认股权证首日交易的开盘参考价格为1.227元。

以江西铜业2007年度披露的相关数据为依据，结合市场相关指标，确定用于计算江西铜业认股权证理论价值的相关参数如下：

(1) 每四份认股权证对应一份江西铜业 A 股股票;
(2) 认股权证的行权价为 15.44 元;
(3) 认股权证的存续期为 24 个月;
(4) 无风险收益率取当时一年期银行存款利率 4.14%;
(5) 认股权证的持有人有权在权证上市满 24 个月的最后 5 个交易日内行权,
(6) 江西铜业过去 240 个交易日 A 股股价的年化历史波动率（标准差）为 76.59%。
(7) 对应江西铜业不同的 A 股股票 12 月 9 日的收盘价 12.87 元。

问题：

(1) 江西铜业的认股权证属于美式期权还是欧式期权？

(2) 根据江西铜业在 2008 年 10 月 9 日的收盘价，该认股权证处于实值状态还是虚值状态？

(3) 请查阅江西铜业股票在 2008 年 10 月 9 日以后两年的股价走势，并指出该认股权证在大多数交易日处于实值状态还是虚值状态？

(4) 请运用布莱克—斯科尔斯模型验证该认股权证开盘参考价。

(5) 该认股权证在 2010 年 9 月 27 日开始行权，当日江西铜业股票的收盘价为 31.02 元，请计算该日认股权证的到期日价值。

第五章 项目投资决策

投资决策是财务管理的重要内容。投资决策涉及的内容很多，如项目投资、证券投资等。项目投资是企业开展生产经营活动的支柱，项目投资决策在企业投资决策中占有十分重要的地位。本章主要阐述项目投资的分类、程序、现金流量估计、决策评价指标，以及项目投资决策中销售量临界分析等问题。

第一节 项目投资概述

项目投资，是对企业内部生产经营所需要的各种资产的投资，其目的是保证企业生产经营过程的连续和生产经营规模的扩大。为了系统地理解和掌握项目投资决策的基本理论和方法，必须首先明确项目投资的一些基本理论问题。

一、项目投资的分类

企业的项目投资，按不同的标志可分为以下类型。

1. 新建项目投资和更新改造项目投资

项目投资按投资的目的和用途不同可分为新建项目投资和更新改造项目投资。新建项目投资是指以新增生产能力为目的的开发或建设新的固定资产。其特点是投资不可预见的因素多、风险大，但一旦投资成功则收益潜力大，可能对企业的发展起到极其重要的作用。更新改造项目投资是指对现有设备等固定资产进行更新或改造，使其适应新的市场需求来实现投资目的。其特点是投资的基础比较稳定，风险收益易于预测分析，但不会有很大变化。

2. 战术性项目投资与战略性项目投资

项目投资按其对企业前途的影响可分为战术性项目投资和战略性项目投资。战术性项目投资是指不牵涉整个企业发展前景和命运的投资，如为提高劳动生产率而进行的项目投资、为改善经营环境而进行的项目投资等。战略性项目投资是指对企业全局有重大影响的项目投资，如企业转产投资、增加新产品的项目投资等。战略性项目投资一般所需资金多，回收时间长，风险大。

3. 独立性项目投资和非独立性项目投资

项目投资按其相互之间的关系可分为独立性项目投资和非独立性项目投资。如果某一项目的采纳与否，既不影响其他项目的采纳或放弃，也不受其他项目采纳与否的影响，则称为独立性项目投资。对于独立性项目投资，只要资金总量没有限制，项目又在经济上可行，那么多个项目就可以同时进行，不涉及项目之间的比较选优问题。如果某一项目的采纳与否受其他投资项目的影响或影响其他投资项目，则称为非独立性项目投资。

二、项目投资的程序

项目投资影响时间长、投资数额多、投资风险与要求的投资报酬较高、变现能力差、考虑因素复杂,可见项目投资是一项复杂的系统工程。一旦出现决策失误,对企业未来的生产经营活动、长期经济效益和长期偿债能力都将产生重大而深远的影响。因此,在进行项目投资决策时要坚持科学的态度,按程序操作。一般项目投资决策的程序包括以下步骤。

1. 投资项目的提出

为了提高生产能力或提高产品质量,企业管理当局和企业高层管理人员根据本企业所具备的条件,提出项目投资。一般而言,提出的项目投资要由企业的战略、市场、生产、财务和物资部门参与共同论证;由企业各级管理部门和相关部门领导提出的项目投资主要是一些战术性项目投资或维持性项目投资,一般可先由提出部门进行可行性论证。

2. 投资项目的评价

企业在提出投资项目以后,应组织有关专家或相关负责人等人员对项目进行系统客观的评价。评价可围绕以下三方面展开:

(1) 技术可行性评价。该评价一般包括投资项目的技术是否先进、所能获得的原材料是否符合技术性能的要求、生产工人对技术的接受是否存在限制等。

(2) 财务评价。相关财务人员应计算有关项目的投资回收期及预测有关项目的现金流入和现金流出,评价其财务可行性。财务评价一般要进行以下内容的计算:估算投资回收期、预计投入和产出、预计收入和成本、预测项目的现金流量等。

(3) 经济可行性评价。在评价投资项目时,应充分考虑企业的资金是否能够持续支持该项目顺利开展,以达到预期的效果。

3. 投资项目的决策

投资项目评价后,应按分权管理的决策权限由企业高层管理人员或相关部门经理作最后决策。其结论一般都可分成以下三种:①接受这个投资项目,可以进行投资;②拒绝这个投资项目,不能进行投资;③发还给项目提出部门,重新论证后,再行处理。

4. 投资项目的执行

投资项目确定后,要积极筹措资金,实施项目投资。在投资项目的执行过程中,要严格控制项目的实施过程,对工程进度、工程质量、施工成本和工程预算进行监督和审核,防止工程建设中的舞弊行为,确保工程质量,保证按时完成。

5. 投资项目的再评价

在投资项目的执行过程中,应注意原来做出的投资决策是否合理、是否正确。一旦出现新的情况,就要随时根据变化的情况做出新的评价。如果情况发生重大变化,原来投资决策已变得不合理,那么就要进行是否终止投资或怎样终止投资的决策,以避免更大的损失。对投资项目的再评价一般应贯穿项目执行的全过程。

第二节 投资项目的现金流量估计

项目投资的种类很多,本章所说的项目投资可理解为生产性固定资产的投资项目。投资项目的现金流量指的是在投资活动过程中,由于引进一个项目而引起的现金流入量或现金流出量的统称。这里的"现金"不仅包括货币资金,同时也包含了与项目有关的非货币资源的变现价值。由于投资项目的周期一般要依次经过投资兴建、投产后运营和寿命终结三个阶段,所以,项目投资的现金流量就由初始现金流量、营业现金流量和终结现金流量三部分组成。

一、初始现金流量

初始现金流量通常称为建设期现金流量,是指开始投资时发生的现金流量,通常为现金流出量。包括如下的几个部分。

(1) 固定资产投资。企业要想扩大生产规模或转向新领域,首先需要拥有一定的劳动资料,即固定资产。固定资产上的投资构成现金流出中最重要的一部分,包括固定资产的购入或建造成本、运输成本和安装成本等。如果是资本重置项目,则还要包括废旧资产的处置费用和出售收入以及相关的税收效应。这里有必要阐明固定资产投资与固定资产原值之间的关系。固定资产投资,等于企业为使该项目完全达到设计生产能力、开展正常经营而投入的全部资金。而固定资产原值是指用于购置和安装固定资产实际发生的投资。这两个概念是不同的,固定资产投资是一个财务概念,固定资产原值是一个会计概念。某些固定资产投资的现金流出并不构成固定资产原值,有些并不直接发生于固定资产投资的现金流出却可能要计入固定资产原值。

(2) 净营运资本垫支额。净营运资本是指经营性流动资产减去经营性流动负债后的差额。很多情况下,固定资产的添置或者重置会影响公司的经营性流动资产和经营性流动负债。例如企业扩大经营规模后,销售额也随之扩大,就会带来应收账款和存货等流动资产的增加,也要求企业存放更多的货币资金。当然,随着销售额的增加,企业的经营性流动负债(如应付账款、预收账款、应付职工薪酬、应缴税费等)也会增加。净营运资本一般在投资之初投入,直至项目终结时等额回收,因此净营运资本垫支额应视为部分初始投资支出。

(3) 与项目投资有关的其他费用。这是指与长期投资有关的职工培训费、谈判费、注册费等。这些支出表现为投资初期的现金流出,但不构成固定资产价值,而作为费用直接计入当期损益,或作为长期待摊费用分配计入各期损益。

(4) 原有固定资产的变价收入。这主要是指固定资产更新改造投资项目,原有固定资产的变卖所得的现金收入以及由此产生的税收影响。

二、营业现金流量

营业现金流量是指投资项目投入使用后,在其寿命周期内由于生产经营所带来的现金流入和流出的数量。现金流入一般是指营业现金收入,现金流出是指营业现金支出。营业现金净流量是指一定期间现金流入量和现金流出量的差额。这里所说的"一定期间",有时是指1年内,有时指投资项目持续的整个年限内。

值得注意的是,营业现金收入不等于会计实务中的营业收入,二者的区别主要体现在应收款项和预收款项期初、期末余额的变化中。营业现金流出也不等于会计实务中的营业成本[①],二者的区别则主要体现在应付款项、预付款项、存货、应计费用等项目期初、期末余额的变化中,以及计提的折旧额(摊销额)。因此,营业现金净流量与会计中的净利润通常是不相等的。

一般来说,投资项目营业现金净流量的计算有以下三种方法。

1. 根据营业现金净流量的定义计算

假设一个投资项目的每年销售收入等于营业现金流入,付现成本(指需要以当期现金支付

---

① 这里对成本和费用不加以严格区别。

的成本）等于营业现金流出，并考虑企业的所得税因素（所得税是一种现金支付，应作为每年营业现金净流量的一个减项），可以得到

$$营业现金净流量 = 营业收入 - 付现成本 - 所得税 \tag{5-1}$$

2. 根据年末营业成果来计算

企业每年现金流量增加来自两个主要方面：一是当年增加的净利润；二是计提的折旧[①]等。固定资产折旧虽然作为会计中的成本或费用，会减少营业利润，但并不会产生现金流出，通常称为非付现成本。这种非付现成本将从销售收入中扣回，留存于企业，所以需要在计算现金净流量时予以加回。这时营业现金净流量可以表示为

$$营业现金净流量 = 净利润 + 折旧 \tag{5-2}$$

这个公式与式（5-1）是一致的，因为付现成本是指每年支付现金的成本，成本中不需要每年支付现金的部分称为非付现成本，其中主要是折旧费。于是付现成本可以用营业成本减折旧来估计。对式（5-1）进行直接推导，便可得到式（5-2）。

$$\begin{aligned}营业现金净流量 &= 营业收入 - 付现成本 - 所得税 \\ &= 营业收入 - （营业成本 - 折旧） - 所得税 \\ &= 营业利润 + 折旧 - 所得税 \\ &= 净利润 + 折旧\end{aligned}$$

3. 根据所得税对收入和成本的影响来计算

企业实现的销售收入是税前的收入，如果考虑所得税的影响，反映为税后的收入应当为：销售收入×（1－税率）；发生的营业成本也是税前的成本，税后的成本应为：成本×（1－税率）。而全部营业成本又可以分为付现成本和非付现成本（主要是折旧）。因此，营业现金净流量应等于税后营业收入减去税后付现成本，再加上非付现成本引起的所得税税金减少；而非付现成本引起的所得税税金减少额可表示为折旧额与所得税税率的乘积。这时营业现金净流量可用下列公式来计算

$$营业现金净流量 = 营业收入×（1-税率） - 付现成本×（1-税率） + 折旧×税率 \tag{5-3}$$

实际上，上述公式也可以根据式（5-2）直接推导出来

$$\begin{aligned}营业现金净流量 &= 净利润 + 折旧 \\ &= （营业收入 - 营业成本）×（1-税率） + 折旧 \\ &= （营业收入 - 付现成本 - 折旧）×（1-税率） + 折旧 \\ &= 营业收入×（1-税率） - 付现成本×（1-税率） - 折旧×（1-税率） + 折旧 \\ &= 营业收入×（1-税率） - 付现成本×（1-税率） + 折旧×税率\end{aligned}$$

上述三个公式都可以估算出投资项目的营业现金净流量，但不同的公式适用于不同的情况。决策者应当根据投资项目所给的条件，选择合适的公式估算现金流量。一般来说，当我们能够测算投资项目的利润时，就可以直接利用式（5-1）或式（5-2）估算营业现金净流量；但如果不能测算投资项目的利润，就无法利用前两个公式估算营业现金净流量，可以使用式（5-3）估算现金流量，以做出正确的决策，在设备更新决策中更是如此。

---

① 这里的折旧是指广义的折旧，包括固定资产折旧、无形资产摊销和计提的资产减值准备等。

三、终结现金流量

终结现金流量是指投资项目终结时所发生的现金流量。终结现金流量基本上是现金流入量,主要包括固定资产残值收入、原垫支的各种净营运资本的收回、停止使用的土地的变价收入等,当然还有处置这些固定资产、无形资产产生的损益而引起的所得税的影响。

【例 5-1】某公司准备开发一种新产品进行项目投资,估计新产品寿命期为 6 年,根据产品的不同技术水平,设计了如下两种投资方案。

A 方案:技术含量一般。需要一次性投资 2100 万元,其中固定资产投资 1800 万元,垫支营运资金 300 万元。该公司对固定资产采用平均年限法计提折旧,预计项目报废时固定资产残值为 90 万元,在此折旧政策下,该项目 6 年内每年可产生税前利润 324 万元。该项目报废时可以全额收回所垫付的营运资金。

B 方案:技术含量较高。需要一次性投资 3000 万元,其中固定资产投资 2420 万元,垫支营运资金 580 万元。该公司对固定资产采用年数总和法计提折旧,预计项目报废时固定资产残值为 110 万元。在此折旧政策下,1—6 年内产生的税前利润分别为 160 万元、360 万元、520 万元、600 万元、500 万元、440 万元,该项目报废时可以全额收回所垫付的营运资金。

已知该公司的所得税税率为 25%,所采用的折旧政策为税法所允许。

要求:根据上述两种投资方案,计算分析其现金流量。

【解答】

1. A 方案现金流量分析

(1) 计算每年的税后利润:324×(1−25%)=243(万元)。
(2) 计算每年的折旧额:(1800−90)/6=285(万元)。
(3) 计算每年产生的营业现金净流量:243+285=528(万元)。

2. B 方案现金流量分析

(1) 计算每年的税后利润:税后利润=税前利润×(1−25%),结果见表 5-1。
(2) 计算每年的折旧额:第一年 660 万元,第二年 550 万元,……,第六年 110 万元,具体见表 5-1。
(3) 计算每年产生的营业现金净流量:营业现金净流量=税后利润+折旧,结果见表 5-1。

表 5-1　B 方案投资项目现金流量分布表　　　　　　　　　(单位:万元)

年份	税前利润	税后利润	年折旧额	营业现金净流量	投资额	收回营运资金和残值
0					−3000	
1	160	120	660	780		
2	360	270	550	820		
3	520	390	440	830		
4	600	450	330	780		
5	500	375	220	595		
6	440	330	110	440		690

四、现金流量估计应注意的几个问题

财务决策不能完全按照会计信息作为依据。因此,估算投资项目现金流量时,不能完全像

会计实务那样来计算现金流量。为了正确估算投资项目的现金流量，决策者应注意以下几点。

(1) 要区分相关成本与非相关成本。相关成本是指与特定决策有关的，在分析评价时必须加以考虑的成本，如差额成本、未来成本、重置成本、机会成本等都属于相关成本。而与特定决策无关的，在分析时不必加以考虑的成本是非相关成本，如沉没成本、账面成本等往往是非相关成本。区分相关成本与非相关成本是确定项目现金流量的关键，如果将非相关成本纳入投资方案的总成本，则一个有利的方案可能因此变得不利，一个较好的方案可能变为较差的方案，从而造成决策错误。

(2) 不要忽视机会成本。机会成本是对于一项具有两种或两种以上用途的经济资源来说的。当你将这种资源投资于某一项目（如 A 项目）时，就必须放弃该资源投资于其他途径的机会。这种放弃其他某一投资机会（如 B 项目或 C 项目等）而失去的"潜在利益"，就是该资源用于 A 项目的机会成本。例如，企业新建厂房的投资方案，需要使用该企业拥有的一块土地。在进行投资分析时，虽然企业不必动用资金去购置土地，但此土地的成本却不能不考虑在内。因为该企业若不利用这块土地来兴建厂房，则可将这块土地出售，获得 2 亿元的收入。由于现在考虑要在这块土地上兴建厂房，就除去了出售这块土地本来可以获得的 2 亿元收入，这笔收入即成为兴建厂房方案的机会成本。而且应以现行市价作为这块土地的机会成本。

值得注意的是，机会成本不是一种实际的支出或费用，而是失去的潜在收益。机会成本在决策中的意义在于它有助于全面考虑可能采取的各种方案，以便为既定资源寻求最为有利的投资机会。

(3) 要重视对公司净营运资本的影响。固定资产增加是企业扩大销售的重要条件，但不是唯一的条件。净营运资本是与固定资产投资相配套的流动资金增加额。因此，公司进行固定资产投资决策时，不仅要考虑固定资产投资决策，而且必须考虑营运资本的这种额外需求。从一个投资项目现金流量分布来看，净营运资本增加额在投资初期是现金流出，而在投资项目的寿命周期结束时，最初所垫支的净营运资本可以如数收回。

(4) 特别关注投资项目的增量现金流量。因为大多数固定资产投资项目通常是在企业现有生产经营规模基础上的扩充，在投资决策时，没有必要甚至也没有可能对企业全部现金流量进行分析，而只有增量现金流量才是与投资项目决策有关的。所谓增量现金流量，是指接受或拒绝某个投资方案后，企业总现金流量因此而发生的变动。

(5) 要考虑投资方案对企业现金流量的综合影响。当采纳一个新的项目后，该项目可能对公司的其他部门或其他产品造成有利或不利的影响。例如，公司在推出新产品的时，可能会抢占本公司已有相同类型产品的市场。这种情况下，在计算新产品产生的现金流量时，应扣除其使得已有相同类型产品现金流量的减少量。当然，诸如此类的交互影响，事实上很难准确计量，但决策者在进行投资分析时仍要将其适当考虑在内。

第三节　项目投资决策评价指标及其应用

项目投资决策的评价指标是投资决策的重要工具，也是投资决策方法的核心内容。总的来说，投资决策评价指标分为两大类：一是非贴现指标，二是贴现指标。非贴现指标不考虑货币的时间价值，而贴现指标则考虑货币的时间价值。尽管非贴现指标在理论上有较大缺陷，但实际上，许多时候企业还是同时使用两类指标进行评价。本节将分别阐述这两类指标的含义、计算方法和评价标准。

一、非贴现指标

非贴现指标是指在评价投资项目时，没有考虑货币时间价值因素的指标，主要包括投资回收期、投资报酬率等。

(一) 投资回收期

在阐述投资回收期指标时，有必要先介绍项目计算期的概念。项目计算期包括建设期和运营期，它表示投资项目从投资建设开始到最终清理结束整个过程的全部时间，即指投资项目的有效持续期间。其中从项目资金正式投入开始到项目建成投产（即投产日）为止的这段时间，称为建设期；从投产日到项目寿命结束之间的时间间隔称为运营期。

投资回收期是指投资引起的现金流入累计到与投资额相等时所需要的时间。它代表收回投资所需要的年限。一般来说，投资回收期越短，投资项目的经济效果越好，据此可以判断投资方案的优劣。

如果原始投资一次支出，而每年现金净流入量相等，投资回收期的计算可按如下简单公式计算

$$投资回收期（PP）= \frac{原始投资}{每年现金净流入量} \quad (5-4)$$

如果现金流入量每年不等，或原始投资是分几年投入的，则可使下式成立的 n 为投资回收期

$$\sum_{t=0}^{n} \text{CFI}_t = \sum_{t=0}^{n} \text{CFO}_t \quad (5-5)$$

式中，CFI_t 为第 t 期的现金流入量；CFO_t 为第 t 期的现金流出量。

需要指出的是，上述投资回收期的计算公式中没有考虑到建设期。考虑建设期的投资回收期需要由式（5-5）计算的回收期上加上建设期。

投资回收期是以重新回收某项投资金额所需的时间长短作为判断方案是否可行的依据。回收期越短，则该项投资在未来时期所冒的风险越小；回收期越长，市场变化大，冒的风险也越大。因此，投资回收期可以作为未来时期所冒风险程度的标志。

【例5-2】根据【例5-1】的资料，下面来计算A、B两种方案的投资回收期。

【解答】A方案在经营期内每年的营业现金净流量相等，运用式（5-4）计算其投资回收期为

$$PP（A）= 2100/528 \approx 3.98（年）$$

B方案在经营期内的营业现金净流量不相等，不能直接运用式（5-4）计算其投资回收期，而应该运用式（5-5）。先计算该项目的累计现金净流量，可知至第3年止累计现金流量为2430万元，与最初投资额3000万元相比还差570万元，需要第4年的现金流量回收；而第4年产生的现金流量为780万元，收回570万元约需要0.73年。因此，该方案的投资回收期约为3.73年。

计算结果表明，A方案的投资回收期长于B方案的投资回收期，从回收投资额的时间看，B方案优于A方案。

投资回收期评价指标计算简便，易于理解，被实际工作者广泛接受。但是这种方法没有考

虑货币时间价值，也不能反映出投资项目在整个寿命期内的赢利程度。所以，投资回收期一般也只适用于对几个备选方案的初步评价，不宜据此作出决策。如果对某项投资要进行全面评价，还应结合净现值法、内含报酬率等其他方法。

（二）投资报酬率

投资报酬率（投资利润率）是指项目投资所带来的每年平均净利润与投资总额的比率。其计算公式为

$$投资报酬率 = \frac{年平均净利润}{投资总额} \times 100\% \tag{5-6}$$

项目的投资报酬率应当高于无风险的投资报酬率。投资报酬率越高，投资的经济效益越好，对投资者也越有利。

【例 5-3】 根据【例 5-1】的资料，下面来计算 A、B 两种方案的投资报酬率。

【解答】 A 方案在经营期内每年的净利润相等，其投资报酬率为

$$A 方案的投资报酬率 = \frac{243}{2100} \times 100\% = 11.57\%$$

B 方案在经营期内每年的净利润不相等，需要先计算年平均净利润，再计算投资报酬率，结果如下

$$B 方案的投资报酬率 = \frac{(120+270+390+450+375+330) \div 6}{3000} \times 100\% = 10.75\%$$

计算结果表明，A 方案的投资报酬率高于 B 方案的投资报酬率，从投资报酬率看，A 方案优于 B 方案。

投资报酬率评价指标简单明了，容易掌握，可以较好地反映出投资的赢利程度，其不足之处是仅仅考虑了项目产生的利润和投资额，没有考虑现金流量及货币的时间价值等因素，可能会导致项目投资决策的失误，所以它仅作为投资项目评价的辅助参考指标。

二、贴现指标

贴现指标是运用相关现金流量的现值评价投资项目优劣的指标。此类指标的共同特点是：对所有现金流量进行折现，将不同时点的现金流量折算到同一时点进行计算，所以更具科学性。常用的贴现指标包括：净现值、净现值率、获利能力指数、内含报酬率等。

（一）净现值

净现值是指特定方案未来现金流入的现值与现金流出的现值之间的差额，即把由于某个投资项目所引起的现金流出量和现金流入量都按一定的折现率折算成现值，将现金流入量现值合计减去现金流出量现值合计后所得的差额。这种方法由于考虑了货币的时间价值，所以能够较好地反映出投资方案的"真实"的报酬情况。计算净现值的公式如下

$$净现值 \ NPV = \sum_{t=0}^{n} \frac{CFI_t}{(1+K)^t} - \sum_{t=0}^{n} \frac{CFO_t}{(1+K)^t} \tag{5-7}$$

式中，n 为项目的寿命期；CFI_t 为在项目实施第 t 年的现金净流入值；CFO_t 为在项目实施第 t 年的现金净流出值；K 为预定的贴现率。

净现值的计算结果可能出现以下三种情况：

(1) 净现值为正数，即贴现后现金流入大于贴现后现金流出，该投资项目的报酬率大于预定的贴现率，方案可以采纳。

(2) 净现值为零，即贴现后现金流入等于贴现后现金流出，该投资项目的报酬率等于预定的贴现率，应对该项目进行综合考虑。

(3) 净现值为负数，即贴现后现金流入小于贴现后现金流出，该投资项目的报酬率小于预定的贴现率，方案不可行。

任何投资方案，在其他条件基本相同的情况下，只有它所提供的按现值计算的投资报酬率高于折现率时才能被采纳。对于多个净现值为正的互斥方案，应选择净现值最大者。

【例 5-4】 根据【例 5-1】的资料，若该公司要求新产品投资项目的最低报酬率为 15%，计算 A、B 两种方案的净现值。

【解答】 A、B 方案的净现值计算分别如下：

A 方案的净现值

$$NPV_A = 528 \times (P/A, 15\%, 6) + (300+90) \times (P/F, 15\%, 6) - 2100$$
$$\approx 528 \times 3.7845 + 390 \times 0.4323 - 2100 \approx 66.81 （万元）$$

B 方案的净现值

$$NPV_B = \frac{780}{(1+15\%)} + \frac{820}{(1+15\%)^2} + \frac{830}{(1+15\%)^3} + \frac{780}{(1+15\%)^4} + \frac{595}{(1+15\%)^5} + \frac{440+690}{(1+15\%)^6} - 3000$$
$$\approx 3074.36 - 3000 \approx 74.36 （万元）$$

计算结果表明，A、B 两方案的净现值均大于零，说明两个方案具备可行性。

净现值考虑了货币时间价值因素对未来不同时期现金流入量的影响，使有关方案的现金流入量与现金流出量具有可比性。但当各投资方案的原始投资额不同时，运用这个指标就不具可比性了，不一定投资额大、净现值也大的方案就是最优方案。如上面例题中，从净现值的绝对数值看，B 方案的净现值高于 A 方案，但是 B 方案的投资额也大于 A 方案。因此，在各方案投资额不同的情况下，单纯看净现值的绝对量并不能做出正确的评价，需要考虑运用其他指标，如净现值率等。

（二）净现值率

净现值率是项目的净现值与全部投资现值的比率，即单位投资现值的净现值。它反映了单位投资价值所能实现的净现值大小，其计算公式如下

$$净现值率 = \frac{NPV}{\sum_{t=0}^{n} \frac{CFO_t}{(1+K)^t}} \tag{5-8}$$

利用净现值率进行项目评价时，应遵循的原则是：对于单一方案，净现值率大于或等于零时，接受项目；净现值率小于零时，拒绝项目。对于在多个方案比较时，应在净现值率大于或等于零的可行方案中选净现值率大的方案。

显然，根据【例 5-4】中 A、B 两方案净现值的计算结果，很容易计算出它们的净现值率，分别为 3.18% 和 2.48%（计算过程省略）。

从以上结果可以看出，A、B 两个方案相比较，虽然 B 方案产生的净现值大于 A 方案，但是其单位投资额所产生的现金净流量现值却小于 A 方案。在投资额不同的情况下，运用净现值率这个相对量指标来评价项目更合适。当然，究竟哪个方案更好，实际上是很复杂的问题，

这里只是根据某一指标加以判断,可能具有某种片面性。

(三) 获利能力指数

获利能力指数是指投资项目的未来现金流入量现值与现金流出量现值的比率,也称为现值指数。计算获利能力指数的公式如下:

$$获利能力指数(PI) = \frac{\sum_{t=0}^{n} \frac{CFI_t}{(1+K)^t}}{\sum_{t=0}^{n} \frac{CFO_t}{(1+K)^t}} \tag{5-9}$$

获利能力指数的经济意义是每元钱投资在未来获得的净收益。它是一个相对数指标,反映投资的效率;而净现值指标是绝对数指标,反映投资的效益。

获利能力指数的计算结果可能出现以下三种情况:

(1) 获利能力指数大于1,说明未来现金流入现值总额大于现金流出现值总额,该投资项目的报酬率大于预定的贴现率,该方案可行。

(2) 获利能力指数等于1,说明未来现金流入现值总额等于现金流出现值总额,该投资项目的报酬率等于预定的贴现率。

(3) 获利能力指数小于1,说明未来现金流入现值总额小于现金流出现值总额,该投资项目的报酬率小于预定的贴现率,该方案不可行。

对于【例5-1】中A、B两个方案,很容易计算出其获利能力指数分别为103.18%和102.48%(计算过程省略)。

获利能力指数是一个相对数,同净现值率一样可以解决不同投资额方案间的净现值缺乏可比性的问题,使各种不同投资额的项目之间可直接用获利能力指数进行对比。但是该指标与净现值和净现值率一样,不能直接反映投资项目的实际收益率。

净现值、净现值率和获利能力指数的计算都是在假定贴现率的基础上进行的,但是如何确定贴现率却有一定的难度。而且选择不同的贴现率,也会引起净现值和获利能力指数发生变化,有时甚至会影响判断结果。

(四) 内含报酬率

内含报酬率是使投资项目的现金流入量现值总和等于现金流出量现值总和的贴现率。它通过对投资项目的每年现金流量进行贴现,使现金流入量现值总额与现金流出量现值总额相等,由此计算出来的报酬率就是使投资方案的净现值等于零时的利率。内含报酬率通常用IRR表示,满足下列等式的K,就是内含报酬率

$$\sum_{t=0}^{n} \frac{CFI_t}{(1+K)^t} = \sum_{t=0}^{n} \frac{CFO_t}{(1+K)^t} \tag{5-10}$$

内部报酬率通常需要采用"逐步测试法"求得。经过多次运算,才能够求得近似值。计算内含报酬率的公式如下

$$IRR = K_m + \frac{NPV(K_m)(K_n - K_m)}{NPV(K_m) + |NPV(K_n)|} \tag{5-11}$$

式(5-11)的求解原理可用图5-1说明。在图5-1中,当$|K_n - K_m|$足够小时,可以将曲线AB近似看成直线段,那么曲线与横坐标交点处的折现率K^*即为IRR的近似值。由于三角

形 $\triangle AK_mK^*$ 相似于三角形 $\triangle BK_nK^*$，故有

$$\frac{K^*-K_m}{K_n-K^*}=\frac{NPV(K_m)}{|NPV(K_n)|}$$

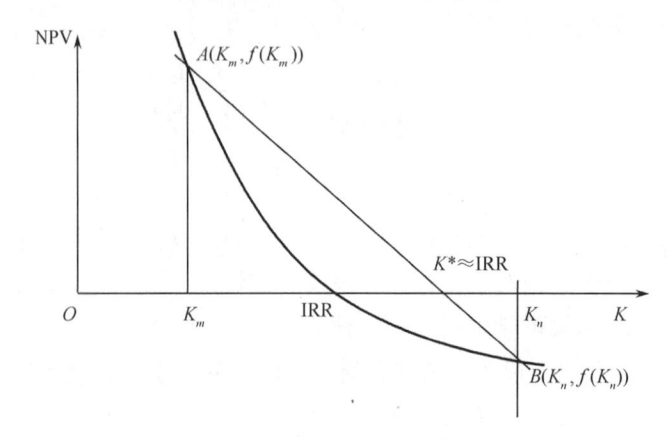

图 5-1 用内插法求 IRR 图解

通过变换即可得到 IRR 的求解公式式（5-11）。

由求解原理可知，计算结果的误差与 $|K_n-K_m|$ 大小有关，$|K_n-K_m|$ 越大，则误差越大。因此，为保证计算结果的可靠性与精度，应反复试算，使 $|K_n-K_m|$ 适当小，这样可以控制所求的内含报酬率与实际报酬率的误差。

运用内含报酬率对投资项目进行评价时，应当比较内含报酬率与贴现率（期望报酬率）的大小：

（1）当内含报酬率大于贴现率时，投资项目可以获得高于期望的收益，该投资项目可行。

（2）当内含报酬率等于贴现率时，投资项目正好获得期望的收益，该投资项目可行。

（3）当内含报酬率小于贴现率时，投资项目不可能获得期望的收益，该投资项目不可行。

【例 5-5】仍利用【例 5-1】的资料，来分别计算 A、B 方案的内含报酬率。

由前面的计算结果可知，当贴现率取 15% 时，A、B 方案的净现值分别为 66.81 和 74.36，说明两个方案的内含报酬率大于 15%。提高贴现率，取 16% 进行测试，计算得到 A 方案的净现值为 5.61，B 方案的净现值为 −8.57。说明 A 方案的内含报酬率高于 16%，而 B 方案的内含报酬率小于 16%。

对于 A 方案，再提高贴现率，取 17% 进行测试，净现值为 −52.87，运用式（5-11），得到 A 方案的内含报酬率为

$$IRR(A) \approx 16\% + \frac{5.61}{5.61+52.87} \times (17\%-16\%) \approx 16.10\%$$

对于 B 方案，如果不过分要求内含报酬率的精确度，就不必再测试了，可以直接根据前面的计算结果，运用式（5-11）计算其内含报酬率

$$IRR(B) \approx 15\% + \frac{74.36}{74.36+8.57} \times (16\%-15\%) \approx 15.90\%$$

由于内含报酬率指标反映了项目以每年的净收益归还全部投资以后所能获得的最大收益率，可以作为项目能够接受的资金成本率的上限，有助于筹资和投资决策；而且内含报酬率指标在项目投资额或经济寿命期不同时仍可对其做出评价。但是，内含报酬率也有不足，主要表

现在以下几个方面：

（1）内含报酬率由于没有扣除资本成本，往往会给人以一种错觉，不及扣除了资本成本后的净现值或获利能力指数来得清楚。

（2）内含报酬率中隐含着再投资假设，以内含报酬率作为再投资报酬率，具有较大的主观性，一般与实际情况不符。

（3）内含报酬率只是一个相对值，并不能说明企业投资项目的收益总额，一般投资规模大的项目，利润率偏低，如只用内含报酬率来评价投资项目，可能会使决策者更多地重视那些投资小、利润率较高的项目，而不愿意进行较大规模的投资，但大投资项目对企业利润总额的贡献和长远发展可能是十分重要的。

（四）四种贴现指标的比较

前文介绍了净现值、净现值率、获利能力指数和内含报酬率，现将计算出的【例5-2】中A、B两个方案的各贴现指标数据汇总于表5-2中，并进行比较。

表5-2　四种贴现指标的比较

方案	净现值（万元）	净现值率	获利能力指数	内含报酬率
A方案	66.81	3.18%	103.18%	16.10%
B方案	74.36	2.48%	102.48%	15.90%

净现值具有核心地位，其他评价指标都可以从该指标变换而来。因此，上述四项贴现指标在评价投资方案时也有某些相通之处，当然也必定存在差异。下面对各项评价指标的关系作一简单的分析。

1. 净现值率与获利能力指数的比较

净现值率和获利能力指数都是相对数指标，当原始投资在建设期内全部投入时，获利能力指数与净现值率存在着以下关系：

$$获利能力指数 = 1 + 净现值率 \tag{5-12}$$

运用净现值率指标和获利能力指数指标，可以做出相同的决策。若某投资方案的净现值率大于0，其获利能力指数必大于1；反之亦然。而且对不同投资方案来说，在相同的贴现率下，净现值率大的方案其获利能力指数也较大。如表5-2，A方案的净现值率大于B方案，其获利能力指数也是同样的结果。

净现值率与获利能力指数的区别主要表现在下列几个方面：

（1）经济意义不同。净现值率反映的是单位投资价值所能实现的净现值大小，而获利能力指数反映了现金流入量现值与现金流出量现值的比率。

（2）获利能力指数指标不能直接反映投资项目的实际收益率，而净现值率指标可以直接评价投资项目实际收益率。

2. 净现值与内含报酬率的比较

对于某一投资方案来说，运用净现值指标和内含报酬率指标，能够做出相同的决策。即如果该方案的净现值大于0，那么其内含报酬率也将大于最低要求的投资报酬率（贴现率）；反之亦然。对于多个投资方案，运用净现值指标和内含报酬率指标，得出的结论可能会有矛盾。净现值大的投资方案其内含报酬率可能反而小。例如表5-2中A方案的净现值小于B方案，但其内含报酬率却高于B方案。这方面的原因比较复杂，这里不再讨论，请读者自己思考。

净现值与内含报酬率的区别主要表现在下列几个方面：

（1）经济意义不同。净现值表示从事一项投资会使企业价值增加或减少的现值，而内含报酬率则表示投资项目的内在报酬率。

（2）计算净现值需要首先确定贴现率大小，而内含报酬率的计算则不需如此。

（3）在对多个互斥方案优劣排序时有时会得出不同结论。

3. 净现值与获利能力指数的比较

净现值指标与获利能力指数指标有很多相似之处，如两者都需要将未来各年净现金流量按给定的贴现率（通常取作资本成本）进行贴现。但是两者还是有些不同，主要表现在以下两方面：

（1）经济意义不同。净现值表示投资使企业价值增减的大小，而获利能力指数则表示每一元资金的投入能获得净现金流入的现值。

（2）在进行互斥方案排序决策时，两种指标可能会得出不同的结论，其原因在于初始投资不同。在一般情况下，应以获利能力指数指标为准，选择获利能力指数较大的投资项目。但如果该投资项目所要求的收益率特别高，企业的资金充裕且无其他更好投向时，则应以净现值指标为准。

第四节　项目投资决策实例分析

企业面临的项目投资决策问题是极其复杂的，有扩充型项目投资决策问题、重置型项目投资决策问题等，本节将运用上一节介绍的投资决策评价指标对几种典型的项目投资决策问题进行分析。

一、扩充型项目投资的决策分析

扩充型项目投资是指企业通过投入固定资产等经营性资产来扩充生产能力的投资项目。这类投资决策需要计算投资项目投产后所增加的经营现金流量的现值和扩建或添置有关固定资产所需要的投资额，然后将两者比较，如果前者大于后者，说明该项目可行；如果前者小于后者，则项目不可行。一般可运用净现值指标进行决策分析。

【例5-6】力拉包装材料公司拟生产一种新产品，估计该产品年产销量能达到14000件，每件售价75元，单位产品付现制造成本55元，推销及管理费用每年增加70000元。已知该产品寿命期为5年，公司所得税税率为25%。为生产该新产品需购买一套新设备，需要支付价款600000元，该设备预计能使用5年，采用年限平均法折旧，5年后残值率为原始价值的4%。同时，为生产该产品需垫支一定数量的营运资金，估计为销售额的10%（只要第一年垫支，到期可以全额收回），该公司要求的最低投资报酬率为12%。

请根据以上资料分析：投资生产该新产品的项目是否可行？实施该项目会对公司价值产生何种影响？

【解答】（1）该项目的初始现金流出量：600000＋（14000×75）×10％＝705000（元）。

（2）计算每年固定资产折旧额：600000×（1－4％）/5＝115200（元）。

（3）项目每年的营业现金流量：[14000×（75－55）－70000]×（1－25％）＋115200×

25%=186300（元）。

(4) 计算项目的现金流入量现值：186300×(P/A,12%,5)+(600000×4%+105000)×(P/F,12%,5)=744769（元）。

(5) 计算项目的净现值：NPV=744768－705000=39769（元）。

由于净现值大于零，所以该项目投资是可行的，实施该项目会使公司价值增加39769元。

二、重置型项目投资方案的决策分析

重置型项目通常是指固定资产更新项目，即以新的设备更换旧设备或用先进的技术对原有设备进行局部改造，以较小的投资取得较大的收益。该类项目的投资决策就是通过比较新旧设备的成本和收益，分析更新设备所能增加的收益或节约的成本是否大于更新所需增加的投资，从而决定是否进行设备更新。

【例5-7】星河实业有限公司现有一台于3年前购置的设备，原购置成本为60000元，估计设备尚可使用3年，当时按年限平均法计提折旧，折旧年限为6年，预计报废时残值为3000元，目前账面净值31500元，如果将其出售，估计可取得价款20000元。该公司为了提高生产效率，准备更新原有设备，购置新设备需支付45000元，假设新设备的使用年限为3年，按平均年限法计提折旧，预计报废时净残值为1800元。使用更新后的设备每年可增加营业收入30000元，同时增加付现营业成本14000元。假定该公司的所得税税率为25%，要求的投资报酬率为18%。

要求：根据以上资料对该公司应否更新设备作出决策。

【解答】(1) 计算更新设备与继续使用旧设备的营业现金净流量的差量

使用旧设备的年折旧额=(60000－3000)/6=9500（元）

使用新设备的年折旧额=(45000－1800)/3=14400（元）

使用新设备比使用旧设备增加的营业收入抵减营业成本增加后的差额=16000（元）。

使用新设备比使用旧设备增加的年营业现金净流量为

$$16000×(1-25\%)+(14400-9500)×25\%=13225（元）$$

(2) 计算更新设备需要的投资额。

购买新设备价款：45000元。

处置旧设备收入：20000元。

处置旧设备收入发生的损失所引起的抵税影响：(31500－20000)×25%=2875（元）。

(3) 计算更新设备与继续使用旧设备所增加的净现值

NPV=13225×(P/A,8%,3)－(45000－20000－2875)=28755－22125=6630（元）

上述计算表明，更新设备可增加净现值，故该方案可行。

本例中，假设新设备的预计使用年限为3年，与旧设备继续使用的年限相同，这样假设是为了便于比较两种方案在相同期限内的净现值总量。但现实中往往更新后的设备使用年限长于旧设备，在更新设备的经济寿命与旧设备的剩余寿命不一致的情况下，不能直接使用净现值指标进行决策分析，而应采用年使用成本法进行决策。年使用成本法是通过比较更新后的设备与旧设备的年使用成本的高低，来决策是否更新旧设备的方法，这里不再介绍。

三、设备租赁或购买的决策分析

租赁是一种契约,是指在约定的期间内,出租人将资产使用权让与承租人,以获取租金的协议。规定设备租赁指设备的所有者(出租人)在一定时期内,根据一定的条件,将设备交给使用者(承租人)使用,承租人在规定的期限内,分期支付租金,并享有对租赁资产的使用权。按照被租赁资产未来的收益与风险是否转让给承租人,可以将租赁分为融资租赁和经营租赁。融资租赁,是指实质上转移了与资产所有权有关的全部风险和报酬的租赁;经营租赁是指除融资租赁以外的其他租赁。在设备租赁和购买的决策中所称的租赁,可以是融资租赁,也可以是经营租赁。这里只讨论经营租赁方式与购买的决策问题。

设备租赁与购买的区别在于:租赁所发生的租金是分期逐次支付的,而购买则是一次性的投资支出。为了取得最优投资效益,企业应对租赁和购买投资方式进行评价,从而选出对自己较为有利的投资方式。

进行设备租赁或购买决策,应考虑租金和折旧对税收影响。由于租赁费用是在成本中列支,所以企业可得到纳税收益,企业自行购置的设备每年要提折旧,也可以得到纳税收益。该决策分析的关键就是通过比较成本的现值来决定是租赁设备,还是购买设备。

【例5-8】诺曼科技有限公司现在需要新添一台仪器。若从外部租赁,每年需支付租金48000元,租赁期为6年,期满后设备归还出租方;若自行购置,买价为200000元,可使用6年,按平均年限法折旧,估计到期净残值为8000元。该公司所得税税率为25%,投资报酬率为12%。

要求:试进行购买或租赁的决策。

【解答】因为设备无论是租赁与购买,产生的营业收入是相同的,所以,只要比较租赁与购买两种方案的现金流出量的现值。

(1) 租赁方案的现金流出量现值=租赁费现值-租赁费抵税收益现值=(48000-48000×25%)×(P/A, 12%, 6)=148011(元)。

(2) 购置方案的现金流出量现值=购买价格-折旧抵税收益现值-残值的现值=200000-[(200000-8000)/6]×25%×(P/A, 12%, 6)-8000×25%×(P/F, 12%, 6)=166095(元)。

上述计算结果表明,租赁方案的现金流出现值小于购买方案现金流出现值,该公司应该选择租赁设备。

第五节 项目投资决策的临界分析

一、临界分析的意义

在前面的讨论中,都是假定投资项目的投资额和未来现金流量完全确定。但是在现实中,影响投资项目的现金流量的很多因素是不确定的。因此出于分析合理性和有效性的考虑,需要对某些变量的变化影响进行临界分析。

从哲学的观点看,临界分析可以认为是量变、质变分析的一个方面。孔子曰:"欲速不达"、"过犹不及",讲的是凡事皆有限度。"度"的概念说的是此事物区别于彼事物、此性质变化为彼性质、发展从量变到质变的界限所在。从财务均衡理论看,临界是财务系统中若干变量均衡。通过财务临界分析，财务人员能够进一步地了解和掌握基于财务视角的企业行为边界，进而发挥出合法理财、科学理财的职能作用。

项目投资的临界分析是指对财务指标从不利方面向有利方面或从有利方面向不利方面转变的边界分析。影响投资项目现金流量变动的因素很多，如产品的销售量、产品的价格、原材料的价格、产品的技术领先性等。从理论上说，可以对任何财务变量进行临界分析。然而，在诸多不确定因素中，销售量是最重要也是最敏感的因素。因为在竞争的市场条件下，除同类产品的竞争外，还存在着具有可替代性的不同类产品之间的竞争。由于销售量的不确定性最大，所以对其与项目效益之间关系的分析就显得尤为重要，对销售量进行临界分析便成为我们关注的焦点，下面就对此展开论述。

二、临界分析的假设

临界分析中有一个重要概念，即临界点。所谓临界点，就是一个变量的量变引起另一变量质变的分界点。在讨论临界点时，需要进行一定的假设，这样使得在后面进行临界分析时能突出主要因素而又保持思维的严谨性。这些假设主要有：

（1）除销售量这一因素外，投资项目所产生的经营活动中的其他因素都是确定的，或者可以合理预计，销售量是导致经营结果不确定的唯一因素。

（2）不严格区别成本和费用。

（3）折旧为唯一的非付现成本，且全部属于固定成本。

（4）在存在所得税的情形下，包括折旧在内的全部成本在所得税前可以全额扣除，这意味着无论折旧政策如何，其抵税作用始终存在。

（5）投资项目的资本全部来自权益资本，即不考虑资本结构对项目财务指标的影响；这时息税前利润就是税前利润。

由于所得税始终是影响现金流量的重要因素，所以下面的讨论将分两种情况分别展开。

三、临界分析的内容

（一）不考虑所得税的临界分析

进行临界分析之前，必须首先确定销售额的各种临界点。销售量的临界点有三种：现金临界点、会计临界点和财务临界点。然后，要分析实际销售量或预计的销售量和临界点的差异，计算安全边际和安全边际率，进而测算投资项目的风险大小。下面，在不考虑所得税因素影响的前提下，分别建立现金临界点、会计临界点和财务临界点的数学表达式，并通过实例加以说明。

我们知道，如果不考虑税收因素，投资项目经营活动的现金流量与息税前利润和折旧的关系可以表示成

$$NCF = EBIT + D \tag{5-13}$$

式中，NCF 为经营活动的现金流量净额；EBIT 为税息前利润，本章假设企业没有债务融资，息税前利润就是税前利润；D 为年折旧额。

如果用 P 表示产品的单位价格，V 表示单位产品变动成本，F 表示固定成本总额，Q 表示销售量，那么式（5-13）可进一步写成下面的形式

$$NCF = (P-V) \times Q - F \tag{5-14}$$

从这两个表达式中可以得到以下三个重要的销售量临界点。

1. 现金临界点

现金临界点是指当项目的年销售量达到这一点时，项目产生的销售收入正好补偿经营活动中全部付现成本（包括付现固定成本和付现变动成本）。其表达式为

$$Q_C = \frac{F}{P-V} \tag{5-15}$$

式中，Q_C表示现金临界点。在该临界点，经营活动现金流量净额 NCF＝0。现金临界点说明这时的销售量只能补偿付现成本，而项目的投资全部丧失。此时的内含报酬率为－100％。

当项目的销售量达到该水平时，短期内投资项目经营后不会对现金流量产生负面影响，即不会导致公司短期现金流量的净流出；而当项目的实际销售量超过该临界点时，就会给公司短期现金流量带来净流入。但从长期看，企业的现金流量不仅应当补偿付现成本，而且应当收回投资额。因此，决策者绝对不会接受一个实际销售量仅能达到现金临界点的投资项目。

为进一步说明经营的安全性，我们引入安全边际和安全边际率的概念。所谓安全边际，是指实际销售量超过临界点销售量的部分，安全边际率则是安全边际与实际销售量的比值。用公式表示如下

$$MS_C = Q - Q^* \tag{5-16}$$

$$MSR_C = (Q - Q^*)/Q \tag{5-17}$$

安全边际说明实际销售量超过临界点销售量的剩余销售量，这部分剩余的销售量可以使企业增加现金流量。安全边际越大，企业在经营活动中产生的现金流越多。而安全边际率说明实际销售量在多大程度上超过临界点销售量，或者说企业为了保持现金流量的平衡，实际销售量可以削减的最大幅度。这种分析在制定经营计划和财务预算时很有必要。例如，预算年度的销售量已经确定，需要分析如果由于各种不确定因素，无法完成既定的销售量，那么安全边际率告诉我们，实际销售量达到计划销售量的百分之几（即安全边际率）能够使企业的现金流保持平衡。显然，安全边际和安全边际率反映了资本预算项目的经营安全程度。安全边际和安全边际率越大，该资本预算项目的经营越安全；反之亦然。

2. 会计临界点

会计临界点是指当项目的年销售量达到这一点时，项目产生的销售收入正好补偿全部投资额以及全部付现成本。投资项目处于不赢不亏，损益平衡的状态。从式（5-13）和式（5-14）中可以看出，会计临界点的计算公式为

$$Q_A = \frac{F+D}{P-V} \tag{5-18}$$

式中，Q_A表示会计临界点。销售量在该临界点时，息税前利润为零，NCF 正好等于折旧。此时内含报酬率为零。当销售量处于会计临界点时，项目的静态回收期与项目寿命期相等；当项目的实际销售量大于账面临界点时，投资项目就会获得一个收益率，且其回收期短于项目周期。

计算和确定会计临界点，能帮助企业管理人员控制和分析销售量与利润之间的关系。如果项目实际销售量能够高于会计临界点，公司就有赢利；如果只是等于会计临界点，只是损失了

投资应取得的收益率，不会影响到公司现有的利润水平；如果低于会计临界点，就会导致公司亏损，财务人员在进行项目投资决策时应防止这种情况的出现。计算和确定会计临界点的另一个重要作用在于，超过会计临界点后的销售量所提供的贡献毛益（贡献毛益＝销售收入－变动成本）就是企业的利润。因为全部固定成本已在会计临界点时由贡献毛益所补偿，超过会计临界点以后的贡献毛益不再需要补偿固定成本，所以它们全部是已实现的利润。

同样，也可以计算和分析会计临界点的安全边际和安全边际率。它们的计算公式与式（5-16）、式（5-17）相同。会计临界点的安全边际和安全边际率说明现有销售量或预计可达到的销售量超过会计临界点销售量的绝对量和相对量。会计安全边际和安全边际率越大，说明赢利的安全程度越高，安全系数越大；反之，则说明赢利的安全程度越低，安全系数越小。

3. 财务临界点

财务临界点是指当项目的年销售量达到这一点时，项目产生的销售收入正好等于全部成本、投资以及可实现的预期收益之和。它的表达式为

$$Q_F = \frac{F + NCF^*}{P - V} \tag{5-19}$$

式中，Q_F表示财务临界点；NCF^*应根据项目净现值计算公式，在既定的预期收益率（贴现率）的条件下，令净现值$NPV=0$求得。财务临界点说明项目在多大的销售量上才能实现公司的预期报酬率指标，这时项目的内含报酬率等于公司预期报酬率，也说明项目的动态回收期正好等于项目的寿命期。

对财务临界点，可以将其分解为两部分：一是$\frac{F}{P-V}$，即计算得出的数据是现金临界点的销售量；二是$\frac{NCF}{P-V}$，计算得出的数据表示超过现金临界点销售量后，要达到预期收益还需要的销售量。把这两部分的计算结果加起来，就是财务临界点的销售量。

同样，可以计算和分析财务临界点的安全边际和安全边际率。财务临界点的安全边际和安全边际率说明实际销售量超过财务临界点销售量的绝对量和相对量。财务安全边际和安全边际率越大，说明该投资项目能为企业创造更多的净现值，其内含报酬率也越高。

下面举例说明三种临界点和安全边际（率）的计算。

【例5-9】某产品生产企业打算购买一套生产新设备，项目投产后估计每年可以销售20万件产品。已知企业要求预期投资报酬率为10%，产品每件售价180元，单位变动成本120元，付现固定成本总额为500万元。购置新设备支付2100万元，估计设备可使用6年，到期残值率为4%。

要求：根据以上资料计算三种临界点销售量和安全边际（率）。

【解答】(1) 计算现金临界点及安全边际（率）。

现金临界点销售量 $Q_C = 500 \div (180 - 120) = 8.3$（万件）。

现金临界点安全边际 $MS_C = 20 - 8.3 = 11.7$（万件）。

现金临界点安全边际率 $MSR_C = 11.7 \div 20 \times 100\% = 58.5\%$。

计算结果表明，该项目每年的销售量只要达到8.3万件，就可以实现经营现金流量的平衡；实际年销售量超过临界点的安全边际为11.7万件，经营安全程度为58.5%；11.7万件的销售量能为企业产生现金净流入702万元[（180－120）×11.7＝702（万元）]。

(2) 计算会计临界点及安全边际（率）。

年折旧额 $D=2100\times(1-4\%)\div6=336$（万元）。

会计临界点销售额 $Q_A=(500+336)\div(180-120)=13.9$（万件）。

会计临界点安全边际 $MS_A=20-13.9=6.1$（万件）。

会计临界点安全边际率 $MSR_A=6.1\div20=30.5\%$。

计算结果表明，该项目每年的销售量达到13.9万件时，就可以实现赢亏平衡；实际年销售量超过临界点的安全边际为6.1万件，经营安全程度为30.5%；6.1万件的销售量能为企业产生息税前利润万元366万元[(180-120)×6.1=366（万元)]。

(3) 计算财务临界点及安全边际（率）。

先计算 NCF*，列出下列方程式：$NPV=NCF*\times(P/A,10\%,6)-2100=0$。

求得：$NCF*=482.17$（万元）。

财务临界点销售额 $Q_F=(500+482.17)\div(180-120)=16.37$（万件）。

财务临界点安全边际 $MS_F=20-16.37=3.63$（万件）。

财务临界点安全边际率 $MSR_F=3.63\div20\times100\%=18.15\%$。

计算结果表明，预使该项目实现10%的投资报酬率，需要每年实现的销售量为16.37万件，此时项目的净现值为零；实际销售量超过临界点的安全边际为3.63万件，经营安全程度为18.15%；该项目达到实际销售量能为公司贡献更多的净现值，使项目的内含报酬率大于10%。

（二）考虑所得税的临界分析

在实务中，所得税是企业必须考虑的一个重要因素。所得税的存在使企业在赢利时会因为征税而减少现金净流量和税后利润，同时折旧作为一种费用会在企业赢利时影响应缴所得税。因此，在进行临界分析时应把所得税对临界点的影响考虑在内。下面，先来对上述三种临界点在所得税影响下的计算公式进行重新推导。

考虑了所得税因素后，投资项目经营活动的现金流量可表示为

$$NCF=EBIT+D-T \tag{5-20}$$

式中，T 表示所得税税额，$T=[(P-V)\times Q-F-D]\times t$，$t$ 为所得税税率。

于是，式（5-20）可进一步写为

$$\begin{aligned}NCF&=[(P-V)\times Q-F-D]+D-[(P-V)\times Q-F-D]\times t\\&=[(P-V)\times Q-F-D]\times(1-t)+D\\&=[(P-V)\times Q-F]\times(1-t)+D\times t\end{aligned} \tag{5-21}$$

从而得到

$$Q=\frac{F\times(1-t)+NCF-D\times t}{(P-V)\times(1-t)} \tag{5-22}$$

根据式（5-22），就可以得到考虑所得税因素的三种意义下的销售量临界点。

1. 现金临界点

当销售量达到现金临界点时，经营活动现金净流量为零。因此可以得到：

$$Q_C=\frac{F\times(1-t)-D\times t}{(P-V)\times(1-t)} \tag{5-23}$$

我们发现，在企业赢利时由于折旧的抵税作用，现金临界点低于无所得税时的临界点水

平。计提折旧虽然不会直接影响现金流量，但折旧作为费用会减少应缴所得税，从而减少现金流出。

需要声明的一点是，这里讨论的问题不是整个企业的经营临界点问题，而是某一个投资项目的销售量临界点问题。当销售量处于现金临界点时，息税前利润必定为负值，此时不可能产生折旧抵税效应。但既然讨论的是投资项目问题，在该投资项目发生了亏损的情况下整个企业仍然可以赢利。此时，该投资项目的亏损可以抵减整个企业的赢利，从而减少企业的总体税负，即抵税效应依然存在。

2. 会计临界点

当销售量达到会计临界点时，息税前利润为零。因此可以得到

$$Q_A = \frac{F+D}{P-V} \tag{5-24}$$

我们发现，在考虑所得税的情况下，会计临界点并未发生变化。因为一个企业是否赢利与是否存在所得税无关。因此，销售量处于何种水平才能使企业处于赢亏平衡，也与所得税无关。

3. 财务临界点

当销售量达到财务临界点时，项目产生的销售收入正好等于全部成本、投资以及可实现的预期收益之和。因此可以得到：

$$Q_F = \frac{F \times (1-t) + \text{NCF}^* - D \times t}{(P-V) \times (1-t)} \tag{5-25}$$

存在所得税情况下的财务临界点是高于还是低于无所得税时的临界点，我们不能贸然而论，具体见后文分析。

【例 5-10】利用【例 5-9】的资料，假设该公司的所得税税率为 25%，在考虑了所得税的影响下，计算三种临界点销售量和安全边际（率）。

【解答】(1) 计算现金临界点。

$$Q_C = \frac{500 \times (1-25\%) - 336 \times 25\%}{(180-120) \times (1-25\%)} = 6.47 \text{（万件）}$$

$$\text{MS}_C = 20 - 6.47 = 13.53 \text{（万件）}$$

$$\text{MSR}_C = 13.53 \div 20 \times 100\% = 67.65\%$$

由于折旧抵税而引起现金流量增加，现金临界点从原来的 8.3 万件降低为 6.47 万件，说明只需更低的销售量就能使经营现金流量保持不变。而安全边际进一步扩大，从原来的 11.7 万件扩大到 13.53 万件，安全边际销售量每年使企业增加现金流量 608.85 万元 [（180－120）×13.53×（1－25%）＝608.85]。可见，虽然安全边际扩大了，但由于所得税的作用，它给企业带来的现金流反而减少了 93.15 万元（702－608.85＝93.15）。

(2) 计算会计临界点。

$$Q_A = (500 + 336) \div (180 - 120) = 13.9 \text{（万件）}$$

$$\text{MS}_A = 20 - 13.9 = 6.1 \text{（万件）}$$

$$\text{MSR}_A = 6.1 \div 20 \times 100\% = 30.5\%$$

不难发现，会计临界点与所得税无关，仍为 13.9 万件；安全边际销售量每年能为企业产

生息税前利润仍为 366 万元，但由于所得税的影响，产生的税后利润仅为 274.5 万元。

（3）计算财务临界点。

$$Q_F = \frac{500 \times (1-25\%) + 482.17 - 336 \times 25\%}{(180-120)(1-25\%)} = 17.18（万件）$$

$$MS_F = 20 - 17.18 = 2.82（万件）$$

$$MSR_F = 2.82 \div 20 \times 100\% = 14.1\%$$

可见，在考虑所得税因素下，财务临界点的上升使安全边际下降了 0.81 万件。尽管安全边际销售量使该项目的内含报酬率仍超过 10%，但此时的内含报酬率低于无所得税时的水平。

值得注意的是，在所得税的影响下，投资项目的财务临界点反而从 16.37 万件上升到 17.18 万件，无降反升。而一般地，我们认为折旧具有抵税效应，它会通过税金的减少而增加现金流量，财务临界点应该会下降。那么，是什么原因引起财务临界点的上升呢？请读者进一步思考。

【思考与练习】

一、思考题

1. 投资项目营业现金净流量与利润的关系可以简单地表述为：营业现金净流量＝净利润＋折旧。请分析：

（1）上述关系式是建立诸多假设基础上的，请说出其中的几个假设。

（2）从上述关系式可知，一般而言，企业在一定时期内的营业现金净流量应该大于净利润。然而从有些上市公司公布的年报中发现，营业现金净流量却远远小于净利润，其中可能的原因有很多，请说出其中的几个原因。

（3）有人认为，既然"营业现金净流量＝净利润＋折旧"，那么，企业在一定时期内计提的折旧额越大，其营业现金净流量就越多。如何理解折旧的多少对营业现金净流量的影响？

2. 项目投资决策非贴现的评价指标有哪些？请分别指出这些非贴现评价指标的缺陷。

3. 如果某一投资项目的现金流量分布不变，那么提高贴现率会影响投资项目的净现值、净现值率、获利能力指数、内含报酬率这些评价指标的数值吗？若会影响，请指明影响的方向；若不会影响，请说明理由。

4. 玛雅电子设备有限公司在进行固定资产投资项目决策时，有两个同类型互斥方案，在 12% 的贴现率下计算得到它们的净现值和获利能力指数见下表。

方案	最初投资额	净现值	获利能力指数
A 方案	500 万元	52 万元	110.4%
B 方案	750 万元	63 万元	108.4%

决策者认为，尽管 B 方案的净现值大于 A 方案，但 A 方案的投资额小于 B 方案的投资额，从相对数来看，A 方案的获利能力指数（获利指数）高于 B 方案。所以 A 方案优于 B 方案。你认为这样分析一定正确吗？为什么？

5. 分别阐述现金临界点、会计临界点和财务临界点的意义。

二、单项选择题

1. 一个投资方案年销售收入500万元,年营业成本380万元,其中包括折旧150万元,除折旧外无其他非付现成本。如果所得税税率为40%,则该方案年营业现金净流量为( )。

   A. 72万元　　　　B. 120万元　　　　C. 222万元　　　　D. 234.5万元

2. 下列属于项目投资决策过程中使用的非贴现评价指标的是( )。

   A. 净现值　　　　　　　　　　B. 获利能力指数
   C. 投资报酬率　　　　　　　　D. 内含报酬率

3. 下列项目投资决策评价指标中,其数值越小越好的指标是( )。

   A. 净现值　　　B. 内含报酬率　　　C. 投资回收期　　　D. 获利能力指数

4. 使投资项目现金流量的净现值等于零的贴现率称为( )。

   A. 现值指数　　　B. 内含报酬率　　　C. 期望报酬率　　　D. 投资回收期

5. 当某项投资方案的净现值大于零,则其内含报酬率一定( )。

   A. 等于零　　　B. 大于1　　　C. 等于设定折现率　　　D. 大于设定折现率

6. 良友公司欲购建一项固定资产,原始投资为600万元,该机器的使用寿命为6年,到期残值率为4%,采用直线法提取折旧。预计每年可产生税前利润80万元,如果所得税税率为25%,项目的建设期为2年,则包含建设期的投资回收期约为( )年。

   A. 3.75　　　　B. 3.85　　　　C. 5.75　　　　D. 5.85

7. 三星公司需要购置一种设备,经市场调查,其买价为80万元,款项于购入时一次性支付。已知该设备预计使用5年,到期无残值,年折旧额为16万元。设备投入使用后可使企业的年平均净利润增加2万元。假定投资者要求的必要报酬率为10%。则该设备的获利能力指数约为( )。

   A. 0.69　　　　B. 0.85　　　　C. 0.95　　　　D. 1

8. ABC公司正在考虑卖掉现有的一台闲置设备。该设备于8年前以40000元购入,税法规定的折旧年限为10年,按直线法计提折旧,预计净残值率为10%,已提折旧28800元;目前可以按10000元价格卖出,假设所得税税率为25%,则考虑所得税影响的前提下,卖出现有设备对企业现金流量的最终影响是( )。

   A. 减少300元　　B. 减少900元　　C. 增加9700元　　D. 增加10300元

9. 以下说法正确的是( )。

   A. 销售量在现金临界点时,内含报酬率为-100%;销售量在会计临界点时,内含报酬率为零。
   B. 销售量在会计临界点时,内含报酬率为-100%;销售量在现金临界点时,内含报酬率为零。
   C. 销售量在财务临界点时,息税前利润为零;销售量在现金临界点时,现金净流量NCF=0。
   D. 销售量在现金临界点时,息税前利润为零;销售量在会计临界点时,现金净流量NCF=0。

10. 净现值与现值指数相比,其缺点是( )。

    A. 没有考虑货币时间价值　　　　B. 没有考虑投资风险

C. 不便于投资额相同的方案的比较 D. 不便于投资额不同的方案的比较

11. 某投资方案，当贴现率为16%时，其净现值为338元，当贴现率为18%时，其净现值为－22元。该方案的内含报酬率约为（　　）。

A. 15.88%　　　B. 16.12%　　　C. 17.88%　　　D. 18.14%

12. 在设备更新的决策问题中，计量投资方案的增量现金流量时，一般不需要考虑（　　）。

A. 新设备的购置成本　　　　B. 旧设备的变现价值
C. 新、旧设备运行成本的差异　　D. 旧设备的最初投资成本

13. 折旧具有减少所得税的作用，如果税法允许，企业有赢利且不免税，则由于计提折旧而减少的所得税额可用（　　）计算。

A. 折旧额×所得税税率
B. 折旧额×（1－所得税税率）
C. （付现成本＋折旧）×所得税税率
D. （付现成本＋折旧）×（1－所得税税率）

三、多项选择题

1. 投资项目初始现金流量包括（　　）等部分。

A. 垫支营运资金　　　　　B. 构建新固定资产的投资
C. 原有固定资产的变价收入
D. 与长期投资有关的职工培训费、谈判费、注册费用等

2. 下列可以作为计算投资项目营业现金净流量的计算公式的有（　　）。

A. 营业现金净流量＝净利润＋折旧
B. 营业现金净流量＝营业收入－付现成本－折旧
C. 营业现金净流量＝营业收入（1－税率）－付现成本（1－税率）＋折旧×税率
D. 营业现金净流量＝营业收入（1－税率）－付现成本（1－税率）＋折旧×（1－税率）

3. 下列指标中，不考虑货币时间价值因素的是（　　）。

A. 净现值　　B. 内含报酬率　　C. 投资报酬率　　D. 静态投资回收期

4. 影响项目内含报酬率的因素包括（　　）。

A. 投资项目的有效年限　　B. 投资项目未来的现金流量
C. 所选取的贴现率　　　　D. 所得税税率

5. 在其他条件不变的前提下，提高贴现率会引起投资项目的（　　）发生变化。

A. 投资回收期　　　　　B. 净现值
C. 获利能力指数　　　　D. 内含报酬率

6. 运用各种贴现指标来评价投资项目的可行性，下列确定投资方案可行的必要条件之一的是（　　）。

A. 净现值大于0　　　　　　B. 净现值率大于1
C. 获利能力指数大于1　　　D. 内含报酬率高于必要报酬率

7. 当贴现率与内含报酬率相等时（　　）。

A. 净现值等于0　　　　　　B. 获利能力指数等于1
C. 净现值率等于100%　　　D. 投资回收期等于项目寿命期

8. 项目投资的临界分析假设包括（　　）。
   A. 销售量是导致经营结果不确定的唯一因素
   B. 折旧为唯一的非付现成本，且全部属于固定成本
   C. 投资项目的资本全部来自权益资本
   D. 随着折旧政策的变化，折旧的抵税作用不一定会始终存在

9. 当（　　）时，由各种临界点计算的安全边际率越低。
   A. 临界点销售量越高　　　　　　　B. 临界点销售量越低
   C. 实际销售量越高　　　　　　　　D. 实际销售量越低

10. 关于所得税的对各种临界点的影响，下列说法正确的有（　　）。
    A. 存在所得税情况下的现金临界点低于无所得税时的临界点水平
    B. 会计临界点不受所得税因素的影响
    C. 存在所得税情形下的财务临界点一定高于无所得税时的财务临界点
    D. 存在所得税情形下的财务临界点一定低于无所得税时的财务临界点

四、计算分析题

1. 星星公司拟投资 A 项目，预计最初需要投资 700 万元，其中固定资产投资 600 万元，垫支营运资金 100 万元，当年便开始经营，估计项目寿命期为 5 年，该项目在寿命期内每年能产生 200 万元的营业现金净流量，除此之外，项目结束后初期所垫支的 100 万元营运资金可以全额收回，可收回的固定资产净残值为 20 万元。不考虑所得税的影响。

要求：
(1) 若不考虑时间价值，请计算该项目的静态投资回收期；
(2) 若公司要求该项目的必要报酬率为 15%，请以净现值法判断该项目是否可行；
(3) 用逐步测试法近似计算该投资项目的内含报酬率。

2. 某企业面临 A、B 两个投资方案的选择。

A 方案：需要最初投资 300000 元，每年可以获得现金收入 140000 元，每年的付现成本为 40000 元；

B 方案：需要最初投资 400000 元，每年可获得现金收入 190000 元，付现成本第一年为 48000 元，以后将逐年增加修理费 6000 元。

假设两个投资项目的寿命期均为 5 年，最初投资全部构成固定资产，并采用直线法计提折旧，到期无残值。设该公司所得税税率为 25%，要求的最低报酬率为 12%。

要求：
(1) 分别计算两个方案的每年营业现金净流量；
(2) 分别计算两个投资方案的净现值和获利能力指数，并对其可行性作出判断；
(3) 根据 (2) 的计算结果对上述两个方案的优劣作出简要评价。

3. 现有两个相互排斥的投资方案：甲方案和乙方案，其现金流量分布如下表（单位：元）。

年份 方案	0	1	2	3	4	5
甲方案	−50000	17000	17000	17000	17000	17000
乙方案	−50000	1000	5000	20000	38000	40000

(1) 假设贴现率为 18%，计算甲、乙方案的净现值，并按照净现值的大小对这两个项目作出评价；

(2) 计算甲、乙方案的内含报酬率，并按照内含报酬率的高低对这两个项目做出评价；

(3) 假设贴现率为 20%，再计算甲、乙方案的净现值，结果与（1）一致吗？

(4) 是否存在这样的一个贴现率数值，使得上述甲、乙两个方案的净现值相等。

4. 娃娃食品有限公司拟添置一台新设备，其寿命为 5 年，有购买和租赁两种方式。若购买，其购买价格为 162000 元，期满报废时有残值 12000 元，每年维修费为 3000 元，采用直线法进行折旧；若租赁，每年需支付租金 39000 元，5 年后设备归还出租方。已知该公司要求的报酬率为 12%，所得税为税率为 25%。

要求：试为娃娃食品公司关于设备购买或租赁做出决策分析。

5. 亚细亚公司考虑投资一项目生产甲产品。有关数据如下：初始投资为 2250 万元（全部形成固定资产），寿命期为 5 年；直线法折旧，不考虑残值；项目投产后估计每年生产销售甲产品 25 万件，单位售价 250 元，单位变动成本 200 元，付现固定成本总额 300 万元；公司要求的最低投资报酬率是 12%。

要求：

(1) 如果不考虑企业所得税，请计算上述三种意义的临界点销售量；指出（不考虑所得税情况下）折旧的多少是否会影响上述三种临界点销售量的高低；

(2) 如果该公司所得税税率为 25%，请你再计算上述三种意义的临界点销售量；

(3) 比较上述计算结果，说明所得税对这三种临界点高低的影响。

五、案例题

【案例】 天化日用化学品公司项目投资决策分析

资料：

天化日用化学品公司（以下简称"天化公司"）成立于 1996 年，主要生产"洁而美"牌系列洗涤用品，它是一种低泡沫、高浓缩粉状、去污力强等特点。

面对日益激烈的商业竞争，天化公司投入大量资金进行新产品的研究和开发工作，经过几年的努力，终于试制成功一种新型、高浓缩液体洗涤剂——天洁牌液体洗涤剂。该产品采用国际最新技术、生物可解配方制成，与传统的粉状洗涤剂相比，具有明显的优势。

2004 年 9 月 19 日上午，天化公司董事会正在召开会议，讨论新产品开发及其项目投资决策等有关问题。参加会议的有公司董事长、总经理、研发部经理、财务部经理等有关人员。会上，研发部经理首先介绍了新产品的特点和作用，研究开发费用以及开发项目的现金流量等。据估计，生产天洁牌液体洗涤剂的原始投资为 2500000 元，其中新产品市场调查研究费 500000 元，购置专用设备、包装用品设备等需投资 2000000 元。预计设备使用年限 15 年，期满无残值，公司按 15 年计算新产品的现金流量。

据研发部门的估计，天洁牌洗涤剂投产后一定程度上会冲击原来产品的销量，天洁牌洗涤剂投产后会使公司增加营业现金流量见下表。

研发部经理介绍完毕，与会人员展开了讨论，在分析了市场状况、投资机会以及同行业发展水平的基础上，确定公司投资机会成本为 15%。

年份	现金流量（元）	年份	现金流量（元）	年份	现金流量（元）
1	280000	6	350000	11	250000
2	280000	7	350000	12	250000
3	280000	8	350000	13	250000
4	280000	9	350000	14	250000
5	280000	10	350000	15	250000

公司财务部经理首先提出：新产品开发项目投资支出中为什么没有包括厂房和其他设备支出？研发部经理解释到：目前原有产品的生产设备利用率仅为60%，由于这些设备完全适用于生产新产品，所以除专用设备和加工包装所用的设备外，无须再增加其他设备。预计新产品生产线全部开机后，只需要20%的生产能力。

公司总经理问到：开发新产品是否应考虑增加的流动资金？研究开发部经理解释说：新产品投产后，每年需追加流动资金200000元，由于这项资金每年年初借，年末还，一直保留在公司，所以无须将此项费用列入项目现金流量中。

接着，公司董事长提问：生产新产品占用了公司的剩余生产能力，如果将这部分剩余能力出租，估计公司将能得到近2000000元的租金收入。因此新产品投资获得的收入应该与租金收入相对比。

问题：

(1) 如果你是财务部经理，你认为新产品市场调查研究费属于该项目的现金流量吗？

(2) 关于生产新产品所追加的流动资金，应否算作该项目的现金流量？

(3) 新产品生产使用公司剩余的生产能力，在决策分析时是否应该作为项目的现金流量？为什么？

(4) 投资项目现金流量中是否应该反映由于新产品上市使原来老产品的市场份额减少而丧失的收入？

(5) 如果投资项目所需资金是银行借入的，那么与此相关的利息支出是否应在投资项目现金流量中得以反映？

(6) 试计算该投资项目的NPV、PI和IRR，并考虑其他因素，做出最终的选择：是接受项目还是放弃项目？

第六章 资产营运管理

资产营运管理是在分析各种资产的风险与收益的基础上,合理确定企业的资产结构,对各种资产的取得、使用和处置实施计划、控制和指导,以提高资产的使用效益、实现资产保值增值的目标。资产营运管理是企业财务管理的日常内容,也是企业管理人员必须面临的基础性工作。本章将在阐述资产营运管理基本理论的基础上,重点介绍现金、应收账款、存货、固定资产和无形资产的日常管理的主要内容。

第一节 资产营运管理概述

资产营运是指企业生产经营管理者出于资产保值增值的需要,对企业所拥有或控制的各种资产进行投放、使用、耗费和回收的全过程。资产营运是企业生存、发展和获利的原始动力。因为无论是筹资还是投资,最终都必须通过良好的资产营运来为企业获得更多的赢利。由此可见,资产营运管理在企业管理中有着举足轻重的地位。

一、资产的分类

按照会计准则的定义,资产是指由过去的交易或事项形成的、由企业拥有或者控制的、预期会给企业带来经济利益的资源。该资源在未来一定会给企业带来某种直接或间接的现金和现金等价物的流入。

企业资产按其流动性的不同可以划分为流动资产和非流动资产。

(一) 流动资产

流动资产是指可以在1年或者超过1年的一个营业周期内变现或者耗用的资产,主要包括库存现金、银行存款、应收及预付款项、存货等。

(1) 库存现金是指企业持有的现款,主要用于支付日常发生的小额、零星的费用或支出。

(2) 银行存款是指企业存入某一银行账户的款项。企业的银行存款主要来自投资者投入资本的款项、负债融入的款项、销售商品的货款等。

(3) 应收及预付款项是指企业在日常生产经营过程中发生的各项债权,包括应收款项(应收票据、应收账款、其他应收款等)和预付账款等。

(4) 存货是指企业在日常的生产经营过程中持有以备出售,或者仍然处在生产过程中将要消耗,或者在生产或提供劳务的过程中将要耗用的各种材料或物料,包括库存商品、半成品、在产品以及各类材料等。

流动资产具有资金占用时间短、周转快和变现能力强等特点,在大多数企业中,流动资产一般要占全部资产的50%~60%,它在企业的经营过程中的流动和运作是最频繁的。同时,企业资产流动资产管理水平的高低将直接影响到企业的赢利能力和财务风险的程度,其管理在企业财务管理中占有重要的地位。

（二）非流动资产

非流动资产是指不能在1年或者超过1年的一个营业周期内变现或者耗用的资产，主要包括长期股权投资、固定资产、无形资产等。

(1) 长期股权投资是指持有时间超过1年（不含1年）、不能变现或不准备随时变现的股票和其他投资。企业进行长期股权投资的目的，是为了获得较为稳定的投资收益或者对被投资企业实施控制或影响。

(2) 固定资产是指企业使用年限超过1年的房屋、建筑物、机器、机械设备、运输工具以及其他与生产、经营有关的设备、器具、工具等。

(3) 无形资产是指企业拥有或者控制的没有实物形态的可辨认非货币性资产。无形资产包括专利权、非专利技术、商标权、著作权、土地使用权等。

非流动资产占用资金金额较大，时间较长，变现能力不如流动资产，但它是带动企业正常生产经营的必要物资，在企业运营过程中具有举足轻重的地位。

二、资产营运的过程

资产营运是指企业对资产的具体运作与管理，包括生产经营活动中的存货、固定资产及无形资产等生产性资产的使用、耗费、回收等，也包括货币资金、结算性资产、债权与股权性资产的运作与管理。

一般而言，企业资产营运的过程可以通过货币资金的流转过程来反映，如图6-1所示。

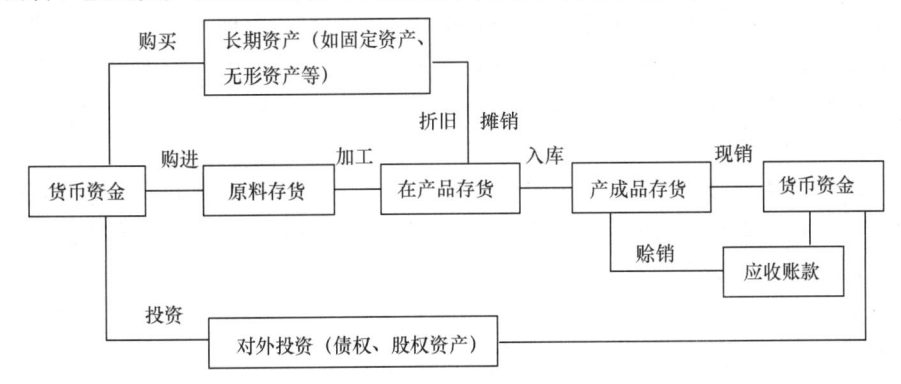

图 6-1 企业资产营运过程图解

如图6-1所示，资产营运主要有三种模式：第一种模式，也是一般制造企业最主要的营运模式，即企业先通过货币资金购进原材料，经生产加工入库后转变为产成品存货，最终销售来获取货币资金。在这个过程中，企业通过产品的生产销售来获取利润。第二种模式，主要是将货币资金投资于债权股权性资产来获取投资收益，该种方式对于投资公司而言，是最为主要的资产营运模式。最后一种模式，是将货币资金投资于长期资产，如固定资产和无形资产，通过长期资产的折旧和摊销，将其价值转移到产品中，通过产品的销售来获取收益。

当然，对于不同性质、不同行业的企业而言，其资产结构会存在较大不同，因此资产营运模式也会有所差异。一般情况下，加工制造类型的企业，由于其固定资产的比重较高，货币资金主要通过转化为存货与长期资产的形式来获取收益；而商品流通类型的企业，其资产中主要以流动资产为主，固定资产较少，因此其资产营运主要是通过货币资金转化为存货资产来获取差额利润。另外,对于一些投资公司而言,其资产营运主要将资金投入到了债权股权资产上来获取投资收益。

此外,对于某一特定的企业而言,随着经营阶段的改变和生产方式的改进,其资产营运方式也会随之改变。例如一个以生产加工为主的制造企业,随着它规模的扩大和赢利水平的提高,企业开始多元化经营,逐渐涉足其他产业投资,其资产营运的模式也会随之发生改变。

资产营运的过程是企业获取收益的过程。因此,无论企业对外投资,还是进行产品的日常经营生产,其目的都是为了通过对资产的充分利用来提高资产使用效率,增加资产使用带来的经济收益,最大可能地实现资产的价值。

三、资产营运管理的内容

从资产营运管理的工作环节看,资产营运管理的内容主要有以下几个方面。

(1) 明确各种资产在企业生产经营中的特点,分析其风险性与赢利性。风险性和赢利性是资产的两个重要特征。不同的资产其风险和赢利不尽相同。资产的风险来自几个方面,如资产的流动性、资产的抗通胀能力和资产的可回收性等。资产营运管理的任务之一就是要正确分析各类资产的风险与收益的匹配关系。

(2) 合理确定企业的资产结构。在分析企业各类资产的风险性和赢利性的前提下,企业的经营管理者应当根据企业生产经营的特点,在各个经营环节配置各种资产,形成合理的资产结构,并根据企业生产经营环境的变化对资产结构实行动态管理。

(3) 根据成本效益原则估计持有各种资产的成本和收益,合理控制资产的规模。企业持有各种资产都是要付出代价的,这就是资产的持有成本。资产营运管理的内容之一是要正确估计各种资产的持有成本,合理控制资产的资金占用量。例如,需要考虑现金资产、应收账款和存货在何种水平比较合理。

(4) 合理回收和依法处置资产。在企业经营过程中,有些资产(如流动资产)会发生形态转变,最后收回货币资金;有些资产通过生产经营的各个环节后并不发生形态的变化,但最终要退出企业,必须对这些资产及时进行处置,以收回应有的残值。

从管理的对象看,资产营运管理可以分为现金管理、应收账款管理、存货管理、固定资产管理、无形资产管理等内容。

四、资产营运管理的要求

有效的资产营运是企业快速发展、不断前进的动力,在日常的生产经营过程中,企业应该合理安排资产结构,尽可能保证各类资产相互之间匹配协调及有效使用。资产营运管理的主要内容包括以下几点。

(1) 合理选择投资,优化企业资产结构。广义地说,资产就是企业投资形成的资源。企业在选取投资项目时应该考虑资产结构,合理保证资产的流动性和变现能力。对于一般的生产制造企业而言,产品生产是企业的主要经营内容,因此存货在企业的资产中应该占有较大的比例,但如果企业将较多的资金投资于股票等投资性资产,并逐渐加大投入,最终超过正常生产项目的投入比重时,企业的投资风险便会随之加大,资产结构也会发生较大变化,虽然在短期内企业或许会获得较大的投资收益,但长远来看,企业可能会失去原有经营方向,这对企业而言是不利的。当然,这并不意味着企业不能进行多元化经营,毕竟多元化经营可以分散经营风险、发挥协同效应，同时，也可促进企业经营范围的扩展、资产结构的复杂化和资产经营模式的多元化，只是企业应该合理安排投资金额，不断优化企业的资产结构。

（2）加强资金运作，加速资金周转，尽可能提高资金使用效率。企业应致力于强化有效资金的运作，挖掘资金的潜力，尽可能将资金投资于高收益低风险的领域。例如同样是进行产品生产，企业应合理分析产品的获利能力，将资金较多地投资于利润高的产品中，同时应减少生产低获利能力甚至亏损的产品。如果在正常的生产经营基础上开始多元化发展，则还应考虑在其他领域中的获利情况，合理控制各类风险，否则，投资领域的错误可能会给企业带来致命的危害。在投资方向正确的基础之上，企业还应该加速资金的周转，并尽可能减少其持有量，在相同的时期内获取更高的收益。

（3）将资产营运管理落实到各项资产的管理中去，切实做好各类资产的有效使用。资产营运是指对各类具体资产的投放、使用、耗费与回收，因此，资产营运管理实质上可分解为各项具体资产的管理，具体包括现金管理、应收账款管理、存货管理、长期资产管理（固定资产、无形资产等）与各类投资性资产管理（如股权债权类资产）等。考虑到各项资产均具有不同的特征，在实际的管理过程中，企业应根据不同的特征来进行分类管理。例如对于应收账款而言，控制坏账是其较为主要的管理内容，则企业应较多地关注应收账款的赊销政策以及各类账款的账龄分析，其目的在于降低坏账成本，提高应收款的质量。又如，对于部分企业而言，存货所占比例较重，其进出也较为频繁，因此，合理保证存货的账实相符是企业的管理重点，企业应该完善存货账簿记录制度并定时进行存货的盘点。

第二节　资产的风险性和赢利性

资产的风险性与赢利性呈同方向变动。一种资产的风险越大，其赢利能力通常较强；反之亦然。企业资产结构的安排总不能两全其美，需要在风险、成本和赢利之间进行权衡，寻求它们的平衡点。

一、资产的风险性

简单地说，资产的风险是指企业持有和使用某一资产所带来的经济利益的不确定性。资产的风险根据其风险源的不同，可以分为违约风险、流动性风险和通货膨胀风险等。

1. 资产的违约风险

资产的违约风险主要存在于债权性金融资产，它是指债权性证券的发行人（债务人）未能按时支付利息或未能如期偿还本金而使证券持有者造成损失的可能性。例如，企业购买另外一个企业发行的公司债券，企业因此拥有该项金融资产。如果发行债券的公司未能按规定还本付息，那么持有该项金融资产的企业就会遭受损失。又如企业对外赊销商品形成应收账款这种金融资产，如果债务人到期未能偿付款项，就会给应收账款持有人带来坏账损失。一般来说，金融资产的违约风险越大，投资者要求的报酬（利率）就越高。当然，企业大多数经营性资产不存在违约风险，如企业持有存货、固定资产和无形资产等资产，并没有形成债权债务关系，也就不可能产生违约风险。

2. 资产的流动性风险

简言之，资产的流动性是指资产的变现能力，这种变现能力是通过资产流通来表现的。不同的资产其流动性存在很大的差异。流动性最强的资产当然是现金,因为它已经变现了,其流通性自然也是最好的。交易性金融资产的变现力很强,会计上将某些交易性金融资产视为现金等价物①。应收票据因为可以被用来贴现,其流动性也很强。存货的流动性就很难说了,如果该存货是畅销的商品,那么其流动性较佳;如是一些积压物资之类的存货,其流动性就很有问题。固定资产等长期资产的流动性一般较差。

资产的流动性风险是指由于资产缺乏流动性不能及时变现而给资产持有者可能产生的损失。因为资产的变现力太差,在资产价格下跌时,该资产不能被变卖,等到将来变卖时,该资产价格已经缩水很多。倘若该资产的流动性很强,即使资产价格下跌,持有者也可以及时出售,将可能发生的更多损失转嫁给购买者。这样不断的流通,虽然该资产的价格在一定时期内仍然跌去一大截,但最初持有该资产的人并没有很大的损失,他(她)的损失由于资产被及时出售而被锁定了。显然,流动性越强的资产其风险越小;反之亦然。

3. 资产的通货膨胀风险

资产的通货膨胀风险,也叫购买力风险,它是指由于物价上涨而导致的持有资产的购买力发生损失的可能性。例如,虽然现金资产没有流动性风险,也不会减值,但同样数量的现金由于物价上涨其购买力会下降,这说明现金的通货膨胀风险很大。但是别的资产如存货和固定资产等,随着物价的上涨其价格也会水涨船高,其涨幅甚至可能超过同期物价上涨的水平。这就说明这些资产的通货膨胀风险较小,或不存在通货膨胀风险。从资产负债表中的资产类别看,交易性金融资产和应收债权(包括应收账款、应收票据、其他应收款、持有至到期投资)等资产的通货膨胀风险较大,而存货、固定资产、投资性房地产、无形资产的通货膨胀风险一般较小,长期股权投资和预付账款则很难说。

似乎可以得出这样的结论:流动性风险和通货膨胀风险呈反方向变化。一种资产的流动性越强,其流动性风险越小,而其通货膨胀风险越大;反之亦然。这样的结论只能说一般是正确的,但实际情况并不是如此简单。

二、资产的赢利性

资产的赢利性是指资产给持有人带来超过资产成本的价值的特性。资产持有人在未来持有资产和转让资产所获得的现金能够超过资产取得成本的这部分价值就是持有资产的收益。不同的资产其赢利性存在很大的差异。现金资产的赢利性最差,库存现金不会赢利,存放在银行的存款除了活期利息外,没有其他收益,其赢利性十分微薄。交易性金融资产虽然具有很强的变现力,流动性风险很小,但是其他风险(如系统风险等)却很大,其赢利性存在很大的不确定性。它可能会给你带来巨大的收益,也可能会使你发生巨额亏损。应收票据等债券性资产与现金资产类似,没有赢利的可能,或只能带来微利(如带息应收票据)。存货的赢利性很难说,但一般而言存货具有较强的赢利性。因为企业持有存货的目的是为了出售,或加工后出售,出售的价格一般总会高于其取得成本。虽然一个企业持有某些存货不会赢利甚至亏损,但就某一企业的全部存货来说,赢利是可以预期的。而固定资产、投资性房地产、无形资产的赢利性通常比较强。

---

① 会计上所说的现金等价物是指企业持有的期限短、流动性强、易于转换为已知金额现金、价值变动风险很小的投资。

三、资产风险性与赢利性的关系

根据前面的分析,可以将风险和收益的关系概括为以下结论:流动性强的资产其流动性风险小,其通货膨胀风险往往比较大,而其赢利性通常比较差;流动性差的资产其流动性风险大,其通货膨胀风险往往比较小,而其赢利性通常比较强。

将企业各类典型资产的流动性风险、通货膨胀风险、其他风险和赢利性进行比较,得到表6-1 所示的结果。

表6-1 常见资产的风险性与赢利性比较

资产	违约风险	流动性风险	通货膨胀风险	赢利性
现金	无	无	大	差
交易性金融资产	大	小	大	强
债权性资产	大	较小	大	差
存货	小	较小	较小	较强
固定资产、无形资产等	小	大	小	强
长期股权投	大	较大	不一定	不一定

企业的资产实际上是一个资产组,任何一个企业在任何时候都不可能只有一种或一类资产,而必须同时拥有不同类别的资产。这些资产的风险和收益各有差异,如果想保持资产的低风险,那么可能会失去赢利的机会;如果取得高赢利,就得承担较大的风险。这里就有一个风险和赢利权衡的过程。

第三节 现 金 管 理

现金是流动性最强的资产,具有普遍的可接受性。但是,在企业所有的资产中,现金的获利能力最低。因此,企业必须努力做好现金管理,一方面要掌握相当数量的现金以支付日常经营活动的需要,又要防止过剩资金的闲置,造成综合投资报酬率的降低。

那么,企业应该如何进行现金管理?现金管理的根本目标是在仍然保持企业高效率、高质量的开展经营活动的情况下,尽可能地保持最低现金持有量,帮助企业实现效益最大化。企业进行现金管理,首先要把握现金资产的特点,其次要明确企业持有现金的动机,现金股利的主要内容是合理确定最佳现金持有量,并加强现金的日常管理。

一、现金资产的内容和特点

(一)现金的内容

现金分为广义的现金和狭义的现金。狭义的现金是指企业的库存现金,即企业金库中存放的现金,包括人们经常接触的纸币和硬币等。广义的现金是指企业财务部门存放的现金、银行存款和其他货币资金。财务管理中的现金一般是指广义的现金,它是流动资产中流动能力最强的资产,也是流动资产的基本形态。此外,现金与有价证券具有密切关系,有价证券一般指的是债券、股票等具有一定价值的收款凭证。短期有价证券是指可以很快转化成现金的有价证券,可以视同现金进行管理。

(二)现金资产的特点

现金是随时可以投入流通的交换媒介,是企业拥有资产中流动性最强的资产。现金资产的特点主要体现在以下几个方面：

（1）现金具有普遍可接受性，它可被企业直接用来支付其各项费用或者偿付其各项债务。

（2）现金资产是企业暂时间歇的资金。从理论上，讲现金资产是从经营过程中溢出的非赢利性资产，是上一次资金循环的终结和下一次资金循环的开始，是企业两次资金循环的间歇资金。

（3）现金的流动性最强。现金的使用一般不受约定的限制，可以在一定范围内自由流动，因而不存在流动性风险，但通货膨胀风险较大。企业持有现金资产，会遭受物价上涨带来的购买力损失。

（4）现金的赢利性最弱。企业持有现金除了活期存款利息外，基本没有其他收益，说明现金的获利能力较弱。

二、持有现金的动机

现金是非赢利性资产，从现金的收益能力看，企业应拒绝持有现金。但事实上任何一个企业都必须保留一定的现金。企业持有现金主要出于以下三方面的动机。

（一）交易的动机

交易的动机是指企业为了满足日常交易活动的需要而必须持有的现金数额，如购买原材料、支付职工薪酬、缴纳税款、支付股利等。具体地说，体现现金交易性动机的主要原因有如下几点。

首先，在日常经营活动中，每天现金流入量和现金流出量在数量上通常都存在一定的差额，很少是同步发生的。这是因为：①企业进行生产经营活动，购买材料等支付的购货款和销售产品收到的销货款并不完全一致；②企业销售产品向顾客提供的信用条件或结算方式与供应商向企业提供的信用条件与结算方式是不同的。例如，企业为了加快产品销售，减少库存积压而采取亏本销售，则销售产品收到销货款小于支付的购货款，现金流入小于现金流出。又如，企业为提高资产整体利用效率而采取促销手段，给予顾客一定的现金折扣，但其本身可能并不能享受供应商的信用优惠。因此，企业必须持有一定数量的现金才能满足企业日常交易活动的正常进行，其数额的大小主要取决于企业的生产经营规模，生产经营规模越大，交易活动所需要的现金越多。

其次，季节性的变化造成现金收付的不平衡。现实生活中，由于不少企业业务上有季节性的产品，如服装生产企业，在销售旺季到来之前，企业必须垫付大量现金以供生产，在短期内造成大量现金的支出。另外，季节性的变化也会造成这样一种现象：当某类产品处于淡季时售价较低，企业购进该类产品造成现金大量支出；而在产品旺季时快速高价销售，从而造成现金大量流入。因此，经营的季节性变化会使企业的现金收支产生很大的差异。

最后，其他交易活动造成的现金收支不平衡。在企业的正常营运过程中，往往还会发生以下事项：购置设备、购买有价证券、支付股利等，这些业务带有一定的偶发性，不容易预测，因此企业必须持有一定量的现金作为生产经营的保证。

（二）预防的动机

预防的动机是指为了应付意外事件发生而持有的现金，如为应付自然灾害、重大设备故障、意外发生的财务困难等。如果企业日常没有备有一定量的现金，则可能出现一时的困难境地，影响企业正常的生产经营活动，进而给企业造成巨大的损失。预防性现金持有量的多少主要取决于以下几个方面的因素。

一是企业对现金流量预测的准确程度。企业对于现金流量的预测总会带有些许偏差，其准确程度高低又与现金短缺可能性的大小直接相关，准确程度越高，现金短缺的可能性越小，反之则可能性越大。因此，现金流量预测的准确程度也直接影响到企业是否能以最少的现金余额来应对现金短缺的风险。

二是企业愿意承担现金短缺风险的程度。若企业愿意承担较大的现金短缺的风险，则其总把现金投资于赢利较高的资产上，以获得较多的收益，其预防现金余额较少；相反，一个不愿意承担该风险的企业，往往将现金留做备用而失去投资于高赢利性项目并获得高额收益的机会，其预防性现金余额较少。

三是企业的临时筹资能力。为维持正常的生产经营活动，企业必须持有一定数额的现金来应对各类突发事件，但是现金获利能力很低，为提高其利用效率，必须将其控制在一定水平。如果企业筹资能力较强，很容易随时接到现金，则企业可以将其定在较低水平；反之，如果企业筹资能力有限，则其必须持有较多现金以应对各类突发事件。

（三）投机的动机

投机的动机是指为投机获利而持有的现金。例如，供应商资金周转困难，廉价出售原材料，如果本企业持有足够的现金，便能够低价购进这些原材料，降低企业生产成本，从而获取更高的利润。又如，银行抵押贷款对象因为无能力偿还贷款，银行廉价处理其抵押品，企业便可以用现金去购买这些商品从中获取收益。当然，为了投机而保存现金不是一种普遍的现象。除了金融和投资公司外，一般企业并不需要专为投机置存过多的现金。但如果企业拥有相当数额的现金，确实能为突然的大批采购提供方便。

需要说明的是，上述三项现金持有的动机，虽然在理论上是可以划分的，但对于实际持有现金来讲，并不能确认某笔现金是为什么动机而持有的。这是因为从现金管理的目的看，主要是为了保证企业有供随时动用的现金资产，至于它到底是用于偿债还是用于投资，这就要视企业的具体情况而定。所以，企业在日常活动中并不是按上述三种动机来测定各期现金存量的，而是根据企业各期财务状况来编制现金预算，并使各期保留的现金资产量足以达到收支平衡。当然，企业在编制各期现金预算时应充分考虑到交易、预防和投机的因素，使现金的预算能尽可能完善。

三、最佳现金持有量的确定

为了有效地实现现金管理的目的，除了做好日常收支，加速现金流转速度外，还需要控制好现金的持有规模，即确定恰当的现金持有量。

最佳现金持有量的确定方法主要有成本分析模式、存货模式、现金周转模式和随机模式四种。本节主要介绍最佳现金持有量的成本分析模式和存货模式，对现金周转模式和随机模式只稍做介绍。

（一）成本分析模式

成本分析模式是根据现金有关的成本，寻求其总成本最低时现金持有量的一种方法。这里提及的与现金有关的成本，主要指机会成本、管理成本和短缺成本，不考虑转换成本。

1. 机会成本

企业持有现金就会放弃用其进行投资获取的收益，这就是现金的机会成本。例如，因为持有现金而放弃购买债券,这就放弃了相关的利息收入,机会成本就是放弃投资的代价。在实际工作中可以用企业的资本成本来衡量。假定某公司的资本成本是8%,若年平均持有现金1500万元,则该公司每年持有现金的机会成本就是120万元(1500×8%)。显然,当企业的现金持有量越大,资本成本越高,现金的机会成本也就越大。现金的机会成本可以表述为现金持有了的正比例函数。

2. 管理成本

现金的管理成本是指日常对留存的现金资产进行管理而付出的代价。包括企业建立健全企业现金管理控制制度和规定的制度设计成本,为保证现金资产安全而添置必要硬件设施(如保险柜等)的成本,以及支付给现金管理人员的薪酬等。现金管理成本是一种相对固定的成本,与现金持有量没有明显的对应关系。

3. 短缺成本

现金短缺成本是指因缺乏必要的现金使企业不能应对日常业务开支而蒙受的损失或付出的代价。发生现金短缺成本的情形主要有以下几种。

(1) 错失购买机遇的成本。这主要是指企业因缺少现金而不能在有利时机购进生产物资,从而使企业失去额外获利空间而付出的代价。当然,如果企业因缺少资金无法购进足额材料来维持正常的生产,进而导致企业停工,则会给企业造成更大的损失。

(2) 丧失折扣的成本。这类成本主要是指企业因缺少现金,而无法在现金折扣期内付款,从而丧失享受现金折扣优惠的好处。这类成本一般用放弃现金折扣所承担的资金成本来衡量,其计量方法见本书第三章第三节相关内容。

(3) 信用损失和失去偿债能力的成本。信用损失成本主要是指企业由于现金不足而不能按期付款,失信于供货单位而付出的代价。该类损失往往会造成企业信誉和形象的下降,同时,这也会造成供货商之后拒绝供货或不接受延期付款等。如果企业现金严重不足,根本无力支付各类债务,则会造成企业失去偿债能力,甚至形成财务危机,影响企业的生存。这种损失对企业而言也许是致命的。

现金短缺成本与机会成本相反,它与现金持有量的关系式:现金持有量越大,短缺成本越小;现金持有量越小,短缺成本越大;当现金持有量高达一定量时,现金短缺成本可能等于零。

上述三项成本之和最小的现金持有量,就是最佳现金持有量。如果把以上三种成本与现金持有量的关系用图像描述出来,可以得到图6-2。

在图6-2中,现金机会成本随现金持有量的增加而上升,所以机会成本线向右上方倾斜,其斜率代表企业的资金成本率;管理成本相对固定,不随现金持有量的变化而变化;现金短缺成本则随现金持有量的增加而下降,在图上反映为一条向右下方倾斜的曲线。若将机会成本、管理成本和短缺成本相加,则构成了企业持有现金的总成本,总成本线是一条开口向上的抛物线,该线的最低点代表的现金持有量即为最佳现金持有量。当现金持有量不足最佳持有量时,短缺成本上升的代价大于机会成本下降的好处;当超过该持有量时,机会成本上升带来的损失又会大于现金短缺成本带来的好处。

成本分析模型的思路就是根据企业的实际情况,选取若干个现金持有量进行比较,其三项成本总额最低的,便为较合理的持有量。

【例6-1】 ABC公司现拥有五种现金持有方案,经测算,公司的现金管理成本为15000元,

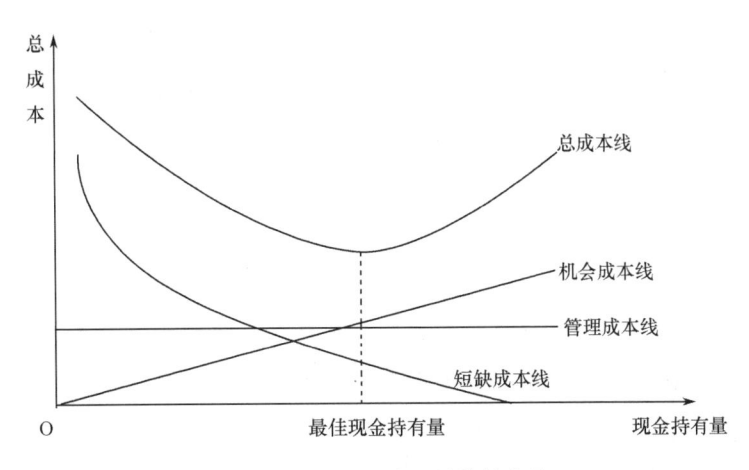

图 6-2 现金总成本及最佳持有量

资金的平均收益率（即机会成本）为 10%，则各类方案下现金的持有成本见表 6-2。

表 6-2　现金持有方案成本分析表　　　　　　　　（单位：元）

项目	方案一	方案二	方案三	方案四	方案五
现金持有量	200000	220000	240000	260000	280000
机会成本	20000	22000	24000	26000	28000
管理成本	15000	15000	15000	15000	15000
短缺成本	220000	19000	155000	14000	13000
持有总成本	570000	56000	54500	55000	56000

通过表 6-2 中的五种方案的成本比较可知，方案三即现金持有量为 240000 元时，现金持有的总成本最低，故 240000 元为 ABC 公司的最佳现金持有量。

（二）存货模式

存货模式是指以存货经济进货批量模型为出发点来确定最佳现金持有量的方法，其着眼点也是使持有现金有关成本最低。在现金持有成本中，管理成本因其相对固定，同现金持有量的多少关系不大，将其视为与决策无关因素而不予考虑；另外，由于短缺成本的不确定性和无法计量性，所以对其不多考虑。在存货模式中，重点考虑机会成本和转换成本。所谓转换成本，是指将现金转换为有价证券或将有价证券转换为现金而发生的交易费用。如果企业想保持较低的现金持有量，就必须在现金不足时将有价证券转换为现金；当现金持有量较大时，就应将现金转换为有价证券。因此，企业的现金持有量越低，其转换成本就越大；反之亦然。显然，转换成本和机会成本随着现金持有量的变化而变化，但它们的变动方向相反。因此，需要找到一个最佳现金持有量，使持有现金的机会成本和转换成本总和最低。包含机会成本和转换成本的总成本可表示为

$$\mathrm{TC} = \frac{Q}{2} \times K + \frac{D}{Q} \times T \tag{6-1}$$

式中，TC 为现金持有的总成本；Q 为现金持有量；K 为有价证券的利息率；D 为某一时期现金的总需要量；T 为每次有价证券的转换成本。

式 (6-1) 中的 $Q/2$ 为现金的平均持有量；$(Q/2) \times K$ 为持有现金的机会成本；D/Q 为有

价证券的转换次数；$(D/Q) \times T$ 为企业的一定时期内有价证券转换总成本。

式（6-1）中 K、D、T 为常量，可以通过数学方法求出总成本最低时的现金持有量 Q^*，其表达式为

$$Q^* = \sqrt{\frac{2DT}{K}} \quad (6-2)$$

此时

$$TC = \sqrt{2DKT} \quad (6-3)$$

【例6-2】ABC公司现金收支情况较稳定，预计每年的现金需要量为3000000元，将现金转化成有价证券的成本为60元，有价证券的年利率为10%，则有：

最佳现金持有量 $Q^* = \sqrt{\dfrac{2DT}{K}} = \sqrt{\dfrac{2 \times 60 \times 3000000}{10\%}} = 60000$（元）。

机会成本 $= \dfrac{K \times Q}{2} = \dfrac{10\% \times 60000}{2} = 3000$ 元。

转换成本 $= \dfrac{T \times D}{Q} = \dfrac{3000000 \times 60}{60000} = 3000$ 元。

最佳现金持有量的总成本 $=3000+3000=6000$（元）。

计算结果表明，该公司的现金持有量为3000元时，持有现金的相关总成本最低。

（三）现金周转模式

现金周转模式是从现金周转的角度出发，根据现金的周转速度在确定现金持有量的方法。主要通过以下三个步骤来计算：

（1）计算现金周转期。

$$现金周转期 = 应收账款周转期 + 存货周转期 - 应付账款周转期 \quad (6-4)$$

（2）计算现金周转率。

$$现金周转率 = 360 天 \div 现金周转期 \quad (6-5)$$

（3）计算最佳现金持有量。

$$最佳现金持有量 = 年现金需求额 \div 现金周转率 \quad (6-6)$$

其中，现金周转期是指企业从支付购买材料款到销售商品收回现金的时间；现金周转率是指一年中现金的周转次数。

【例6-3】ABC公司销售商品形成应收账款的平均收款期为50天，而采购材料应付账款的平均付款期为40天，假设该公司的存货周转期为65天，预计全年现金需求额为480万元。试计算确定该公司的最佳现金持有量。

【解答】现金周转期＝应收账款周转期＋存货周转期－应付账款周转期＝50＋65－40＝75（天）。

现金周转率＝360÷现金周转期＝360÷75＝4.8（次）。

最佳现金持有量＝年现金需求额÷现金周转率＝480÷4.8＝100（万元）。

通过计算可知，当企业全年现金需求额为480万元时，最佳现金持有量为100万元。

（四）随机模式

随机模式是企业在现金需求量难以预知的情况下进行现金持有量控制的方法。对企业而言，现金需求量往往波动大且难以预知，但可以根据历史经验和具体情况，测算出现金持有量的控制范围，即制定出现金持有量的上限和下限，将现金控制在上下限之内。随机模式确定最

佳现金持有量的具体过程这里不再介绍。

四、现金管理制度

现金是企业流动性最强的资产，也是最容易受到侵蚀的资产。为此，必须制定现金管理制度。根据中国人民银行、财政部等有关部门对企事业单位现金的使用与管理的有关规定，企业现金管理制度的主要内容如下。

（1）规定现金的使用范围。这里的现金，是指库存现金（即现钞）。企业用现钞从事交易，只能在一定范围内进行。该范围包括：支付职工薪酬；支付个人劳务报酬；根据国家规定颁发给个人的科学技术、文化艺术、体育等各种奖金；支付各种劳保、福利费用以及国家规定的对个人的其他支出；向个人收购农副产品和其他物资的价款；出差人员必须携带的差旅费；结算起点（1000元）以下的零星支出等。

（2）规定库存现金限额。企业库存现钞由其开户银行根据企业的实际需要核定限额，一般以3~5天的零星开支额为限。边远地区和交通不便地区，可以按多于5天，但不超过15天的日常零星开支核定。

（3）不得坐支现金。即企业不得从本单位的人民币现钞收入中直接支付交易款。现钞收入应于当日终了时送存开户银行。

（4）不得出租、出借银行账户。

（5）不得签发空头支票和远期支票。

（6）不得套用银行信用。

（7）不得保存账外公款，包括不得将公款以个人名义存入银行和保存账外现钞等各种形式的账外公款。

五、现金的内部控制

现金的管理除了执行国家有关部门对现金管理的相应规定外，还必须从内部控制角度入手，建立内部控制制度，这是有效实施现金预算控制的基本前提和保证。

（一）现金支出内部控制

1. 现金支付程序

企业应当按照规定的程序办理现金支付业务。

（1）支付申请。单位有关部门或个人用款时，应当提前向审批人提交现金支付申请，注明款项的用途、金额、预算、支付方式等内容，并附有经济合同或相关证明。

（2）支付审批。审批人根据其职责、权限和相应程序对支付申请进行审批。对不符合规定的现金支付申请，审批人应当拒绝批准。

（3）支付复核。复核人应当对批准后的现金支付申请进行复核，复核无误后，交由出纳人员办理支付手续。对于审批人超越授权范围审批的现金业务，经办人员有权拒绝办理，并及时向审批人的上级授权部门报告。出纳人员应当根据复核无误的支付申请，按规定办理现金支付手续，及时登记现金和银行存款日记账。

2. 授权审批制度

为了审核支出的合法性及防止贪污盗窃，对于现金支出应建立严格的授权批准制度，明确审批人对现金业务的授权批准方式、权限、程序、责任和相关控制措施，规定经办人办理现金业务的职责范围和工作要求。授权批准制度有如下两种模式。

（1）"一只笔"模式。"一只笔"模式是指企业的一切支出，必须经过最高管理人员的审批。这种模式有利于最高管理人员对现金的集中控制，避免支付分散化造成的资金效率低下和管理失控。但由于过于集中，不利于提高中层干部主动增收节支的积极性。此外，"一只笔"模式带有强烈的个人专制色彩，容易造成决策失误、职权滥用，甚至挪用、贪污、侵占企业资金。因此，对于重要现金支付业务，提倡实行集体决策和审批制度。

（2）预算管理模式。在预算管理模式下，将支出分为预算内支出和预算外支出。对预算内支出，由费用发生的各分公司、分部门经理进行签字，对于大额支出还得同时经过财务经理或总经理签字，即联签制；对于预算外支出，遵循例外管理原则，报经决策机构批准后，由决策者或部门经理签字。

审批人应当根据授权批准制度的规定，在授权范围内进行审批，不得超越审批权限。对于重要现金支付业务，应当实行集体决策和审批，并建立责任追究制度，防范贪污、侵占、挪用货币资金等行为。审批权限一般用支出金额大小来表示。

对于预算外现金支付，金额较小的，为提高工作效率，可由上一级主管经理审批；对于较大的支出，应经过一定的决策机构如董事局会议、经理联席会等批准、签字。

预算管理模式将支付审批与预算管理相结合，既下放了一定权限，使公司的高层管理者集中精力抓好大事，又通过预算控制，防止了支付的随意性。这种授权批准制度适合大型公司。

（二）现金集中管理制度

20 世纪 90 年代后期，经营机构遍布全国的大型公司和集团公司相继出现。特别是集团公司，通过层层控股在内部形成了许多具有独立法人资格的子公司。这样的集团公司，该如何控制其现金资产？集权还是分权？从财务理论上讲这个问题是没有标准答案的，一定要具体问题具体分析，只要使自身的现金管理达到均衡和高效，就是最优的管理模式。从我国国有企业内部管理体制的改革过程与结果来看，企业管理较为松散，财务监控不到位，尤其多头开户导致资金分散，时常发生现金"体外循环"的问题。现金的集中管理显得尤为重要。

一般来说，企业实现现金集中控制有四种主要模式：统收统支模式、拨付备用金模式、设立结算中心模式、财务公司模式。

（1）统收统支模式。该模式是指集团的一切现金收付活动都集中在集团财务部门，各分支机构或子公司不单独设立财务账号，一切收入直接进入总部的账户，一切现金支出都通过财务部门付出，现金收支的批准权高度集中在经营者，或者经营者授权的代表手中。

（2）拨付备用金模式。拨付备用金是指企业按照一定的期限统拨给所属分支机构或子公司一定数额的现金，备其使用。等各分支机构或子公司发生现金支出后，持有关凭证到企业财务部门报销以补足备用金。

（3）设立结算中心模式。结算中心通常又称为内部银行，是集团公司实现资金集中控制的最主要方式。结算中心通常是设立于集团总部的财务部内，是一个独立运行的职能机构，负责办理内部各成员或分公司现金收付和往来结算业务的专门机构。

（4）财务公司模式。财务公司模式就是通过财务公司实现资金的集中管理。财务公司是大型集团公司或跨国公司投资设立的一个独立的法人实体，它是由人民银行批准设立，经营部分银行业务的非银行金融机构。除了经营联合贷款、包销债券、不动产抵押、财务及投资咨询等业务外，它的主要职责是负责集团公司或跨国公司内部各成员企业间的财务协调和资金调度。

六、现金日常管理

企业在确定了现金最佳持有量并制定了相应的现金管理制度之后，还需采取措施加强其日常管理，确保能尽快收回现金，提高现金的周转速度和利用效率。现金日常管理主要包括以下两方面内容。

（一）现金收回的管理

现金收回管理在于缩短从客户付款（以票据形式支付）到票据兑现存入企业账户为止的时间，即企业应从顾客方面尽可能迅速地收回货款。在异地的客户寄来一张转账汇票，经常由于邮递和银行之间办理结算而使企业延迟收到现金。为了做好货币资金的收取工作，企业可以采取下列措施。

1. 集中银行法

集中银行法是指在收款比较集中的若干地区设立多个收款中心来代替通常只在公司总部设立的单一收款中心，并指定一个主要银行（通常是公司总部所在地的银行）作为集中银行，以加快货款回收速度的一种方法。

采用集中银行法可以缩短收款时间，提高收款的效率。这种方法的主要有两个优点：

（1）缩短账单和货款的邮寄时间。付款账单由各个收款中心向各地区客户寄发付款账单，客户付款直接邮寄到最近的收款中心即可，大大缩短了中间的邮寄时间。

（2）缩短支票兑现时间。各个收款中心收到客户交来的支票可以直接存入当地的银行，兑现时间大大减少。

不过，设立收款中心所需的费用开支也不小。因此，企业是否采取收款中心这一办法进行收账，应该考虑设立收账中心所增加的开支是否小于用所节约的货币资金进行投资可获得的额外收益。

2. 锁箱系统

锁箱系统是通过承租多个邮政信箱，以缩短从收到顾客付款到存入当地银行的时间的一种管理方法。采用锁箱系统的方法具有以下特点：①免除了企业办理收款及款项存入银行等手续；②缩短了票据在企业停留的时间，加快货款回收速度；③客户直接将票据寄到当地指定的邮政信箱而不是企业总部，大大缩短了票据邮寄时间。当然，采用该方法也同样存在成本较高的缺点。租用邮政信箱需要支付租金，授权当地银行开启也需要支付银行额外的服务费用，从而增加了企业的费用支出。

（二）现金支出的管理

为增强企业资金利用效率，提高总体收益率，企业在尽可能加速现金收回的同时，应考虑推迟对供应商的付款。推迟付款和加速收款都可以增加现金在企业的停留时间，从而为企业带来更多的投资收益。延期支付账款的方法一般有以下两种。

1. 合理利用现金"浮游量"

所谓现金的浮游量，是指企业账户上现金余额与银行账户上所示的存款余额之间的差额。一般来说，如果企业办理收款的效率较高，收到的票据能及时进账；而企业签发给其他单位的票据因对方单位未及时办理进账而在一定时间内尚未从本企业账户上付款，这时就会出现企业银行存款账户上的余额小于企业在银行的存款余额的现象，产生现金浮游量。现金浮游量的存在使得企业在自己账户上的余额已经为零甚至负数时（这时企业在银行账户上可能还有相当数量的存款余额），继续签发票据支付款项。当然，这样做是存在风险的，关键是能够比较准确地预测现金浮游量，并加以充分利用。

2. 利用商业信用，控制付款时间

在不影响企业信誉的前提下，合理安排好付款时间是非常重要的。例如，企业在采购原材料时，供应商提供的付款条件是"3/10，N/40"。若企业希望享受现金折扣，则可以在发票开出后的第 10 天付款，不必提早在 1~9 天付；若企业因现金周转问题而无法享受现金折扣时，则应该在开出发票后的第 40 天付款，也不必提前付款。

第四节　应收账款管理

随着商品经济的发展和社会主义市场体制的建立和完善，信用购货已经成为了一种趋势。对于购货方而言，赊购使其从供应方处获得了一项融资来源，减轻资金周转压力；对于供应商而言，延迟收取货款可加速其产品销售，增加存货周转。应收账款便是在这种信用购销条件下产生的一种债权性资产。这里所说的应收账款是指因对外销售产品、材料、供应劳务及其他原因，应向购货单位或接受劳务的单位及其他单位收取的款项，包括应收销货款、其他应收款、应收票据等。

一、应收账款的特点

应收账款是商业信用中形成的特殊资产，它既是一种金融资产，也是日常的生产经营活动有着密切的关系。从应收账款的风险性和赢利性看，它具有以下特点：

（1）违约风险大。应收账款是一种债权性资产，它是建立在购销双方某种契约上的债权。如果付款方财务状况不佳，或信誉较差，很可能出现到期无法收回或只能收回部分款项，出现坏账损失。即使最后收回了全部账款，也可能使企业为收款付出了较大的代价，或者使企业承担了不必要的机会成本。

（2）变现力较差，流动性风险较大。应收账款是企业未来向债务人收款的一种权利，但在到期前还不是现金。在我国目前的信用环境下，应收账款一般是不能提前变现的，也不能作为支付手段转让给他人。特殊情况下，应收账款可以出售给银行，那也会使企业遭受一定的损失，因为受让应收账款的银行会要求转让方支付较高的利息。

（3）通货膨胀风险较大。应收账款没有保值的功能，到期收回账款的数额的上限是当初的欠款额。当物价出现快速上涨时，企业最多也只能收回原来的欠款，付款人不可能给予债权人购买力损失的任何补偿。所以，如果付款方拖欠付款，持有应收账款的企业就会遭受购买力损失。

（4）赢利性很差。就应收账款这种资产本身来说，其赢利性基本不存在。因为企业持有应收账款不可能增值，而会承受一定的机会成本，并可能遭受坏账损失，发生收账费用，物价上涨时还会出现购买力损失。当然，应收账款会产生间接的好处。因为赊销企业会吸引顾客，增加销售，增加企业的赢利。

综上所述，对应收账款这种资产，应该辩证地看待其利弊。信用决策时应当综合考虑持有应收账款所带来的有利之处和不利影响，做出正确的决策。

二、持有应收账款的成本

企业采用赊销方式销售商品固然可以扩大销售收入,加快企业存货周转,但是其持有应收账款也是有代价的,这种代价就是应收账款的成本,主要包括管理成本、机会成本和坏账成本。

1. 管理成本

应收账款的管理成本是指企业对应收账款进行管理而耗费的开支,是应收账款成本的重要组成部分。管理成本主要包括客户信用调查费用、收集信息的费用、账簿记录保管和账款催收费用等。其中,调查信用和收集信息的费用往往随应收账款的增长而增长。

2. 机会成本

应收账款的机会成本是指应收账款占用资金而失去投资于其他方面获取收益所付出的代价。这种成本可以按一般有价证券的利息率计算,也可用公司的加权平均资本成本来计算。其计算公式为

$$应收账款的机会成本 = 维持赊销业务所需要的资金 \times 资本成本 \quad (6-7)$$

式(6-7)中,"维持赊销业务所需要的资金"可以理解为"应收账款年平均余额",也可以理解为"维持赊销业务实际资金占用额"。资本成本通常用资产报酬率来衡量。

在实际工作中,维持赊销业务所需要的应收账款余额往往不能直接获得,需要通过计算得到,计算步骤如下。

(1)计算应收账款平均余额。

$$应收账款平均余额 = \frac{年赊销净额}{360} \times 应收账款平均收现期 \quad (6-8)$$

式中,赊销净额=赊销收入总额-销售折扣。

(2)计算应收账款资金占用额。

$$应收账款资金占用额 = 应收账款平均余额 \times 变动成本率 \quad (6-9)$$

式中,变动成本率=变动成本÷销售收入。

需要指出的是,在计算应收账款资金占用额时,存在两种计算思路。第一种思路是考虑在应收账款平均余额的基础上乘以"变动成本率"。这是因为企业维持赊销业务实际所占用的资金不是应收的全部销售额,而是所垫付的成本和费用,又因为在不同信用政策下企业的固定成本总额是不变的,可以不加考虑,所以在应收账款平均余额上直接乘以变动成本率,将按销售收入计算的货款转化为实际垫付的成本。第二种思路是应收账款资金占用额可以直接按照应收账款平均余额确定,不必乘以销售成本率。这是从机会成本的本来意义去考虑,因为如果企业不实施赊销,收回货款的数额将是按照销售额计算的应收账款余额,而不仅仅是所垫付的成本。这里将采用第一种思路计算应收账款资金占用额。

【例6-4】ABC公司2010年赊销收入总额为450万元,销售折扣为赊销总额的2%,应收账款平均收现期为60天,假定变动成本率为80%,资本成本为10%。现计算ABC公司应收账款的机会成本。

【解答】根据以上资料可得:

赊销收入净额=450×(1-2%)=441(万元)。

应收账款平均余额=(441/360)×60=73.5(万元)。

应收账款资金占用额＝73.5×80％＝58.8（万元）。
应收账款机会成本＝58.8×10％＝5.88（万元）。

3. 坏账成本

应收账款的坏账成本也称为坏账损失，它是指应收账款因故不能收回而给企业造成的损失。该损失不仅导致企业失去销售将实现的利润，更会使生产成本一并无法收回。值得注意的是，坏账成本与企业会计核算中计提的坏账准备金是两个不同的概念。坏账准备金是企业根据会计准则的规定，按一定的方法估计的未来可能无法收回的应收账款数额，它不是实际发生的坏账成本。财务管理中需要考虑的坏账成本是指实际确认的坏账损失。一般地说，坏账成本与应收账款数额成正比，即企业的应收账款的余额越大，其坏账成本也就越高；反之亦然。

三、信用政策

信用政策也称为赊账政策，是指企业对应收账款进行规划和控制而确立的方针和制度。在制定信用政策时，企业一方面要考虑扩大销售，另一方面要考虑降低应收账款占用的资金，缩短应收账款的回收期，防止发生坏账损失。信用政策由信用标准、信用期限和现金折扣政策三部分组成。

（一）信用标准

信用标准是顾客获得企业商业信用所应具备的基本条件。信用政策必须合理恰当，如果标准过于苛刻，则客户达不到企业规定的信用标准，就不能享受企业按商业信用赋予的各种优惠，从而影响企业产品的销售；如果标准过于宽松，则可能使企业产生大量的坏账损失或延期付款的情况，给企业带来损失。那么，怎样的信用标准才是恰当的呢？企业一般可从定性和定量的角度加以分析。

1. 信用标准的定性分析

企业在制定信用标准时，首先应进行定性分析。在分析中主要考虑以下三个方面的问题。

（1）同行业竞争对手的情况。同业竞争对手采用的信用标准是企业制定自身标准的必要参照系。从对手的具体做法上可以了解其正在采取何种竞争策略，从而有助于企业采取不至于丧失市场竞争优势的信用标准。如果对手实力很强，企业就应考虑是否采取较低的信用标准，增强对客户的吸引力；反之，如果竞争对手实力很弱，则可以考虑制定较严格的信用标准。

（2）企业承担违约风险的能力。当企业具有较强的违约风险承担能力时，可设置较低的信用标准，来扩大企业产品的规模；反之，如果企业承担违约风险的能力较弱时，则应该制定较严格的信用标准，降低购买方违约的风险。

（3）对客户的资信进行调查与分析。这通常是按信用的"五C"系统逐一进行评估。所谓"五C"系统，是指顾客信用品质的五个方面，即品质（Character）、能力（Capacity）、资本（Capital）、抵押（Collateral）和条件（Conditions）。

品质是指顾客的信誉，即履行偿债义务的可能性。企业必须设法了解顾客过去的付款记录，看其是否有按期如数付款的一贯做法，以及与其他供货企业的关系是否良好。这一点经常被视为评价顾客信用的首要因素。

能力是指顾客的偿债能力，即其流动资产的数量和质量以及与流动负债的比例。顾客的流动资产越多，其转换为现金支付款项的能力越强。同时，还应注意顾客流动资产的质量，看是否有存货过多、过时或质量下降，影响其变现能力和支付能力的情况。

资本是指顾客的财务实力和财务状况，表明顾客可能偿还债务的背景。

抵押是指顾客拒付款项或无力支付款项时能被用做抵押的资产。这对于不知底细或信用状况有争议的顾客尤为重要。一旦收不到这些顾客的款项，便以抵押品抵补。如果这些顾客提供足够的抵押，就可以考虑向他们提供相应的信用。

条件是指可能影响客户付款能力的经济环境。例如，万一出现经济不景气，会对顾客的付款产生什么影响、客户会如何做等，这需要了解客户面临的经济环境以及顾客以往的付款情况。

2. 信用标准的定量分析

在进行信用标准定量分析时，常会用到信用评分法。该方法将若干个财务指标和信用指标用线性关系结合起来，并据此来进行信用评级。在选取财务比率时，往往需要结合赢利能力、偿债能力、营运能力和发展能力等各项指标来进行综合评价，企业也可结合自身情况来进行选取。

【例6-5】假定普华公司是ABC公司的重要客户，2010年度该公司各类财务指标和信用指标见表6-3。ABC公司现拟对其进行信用评估，试计算普华公司信用评价的综合得分。

表6-3 普华公司2010年度各类财务指标和信用指标

具体指标	数值	具体指标	数值
流动比率	2.63	销售毛利率	6.20%
速动比率	1.52	营业利润率	5.78%
资产负债率	45%	总资产报酬率	10.21%
权益乘数	1.82	销售获现率	1.05
利息保障倍数	4.62	营运指数	2.48
应收账款周转率	7.50	每股经营活动现金净流量	0.26
存货周转率	6.38	付款历史	良好
总资产周转率	2.81	以往信用评估等级	AA

根据普华公司的各项财务指标和信用指标，参考ABC公司既定的评估标准，可得到表6-4所示评分。

表6-4 普华公司信用评分表

指标	权重（%）(1)	设定的标准 (2)	实际数值 (3)	相对比率 (4)	该项得分 (5=1×4)
流动比率	15	2.00	2.63	1.32	19.8
资产负债率	15	40%	45%	0.89	13.35
利息保障倍数	5	3.00	4.62	1.54	7.7
应收账款周转率	10	6.50	7.50	1.15	11.5
存货周转率	5	8.00	6.38	0.80	4
销售毛利率	15	7.00%	6.20%	0.89	13.35
营业利润率	10	6.00%	5.78%	0.96	9.6
营运指数	5	2.00	2.48	1.24	6.2
付款历史	10	优秀为10；良好为8；一般为6；差为4	良好	—	8
信用评估等级	10	AAA与AA为10；A与BBB为8；BB与B为6；CCC及以下为4	AA	—	10
合计	100	—	—	—	103.5

该表计算过程中,相对比率按如下三种不同情况来计算:①若指标为正指标,即指标值越大越好,则相对比率=实际数值÷标准比率;②若指标为逆指标,即指标值为越小越好,则相对比率=标准比率÷实际数值;③若指标为中性指标,即指标值既不是越大越好,也不是越小越好,则当实际数值小于标准比率时,相对比率=实际数值÷标准比率;当标准比率小于实际数值时,相对比率=标准比率÷实际数值。另外,该项得分的数值等于比重乘以相对比率值。

根据表 6-4 所示计算,可得普华公司的信用评估得分为 103.5 分,ABC 公司可对其他每位客户也进行相同的信用评估并计算出得分,然后根据得分排队,分数高的排在前面,优先给予应收账款信用,分数低的排在后面,延迟考虑给予应收账款信用,当分数低于一定界限时,可直接取消其信用待遇,甚至要求预收货款。

(二)信用条件

信用条件是指企业提供给客户赊销购买时,要求客户支付货款的付款条件,包括信用期限和现金折扣。

1. 信用期限

信用期限是指企业赊销商品时允许客户推迟付款的最长期限,如 ABC 公司允许其客户最迟可在购买商品后 60 天内付款,则 60 天就是信用期限。确定应收账款的信用期限是企业信用政策的重要部分,因为延长信用期限可以吸引更多的顾客,促进销售,从而获取更大的收益。但太长的信用期限也会给企业带来风险与损失:首先,应收账款收款期过长,占用的资金也会相应增加,使得企业资金的利用效率下降;另外,随着信用期限的延长,企业发生坏账的风险和收账费用也会加大,从而增加企业的不良资产。因此,企业应综合考虑各方面因素,确定合理的信用期限,增强企业的获利能力。

信用期限的确定,主要依据分析改变现行信用期限对企业收入和成本的影响。其中延长信用期限会使企业发生三种应收账款的成本,分别是机会成本、坏账成本和收账成本。当新信用政策创造的收益增加额大于新信用政策引起的三种应收账款的成本增加额时,新的信用政策就是合理可行的。下面举例说明。

【例 6-6】若 ABC 公司以往一直采用现销的方式销售产品,现公司打算给予客户一定的信用期限从而来扩大销售,有两种方案可供选择,见表 6-5,但仍按发票金额付款不给折扣。假设该产品的单位售价为 50 元/件,单位变动成本为 40 元/件,该公司的资本成本为 15%。请分析:何种信用期限最为合理?

表 6-5 信用期限决策分析表

项目	现销	信用期为 30 天	信用期为 45 天
销售量(件)	30000	36000	38400
销售额(元)	1500000	1800000	1920000
销售成本(元)	1250000	1490000	1586000
其中:变动成本	1200000	1440000	1536000
固定成本	50000	50000	50000
可能发生的收账费用	0	10000	13000
可能发生的坏账损失	0	12000	18000

【解答】（1）计算增加的收益。

信用期30天与现销相比增加的毛收益额＝（36000－30000）×（50－40）＝60000（元）。

信用期45天与信用期30天相比增加的收益额＝（38400－36000）×（50－40）＝24000（元）。

（2）计算应收账款占用资金的机会成本增加额。

① 信用期限为30天时：

应收账款平均余额＝（1800000÷360）×30＝150000（元）。

应收账款资金占用额＝150000×80％＝120000（元）。

应收账款的机会成本＝120000×15％＝18000（元）。

② 信用期限为45天时：

应收账款平均余额＝（1920000÷360）×45＝240000（元）。

应收账款资金占用额＝240000×80％＝192000（元）。

应收账款的机会成本＝192000×15％＝28800（元）。

③ 信用期30天与现销相比增加的机会成本为18000元；信用期45天与信用期30天相比增加的机会成本10800元。

（3）收账费用的增加。信用期30天与现销相比增加的收账费用为10000元；信用期45天与信用期30天相比增加的收账费用为3000元。

（4）坏账损失的增加。信用期30天与现销相比增加的坏账损失为12000元；信用期45天与信用期30天相比增加的坏账损失6000元。

（5）改变信用政策的税前损益。

① 信用期30天与现销相比：

税前损益增加额＝毛收益增加额－成本增加额＝60000－18000－10000－12000＝20000（元）。

② 信用期45天与信用期30天相比：

税前损益增加额＝24000－10800－3000－6000＝4200（元）。

计算结果表明，信用期45天比信用期30天产生更多的税前损益，而信用期30天比现销产生更多的损益，所以信用期为45天对ABC公司最有利。

2. 现金折扣政策

现金折扣是指为了吸引顾客，承诺其若在规定的期限内提前付款，将给予其一定货款减除的优惠。实行现金折扣不仅可以招揽更多的顾客前来购货，借此扩大销售量，还可以缩短平均收款期，减少应收账款占用资金，提高资金利用效率。现金折扣常用如"3/15，2/30，N/45"这样的一些符号形式来表示，其含义是：3/15表示顾客在15天内付款，可享受3％的价格优惠，即只需支付原价的97％；2/30表示顾客在30天内付款，可享受2％的价格优惠，即只需支付原价的98％；N/45表示顾客付款的最后期限为45天，此时付款无优惠，即全额支付。

现金决策原理与前面所述信用期限决策是相同的，基本思路都是考虑提供折扣的收益应该大于因客户享受折扣带来的损失。同时，它也应该和信用期限结合起来综合考虑。例如，要求顾客最迟不超过30天付款，若希望顾客20天、10天付款，能给予多大折扣？或者给予4％、2％的折扣，能吸引顾客在多少天内付款？当企业给予顾客某种现金折扣时，应当考虑折扣所能带来的收益与成本孰高孰低,权衡利弊,最终确定最佳方案。

【例6-7】沿用【例6-6】资料,假定ABC公司为吸引顾客能尽早付款,给出了现金折扣政策:

30天信用期限的折扣政策为(2/10,N/30),估计会有50%的客户将享受现金折扣优惠,另外50%的客户(除坏账外)会在30天时付款。

45天信用期限的现金折扣政策为(2/15,1/30,N/45),估计会有50%的客户将在10天内付款,30%的客户将在30天内付款,余下20%的客户(除坏账外)会在45天时付款。

假设不同信用期限下的销售额、销售成本及收账费用、坏账损失与【例6-6】的资料相同,资本成本仍为15%。那么,在给出现金折扣政策的情况下,是30天的信用期限对公司有利,还是45天有利?

【解答】(1) 45天信用期限比30天信用期限增加的毛收益为24000元。

(2) 计算应收账款占用资金的机会成本增加额。

30天信用期限的机会成本=[(1800000×50%÷360)×10+(1800000×50%÷360)×30]×80%×15%=12000(元)。

45天信用期限的机会成本=[(1920000×50%÷360)×15+(1920000×30%÷360)×30+(1920000×20%÷360)×45]×80%×15%=16320(元)。

应收账款的机会成本增加4320元。

(3) 计算现金折扣成本的变化。

30天信用期限的现金折扣成本=1800000×50%×2%=18000(元)。

45天信用期限的现金折扣成本=1920000×50%×2%+1920000×30%×1%=24960(元)。

现金折扣成本增加6960元。

(4) 税前损益的比较。

税前损益增加=24000-4320-6960-3000-6000=3720(元)。

计算结果表明,在给出现金折扣政策的情况下,45天的信用政策优于30天的信用政策。

综上所述,信用政策的诸方面是相互联系、相互影响的。但无论采用怎样的信用政策,分析的思路总是将各种信用政策下的收益和成本(包括机会成本、收账费用、坏账损失和现金折扣损失等)的变化进行分析和权衡。只有当增加的收益超过发生的成本费用时,才应当采用该种信用政策。

四、收账政策

收账政策是指当客户违反信用条件,拖欠或是拒付货款时企业采取的措施或策略。企业制定适当的收账政策,其根本目的是尽可能地减少坏账损失。一般对于短期拖欠的客户,可采取婉转的书信方式催讨;而对于长期拖欠的客户,可采取上门催讨或采用法律的方式解决。

收账政策中的一项重要的内容就是有效的控制企业的收账费用。收账费用是指在收账过程中发生的各类支出,主要包括通信联系费用、上门催收及法律诉讼等费用。一般而言,收账费用与坏账损失成反向变动的关系,即收账费用越大,收账措施越有力,可收回的账款应越大,坏账损失也就越小。因此,选择收账政策的一个重要准则是:应收账款的机会成本、收账费用和坏账损失的总和达到最小。

【例6-8】XYZ公司全年销售额为3000000元,其中80%为赊销,变动成本率为70%,应收账款的机会成本按12%计算。目前的收账政策下,全年收账费用为200000元。公司拟通过修改原有的收账政策来获取更多的收益,现有甲、乙两个方案,有关资料见表6-6。请问XYZ公司选择何种方案更有利?

表6-6　XYZ公司制定收账政策的有关资料

项目	现行收账政策	方案甲	方案乙
全年销售收入（元）	3000000	3000000	3000000
坏账损失占销售额的比率	5%	3%	2%
收账费用（元）	200000	250000	280000
应收账款平均收现期（天）	60	45	30

【解答】根据表6-6的资料,可以计算出不同收账政策下应收账款机会成本、收账费用和坏账损失。计算结果见表6-7（计算过程略）。

表6-7　XYZ公司收账政策分析表

项目	现行收账政策	方案甲	方案乙
收账费用（元）	200000	250000	280000
应收账款机会成本（元）	33600	25200	16800
应收账款的坏账损失（元）	150000	90000	60000
成本合计	383600	365200	356800

从表中结果可以看到,实行方案乙的总成本小于方案甲,方案甲小于现行收账政策,所以公司应该选择方案乙。

五、应收账款的日常管理

（一）应收账款的账龄分析

应收账款账龄分析就是通过编制应收账款的账龄分析表,来反映不同账龄的应收账款数额和比例,从而有利于分析应收账款的质量情况和回收情况。表6-8所示是一份简单的账龄分析表。

表6-8　应收账款账龄分析表　　　　　　　　　　　　2010-12-31

公司名称	未到期（元）	超过信用期限 0～30天（元）	超过信用期限 31～60天（元）	超过信用期限 61～90天（元）	超过信用期限 90天以上（元）	合计（元）	占合计的百分比（%）
A公司		20000		60000		80000	12.12
B公司			30000			30000	4.55
C公司	10000	50000				60000	9.10
D公司				60000		60000	9.10
E公司			120000			120000	18.18
F公司	30000			40000		70000	10.61
G公司					150000	150000	22.70

(续表)

公司名称	未到期（元）	超过信用期限 0~30 天（元）	超过信用期限 31~60 天（元）	超过信用期限 61~90 天（元）	超过信用期限 90 天以上（元）	合计（元）	占合计的百分比（%）
H 公司	90000					90000	13.64
合计	130000	70000	150000	160000	150000	660000	100.00
占合计的百分比	19.70	10.61	22.73	24.24	22.73	100.00	

通过账龄分析表，可以掌握以下信息：

(1) 公司的应收账款有多少还在信用期限内。

(2) 公司应收账款中超过信用期限款项的账龄如何，主要分布在哪个区间内。例如根据表 6-8，不难发现在超过信用期限 61~90 天的账款最多，说明公司收账政策还有待加强，账龄时间过长。

(3) 若将不同时点的应收账款账龄分析表进行对比，可以发现应收账款账龄的变动趋势，从而控制其向不利方向发展。

(4) 有助于企业分析在某一时点的应收账款平均账龄，从而有利于考察应收账款的回收效率。应收账款账龄的计算公式如下

$$应收账款平均账龄 = \frac{\sum(某笔应收账款余额) \times 该笔应收账款欠款天数}{全部应收账款欠款余额} \quad (6\text{-}10)$$

由式 (6-10) 可以看出，应收账款平均账龄实际上是某一时日所有应收账款欠款天数的加权平均数。应收账款账龄越短，说明应收账款平均欠款时间越短，应收账款的质量就越好。

除应收账款平均账龄外，还可以用销货款回收平均天数来对销货款回收的及时性进行衡量，它是已收回货款的回收天数按收回金额加权平均计算得到的，计算公式如下

$$销货款回收平均天数 = \frac{\sum(某笔收回的销货款) \times 该笔销货款收回天数}{本期收回的全部销货款} \quad (6\text{-}11)$$

销货款回收平均天数一般来说越短越好，但它只能说明已收回货款平均欠款天数，没有反映尚未账回的货款欠款天数，所以它可用做应收账款平均账龄的补充指标来考核。

（二）坏账管理

只要企业采用信用赊销方式，就会不可避免地产生坏账损失。因此，企业必须加强坏账管理，而其中的主要内容就是建立坏账准备制度。

坏账准备制度是指企业按照事先确定的比例估计坏账损失，并计提相应的坏账准备金，其关键是合理地确定计提坏账准备的比例。坏账准备金的计提比例与企业应收账款账龄长短有着密切的关系，随着应收账款账龄的增加，企业可以适当地调高提取坏账的比例。当然，计提比例的确定往往建立在历史经验数据的基础上。

需要指出的是，计提坏账准备金是一种会计行为，其目的是将可能发生的坏账损失提前在财务报表中加以反映，减少坏账给企业经营成果的稳定性带来不利影响；而不能理解为计提坏账准备金就可以减少坏账损失。控制坏账损失是企业销售部门和其他有关部门（包括财务部门）的职责，它与应收账款管理的各个环节是密切相关的。同时坏账损失的多少也是反映企业收账政策是否有效的标志之一，通常用坏账发生率加以衡量，其计算公式为

坏账损失率 = 本期发生坏账损失 / 本期全部销售收入　　　　　　　(6-12)

式（6-12）中，"本期发生坏账"有两种理解：一是指本期销货款中已在本期确认为坏账的全额；二是指在本期确认的坏账总额（也包括以前年度出售产品的货款在本期确认为坏账的部分）。因此，在运用该指标时，要合理界定坏账的归属期和责任人。

（三）应收账款投资额控制

应收账款实际上是企业为了获得更大的收益而进行的一种投资，但这同时也相应地增加了信用成本，所以企业应该将应收账款的投资额控制在合理的范围内。

那么，应收账款投资额应该控制在什么水平才是最合理的呢？一般来说，当企业获利能力较差、资金较为紧张时，企业应当将应收账款控制在较低的水平；当企业获利能力较强、资金较为宽松时，则可以维持在较高的水平，从而扩大销售额，增加企业利润。衡量应收账款投资额的指标是销货款回收率，其计算公式如下

$$销货款回收率 = \frac{本期收回销货款}{本期全部销货款} \times 100\% \tag{6-13}$$

该指标反映的是收入中心已售产品的货款在多大程度上已兑现，其中"本期收回销货款"有两种理解：一是本期销售且在本期收回的货款；二是本期收回的全部销货款，包括以前年度销售但在本期收回的销货款。两种理解下计算得到的回收率显然是不同的。在确定评价指标时，应事先明确计算的口径。

第五节　存货管理

存货是指企业在经营过程中为了销售或生产耗用的需要而必须储备的各种物资，主要包括产成品、半成品、在产品、原料、燃料和低值易耗品等。由于存货在流动资产中所占的比重较大，对企业生产经营的成功与否具有直接的影响，并且最终会影响到企业的收益水平，所以，存货的管理在整个投资决策中具有重要的地位。

一、存货的特点

存货是指企业在日常活动中持有以备出售的产成品或商品、处在生产过程中的在产品、在生产过程或提供劳务过程中耗用的材料和物料等。存货是企业流动资产的重要内容，是企业生产经营的物质基础。存货在企业生产经营过程中具有以下特点。

1. 形态的多样化

企业存货的形态是多种多样的。对于典型的制造业，存货主要有原材料、在制品、产成品等。不同的存货在企业的生产经营中具有不同的功能。例如，材料是为了在生产经营中耗用而储备的，在制品是需要继续加工的，产成品是为出售而储备的。

不同企业的存货形态也千差万别。钢铁公司的存货与超市的存货完全不同，机械制造公司的存货与饭店的存货也是风马牛不相及。一种资产在某一企业是存货，而在另外一个企业则可能是固定资产。例如，汽车对汽车制造企业来说是存货，但对一般的企业来说则是固定资产。

企业存货形态的多样化使得存货的管理变得十分复杂。每个企业必须根据本企业拥有的存货的特点，对不同的存货采取不同的保管手段和管理方法。

2. 价值转移方式的特殊性

存货是劳动对象，它与固定资产不同，在企业的生产经营过程中，存货的价值通常是伴随着生产经营活动的发生而一次转移完成的。也就是说，价值的转移与实物的转移基本上是一致的。当然，也有些存货（如周转材料）可以在多次生产经营活动中使用，逐步转移其价值。存货价值转移的这个特点要求管理者对存货的管理具有很强的时效性。

3. 空间上并存性

虽然大多数存货的实物和价值转移时一次完成的，但一个企业在任何时候各种存货又是并存的。也就是说，任何一个处于正常生产经营的企业，各种不同的存货并存于企业的各个阶段。例如，每个月月末，企业都会有一定数量和价值的材料、半成品、在制品和产成品等。当然，不同时点上各种存货的实物数量和价值量是存在一定的差异的。

4. 价值的差异性

企业拥有的存货不仅在实物形态上具有多样性，而且不同的存货其价值也存在很大的差异。例如，建材是施工企业持有的主要存货，不同的建材其价值差异很大，钢筋比水泥值钱，水泥比黄沙值钱。不同企业企业的存货价值差异可能更为悬殊，金银首饰商店的存货比钢铁公司的存货当然珍贵得多。存货的这种价值差异性要求企业对存货实行分类管理，后面介绍的ABC分类法就是基于这样的考虑。

二、存货的风险性和赢利性

存货的特殊性决定了存货这种资产的风险和赢利具有某些特征。一般来说，存货不存在违约风险，但其流动性风险较高，赢利性存在差异。总的来说，存货的风险性和赢利性呈现以下特征。

1. 流动性风险较大

虽然存货是一种流动资产，但其流动性一般较差。原材料需要经过生产环节加工成产品，而产品要通过销售环节才能变现，或者先形成应收账款，然后变现。所以，存货的流动性不及应收账款。

不同行业的企业其存货的流动性也存在很大的差别。一些生产经营周期较短的企业（如超市），存货的流动性比较强，而生产经营周期较长的企业（如船舶制造企业），存货的流动性显得很弱。同一企业中不同存货的流动性也存在差异。原材料的流动性弱于在制品，在制品的流动性又比产成品逊色得多。同样一个企业，处于经营旺季时的存货流动性强于处于淡季时的存货。

存货较弱的流动性使得其流动性风险增大。一旦企业出现财务危机，如果企业以现金和应收账款变现来偿付债务有困难时，企业很难以存货直接偿还债务（企业实施债务重组时可能以存货偿还债务，但这是迫不得已的举措）。因此，一个拥有大量存货而现金资产和变现力较强的其他资产较为匮乏，仍有可能陷入财务困境。

2. 通货膨胀风险较小

虽然存货的流动性风险较大，但其通货膨胀风险相对较小。这是因为，当发生通货膨胀时，大多数商品的价格都会上涨，企业库存的原材料价值会上升，在制品和产成品的价格也会上涨，即便这种水涨船高的现象暂时不出现，那也只是时间问题。当然，不同的企业存货的抗通胀能力是不尽相同的。金银首饰商店里的存货会比汽车制造企业的存货更具保值功能，房地产公司的存货也会比家电制造企业的存货涨价得更快，幅度更大。由于大多数企业存货的通货膨胀风险较小，所以在物价上涨时，企业囤积一些存货是一种明智的选择。

3. 赢利性因"物"而异

既然存货的流动性比较差，那么根据资产流动性和收益性的关系，可以得出一个基本结论：存货具有较强的赢利性。这就是说，企业持有存货一般能给企业带来较高的收益。从会计核算的角度看，一个企业拥有的存货总体上说不会出现减值，其可变现净值往往大于其账面成本。这就说明存货具有较强的赢利潜力，这种潜力在存货售出时转化为真正的赢利。存货的这种赢利性是企业获利的源泉，也是企业追求的经营目标之一。

当然，不同的存货其赢利能力不尽相同。就不同企业而言，不同存货的赢利性差异源于市场环境，垄断性行业的存货赢利性显著强于竞争性行业的存货。就同一企业而言，产成品的赢利性一般强于在制品，而在制品的赢利性好于原材料。存货赢利性的差异要求企业在进行存货管理时，区分具有不同赢利水平的存货，分别进行管理。

三、存货管理有关的成本

企业持有任何一种资产都有成本，对资产实施管理也会发生相应的成本。与存货相关的成本主要有取得成本、储存成本和缺货成本等。

（一）取得成本

取得成本指为取得某种存货而发生的成本，用 C_a 表示。取得成本又可分为订货成本和购置成本。

1. 订货成本

订货成本是指企业向供应商订货所发生的相关费用，如办公费、差旅费、各种通信费和咨询费等。订货成本中有一部分成本与订货次数无关，如企业在购货地常设采购机构的基本开支，这是固定订货成本，用 F_1 表示。另一部分与订货次数有关，如差旅费、邮资等，称为变动订货成本，每次订货的变动成本用 K 表示；订货次数等于存货年需求量 D 与每次进货量 Q 之商。订货成本的计算公式为

$$订货成本 = F_1 + \frac{D}{Q} \times K \tag{6-14}$$

2. 购置成本

购置成本是指存货本身的价值，一般用数量与采购单价的乘积来确定。如果年需要量用 D 表示，采购单价用 U 表示，于是购置成本可表示为 $D \times U$。

订货成本加上购置成本，就等于存货的取得成本，用公式可表达为

$$C_a = F_1 + \frac{D}{Q} \times K + D \times U \tag{6-15}$$

（二）储存成本

储存成本指为保持一定数量的存货而发生的成本，包括存货占用资金的机会成本、仓库费用、保险费用、存货破损和变质损失等，通常用 C_c 表示。

储存成本也分为固定成本和变动成本。固定储存成本与持有存货的数量无关，如仓库折旧或租金、仓库职工的固定工资等，用 F_2 表示。变动储存成本与存货的数量有关，如存货占用资金的机会成本、存货的破损和变值损失、存货的保险费等，其单位变动成本用 K_c 表示。由

此，储存成本可表示为

$$C_c = F_2 + K_c \times \frac{Q}{2} \tag{6-16}$$

(三) 缺货成本

缺货成本是指由于存货供应中断而造成的损失，包括材料供应中断造成的停工损失、产成品库存缺货造成的拖欠发货损失和丧失销售机会的损失。如果企业以紧急采购代用材料解决库存材料中断之急，那么缺货成本表现为紧急采购代用材料所增加的购入成本。缺货成本用 C_s 表示。

如果以 TC 表示与存货相关的总成本，可以得到

$$\begin{aligned}\text{TC} &= C_a + C_c + C_s \\ &= F_1 + \frac{D}{Q} \times K + D \times U + F_2 + K_c \times \frac{Q}{2} + C_s\end{aligned} \tag{6-17}$$

四、存货的 ABC 分类管理

前面在分析存货的特点时曾指出，企业的存货形式多样，品种繁多，价值差异颇大。为了节省成本管理的成本，提高成本管理的效率，必须对存货实行 ABC 分类管理。存货的 ABC 分类管理就是按照一定的标准，将企业的存货划分为 A、B、C 三类，对不同种类的存货实施不同的管理方法。

1. 存货 ABC 分类的标准

对存货 ABC 分类的标准主要有两个：一是金额（价值），二是数量。其中金额标准是最基本的，数量标准仅作为参考。

A 类存货的特点是价值量大，但品种数量比较少；B 类存货的价值量一般，品种数量相对较多；C 类存货的品种数量繁多，但其价值量很小。例如，一个大型百货商场拥有上万种商品，金银首饰、家用电器、钟表、高档皮具等商品的品种数量并不是很多，但价值相当大，应当属于 A 类存货。大众化服饰、鞋帽、床上用品、布匹等商品品种数量较多，但价值量相对于 A 类存货要小得多。大多数小商品如普通文具、日常卫生用品、杂货等，品种数量很多，但所占存货价值的比例相当低，应当归为 C 类存货。一般来说，A、B、C 三类存货的价值比重大致为 7∶2∶1，而品种数量之比大致为 1∶2∶7。

2. 存货 ABC 分类的具体划分

每一个企业的存货形态不一，企业应该根据本企业的实际情况，按照前述的标准对存货进行 ABC 分类。具体分类的步骤如下：

（1）列出企业全部存货的明细表，并计算出每一种存货的价值量及其占全部存货价值总额的百分比。

（2）按照每种存货价值量由大到小进行排序，并累计其价值量。

（3）确定价值百分比累计到 70% 左右的存货为 A 类存货，价值百分比累计在 70%～90% 之间的存货为 B 类存货，其余的存货即价值百分比累计后 10% 的存货为 C 类存货。

3. 存货 ABC 分类管理方法的运用

对存货进行 ABC 分类管理，可以使企业在存货管理中分清主次，采取相应的策略对存货实施有效地管理和控制。由于 A 类存货品种数量较少，企业完全有能力也必须按照每一个品

种进行管理。对 B 类存货企业不必像对 A 类存货那样花费过多的精力和成本进行精细管理，可以按照一定的类别实行粗线条管理。而对 C 类存货一般只要把握一个总价值量就可以了，没有必要对该类存货中的每一品种实行分别管理。例如，分析不同存货的流动性、风险性、赢利性及其对企业的影响时，对 A 类存货必须分析每一品种对企业整个存货资产的流动性、风险性、赢利性的影响；对 B 类存货可以按若干类别分别进行分析；对 C 类存货只要做出大致判断即可。又如，在进行经济进货批量和储存分析时，对 A 类存货应该按照品种分别估计它们的持有成本，分别确定经济进货批量；对 B 类存货可以简化一些，按照大类分析对企业的影响；对 C 类存货则只要进行总量分析，没有必要也不可能对其进行详细分析。

当然，将存货进行 ABC 分类管理，主要是考虑到企业人力、财力等管理资源的有限性，提高管理效率，降低管理成本，而并不是说企业在经营中对 C 类存货就可以马虎了事，更不是说这些存货的供应、生产和销售可以随心所欲。这里说的存货 ABC 管理主要是从财务管理的视角，对存货的价值管理，与日常生产经营中的存货管理要求不尽相同。

五、经济订货量的基本模型

存货管理的目标之一是实现存货持有量的最优化，就是使式（6-17）中的 TC 值达到最小。为实现存货管理目标，关键在于确定一个最佳的存货订货量和库存量，并对其加以控制。经济订货量是指能使一定时期内存货的总成本达到最低点的进货数量。由上述存货成本的分析，可以得出三种成本中的变动订货成本、变动储存成本以及允许的缺货成本是决策的相关成本（与订货量 Q 相关），其他成本如固定订货成本、固定储存成本和购置成本均为非相关成本（与订货量 Q 无关）。在相关成本中，不同的成本项目与进货批量也存在不同的变动关系。例如，减少每一次订购的批量，储存的存货就减少，储存成本就降低，但缺货成本会上升，同时，采购次数增加，进货变动成本也会增加；相反，当扩大每一次订货批量时，储存成本会上升，缺货成本和变动订货成本就下降。经济订货量决策就是要寻找总成本最低的订购批量。

影响存货总成本的因素有很多，为便于学习，先来了解一下存货的经济订货量基本模型。该模型是建立在一定的假设条件之下的，这些条件包括：

（1）企业能够及时补充存货，即需要订货时便可立即取得存货；
（2）能集中到货，而不是陆续入库；
（3）不允许缺货，即 TC_s 为零，这是因为良好的存货管理本来就不应该出现缺货成本；
（4）需求量稳定，并且能预测，即 D 为已知常量；
（5）存货单价不变，不考虑现金折扣，即 U 为已知常量；
（6）企业现金充足，不会因现金短缺而影响进货；
（7）所需存货市场供应充足，不会因买不到需要的存货而影响其他。

设立了上述假设后，存货总成本的公式可以简化为

$$TC = F_1 + \frac{D}{Q} \times K + D \times U + F_2 + K_c \times \frac{Q}{2} \tag{6-18}$$

式中的 F_1、K、D、U、F_2、K_c 为常量时，TC 的大小取决于 Q。为了求出 TC 的极小值，对其进行数学推导，可得出如下计算经济订货批量的公式

$$Q^* = \sqrt{\frac{2KD}{K_c}} \tag{6-19}$$

这一公式称为经济订货批量的基本模型，用此模型求出的每次订货批量，可使 TC 值达到最小。

由这个基本模型，可以得到计算与经济订货批量有关的存货总成本、订货次数、订货周期和存货资金占用额的几个公式。

(1) 与批量有关的存货总成本公式。

$$\mathrm{TC}(Q^*) = \frac{KD}{\sqrt{\frac{2KD}{K_c}}} + \frac{\sqrt{\frac{2KD}{K_c}}}{2} \times K_c = \sqrt{2KDK_c} \tag{6-20}$$

(2) 每年最佳订货次数公式。

$$N^* = \frac{D}{Q^*} = \frac{D}{\sqrt{\frac{2KD}{K_c}}} = \sqrt{\frac{DK_c}{2K}} \tag{6-21}$$

(3) 最佳订货周期公式。

$$t^* = \frac{1}{N^*} = \frac{1}{\sqrt{\frac{DK_c}{2K}}} \tag{6-22}$$

(4) 经济订货量占用资金公式。

$$I^* = \frac{Q^*}{2} \times U = \sqrt{\frac{KD}{2K_c}} \times U \tag{6-23}$$

【例 6-9】 XYZ 公司在生产经营过程中需要使用甲材料，估计全年的耗用量为 45000 千克，该材料的单位采购价格为 15 元，每千克甲材料年储存成本平均为存货采购成本 20%，平均每次订货成本为 675 元。问 XYZ 公司对甲材料的经济订货批量是多少？在此订购批量下，计算与经济订货批量有关的存货总成本、订货次数、订货周期和存货资金占用额。

【解答】 本例中，$D=45000$，$U=15$，$K=675$，$K_c=15\times20\%=3$。直接应用经济订货批量基本模型的各个公式，得到：

经济订货批量 $Q^* = \sqrt{\dfrac{2KD}{K_c}} = \sqrt{\dfrac{2\times675\times45000}{3}} = 4500(千克)$。

与批量有关的存货总成本 $\mathrm{TC}_{(Q^*)} = \sqrt{2KDK_c} = \sqrt{2\times675\times45000\times3} = 13500(元)$。

最佳订货次数 $N^* = \dfrac{D}{Q^*} = \dfrac{45000}{4500} = 10(次)$。

经济订货量占用资金 $I^* = \dfrac{Q^*}{2}\times U = \dfrac{4500}{2}\times15 = 33750(元)$。

六、经济订货批量基本模型的扩展形式

现实中存货管理的很多情况下，人们并不能满足经济订货量基本模型的各种假设。为了提高可用性，需放宽假设来改进模型，包括存在商业折扣的情况、存货陆续供应和使用的情况等，下面做简单的介绍。

(一) 存在商业折扣的情形

在前面介绍的经济订货批量的基本模型中，假设存货的采购价格与每一次的采购数量无

关。然而，在市场经济条件下，销售方为了吸引客户，常常会给买方提供商业折扣。这时购买方在进行存货经济订货批量决策时，除了考虑订货成本和储存成本外，还必须考虑采购数量对采购价格的影响。

【例 6-10】 假设【例 6-9】中，供货方规定：一次订购甲材料超过 7500 千克，可以获得 1% 的商业折扣；超过 9000 千克，可以获得 2% 的商业折扣。此时 XYZ 公司应如何做出订货批量的决策？

【解答】（1）首先，计算按经济订货批量（一次采购 4500 千克）采购时的总成本（含采购成本；下同）。

总成本＝年需要量×采购单价＋经济订货批量的存货变动总成本＝45000×15＋13500＝688500（元）。

（2）其次，计算每次采购 7500 千克时的总成本。

采购成本＝45000×15×（1－1%）＝668250（元）。

与订货批量相关的存货变动总成本＝3×7500/2＋675×45000/7500＝15300（元）。

总成本＝668250＋15300＝683550（元）。

（3）再次，计算每次采购 9000 千克时的总成本。

采购成本＝45000×15×（1－2%）＝661500（元）。

与订货批量相关的存货变动总成本＝3×9000/2＋675×45000/9000＝16875（元）。

总成本＝661500＋16875＝678375（元）。

计算结果表明，XYZ 公司每次应采购 9000 千克，享受 2% 的商业折扣时，总成本最低。

（二）存货陆续供应和使用的情形

建立基本模型时，假设存货一次全部入库，而事实上，各批存货可能陆续入库。在这种情况下，需要对基本模型做一些修改。这时需要增加两个变量：每日耗用量（用 d 表示）和每日送货量（用 P 表示）。

设每批订货数为 Q，由于每日送货量为 P，所以该批货全部送达所需日数为 $\dfrac{Q}{P}$，称为送货期。送货期内全部耗用量为 $\dfrac{Q}{P}\times d$，每批送完时，最高存量为 $Q-\dfrac{Q}{P}\times d$，平均存量为 $\dfrac{1}{2}\left(Q-\dfrac{Q}{P}\times d\right)=\dfrac{Q}{2}\times\left(1-\dfrac{d}{P}\right)$。这样，与批量有关的总成本为

$$\text{TC}=\frac{D}{Q}\times K+\frac{Q}{2}\times\left(1-\frac{d}{P}\right)\times K_c \tag{6-24}$$

求导得出存货陆续供应和使用的经济批量公式及总成本公式分别为

$$Q^*=\sqrt{\frac{2KD}{K_c}\times\frac{P}{P-d}} \tag{6-25}$$

$$\text{TC}_{(Q^*)}=\sqrt{2KDK_c\left(1-\frac{d}{P}\right)} \tag{6-26}$$

【例 6-11】 在【例 6-9】中，假设甲材料每日耗用量为 125 千克，每日送货量为 800 公斤，其他条件不变，此时的经济批量决策如下：

$$Q^* = \sqrt{\frac{2KD}{K_c} \times \frac{P}{P-d}} = \sqrt{\frac{2 \times 675 \times 45000}{3} \times \frac{800}{800-125}} = 4899(千克)。$$

$$TC_{(Q^*)} = \sqrt{2KDK_c\left(1-\frac{d}{P}\right)} = \sqrt{2 \times 675 \times 45000 \times 3 \times \left(1-\frac{125}{800}\right)} \approx 12400(元)。$$

以上讨论是假设存货的供需稳定且确知，即每日需求量不变，交货时间也固定不变。即每日需求量不变，交货时间也固定不变。实际上，每日需求量可能变化，交货时间也可能变化。为防止由此造成的损失，就需要保险储备。保险储备的经济批量模型在此不再展开。

七、存货的日常管理

存货具有保证生产销售正常进行，并满足经营需要的作用，因此，存货在企业中非常重要，是企业资产的重要组成部分，对其加强管理必不可少。下面从存货日常管理的要求和基本工作内容加以说明。

1. 建立存货管理制度

企业应当建立必要的存货管理制度，主要包括如下内容：

（1）建立完整的存货账簿记录制度。存货账簿记录主要是指存货记录的总账和依据负责部门的不同设置的明细账，用于落实各部门存货的实物管理和资金管理。

（2）建立健全存货采购、生产和销售有关的管理制度。采购存货要有计划和预算，对重要的存货（如 A 类存货）要确定最佳进货批量。进货渠道要"货比三家"，采购要有严格的审批制度，进货要专人负责等。存货的生产环节要有严格的质量保证体系，核算产品的质量成本，在保证质量的前提下尽可能降低生产成本。存货的销售环节也要有相应的制度保证，如建立适合企业的信用政策和收账政策，销售商品要有明确的授权等。

（3）制定定期的盘存制度。存货盘点是保证存货账实相符的重要手段，特别是当存货增减变动剧烈的时候，规范的盘点制度尤为重要。现实工作中，企业往往采用存货的永续盘存制度，即在存货明细账中随时反映出每种存货的收入、发出和结存情况，在此基础上进行数量和金额的双重控制。但该制度存货明细分类核算工作量较大，需要较多的人力和费用，企业应该建立健全定时盘点制度来保证其正常有序的进行。

2. 及时把握存货资产的价值变化

财务部门应及时计算存货价值在企业资产总额中所占的比重，并进行动态比较，估计企业存货价值在总资产中的合理比重。同时要分析存货所占用资金量的变化，并根据生产经营的需要，判断各种主要存货的需要量处于过剩还是不足，及时向生产经营部门反馈信息。

3. 认真分析各种存货的风险性和赢利性，使存货的风险与收益相匹配

总体上说存货的流动性风险较大，通货膨胀风险较小，而赢利性较强，但不同的存货其风险和赢利并不相同。企业管理人员应当认真分析各类存货尤其是 A 类存货的风险性和赢利性，不能只考虑降低风险而忽视存货资产总体的赢利性，也不能为了增强存货的赢利性而承担过高的流动性风险。

4. 准确预测存货的价格走势，合理调整存货结构

在激烈的市场竞争中，各种存货的价格随市场千变万化。营销部门要根据市场环境的变化，准确预测各种存货的价格走势，并在此基础上，提出相应的对策。例如，当原材料预期要涨价时，企业应当利用现有资金或适当筹资，集中采购并囤积一些原材料。必要时可以利用期

货合约锁定原材料价格。又如,当某种产品的价格会涨价时,要在可能的情况下调整产品结构,多投产有涨价潜力的高附加值产品,或者惜售该类产品;同时削减预期会跌价的产品产量,尽快出售。

5. 根据经济进货批量严格控制存货的投资额

存货也是企业的一种投资,存货占用资金需要付出成本,包括机会成本和储存成本等。企业各个部门要根据经济进货量模型,合理确定各主要存货的经济采购量和产量,在保证正常生产经营的前提下,尽可能节约存货投资额。例如,采购部门对资金的超标准需要不是因为需求的正常增加所引起的,则企业授权审批人员应在授权范围内对其进行严格的审批,控制存货的购进成本和数量。

第六节 固定资产管理

固定资产是企业的劳动资料,是企业开展正常生产经营活动必需的物资,属于最重要的非流动资产,在企业资产中占有很大的比重。固定资产管理主要包括固定资产的购置、使用、折旧和处置等方面。

一、固定资产的概念和种类

(一)固定资产的概念和特点

固定资产是指为生产产品、提供劳务、出租或经营管理而持有的使用寿命超过一个会计期间的有形资产。固定资产与存货都是企业开展生产经营必不可少的物质基础,但固定资产不同于存货,它在企业经营中具有以下特点。

(1) 持有的目的是用于生产经营活动而不是为了出售。这一特点是固定资产区别于商品等流动资产的重要标志。例如,房屋对一般企业来说属于固定资产,企业持有房屋的目的并不是为了出售;但对房地产企业说,房屋(指商品房)则属于存货,因为房地产企业持有商品房的目的是为了出售。同样,汽车对于汽车制造企业来说属于存货,而对于交通运输企业和一般的工商企业则属于固定资产。

(2) 资金投入量大,对企业生产经营的影响深远。这一特点表明两点:第一,企业为了获得固定资产并把它投入生产经营而发生的支出,属于资本性支出而不是收益性支出。第二,企业固定资产投资对企业的经营会产生深远的影响,一旦投资失误,会直接影响企业日后较长时间的经营活动。例如,企业在设计生产能力时超过了需要量,造成固定资产投资过度,生产能力闲置,就会给日后的经营造成压力。

(3) 价值转移方式特别。固定资产的使用寿命超过一个会计期间,且又不是无限期的,它可以在企业多个生产经营周期中重复使用,而不改变其实物形态。当然,固定资产使用过程中必然会发生价值损耗,这种价值损耗是逐步转移到产品或劳务成本中,而不像存货那样一次性转移。这一特点说明了对固定资产计提折旧的必要性。

(二)固定资产的种类

固定资产的种类繁多,根据不同的管理需要和核算要求,可以进行不同的分类,主要有以下几种常见的分类方法。

1. 按固定资产的经济用途分类

按固定资产的经济用途不同,可将固定资产分为生产经营用固定资产和非生产经营用固定资产。生产经营用固定资产,是指直接服务于企业生产经营过程中的各种固定资产。如生产经营用的房屋、建筑物、机器、设备、器具、工具等。非生产经营用固定资产是指不直接服务于生产经营过程的各种固定资产,如职工宿舍、食堂、浴室、理发室等使用的房屋、设备和其他固定资产等。从资产管理的角度看,生产经营性固定资产无疑是企业固定资产管理的重点。

2. 按固定资产使用情况分类

按固定资产使用情况不同,可将固定资产分为使用中固定资产、未使用固定资产和不需使用固定资产。使用中固定资产是指处于正在使用中的经营性和非经营性固定资产。由于季节性经营或大修理等原因,暂时停止使用的固定资产仍属于企业使用中固定资产。未使用固定资产是指已完工或已购建的尚未正式使用的新增固定资产以及因进行改建、扩建等原因暂停使用的固定资产,如企业购建的尚未正式使用的固定资产、经营任务变更停止使用的备用设备等。不需使用固定资产是指本企业多余或不适用的各种固定资产。这类固定资产将由企业处置(出售、报废等),不久便会退出企业。

3. 按固定资产的所有权分类

按企业是否拥有固定资产的所有权,可将固定资产分为自有固定资产和租入固定资产。自有固定资产,是指企业拥有其所有权的固定资产,企业使用的固定资产大多属于自有固定资产。租入固定资产,是指企业采用租赁方式从其他单位租入的固定资产。

二、固定资产的风险性和赢利性

从资产的风险性和赢利性来看,固定资产呈现明显的财务特征。与存货一样,固定资产一般不存在违约风险,但其流动性风险很大,赢利性存在差异。总的来说,固定资产的风险性和赢利性呈现以下特征。

1. 流动性风险很大

顾名思义,固定资产就是相对固定的一种资产,不仅其实物形态不易变化,其价值流动性也很差。因为,企业不可能随意将固定资产出售变现,其价值通常以折旧的方式转移到产品成本中去,并随着产品的出售而回收。

由于固定资产的流动性比较差,满足固定资产的资金必须具有相对的稳定性。所以企业应当拥有一定数量的长期可支配资金(如所有者权益和长期负债),与固定资产相匹配。

2. 通货膨胀风险较小

固定资产的通货膨胀风险相对较小。这是因为,当发生通货膨胀时,大多数生产资料都会涨价,尤其是房屋、建筑物抗通胀的能力很强。当然,有些固定资产也很容易贬值,尤其是一些专用设备,一旦变现其可收回净额会大打折扣。

3. 赢利性较强

固定资产通常具有较强的赢利性。从现代经济学的观点看,资本是创造企业的赢利最重要的要素,而固定资产是企业资本的沉淀物,所以某种意义上说固定资产是创造企业赢利的资源之一。当然,不同的固定资产其赢利能力不尽相同。这里,必须区分单项资产的赢利能力和企业的综合赢利能力。对有些固定资产而言,单项资产的赢利能力就很强,如房屋、建筑物等,单独将其出售就能获得高于其账面价值数倍的经济利益;有些固定资产虽然单项资产的赢利能力并不明显,甚至可能会出现资产减值的情况,但当这些资产与其他资产结合在一起时,就会使企业产生较强的赢利能力。

三、固定资产购置的管理

固定资产购置管理是固定资产投资决策的后续问题。固定资产投资决策考虑的是企业是否应当进行固定资产投资,以及投资方案的设计等问题,而固定资产购置是在既定的投资方案下如何取得需要的固定资产。下面简要介绍固定资产购置管理的基本要求。

1. 认真开展固定资产投资可行性分析

由于固定资产使用时间长、投资数额大,一旦投资决策失误,不仅会造成投资本身的巨大浪费,而且还会导致企业日后生产经营方面的困难。因此,企业在固定资产投资前必须根据自身的具体情况和投资环境,认真研究投资方案的可行性,对投资之后为企业带来的经济效益和社会效益进行预测,在各种投资方案中尽可能选择投资少、效益高、回收期短的方案。

2. 科学进行固定资产的预测分析

随着企业生产经营的不断发展,企业所需的固定资产必然会发生相应的变化,无论是数量、种类,还是提供的效能,都会不断变动去适应企业的变革。因此,正确预测固定资产的需求是固定资产购置管理的一项重要任务。

首先要合理预测固定资产的需求量。企业应综合考虑生产经营的任务、生产规模、生产能力等各方面的因素,采用科学的方法进行预测,并加以合理配置,以尽可能少的固定资产满足企业生产经营的需要。

预测需要量不仅有助于企业了解固定资产的存量,平衡生产任务和生产能力,挖掘固定资产的潜力,还可以加强固定资产的效果,为固定资产的正确使用和处置提供依据。

其次要合理预测固定资产的使用年限和日常损耗。企业在充分了解即将投资的固定资产的前提下,应该结合自身具体情况,如固定资产在日常生产经营过程中发生的损耗程度,合理分析其使用年限,并与其他同类型可供选择的固定资产进行比较,综合考虑购买该项固定资产的合理性。

3. 认真分析供货渠道,谨慎选择供应商

企业在完成固定资产预测工作以后,明确了所需购置的固定资产类别和数量,接下来应当认真分析生产资料市场,充分把握该类固定资产的货源及供求状况,从质量、价格、售后服务以及结算方式等方面综合考虑,选择对本企业最为有利的供应商。尤其是购置一些通用设备,一定要货比三家,必要时采用招标的方式确定供应商。

4. 合理安排固定资产购置所需资金

企业购买固定资产往往存在两种情况:一种是进行固定资产定期购置更新,另一种是由于企业改变经营战略等原因而临时决定购买。在定期更新的情况下,企业往往可以提前制定出各期所需资金量,并通过企业的盈余公积、未分配利润等方式来筹集资金。在第二种情况下,如果临时购买所需资金较多,企业权益资本无法满足时,就需要通过对外融资的方式来解决,这时企业还需比较各种融资方式的优劣。

5. 完善固定资产购置审批制度

固定资产购置必须经过相应管理层的审批。因此,企业必须制定完善的授权审批制度,合理划分各个管理层的审批权限,防止管理人员的越权审批给企业带来的损失。例如,规定经理层（如具体审批人员为公司总经理）拥有 300 万以下的固定资产购置审批权限，董事会（如具体审批人员为公司董事长）拥有 500 万元以下固定资产购置审批权限，而 500 万元以上的固定资产购置则需要公司股东会审议通过，并由股东会委托董事长审批。同时应当明确固定资产购置中审批人员的责任，做到责权分明。

6. 遵循会计准则的要求，规范固定资产入账价值

固定资产的入账价值属于会计核算中固定资产的初始计量。按照我国会计准则的规定，企业对于购置的固定资产，应按实际发生的购买价格、相关税费，以及使固定资产达到预定可使用状态前所发生的可归属于该项固定资产的运输费、装卸费、安装费和专业人员服务费等作为入账价值。以一笔款项购入多项没有单独标价的固定资产，应当按照各项固定资产公允价值比例对总成本进行分配，分别确定各项固定资产的入账价值。切忌随意确定固定资产的入账价值。

固定资产计量是否规范不仅会影响企业的资产价值和各种资产的价值构成，还会影响企业的赢利水平，这种影响有时可能是很长远的。例如，2009 年我国实行"消费型增值税"以后，购置某些固定资产的增值税进项税依法予以抵扣，这就意味着购置这些固定资产的进项税额不应作为固定资产的入账价值。如果企业仍将其计入固定资产的价值，不仅会使企业多缴纳不该缴纳的增值税，虚增固定资产账面价值，而且会增加该固定资产使用期间的折旧，影响企业以后年度的赢利水平。

四、固定资产折旧的管理

固定资产在使用中发生的价值损耗称为固定资产的折旧。从会计核算的角度看，固定资产折旧是指在固定资产使用寿命内，按照确定的方法对应计折旧额进行系统分摊。这种分摊有两个去向：一是转移到产品成本，构成存货的价值；二是作为期间费用，直接减少企业当期的利润。无论哪种转移方式，最终都将在产品销售之后转换为货币资金回收，作为固定资产损耗部分价值的补偿。由此可见，固定资产折旧对营业成本、利润确认以及货币资金的流转都有重大的影响。因此，固定资产的折旧管理是企业财务管理的重要内容。

（一）明确影响固定资产折旧的因素

固定资产折旧管理首先要确定影响固定资产折旧的因素。这些因素主要包括以下几项。

1. 计提折旧的基数

固定资产计提折旧的基数是该固定资产的原始价值，企业对固定资产计提折旧，应在其基数范围内计提。当然，如果某些固定资产只有重置价值而没有原始价值，则折旧的计提只能按重置价值进行。同时企业也可根据特定的经营要求，经有关部门批准后，对某固定资产价值进行修订，重新计算和提取各期的折旧额。

2. 折旧年限

固定资产的折旧年限，指固定资产的预计经济服务寿命。企业在确定固定资产折旧年限时，要考虑该资产的预计生产能力或实物产量、有形损耗和无形损耗以及法律或者类似规定对资产使用的限制。估计的折旧年限是影响每期折旧额高低的重要因素，在其他条件不变的前提下，折旧年限越短，每期计提的折旧额越大；反之亦然。

3. 预计净残值

固定资产的预计净残值，是指假定固定资产预计使用寿命已满并处于使用寿命终了的预期

状态，从该项资产处置中获得收入扣除预计处置费用后的金额。一般按固定资产原始价值的百分比（称为净残值率）来估计。固定资产原值减去预计净残值的差额才是应计提折旧的总额（若不计提减值准备）。显然，残值估计越大，计提的折旧额越少；反之亦然。

按照会计准则的规定，企业应当根据固定资产的性质和使用情况，合理确定固定资产的使用寿命和预计净残值。固定资产的使用寿命、预计净残值一经确定，不得随意变更。

4. 固定资产实际损耗

企业在制定其折旧政策时，必须充分考虑固定资产的各种损耗，特别要预期可能出现的各种无形损耗，并要以其预计损耗程度作为选择折旧方法和确定折旧年限的依据。若在现实工作中发现某项固定资产的损耗超出原有的预期，从而使原折旧方式对该固定资产已不再适用时，企业应及时修改原来的折旧计划。

（二）严格按照规定的范围计提固定资产折旧

企业不能随意确定固定资产的折旧范围，而应根据会计准则的要求严格执行。简单地说，企业在用的固定资产均应计提折旧。应当注意的是，房屋和建筑物不论是否使用均应计提折旧；融资性租赁方式租入的固定资产和经营租赁方式租出的固定资产均应计提折旧。但下列固定资产不计提折旧：①已提足折旧继续使用的固定资产；②以经营方式租入的固定资产和融资方式租出的固定资产；③未提足折旧提前报废的固定资产；④持有待售的固定资产。

固定资产折旧按月计提，并以月初可提取折旧的固定资产账面原值为依据。当月增加的固定资产，当月不提折旧，从下月起计提折旧。当月减少的固定资产，当月照提折旧，从下月起停止计提折旧。

（三）合理确定固定资产折旧方法

1. 固定资产折旧方法

折旧方法是指固定资产应计提的折旧总额在各使用期间进行分配的方法。不同的折旧方法，决定了固定资产各使用期间不同的折旧额。按照现行会计准则的要求，企业应当根据与固定资产有关的经济利益的预期实现方式，合理选择固定资产折旧方法。可选用的折旧方法包括年限平均法、工作量法、双倍余额递减法和年数总和法等。固定资产的折旧方法一经确定，不得随意变更。

（1）平均年限法。平均年限法，即直线法，是指将固定资产的应计折旧额均衡地分摊于各会计期间的一种方法。采用这种方法每期的固定资产折旧额是相等的。

在实务中，企业取得一项固定资产后，先要为该项固定资产建立卡片，合理预计该项固定资产的折旧年限和净残值，并以此核定其折旧率（折旧额与原始价值之比率），并按固定资产原始价值与月折旧率的乘积来计算月折旧额。运用平均年限法计提折旧，会计人员易于掌握，且便于使用，其前提是这些固定资产在使用中各期的损耗是相同的。对于那些技术进步较快，或者各期使用时间和价值损耗不均匀的固定资产，这种方法并不适用。

（2）工作量法。工作量法也称为产量法，它是根据固定资产的实际工作量计提折旧的一种方法。采用这种方法先要核定单位工作量的折旧额，再根据该固定资产在各期的工作量大小来计算其折旧额。工作量法由于考虑了固定资产的使用强度，比起平均年限法所计提的折旧额要准确一些。一般适用于那些各期工作量（产量）不等或使用时间不均匀的专用设备，如发电机组、从事货物运输业务的运输工具等。

（3）双倍余额递减法。双倍余额递减法是一种加速折旧方法，它是指在不考虑固定资产净残值的情况下，根据每期期初固定资产账面余额和双倍的直线折旧率计算固定资产折旧的一种方法。采用这种方法计算折旧时，每年固定资产的折旧率是相等的（不考虑净残值下的直线法折旧率的两倍），但由于每期期初固定资产的账面净值呈（等比级数）递减变化，所以各期折旧额也呈（等比级数）递减变化。为使固定资产在其使用寿命内所计提的折旧总额等于其应计折旧额，采用双倍余额递减法计提折旧时，应当在其折旧年限到期的前两年内，将固定资产净值扣减预计残值后的余额平均摊销。

(4) 年数总和法。年数总和法是我国会计准则规定可以采用的另一种加速折旧的方法，它是指将固定资产的原始价值减去净残值后的净额（应计折旧额）乘以一个逐年递减的折旧率计算每年折旧额的一种方法。采用这种方法计算折旧时，虽然计提折旧的基数是不变的，但由于每年的折旧率呈（等差级数）递减，所以各期折旧额也呈（等差级数）递减。

下面通过实例来说明各种固定资产折旧方法的运用。

【例6-12】ABC公司是一家电力生产企业，现在构建了一套发电机组，其原始价值为72000万元，预计寿命期为8年。根据该发电机组的生产能力和供电市场的状况，预计该机组在使用寿命期内的发电总量86.4亿千瓦时，预计报废时的净残值为2880万元（净残值率为4%）。并假设该机组投入使用的第一个月的发电量为7500万千瓦时。

试分别采用平均年限法、工作量法、双倍余额递减法和年数总和法，计算该机组每年的折旧额。

【解答】(1) 使用平均年限法计算每年的折旧额：

年折旧额＝（72000－2880）÷8＝8640（万元）。

月折旧额＝8640÷12＝720（万元）。

核定的年折旧率为12%（8640÷72000），月折旧率为1%（720÷72000或12%÷12）。

(2) 采用工作量法计提折旧的计算结果：

单位工作量折旧额＝（72000－2880）÷864000＝0.08（元/千瓦时）。

机组投入使用的第一个月的发电量为7500万千瓦时，该月应计提折旧额为600万元。

(3) 采用双倍余额递减法，计算结果如下：

年折旧率＝（2/8）×100%＝25%。

第一年折旧额72000×25%＝18000（万元）。

第二年折旧额（72000－18000）×25%＝13500（万元）。

第三年折旧额（72000－18000－13500）×25%＝10125（万元）。

以此类推计算各年的折旧额。显然，每年的折旧额呈等比级数增长，其公比为（1－折旧率），本例中每年的折旧额等于上年折旧额乘以0.75。运用等比级数求和公式，可以计算出前6年止的累计折旧额为

$$\frac{18000×(1-0.75^6)}{(1-0.75)}≈59185.54（万元）$$

最后两年应计提的折旧额合计为9934.46万元，每年的折旧额为4967.23万元。

(4) 采用年数总和法，年数总和为36，其各年的折旧额分别如下。

第一年：（72000－2880）×（8/36）＝15360（万元）。

第二年：（72000－2880）×（7/36）＝13440（万元）。

第三年：（72000－2880）×（6/36）＝11520（万元）。

以此类推,第 4~8 年的折旧额依次为 9600 万元、7680 万元、5760 万元、3840 万元和 1920 万元。显然,每年的折旧额呈等差级数递减(本例中公差为－1920)。

按照上述各种折旧方法(工作量法外)计算得出的折旧额汇总,结果见表 6-9。

表 6-9　平均年限法、双倍余额递减法和年数总和法折旧额汇总表　　(单位:万元)

年 份	平均年限法		双倍余额递减法		年数总和法	
	折旧额	年折旧率	折旧额	折旧率	折旧额	折旧率
1	8640	12%	18000	25%	15360	8/36
2	8640	12%	13500	25%	13440	7/36
3	8640	12%	10125	25%	11520	6/36
4	8640	12%	7593.75	25%	9600	5/36
5	8640	12%	5695.31	25%	7680	4/36
6	8640	12%	4271.48	25%	5760	3/36
7	8640	12%	4967.23	—	3840	2/36
8	8640	12%	4967.23	—	1920	1/36

2. 固定资产折旧方法的选择

前面介绍的固定资产折旧方法是我国会计准则允许采用的折旧方法。从理论上说,还有其他一些固定资产折旧方法,如余额递减法等。

从表 6-9 可以看出,采用平均年限法计算固定资产折旧较为简单,如果固定资产各期的磨损程度相同,各期应分摊相同的折旧费,这时采用平均年限法计提折旧是合理的。但是,若固定资产在各期使用不均匀,采用平均年限法计算折旧就不能反映固定资产的实际使用情况,提取的折旧数与固定资产的损耗程度也不尽相符。

与平均年限法不同,双倍余额递减法计算折旧时采用了递减的折旧基数和固定的折旧率,年数总和法则采用了固定的折旧基数和递减的折旧率,每期的折旧额因此而递减。这两种方法均属于加速折旧的方法,其结果是前期多提折旧,后期少提折旧,实现快速收回固定资产价值的目的。

简单地说,固定资产折旧方法的选择实际上是平均年限法与加速折旧方法的选择。企业在选择折旧方法时,应当综合考虑企业各方面的因素,做出合理选择。一般来说,企业选择固定资产折旧方法应当考虑下列主要因素。

(1) 固定资产实物损耗的实际情况。不同类型的固定资产其实物损耗规律各不相同。例如房屋建筑物,其实物损耗的多少一般与使用时间有直接关系,适合平均年限法折旧。而通用设备和专用设备,前期损耗较多,后期较少,这时采用加速折旧的方法就比较符合固定资产效用递减的规律。因此,企业在选择折旧方法时,要尽可能遵循固定资产实物损耗的规律,合理选择折旧方法。

(2) 固定资产无形损耗。一些技术含量比较高的企业,设备的技术进步和更新速度比较快,对这些固定资产一方面应当缩短折旧年限,同时采用加速折旧方法。同时,这样可以在固定资产使用前期收回较多的折旧额,防止设备提前淘汰给企业带来的损失,为企业技术进步提供动力。

(3) 企业产出的分布情况。固定资产折旧大多数构成存货的价值。因此,折旧的计提最好与企业产出(产销量与营业收入)匹配。也就是说,在产出高的时期应当多提折旧,而产出少的时期少折旧。例如,某一种新产品投产后,前期的销售量会由于市场的原因而相对较少,进入成长期后销售量会迅速增长，到衰退期销售量又会减少。那么对生产该新产品的设备应当采用"两头少、中间多"的折旧方法（我国并没有采用此类折旧方法），这样一来，各个时期单位产品所承担的折旧成本比较均匀，符合投入产出匹配的原则。

（4）固定资产的维修成本。折旧和维修费用是固定资产使用期间的两种主要成本。固定资产在使用过程中的维修费用通常具有某种规律，一般是前期较少，后期较多。为了使固定资产的使用总成本在各期比较均匀，这就要求折旧的分布是先多后少。当然，也有一些设备的维修费用会出现"两头多中间少"的情形，那么折旧的分布最好是"两头少、中间多"。

（5）企业盈余管理的需要。简单地说，盈余管理是企业管理人员在会计准则允许的范围内，有目的地采取各种手段达到期望报告赢余的行为。由于固定资产折旧最终会影响企业的赢利，折旧方法的选择也就成为许多企业进行盈余管理的重要手段。例如，某一时期企业的赢利水平较高时，企业可能希望多计提折旧而将一部分赢利推迟反映；相反，如果企业的赢利受到经营的影响而无法达到预期的目标，企业管理当局可能会利用少提折旧而使账面赢利较为乐观。利用折旧进行盈余管理的事例比比皆是，这里不再展开。

（6）企业所得税。折旧既然会影响企业的赢利水平，一般也会影响各期的所得税。因此，所得税是企业选择折旧政策必须考虑的重要因素。

这里首先需要考虑的是所得税法对企业固定资产折旧方法的法律限制。我国企业所得税法规定，固定资产按照直线法计算的折旧，准予扣除；企业的固定资产由于技术进步等原因，确需加速折旧的，可以缩短折旧年限或者采取加速折旧的方法。这就是说，从税法的规定看，企业不能任意选择固定资产折旧方法，但在税法允许的情况下，企业还是存在选择折旧政策的一些自主权。

对于一般的企业，其所得税政策相对稳定，没有享受所得税优惠政策，那么，加速折旧法（如果税法允许）可以使企业获得推迟纳税的好处。有人甚至说，加速折旧相当于使企业获得了一笔"无息贷款"。

对于一些享受所得税优惠政策的企业，折旧方法的选择应该考虑税收优惠政策的实际情况。例如，我国所得税法规定："符合条件的环境保护、节能节水项目的所得，自项目取得第一笔生产经营收入所属纳税年度起，第一年至第三年免征企业所得税，第四年至第六年减半征收企业所得税。"如果某企业属于上述税收优惠之列，其固定资产就不应当采用加速折旧方法。因为加速折旧会使该企业在免税和减税期间的应纳税所得额减少，减弱税收优惠带来的好处。

另外，如果企业认为国家税收政策会出现变化时，应当根据税收政策的可能变化，合理选择固定资产折旧方法。例如，我国从2008年起将企业所得税的基准税率从33％降低为25％。实际上这一政策出台之前人们已传言许久。如果企业在2008年前有新建的固定资产投入使用，那么加速折旧无疑是比较明智的选择。

五、固定资产维修、保养的管理

为了保持固定资产处于良好的使用状态，充分发挥其工作能力，必须经常对其进行维修和保养。固定资产维修和保养需要归口管理，专人负责。固定资产维修分为日常维修和大修理两种。

固定资产日常维修与保养通常是结合在一起的。固定资产使用部门和设备管理部门要定期检查固定资产的运行状况，一旦出现故障，应及时检修。发生的维修和保养费用应一次计入产品成本或计入当期损益。

固定资产大修理是固定资产运营管理的重要环节，企业应当制定固定资产的大修理计划，对拟进行大修理的对象、范围、实施部门和费用做出合理的安排。企业财务管理部门要做好固定资产大修理的费用预算，及时筹措大修理所需资金。会计部门要对大修理费用做出正确的会计核算，对于数额较大的大修理费用，可以采用待摊或预提的方法进行会计处理。

与此同时，企业还要做好固定资产保险工作。对于房屋、建筑物以及价值较大且存在安全隐患的固定资产，在做好日常维修、保养的同时，必须为其购买财产保险，以便在发生自然灾害或意外事故时，能够获得保险赔偿，减少企业的损失。

六、固定资产处置的管理

（一）固定资产处置的方式

固定资产使用期满，或者虽然未到期满但已不能使用，或者由于各种原因企业不需使用的，应当对其进行处置。固定资产处置包括出售、报废和毁损、对外投资、非货币性资产交换转出、债务重组转出等。

（二）固定资产处置的程序

固定资产处置是企业固定资产管理的重要环节，企业必须制定相应的管理制度，规范固定资产处置行为。

（1）提出申请。固定资产不能继续使用的，首先要由固定资产使用部门提出处置申请；固定资产需要转作它用的，需要由相关部门提出申请。处置申请提交固定资产管理部门，由管理部门受理后提交企业分管领导。

（2）审议。负责固定资产管理的领导对固定资产处置申请签署意见后，根据固定资产价值的大小和处置的原由，交由企业相关决策机构审议。对于金额较小的固定资产处置可由经理会议做出决议，金额较大的固定资产处置由董事会或股东会审议，做出决定。

（3）处置。审议通过后，固定资产管理部门负责对该项固定资产实施处置，办理相关的手续。

（4）进行会计处理。企业处置固定资产应通过"固定资产清理"科目核算。转入清理时，应将该项固定资产账面价值和处置过程中所发生的清理费用、相关税金计入"固定资产清理"科目，对于处置时取得的收入作为"固定资产清理"科目的抵减项目。处置完毕后，根据固定资产的不同处置结果，将"固定资产清理"科目的余额结转。出售、报废或毁损的固定资产处置收益或损失转为当期的营业外收支；作为非货币性资产交换处置的固定资产成本转为换入资产的成本；债务重组转出的固定资产成本抵减相关债务的价值；对外投资的固定资产转为长期股权投资的成本。

第七节 无形资产管理

无形资产是相对于有形资产而言的，是指那些不具备实物形态的非货币性资产。它通常是企业所拥有的某项法定权利，因此它可以帮助企业获得高于一般水平的获利能力。无形资产管理是企业资产运营管理的重要组成部分。

一、无形资产的概念和分类

无形资产，是指企业拥有或者控制的没有实物形态的非货币性资产。这一定义表明了无形资产的基本特征：第一，无形资产是没有实物形态的资产；第二，无形资产属于非货币性资产。

无形资产按其内容来分，一般包括专利权、商标权、土地使用权、著作权、特许权、非专利技术等。

1. 专利权

专利权是国家依法授予专利发明人对某一产品的造型、配方、结构、制造工艺和流程在一定期限内制造、出售或使用其发明的特殊权利。拥有专利权可使企业在这些方面取得垄断地位和优势。专利权具有一定的有效期，并只在其适用的专利法规管辖区域内有效。

2. 商标权

商标权是指企业专门在某种指定的商品上使用特定的名称、图案、标记的权利。

3. 土地使用权

土地使用权是指国家准许某一企业在一定期间内对国有土地享有开发、利用、经营的权利。

4. 著作权

著作权是指著作权人对其著作依法享有的出版、发行等方面的专有权利。

5. 特许权

特许权也称为专营权，指在某一地区经营或销售某种特定商品的权利或是一家企业接受另一家企业使用其商标、商号、技术秘密等的权利。

6. 非专利技术

非专利技术也称为专有技术，是指发明人垄断的、不公开的、具有实用价值的先进技术、资料、技能、知识等。它与专利权不同，不受法律保护。

二、无形资产的风险性和赢利性

无形资产的财务特征与固定资产相类似。从资产的风险性和赢利性来看，无形资产一般不存在违约风险，但其流动性风险很大，赢利性存在很大的不确定因素。

1. 流动性风险很大

企业拥有无形资产的目的不是为了出售，而是使其在生产经营中发挥作用。因此，企业不可能随意将无形资产变现，其价值通常以摊销的方式转移到各期的损益，并随着产品的出售而回收。

2. 通货膨胀风险较小

无形资产具有较强的抗通膨能力，一旦发生通货膨胀，大多数无形资产都会涨价，土地使用权和一些特许权尤其如此。当然，有些无形资产也很容易出现贬值，如某些专利权和非专利技术，随着技术进步会出现明显的减值。

3. 赢利性较强，且存在很大的不确定性

众所周知，现代企业的竞争在很大程度上是品牌的竞争，品牌创造价值已成为一个共识。可以这么说，许多优势企业获得的超额利润大多是由无形资产创造的，说明无形资产具有较强

的赢利性。然而大多数无形资产的赢利性存在很大的不确定性，如名牌企业的商标很值钱，它可以给企业带来超额利润；但一旦出现意外，该商标在消费者心目中失去信誉，即使产品质量和售后服务仍一如既往，其产品价格也会一落千丈，这时商标不仅不会给企业带来超额利润，相反可能使企业发生亏损。

三、无形资产取得的管理

随着技术进步，无形资产作为企业重要的资源在企业经营中已经扮演着越来越重要的角色，无形资产管理也成为企业资产管理的重要内容。企业取得无形资产涉及许多管理上的问题，这里主要阐述无形资产取得管理中的几项基本要求。

1. 取得无形资产要与企业实施的经营战略相结合

企业取得无形资产通常与企业的经营战略联系在一起。例如，购买土地使用权、自行开发一项技术、注册一项商标，都是企业实施经营战略的举措。所以企业必须从整个企业的发展战略来考虑无形资产的配置问题，不能盲目地购置一项无形资产；否则将影响企业的长远发展，甚至拖垮企业。

2. 建立健全无形资产取得的管理制度

企业取得无形资产必须建立完善的管理制度，如制定符合企业发展规划的无形资产购置计划，进行购建无形资产的可行性分析，建立无形资产取得的审批制度，组建自行开发无形资产的团队等。

3. 合理确定无形资产的入账价值

从财务管理的视角看，无形资产价值的高低对企业的资产结构、资产的流动性及赢利性会产生很大的影响。因此，必须关注无形资产入账价值的确认。与其他资产一样，企业的无形资产可以通过各种方式取得，如外购、自行开发、投资者投入、非货币性资产交换取得和债务重组取得等，各种方式取得的无形资产其入账价值也有所不同。

（1）外购无形资产，应以购买价款、相关税费以及直接归属于使该项资产达到预定用途所发生的其他支出作为入账价值。

（2）自行开发并依法申请取得的无形资产，其入账价值包括依法取得时发生的注册费、律师费等费用和符合资本化条件的开发阶段的支出。企业研究阶段的支出和不符合资本化条件的开发阶段的支出应费用化，计入当期损益（管理费用）。如果企业无法区分研究阶段支出和开发阶段支出，应当将其所发生的研发支出全部费用化，计入当期损益。

（3）投资者投入的无形资产，应当按照投资合同或协议约定的价值作为入账价值，如果合同或协议约定价值显失公允的，应当由评估机构对其进行评估，按评估确定的价值作为入账价值。

（4）非货币性资产交换取得的无形资产，如该交换具有商业性质且取得无形资产的公允价值能够可靠计量，应当按照公允价值和应支付的相关税费作为入账价值；如取得无形资产所发生的非货币性资产交换不具有商业性质或换入资产、换出资产的公允价值无法可靠计量的，应当以换出资产的账面价值和应支付的相关税费作为换入无形资产的入账价值。

（5）债务重组取得的无形资产的成本，应以抵债无形资产的公允价值作为入账价值。抵债资产公允价值与账面价值的差额，计入营业外收入或营业外支出。

四、无形资产摊销的管理

与固定资产类似，无形资产给企业带来的经济利益具有长期性，因此，企业应当将无形资产的账面价值以某种方式进行分摊，转为各期费用，这和固定资产折旧的性质完全相同，这个价值转移的过程就称为无形资产摊销。

（一）无形资产摊销期限

无形资产摊销管理的关键在于确定摊销的期限，无形资产摊销期限的长短直接影响了无形资产成本转化为费用的快慢程度，企业应合理确定无形资产的摊销期限，具体应遵循以下原则：

（1）企业摊销无形资产，应当自无形资产可供使用时起，至不再作为无形资产确认时止。

（2）企业持有的无形资产，通常来源于合同性权利或是其他法定权利，而且合同规定或法律规定有明确的使用年限的，其摊销期限不应超过合同性权利或其他法定权利的期限；如果合同性权利或其他法定权利能够在到期时因续约等延续，且有证据表明企业续约不需要付出大额成本的，摊销期限应当包括续约期。

（3）合同或法律没有规定使用寿命的，企业应当综合各方面情况，聘请相关专家进行论证，或与同行业的情况进行比较，以及参考历史经验等，确定无形资产为企业带来未来经济利益的期限。

（4）若经过上述努力仍无法合理确定无形资产为企业带来经济利益期限的，则将其作为使用寿命不确定的无形资产；使用寿命不确定的无形资产，不进行摊销。

（二）无形资产摊销方法

无形资产摊销对企业的资产价值和赢利水平会产生较大的影响，这是因为，无形资产摊销一方面减少了企业资产的账面价值，另一方面减少了企业当期的赢利水平。企业选择的无形资产摊销方法一般为直线法，即将无形资产成本在其摊销期限内平均摊销。无形资产的应摊销金额为其入账价值扣除残值后的金额（使用寿命有限的无形资产，一般其残值应当视为零）。

五、无形资产转让的管理

（一）无形资产的转让方式

企业拥有的无形资产，也可以依法转让。转让无形资产有两种方式：一是使用权转让，二是所有权转让。使用权是指按照无形资产的性能和用途加以利用，以满足生产经营需要的权利。所有权是指企业在规定的范围内对其无形资产享有的占有、使用、收益、处置的权利。

1. 无形资产使用权转让

转让无形资产的使用权，出让方仍保留对该项无形资产的所有权，对其仍拥有占有、使用、收益、处置的权利，它仅仅是将使用权让渡给其他企业；受让方对其只能根据合同规定使用该无形资产，不享有其所有权。

2. 无形资产所有权转让

转让无形资产所有权，出让方对无形资产不再享有占有、使用、收益、处置的权利，其与固定资产处置基本相同。企业一旦将所有权转让出去，则不能再以赢利为目的使用该无形资产。

(二) 无形资产转让应注意的问题

1. 谨慎做出无形资产转让的决策

与取得无形资产一样，无形资产对外转让通常也是企业实施某一发展战略的重要举措。因此，一定要谨慎对待无形资产转让的决策，分析转让无形资产对企业造成有利和不利。例如，企业转让商标的使用权，要评判受让企业的生产经营能力、产品质量、经营者的诚信等方面，合理估计受让企业使用该商标给本企业产品的冲击。

2. 对无形资产进行合理的估价

合理定价是无形资产转让中的敏感问题，企业通常采用与受让企业谈判的方式确定无形资产的出让价格。在谈判前，企业管理者应当对被转让的无形资产进行估价。估价的基本方法是现金流量贴现法，即无形资产的价值应当等于企业未来使用该项无形资产所产生的经济利益的现值。在具体估算时，企业要充分考虑影响无形资产价值的各种可能的因素，尽可能正确估计未来的现金流量和贴现率，使得谈判时的报价既不会造成本企业无形资产的流失，也能使受让方乐意接受。

3. 规范进行无形资产转让的会计处理

企业转让无形资产的使用权，取得的收入应作为其他业务收入处理，无形资产的账面余额、累计摊销和计提的减值准备不予转销；转让使用权而发生的相关税费，作为其他业务成本。企业转让无形资产的所有权，取得的收入扣除无形资产账面价值后的差额作为营业外收支处理。

【思考与练习】

一、思考题

1. 资产的风险主要体现在哪些方面？
2. 风险性和赢利性是资产的两个财务特征，不同的资产其风险与赢利存在差异。请列出两种不同的资产，来说明其风险性和赢利性的关系。
3. 企业持有现金的动机主要有哪些？请举例说明。
4. 在现金折扣条件（1/10，N/30）中，卖方给与买方的折扣相当于年利率18.2%的代价。而现实中买方并不想在折扣期内付款。你认为卖方为什么愿意付出如此高的代价，而买方又为何不愿意在折扣期内付款？
5. 账龄分析表是应收账款日常管理的重要工具。请指出：从账龄分析表可以获取哪些信息？
6. 与存货管理有关的成本有哪几类？它们与订货量的高低呈怎样的关系？
7. 企业选择固定资产折旧方法主要应考虑哪些因素？
8. 企业无形资产转让有哪两种方式？企业转让无形资产应注意哪些问题？

二、单项选择题

1. 下列资产中，违约风险最大的资产是（　　），流动性风险最大的是（　　）。
   A. 现金　　　　B. 应收账款　　　C. 存货　　　　D. 无形资产
2. 企业为应付意外紧急情况而需要保持一定现金支付能力，持有现金的这种动机是（　　）。

A. 交易动机　　　B. 预防动机　　　C. 投机动机　　　D. 投资动机

3. 下列与现金持有量呈正比例变化的成本是（　　）。
   A. 管理成本　　　B. 转换成本　　　C. 机会成本　　　D. 短缺成本

4. 下列不属于应收账款管理中的信用政策内容的是（　　）。
   A. 信用标准　　　B. 信用期限　　　C. 现金折扣　　　D. 商业折扣

5. 收账费用属于应收账款持有成本中的（　　）。
   A. 管理成本　　　B. 机会成本　　　C. 折扣损失　　　D. 坏账成本

6. 某企业应收账款信用政策如下：信用期限为60天，无现金折扣，在此政策下全年的赊销额为4500万元，变动成本率为80%，假设所有客户均在信用期内付款，无坏账损失。若应收账款投资的必要报酬率为12%。则应收账款占用资金的机会成本（要考虑变动成本率）为（　　）万元。
   A. 72　　　　　　B. 90　　　　　　C. 600　　　　　D. 750

7. 反映销货款回收及时性的指标是（　　）。
   A. 应收账款平均账龄　　　　　　B. 销货款回收平均天数
   C. 销货款回收率　　　　　　　　D. 坏账损失率

8. 某企业某年需要耗用零件12000件，每订购一次的订货成本为400元，每个零件年储存成本为15元。那么该种零件的经济进货批量下的与存货相关的总成本为（　　）元。
   A. 800　　　　　B. 2000　　　　　C. 3000　　　　D. 12000

9. 对存货进行ABC分类管理时，对于那些存货品种数量繁多而价值金额却很小的存货，应当作为（　　）进行管理。
   A. A类存货　　　　　　　　　　B. B类存货
   C. C类存货　　　　　　　　　　D. 以上答案均不正确

10. 无形资产的财务特征之一是（　　）。
    A. 流动性风险很小　　　　　　B. 通货膨胀风险很大
    C. 存在违约风险　　　　　　　D. 赢利性存在很大的不确定性

三、多项选择题

1. 下列资产中，通货膨胀风险一般较小的资产有（　　）。
   A. 存货　　　　　B. 应收账款　　　C. 固定资产　　　D. 无形资产

2. 现金具有以下哪些特点（　　）。
   A. 现金具有普遍可接受性
   B. 现金资产是企业暂时间歇的资金
   C. 现金流动性最强但赢利性最弱
   D. 现金流动性弱但赢利性较强

3. 确定最佳现金持有量的存货模式中，需要考虑（　　）之和最小。
   A. 机会成本　　　B. 管理成本　　　C. 转换成本　　　D. 短缺成本

4. 若其他条件不变，延长信用期有一般会使（　　）。
   A. 销售额增加　　B. 应收账款余额减少　　C. 收账费用增加
   D. 坏账损失增加　E. 应收账款占用资金增加

5. 在其他因素不变的情况下，企业采用更为积极的收账政策，可能导致的结果有

（　　）。
    A. 平均收账期缩短，坏账损失减少
    B. 应收账款平均占用额减少，应收账款机会成本减少
    C. 应收账款平均占用额增加，应收账款机会成本上升
    D. 应收账款的机会成本、坏账损失和收账费用总和必定减少
6. 存货经济进货批量基本模式的假设条件包括（　　）。
    A. 存货的耗用是均衡的　　　　B. 不存在数量折扣
    C. 仓储条件不受限制　　　　　D. 可能出现缺货的情况
7. 在存货经济订货量的基本模型中，与每年最佳订货次数有关的变量是（　　）。
    A. 存货年需求量　　　　　　　B. 每次订货的变动成本
    C. 固定储存成本　　　　　　　D. 储存存货的单位变动成本
8. 现行会计准则规定的加速折旧方法有（　　）。
    A. 年限平均法　　　　　　　　B. 工作量法
    C. 年数总和法　　　　　　　　D. 双倍余额递减法

四、计算分析题

1. 羽信有限公司预计2011年现金支出金额为2 500 000元，公司资本成本为8%，现金与有价证券的转换成本为250元/次，且该公司每年现金收支情况比较稳定，试运用存货模式计算最佳现金持有量及在该持有量下与现金持有量相关的总成本。

2. ABC公司本年的销售额（全为赊销，下同）为4500万元。该公司产品销售的变动成本率为70%，目前的信用期限为30天，无现金折扣。由于部分客户经常拖欠货款，实际平均收现期为45天，坏账损失为销售额的1%，收账费用约为销售额的1.5%。该公司的财务部门和销售部门协商，拟改变信用政策，将信用期限改为60天，并给出现金折扣条件（2/10，N/60）。估计会产生如下影响：销售额将增加300万元，全部客户中约有50%会在折扣期内付款，估计余下50%货款中的4%将成为坏账，除享受折扣和坏账外的货款均在信用期内收回，收账费用占销售额的比重不变。设该公司最低的资产报酬率为12%。
请计算分析后回答：该公司改变信用政策是否有利？

3. 已知林风塑料制品公司A种材料的年耗用量为540吨，每订购一次的订货成本为1500元，每吨A材料年变动储存成本为800元。请为该公司下列存货控制问题进行计算：
（1）在不考虑短缺成本的前提下，该企业每次订购该种材料的批量为多少时，订货成本和变动储存成本之和最低？最低总成本为多少？
（2）假设供应商规定：一次采购A种材料达到或超过60吨，可以享受2%的商业折扣。则林风公司从降低总成本（含采购成本）考虑，是否应该提高进货批量而享受商业折扣？
（3）假如A种材料为陆续供应和使用，平均每日需用量为1.5吨，每天的送货量为5吨。试计算该情况下A材料的经济订货批量及在此批量下与批量有关的最低总成本。

五、案例题

【案例一】　　　　　　　　ABC公司调整信用政策

（一）背景情况介绍

ABC公司成立于1990年春天，其主要经营范围是生产和销售家用电器。在成立初期，该公司凭借着产品质量过硬、售后服务周到等特点而在市场中不断扩大销售份额、扩充自身的

领域。

  ABC 公司的财务总监 F 先生属于风险的厌恶者，对于风险一般采取规避的态度，因而公司的信用政策制定得非常严格，对于客户信用要求的标准很高，所提供的信用优惠政策范围作了严格限制，以此来防止坏账等损失的发生。然而鉴于当时的市场供求环境和竞争程度，公司的销售未受到很大影响，客户的数量仍然可以呈现出逐步上涨的趋势。

  但是，随着市场经济的发展，家电企业不断涌现，ABC 公司的竞争对手不断增加，家电行业的竞争逐渐加剧，此时 ABC 公司的销售开始出现下滑的态势。公司管理当局为此召开会议，分析产生这种情况的原因。与会人员包括总经理 G 先生、财务总监 F 先生、技术总监 W 先生、销售部门经理 Y 先生等。经过调研取证、讨论分析，与会人员发表了各自意见。

  技术总监 W 先生通过充分的证据论证，认为公司产品在质量、功能、品种、特性等方面是处于行业前列的，而且公司的生产技术也在不断更新，已经采用了 FMS（弹性制造系统），可以依据市场需求的变化来调整生产，所以销售下滑的原因不是出于技术问题。

  销售部门经理 Y 先生通过在销售过程中客户对产品的反馈意见证实了 W 先生所说的确属实，并且 Y 先生依据销售部对市场进行的调研，提出公司售后服务工作周到，得到现有客户认可；公司销售环节采取了诸如有奖销售、商业折扣等促销手段，然而成效不大，客户数量有减无增，其主要原因是公司信用政策制定过于严格，信用期间短，对于客户信用要求的标准太高，提供的信用优惠政策范围限制较大。销售部门经理 Y 先生分析认为家电行业的主要客户是家电销售超市和销售公司，由于家电产品的单位价格都比较高，所以这些客户为了避免占用大量资金，在管理上倾向于先赊购商品，待商品销售后再结算货款。但是由于 ABC 公司信用政策严格，使得部分客户望而生畏，把一些客户拒之门外。所以 Y 先生建议适当调整现有信用政策，适当放宽优惠政策的范围，降低标准，吸引更多客户。

  Y 先生的建议将矛头指向了财务总监 F 先生，F 先生对此陈述了自己的观点。F 先生认为放宽信用政策、延长信用期间、降低标准，虽然可以加大销售量，但也会将一些信用度较低的客户引入企业，使客户群鱼龙混杂，不利于公司管理，而且会加大发生坏账的可能性，增加公司占用的资金，增加公司的机会成本、呆帐损失和后期的收账费用，所以这样做有可能会得不偿失。

  当双方僵持不下时，总经理 G 先生作出决定，由财务总监 F 先生、销售部门经理 Y 先生牵头组成工作小组，对放宽信用政策后公司收益变化的情况作出调研分析，并在三个月内提交分析报告，届时将依据该报告作出相应决策。

（二）数据的采集与分析

  会议后，财务总监 F 先生、销售部门经理 Y 先生立即商讨并研究成立了工作小组，该小组成员由财务部门、销售部门、市场调研等部门的工作人员组成。工作小组成立后，F 先生、Y 先生召集会议商榷工作方案，分配工作任务。最后制订出工作计划，该计划的简要内容如下：

（1）首先由市场调研部门对现在市场状况进行调查分析，搜集同行业企业信用政策信息，并进行归类总结以供参考；

（2）由销售部门依据市场调研部门的调查结果及销售情况的历史资料，对不同信用政策情况下，本公司的销售状况进行市场分析预测，估算出赊销收入金额；

（3）以销售部门的预测为基础，由财务部门会同信用管理等相关部门对不同信用政策情况下本公司的收益、成本费用等相关资料进行预测搜集，并进行计算分析；

（4）依据财务部门的计算分析结果，形成分析报告提交管理当局决策。

按照工作计划，小组成员开始分头行动。经过了两个多月的辛勤劳作，小组成员的数据采集工作结束了，其数据的基本情况如下。

（1）公司目前执行的信用政策：①信用期间为30天；②不提供现金折扣；③对信用等级评价为A^+、A的客户提供赊销。公司目前的年赊销收入额为3600万元，坏账损失率为2%，除坏账外其他货款均在信用期内收回，年收账费用为80万元。产品的变动成本率为60%，应收账款占用资金的机会成本按照15%计算。

（2）公司可选择的信用政策有三种方案。

甲方案：将信用期间延长至45天，将客户的信用标准放宽为A^+、A、A^-三个等级，仍然不提供现金折扣。这种信用政策条件下，公司的年赊销收入额将增至6000万元，坏账损失率为4%，除坏账外其他货款的平均收现期约为50天，年收账费用为130万元。

乙方案：将信用期间延长至60天，将客户的信用标准放宽为A^+、A、A^-、B^+四个等级，为在30天内付款的客户提供2%的折扣。这种信用政策条件下，公司的年赊销收入额将增至9300万元，约有30%的客户享受现金折扣优惠，此时的坏账损失率为6.5%，除享受折扣和发生的坏账外，其他货款的平均收现期为75天，年收账费用为200万元。

丙方案：将信用期间延长至90天，将客户的信用标准放宽为A^+、A、A^-、B^+四个等级，为在30天内付款的客户提供4%的折扣，为在60天内付款的客户提供2%的折扣。这种信用政策条件下，公司的年赊销收入额将增至10800万元，约有20%的客户享受4%的现金折扣优惠，约有30%的客户享受2%的现金折扣优惠，此时的坏账损失率为9%，除享受折扣和发生的坏账外，其他货款的平均收现期为120天，年收账费用为400万元。

（三）要求

（1）依据工作小组提供的数据，请进行必要的计算和分析，对ABC公司目前的信用政策做出评价；

（2）你认为该公司是否应当改变目前的信用政策？若认为应当改变目前的信用政策，那应该选择哪种方案？

（3）请你代工作小组将资料汇总、整理后形成了一份分析报告提交给了公司总经理，待其作出决定。

【案例二】　　　　　　　　　　　数码公司的折旧政策

资料：

数码微电子技术有限公司是国家重点扶持的高新技术企业，成立于2008年，从2008年开始经营，三年内享受15%的所得税优惠税率，之后将按照25%税率计征。该公司2008年年底建成了一大型生产线项目，原始价值为900万元，该设备的寿命期为8年，税法规定的最短折旧年限为5年，会计核算可以选择的折旧年限为5—8年，预计报废时的净残值为36万元。税法和会计准则规定有三种折旧方法可供选择：平均年限法、双倍余额递减法和年数总和法。

在确定该固定资产折旧政策时，该公司会计人员有不同的观点。

负责成本核算工作的王明认为，本公司属于高新技术企业，按照税法规定设备可以采用加速折旧；从会计核算谨慎性要求考虑，公司应当对固定资产加速折旧，折旧年限定为5年，折旧方法采用双倍余额递减法或年数总和法。

主办会计赵凯认为，本公司属于高新技术企业，前三年能够享受15%的低税率，从减轻税负考虑，应当将折旧年限定得尽可能长（如8年），并采用平均年限法计提折旧。

负责固定资产会计工作的钱莹则认为，本公司属于高新技术企业，技术进步迅速，设备更新较快，采用加速折旧能促进设备更新和技术进步，所以应在5年内采用双倍余额递减法或年数总和法计提折旧。

要求：

（1）请分别代表上述三位会计人员进一步解释他们选择相应折旧政策（折旧年限和折旧方法）的理由；

（2）如果上述大型生产线从2009年1月开始计提折旧，请在税法和会计准则允许范围内选择使第一年折旧额最大和最小的两种折旧政策，并计算这两种折旧政策下第一年折旧的差异额；

（3）从该公司的所得税税负来考虑，怎样的折旧政策使得公司在该资产使用寿命期内的所得税税负最重？何种折旧政策使得公司在该资产使用寿命期内的所得税税负最轻？并计算这两种折旧政策下公司承担的所得税的差异额（指整个使用寿命期内的所得税差异总额；计算时假设当年的折旧费用全额影响当年的应纳税所得额）。

第七章 收益分配与股利决策

收益分配是财务管理的重要内容之一。企业收益分配决策的核心问题是确定留存收益和股利的比例，处理好企业的长远发展与股东眼前利益的关系，以实现企业价值最大。本章主要阐述企业收益分配的基本程序，股利分配的基本内容和程序，股利政策的类型及其运用，简要介绍股利理论和影响股利决策的主要因素。

第一节 收益分配概述

一、收益的构成

多数情况下，收益也被称为利润，是指企业在一定时期内从事各项经济活动所获取的财务成果。它是企业生产经营及各项投资活动的最终成果，是衡量企业经济活动效益好坏的综合性指标，也是投资者最关心的财务指标之一。收益分配的对象是一定会计期间实现的净利润，而净利润是税前利润扣除所得税费用的结果。因此，本节首先说明两种不同口径的利润概念：税前利润和净利润。

（一）税前利润

税前利润即企业在一定时期内实现的利润总额，这是会计核算的结果。就其构成来看，既有通过生产经营活动获得的经营利润，也有通过投资活动获得的投资收益，还包括那些与日常生产经营活动无直接关系的偶然事项所引起的得利和损失。会计核算中的税前利润由营业利润和营业外收支净额两部分组成，即

$$利润总额 ＝ 营业利润 ＋ 营业外收支净额 \tag{7-1}$$

营业利润是企业在一定时期内从事经营活动所取得的成果。它也是评价企业管理当局生产经营业绩的主要衡量标准，是企业利润的最主要来源。一般来说，营业利润在短期内具有稳定性。营业利润是在营业收入的基础上，减去营业成本、营业税金及附加、期间费用、资产减值损失，加上公允价值变动损益净额和投资净收益后计算得到。用公式表示为

$$营业利润 ＝ 营业收入 － 营业成本 － 营业税金及附加 － 期间费用$$
$$－ 资产减值损失 ＋ 公允价值变动收益 ＋ 投资收益 \tag{7-2}$$

营业收入是企业因销售商品、提供劳务及让渡资产使用权等业务活动所实现的收入，包括主营业务收入和其他业务收入。主营业务收入是指企业在其主要的或主体的经常性业务活动中所实现的收入；其他业务收入是指企业除主营业务以外的其他业务活动所取得的收入。

营业成本是企业为销售商品和提供劳务等经营业务而发生的成本，包括主营业务成本和其他业务成本等。

营业税金及附加是指国家税法规定对企业获取的主营业务收入净额按一定比例计算缴纳，并由本企业负担的税金，以及按所缴纳的税金的一定比例缴纳的有关附加税费，主要包括消费税、营业税、城市维护建设税和教育费附加等。

期间费用是指直接计入当期损益的各项费用，包括企业为组织商品流转而发生的销售费用，企业行政管理部门为组织和管理企业生产经营活动而发生的管理费用，以及企业为筹集生产经营所需资金而发生的财务费用。

资产减值损失是指资产的账面价值与其可收回金额的差额，包括固定资产减值损失、坏账损失、存货跌价损失等。

公允价值变动收益是指公允价值变动收益与公允价值变动损失的差额，如交易性金融资产公允价值变动损益等。

投资收益是指企业对外投资所产生的投资收益与投资损失的差额。

营业外收支净额是指企业营业外收入减去营业外支出的差额。

营业外收入是指企业经营活动没有直接联系的收入及各种偶然所得，主要包括固定资产盘盈、处理固定资产净收益、出售无形资产净收益、非货币性交易收益、罚款收入及教育费附加返还款等。

营业外支出是指与企业经营活动没有直接关系的各项支出，主要包括固定资产盘亏、处理固定资产净损失、出售无形资产损失、非常损失、罚款支出、非货币性交易损失、债务重组损失、捐赠支出等。

（二）净利润

净利润是指利润总额扣除所得税费用的差额，也称为税后利润。其表达式如下：

$$净利润 = 利润总额 - 所得税费用 \tag{7-3}$$

所得税费用既不是利润总额与所得税税率的乘积，也不是本期应交所得税额，具体涉及所得税会计的有关内容，这里不再展开。

【例7-1】浙江亚太机电股份有限公司（简称：亚太股份，证券代码：002284）于2010年4月7日公布的2009年度报告披露，该公司2009年度实现利润总额8596.47万元，实现净利润8251.01万元。利润构成情况见表7-1。

表7-1 浙江亚太机电股份有限公司（母公司）2009年利润实现情况

项目	金额（万元）
营业收入	124365.90
减：营业成本	100176.44
营业税金及附加	537.76
销售费用	4703.98
管理费用	7963.24
财务费用	2015.63
资产减值损失	1195.32
加：公允价值变动收益	0
投资收益	359.18
营业利润	8132.71
加：营业外收入	614.29
减：营业外支出	150.53
利润总额	8596.47
减：所得税费用	345.46
净利润	8251.01

二、收益分配的原则

收益分配是根据企业所有权的归属及各投资者的出资比例，对企业收益进行的划分，是一种利用财务手段确保收益的合理归属和正确分配的财务活动。收益分配关系到企业与债权人、投资者、企业员工等各方的利益，因此，这是一项既重要又敏感的工作。它会影响企业的筹资和投资决策，涉及企业的短期利益和长远利益、整体利益与局部利益等关系的协调与处理。企业收益分配应遵循以下原则。

（一）依法分配原则

为规范企业的收益分配行为，国家制定和颁布了若干法规，这些法规规定了企业收益分配的基本要求、一般程序和分配比例，主要体现以下两个方面：一方面，企业实现的收益应按照税法的规定先缴纳所得税，这是企业应尽的社会责任；另一方面，税后利润的分配要按照《公司法》的有关规定进行，包括合理确定税后利润分配的项目、顺序、比例和数量等。

（二）资本保全原则

资本保全原则要求企业在收益分配时，不能在弥补以前年度亏损前向股东分配股利；同时，不能将资本金用于利润分配，即收益分配并不是对股东的资本返还。这对企业在收益分配的顺序及对象做出了约束。

（三）兼顾各方利益的原则

收益分配必然涉及国家、投资者、债权人、企业职工等各方利益。国家是以行政管理者的身份向企业征收所得税，无偿参与企业的利润分配；投资者作为企业的所有者，对企业利润拥有所有权，所以企业须按照所有者出资的比例对其分配税后净利润；为保护债权人的利益，企业应考虑将一定的收益留在企业，作为偿债保证；职工（包括经营者）作为企业价值的创造者之一，在收益分配时应当考虑员工的长远利益。因此，企业在制定利润分配政策时，应当兼顾各方利益，建立一个有效的激励机制，为企业理财营造一个良好的环境。

（四）分配与积累并重原则

分配与积累并重原则体现了利润分配中积累与消费之间的关系，关系到企业的长远发展，也是协调投资者眼前利益与长远利益的一个重要问题。税后利润属于企业所有者权益，可以按投资比例在各投资者之间进行分配，但不意味着企业必须将利润全部支付给投资者。为了实现企业的可持续发展，增强抵御风险的能力，企业除按规定提取法定公积金外，可适当留存一部分利润作为积累。事实上，理性投资者通常选择发展潜力和发展机会较好的公司，他们愿意将大部分现金留存于企业，以期获得更高的资本增值收益。高成长的公司偏好于将资金留存于企业，这样可以减轻融资压力，促进企业更快地发展。例如微软公司，自1986年6月上市以后的十几年中，从未发放现金股利，直到2003年1月16日才宣布每股8美分的分红。但是，由于微软的业务增长机会一直很好，各种投资项目管理得非常成功，即使公司不发放股利，股东财富也因股价的持续上升得以快速增长。

（五）同股同利原则

同股同利原则，是指在股份公司中，对于相同性质的股票，不论投资主体是谁，也不管这些股票是何时发行和按何种价格发行的，分配股利时，都必须按照股权登记日在册的股东名单，每股给予相同形式与相同金额的股利。所以，不管是国家股、法人股、个人股还是外资股，都应该按照投资者各自的出资比例进行分配，享有相等的每股股利。这样，才能从根本上保护投资者的利益，使他们的收益与投资风险相匹配。

三、收益分配的内容和程序

收益分配是对企业所实现的利润在各利益主体之间的分配，这种分配不仅需要遵循一定的原则，还必须按照一定的顺序进行。下面以股份有限公司为例说明收益分配的程序和内容。

股份有限公司是股份制企业的一种主要组织形式，也是我国现在大多数股份制企业采用的组织形式。股份有限公司的收益分配方式，代表了公司收益分配的一般模式，也是我国其他类型的企业利润分配制度改革的目标。根据我国《公司法》规定，股份有限公司实现的净利润应按以下顺序分配。

（一）弥补亏损

亏损的弥补是利润的逆向分配，也属于利润分配的组成内容。经营性亏损的弥补方式一般有两种：税前利润弥补和税后利润弥补。税前利润弥补是指企业发生的亏损用以后年度实现的利润在其缴纳所得税前加以弥补；税后利润弥补是指企业发生的亏损用以后年度实现的利润在其缴纳所得税后再加以弥补。税后利润弥补亏损又有两种不同的形式：一种是用以前年度的盈余公积弥补，另一种是用企业累计实现的未分配利润弥补。按有关法律的规定，企业发生的经营性亏损，可以用以后五年内实现的利润在税前进行弥补；延续五年内未弥补完的亏损，用缴纳所得税后的利润弥补。

【例7-2】长江公司开始经营的前8年中实现税前利润（发生亏损以"一"表示）见表7-2。

表7-2　长江公司前八年的税前利润表　　　　（单位：万元）

年份	1	2	3	4	5	6	7	8
利润	−100	−40	30	10	10	10	60	40

假设除弥补亏损以外无其他纳税调整事项，该公司的所得税税率一直为25%，长江公司按规定享受连续5年税前利润弥补亏损的政策，税后利润（弥补亏损后）按10%的比例提取法定盈余公积金。请分析后回答：

（1）该公司第7年是否需缴纳所得税？是否有利润提取法定公积金？

（2）该公司第8年是否有利润提取法定公积金？是否有利润可分配给股东？

【解答】（1）公司第1年的亏损100万元可以由第2—6年的利润弥补，但由于第2年仍是亏损，所以只有3—6年的利润可用于补亏，最终尚有40万元不足弥补，需用以后年度的税后利润加以弥补。公司第7年的利润60万元应弥补第二年发生的亏损40万元，弥补亏损后的利润20万元应缴纳所得税5万元，税后利润15万元还要弥补第1年的亏损，故第7年应交纳所得税，但不应提取法定公积金。

（2）公司第8年的利润40万元应首先缴纳所得税10万元，税后利润30万元弥补第1年的亏损（40−15）万元后还剩余5万元，所以第8年应提取法定公积金0.5万元，剩下的利润4.5万元可分配给股东。

（二）提取法定盈余公积金

企业的税后利润弥补亏损后，应当按10%的比例计提法定盈余公积金。当企业法定盈余公积金累计总额达到或超过注册资本的50%时，可不再提取。法定盈余公积金的主要用途是：

①弥补以后年度的亏损；②按规定转增资本；③以后年度分配股利。但法定盈余公积金转增资本和分配股利后的余额不得低于注册资本的25%。

（三）分配优先股股利

优先股是比普通股在某些方面享有优先权利的股份，优先股股东可以在普通股股利分配前，按照预先约定的股息率或金额优先分配股利。因此，发行了优先股的股份有限公司，在提取法定盈余公积金后，应先分配优先股股利，以确保优先股股东的收益优先分配权。

（四）提取任意盈余公积金

提取任意盈余公积金是股份有限公司税后利润分配的一个显著特点。其目的主要是为了让更多的利润留在公司，用于发展与满足生产经营管理的资金需要，另外它也能起到限制普通股股利的分配，调整各年股利分配的波动的作用。任意盈余公积金的计提比例通常由公司按照当前的发展需要和实际情况自行决定。任意盈余公积金是盈余公积金的一种，它的用途与法定盈余公积金相同。

（五）分配普通股股利

股份有限公司在弥补亏损、提取法定盈余公积金、分配优先股股利及提取任意盈余公积金后的利润，可按照普通股股东所持股份的比例进行分配。可供分配的利润既有当年实现的部分，也有以前年度未分配的利润，所以当年分配的股利数额可以大于净利润扣除公积金、优先股股利之后的净额。普通股股利的多少事先并没有规定，公司是否分配普通股股利、分配多少、以何种形式分配，都由公司的股利政策决定，这是收益分配需要解决的核心问题，本章的第四节将重点阐述这一问题。

公司利润分配是有序的，在弥补亏损之前，不能提取法定公积金；在提取法定公积金之前不能向股东分配利润。如果公司股东会或董事会违背上述利润分配顺序，必须将违反规定发放的利润退还给公司。

公司利润分配的有关事项，应当在公司章程中明确规定。例如，浙江亚太机电股份有限公司2010年5月20日经2009年度股东大会通过的《公司章程》的第一百六十一条规定：公司分配当年税后利润时，应当提取利润的10%列入公司法定公积金。公司法定公积金累计额为公司注册资本的50%以上的，可以不再提取。

【例7-3】 浙江亚太机电股份有限公司2010年5月19日股东大会审议通过了2009年度的利润分配方案，具体内容如下：2009年度实现净利润82510057.54元，提取法定公积金8251005.75元，向股东分配股利66976000元（其中现金股利19130000元，股票股利47840000元），没有提取任意公积金，剩余利润7283051.79元并入年末未分配利润。

第二节 股利形式及其分配程序

一、股利的形式

股利是公司依据法定程序，根据股东的持股份额从其可供分配的利润中向股东支付的一种投资报酬。股份有限公司常见的股利支付方式有现金股利、财产股利、负债股利和股票股利四种。

（一）现金股利

现金股利是公司直接以现金形式向股东分配的股利。它是股份公司最常见也是最主要的股利形式。以现金分配股利能满足投资者直接获得投资回报的愿望,易被广大股东接受;但对企业而言,支付现金会加大资金流出量,增加财务压力。因此,只有当企业拥有充足的现金时才采用现金股利支付方式。我国上市公司中大多数蓝筹股都采用了现金股利的分配形式。

(二) 股票股利

股票股利俗称送股,它是指公司以增加股东所持股票的形式作为股利的分配方式。对股东来讲,发放股票股利没有收到现金及非现金资产,并不直接增加股东的财富,仅仅是股东手中持股数量的增加,但持股比例仍保持不变;对公司来讲,股票股利形式既无须流出现金及其他非现金资产,也不会增加公司的负债,却依然能向市场传递利好的信号,可谓是一举两得。但是,股票股利形式会引起所有者权益各项目的结构发生变化,即一部分未分配利润转为股本,使公司的股本总数增大,公司股票的价格会因此而下降(除权调整)。同时,股本的增加对公司今后的发展及赢利的增长会构成较大的压力。如果公司的赢利能力不能赶上股本的扩张速度,每股盈余就会随着股本的增加而稀释(摊薄),这对树立良好的公司形象和支持股价的上涨可能是不利的。例如,四川宜宾五粮液酒厂股份有限公司股票于1998年4月27日在上海证券交易所上市流通,当时公司股本总额为3.2亿,其中流通股为7200万股。该公司在1998—2006这9年中,有6年采取了股票股利的分配形式,经过这六次股票股利的分配和资本公积金转增股本方案的实施,其总股本已接近38亿元,其每股收益也从上市后初期的1.50元左右降低到最近几年0.40元左右的水平[①],该公司的股价也从上市不久的最高价69.80元回落到2004年6月28日的5.95元。

(三) 财产股利

财产股利是以现金以外的资产支付的股利,它可以是本公司的产品、服务,但通常是公司所拥有的其他企业的有价证券(如股票、债券等)。以公司拥有的有价证券发放财产股利,可以解决公司现金压力较大的问题,而且它变现能力相对较强,同样易被多数股东接受,但是分配财产股利在一定程度上向外界反映了企业资金不足的状况,会对公司产生不利影响。

(四) 负债股利

负债股利是企业以应付票据、应付债券等负债方式支付给股东的股利。理论上说它适用于那些有赢利但现金不足的企业。作为股利分配给股东的票据或债券通常是带息的,这种股利形式虽然缓解了目前的现金流量不足,却构成了公司未来的支付压力,也往往会损害公司的形象。所以除非万不得已,否则公司不会采取这种形式。

上述四种股利形式各有利弊。在我国,上市公司一般采用现金股利和股票股利两种形式,而财产股利和负债股利目前在我国公司实务中很少使用。

此外,公司以资本公积金转增股本具有股票股利相同的效果,但它不属于股利分配形式。因为资本公积金并不是企业的收益留存,而是公司资本的一种积累,所以,资本公积金转增股本不属于利润分配方案,它只是公司所有者权益内部项目的一种转换。当然,公司的盈余公积金也可以转增股本(目前上市公司很少采用),由于盈余公积金是公司以前年度收益留存的一种形式,所以以盈余公积转增资本可以认为是一种与股票股利相同的利润

[①] 据查,该公司上市后12年(1998—2009)的每股收益依次为1.75元、1.35元、1.60元、0.94元、0.54元、0.52元、0.31元、0.29元、0.43元、0.39元、0.48元、0.86元。

分配方式。

【例 7-4】 浙江亚太机电股份有限公司 2009 年年末的股东权益情况见表 7-3。

表 7-3　亚太股份 2009 年年末股东权益情况表（母公司）

项目	金额（元）
普通股（每股面额 1 元）	95680000.00
资本公积	415118496.92
盈余公积	50765917.18
未分配利润	264407115.56
股东权益合计	825971529.66

该公司于 2010 年 5 月 28 日实施的 2009 年度的利润分配及资本公积金转增股本方案为：以 2009 年末总股本 95680000 股为基数，向全体股东每 10 股送红股 5 股，派 2 元人民币现金（含税，扣税后，个人、证券投资基金、合格境外机构投资者实际每 10 股派 1.30 元）；同时，以资本公积金向全体股东每 10 股转增 5 股。

下面来看股利分配对公司资产和股东权益的影响。

（1）公司分配的现金股利 19136000 元，导致未分配利润项目减少 19136000 元，货币资产减少 19136000 元；

（2）分配股票股利 47840000 元，导致未分配利润项目减少 47840000 元，股本增加 47840000 元；

（3）资本公积金转增股本方案的实施导致公司资本公积金减少 47840000 元，股本增加 47840000 元。

上述利润分配及资本公积金转增股本方案实施后，公司的资产总额减少 19136000 元，股东权益总额也减少 19136000 元，股东权益内部各项目变动后的情况见表 7-4。

表 7-4　亚太股份利润分配及资本公积金转增股本方案实施前后股东权益情况表（单位：元）

项目	实施前金额	增减额	实施后金额
普通股（每股面额 1 元）	95680000	增加 95680000	191360000
资本公积	415118496.92	减少 47840000	367278496.92
盈余公积	50765917.18	不变	50765917.18
未分配利润	264407115.56	减少 66976000	197431115.56
股东权益合计	825971529.66	减少 19136000	806835529.66

需要指出的是，【例 7-4】中分配股票股利时所送股份是按照每股面值来计算的，这是我国上市公司的普遍做法。而在很多西方国家，公司股票股利的价格既有按股票面值计算，也有按市价计算。通行的做法是：当股票股利的分配比例较小时（小于 20%），一般按股票市价确定；而当公司实施较高比例的股票股利方案时，一般按股票面值确定。

分配股票股利和实施资本公积金转增股本的方案，不仅会影响公司的股东权益各个项目发生增减变化，也会对公司有关财务指标和股价产生影响。由于股本的增加，相同的净利润计算的每股收益会下降，每股净资产也会降低，每股市价因除权而下降。但股东享有的权益总额或财富总额并不因为股票股利和资本公积金转增股本而变化，股东的持股比例也不会发生变化。

例如，【例7-4】中亚太股份2010年5月28日实施利润分配和资本公积金方案后，2009年的净利润按照增加后总股本计算的每股收益由原来的0.9459元降低到0.473元，每股净资产也由9.14元降低到4.57元[①]，股票每股市价由股权登记日的43.96元（收盘价）降低到除权日21.90元（开盘价）。

尤其值得指出的是，该公司2010年5月28日实施利润分配和资本公积金方案时，已经于2010年4月19日公布了2010年一季度的财务报告，披露的总股本仍为9568万股，每股收益为0.2933元，每股净资产为9.43元。而这些财务数据是按照2010年3月31日的股本计算的，实施股票股利等方案后，某些财务指标的数值发生了很大的变化。为避免误导投资者，必须重新计算有关财务指标，并予以公布。如该公司2010年一季度摊薄后每股收益为0.1467元，每股净资产为4.715元。

二、股利分配的程序

股份有限公司向股东分配股利，一般是先由董事会提出分配预案，然后提交股东大会审议，只有经股东大会审议通过的方案才能实施。由于股票市场各种股票的交易相当频繁，公司股东不断变更。所以为了明确哪些股东可以获得股利，必须确定领取股利的最后交易时间，以确定有权领取股利的股东名单。通常与股利分配事项有关的日期包括：股利宣告日、股权登记日、除权除息日和股利支付日。

（一）股利宣告日

股利宣告日是指董事会将股利分配方案予以公告的日期。一般是在股东大会通过利润分配方案后，由公司董事会以书面公告的形式公布。利润分配公告一般应当宣布股利分配的方式、支付金额、股权登记日期和股利支付日期等事项。应当注意的是，公司在公布年度报告时提出的利润分配方案，属于董事会提出的利润分配预案，并不一定是可以实施的分配方案；该方案必须经过股东大会审议通过后才能实施。

（二）股权登记日

股权登记日也称为最后交易日，它是公司规定的有权领取本期股利的股东资格登记的截止日期。只有在股权登记日这天在公司股东名册上登记在册的股东，才有权享受此次的股利分配；而在这一天之后才列入股东名册的股东，即使是在股利发放日之前买进股票，也无权分享本次股利。证券交易所的中央清算系统一般能在股权登记日结束的当天即可打印出股东名册，这为股利发放提供了很大的便利。

（三）除权除息日

除权除息日是指领取股利的权利与股票相分离的日期，也称除息日。在除权除息日当天或之后购买股票的股东将不能享受这次分配的股利，因此除权除息日对股票价格有明显的影响。除息日之前的股票价格包含了应付的股利，因此在除息日后的股票价格会有所下降。从除息日开始，取得此次股利的权利与股票相分离，新购入股票的股东不能分享股利。实务中除权除息日一般就是股权登记日的下一个交易日。

---

① 这里的每股净资产是按照2009年年末的股东权益总额计算的，并不是2010年5月28日的每股净资产。

（四）股利支付日

股利支付日简称付息日，是指公司将股利发放给股东的日期。由于目前上海和深圳两个证券交易所都已经实行指定交易，在付息日公司会通过交易系统将股利转入有权分配股利的各个股东的账户中，同时公司会计处理应冲销其负债（对现金股利而言）记录。

为了弄清上述与股利分配有关的重要日期，仍以亚太股份2009年利润分配方案的实施过程来加以说明。

【例7-5】浙江亚太机电股份有限公司（以下简称"公司"）在2010年4月7日披露2009年度报告，同时公布了公司董事会初步拟定的2009年度利润分配及资本公积金转增股本预案，方案如下：以2009年末总股本95680000股为基数，向全体股东每10股派发现金股利人民币2元（含税），共计派现金红利人民币19136000元；同时，向全体股东每10股送红股5股，以资本公积金转增5股。

2010年5月19日公司召开2009年年度股东大会，审议通过了公司2009年度利润分配及资本公积金转增股本方案。公司董事会于2010年5月21日发布权益分派实施公告称，本公司2009年度权益分派方案为：以公司现有总股本95680000股为基数，向全体股东每10股送红股5股，派2元人民币现金（含税，扣税后，个人、证券投资基金、合格境外机构投资者实际每10股派1.3元）；同时，以资本公积金向全体股东每10股转增5股。本次权益分派股权登记日为2010年5月27日，除权除息日为2010年5月28日。

本例中，2010年4月7日为分配预案公告日，2010年5月21日为股利宣告日；2010年5月27日为股权登记日，该日下午深圳证券交易所收市后，在中国证券登记结算有限责任公司深圳分公司登记在册的本公司全体股东有权分配本次股利。股权登记日的下一个交易日即2010年5月28日为除权除息日，从这一天和这一天以后买进该公司股票的投资者无权享受本次股利，这一天也是现金红利的到帐日，以及红股与转增股份的上市交易日。

第三节　股利分配政策

股利政策是企业就股利分配有关事项所采取的一系列方针和策略的总称。股利政策包含是否分配股利、分配多少股利、何时分配股利、何种方式分配股利等内容。其中核心问题是分配多少股利，即股利支付比率。这个问题实际上也就是协调股东的眼前利益和公司长远发展的问题。围绕这一核心问题，股利政策主要有以下四种。

一、剩余股利政策

剩余股利政策是指在股利分配前，先考虑满足公司的投资需要，会将净利润较多地留在企业，用于增加投资，依据预先确定的最佳资本结构（即目标资本结构，一般在目标资本结构下，资本成本较低），确定利润留存的数量，再将剩余的利润分配给投资者。这种政策主要是考虑公司未来的投资机会，即当企业面临良好的投资机会时，在目标资本结构的约束下，最大限度地使用留存收益来满足投资方案所需的自有资金数额。在这种分配政策下，公司只要存在有利的投资机会，就会首先考虑其资金需要，然后再考虑剩余收益的分配需要。当公司投资项目所实现的报酬率大于投资者自行利用股利再投资所获的报酬率时，则大多数投资者宁愿公司将利润留存以再投资而不发放股利。

在剩余股利政策下，每年的股利发放额会随投资机会和赢利水平波动。在赢利水平一定的情况下，投资机会越多，分配的股利越少；而投资机会越少，股利发放则越多。同样，当投资机会一定时，公司赢利越多，股利分配越多；反之亦然。当然，采用剩余股利政策时，还需要考虑一个很重要的因素，那就是公司现存的资本结构与目标资本结构的差异程度。如果公司目前的资本结构相对于目标资本结构而言，债务资本比例明显偏高，那么应当将较多的利润留存与公司；否则可以将更多的利润分配给股东。

采用剩余股利政策时，计算分配的股利可分为以下四步：①设定目标资本结构，即确定权益资本与长期债务的比率，在此结构下，加权平均资本成本最低；②确定该资本结构下，投资所需的股东权益数额；③最大限度的用盈余来满足所需的权益资本数额；④当所需权益资本满足后，若有剩余，可用于股利分配。

实行剩余股利政策，最主要的优点是能使公司保持较为理想的资本结构。但这种股利政策的缺点也是十分明显的，主要是股利的分配数量不稳定，不利于投资者安排收入和支出，也不利于公司树立良好的形象。处于高速成长期的公司以及一些高新技术企业可能会选择这种股利分配政策。

在我国，选择剩余股利政策的上市公司比比皆是。许多公司正处于快速成长期，需要大量的资金，公司实现的利润首先要满足经营活动和投资活动的需要。有些公司由于赢利水平低，即使将所有利润留存公司，也不能满足其资金需求，当然不可能再发放现金股利。当然，剩余股利政策有时也为公司"不分配"提供借口；确实有一些公司是借"公司发展需要资金"之名，限制分配现金股利，这实际上是对剩余股利政策的曲解。

二、固定股利政策

固定股利或稳定增长股利政策，是指公司将每年支付的每股股利额维持在某一固定水平上，并在较长的时期内保持不变，只有在公司利润有较大增长或下降时，且这种变动被认为是不可逆转时，才可能调整每股股利额。在采纳这一股利政策时，公司坚持一个不降低每年的股利发放额的原则。不过，在通货膨胀的情况下，大多数公司的盈余会随之提高，且大多数投资者也希望公司能提供足以抵消通货膨胀不利影响的股利，因此在长期通货膨胀较为明显的时期，公司应提高股利发放额。

我国上市公司中，确实有一些公司奉行固定股利政策，最典型的是大秦铁路股份有限公司。该公司2006年8月1日上市以来，连续四年每年分配的现金股利均为每股0.30元。又如，华夏银行股份有限公司2003年9月12日上市以来，每年分配的现金股利依次为0.1元、0.11元、0.11元、0.11元、0.13元、0.13元，股利分配体现了固定股利或稳定增长股利政策的特点。

采用固定股利或稳定增长股利政策的优点主要有以下两点：一方面，稳定的股利向市场传递着公司正常发展的信息，有利于稳定股票的价格和树立公司良好形象，增强投资者对公司的信心，有利于股价的上涨；另一方面，稳定的股利额有利于投资者安排股利收入和支出，特别是对那些对股利有着很高依赖性的股东更是如此。

当然，固定股利或稳定增长股利政策也存在明显的缺点：一方面，股利支付缺乏弹性，与公司的盈余能力相脱节，没有考虑公司实际发展的需要，当盈余较低或公司有较好的投资机会需要资金时仍要支付固定的股利，这相当于是一笔固定的短期负债，可能会给公司带来不小的财务压力，提高筹资成本；另一方面，不能像剩余股利政策那样能够保持较低的资本成本和较为理想的资本结构，对公司未来的发展可能造成不良的影响。

因此，采用这种政策的大多数是收益较稳定或正处于成长期的企业。

三、固定支付率政策

固定股利支付率政策，是指公司每一年度按固定的股利支付比率从税后利润中支付股利。在这种股利政策下，每年的股利总量随着公司赢利的变动而变动，保持股利与利润的一定比率关系，体现了风险与收益对等的原则。

固定股利支付率政策是一种常见的股利政策，为许多公司所采用。在上海证券交易所上市的申能股份有限公司，最近十多年所采取的股利政策就是比较典型的固定支付率政策。该公司自1999年以来，每年分配的现金股利基本上保持在当年实现净利润的一半左右。据初步计算，该公司1999—2008年每年的股利支付率依次为49.21%、48.23%、49.44%、51.99%、47.39%、46.40%、49、70%、52.37%、51.40%、48.78%。这绝不是偶然的，而是公司管理当局在利润分配中奉行固定支付率政策的体现。

固定股利支付率政策的优点主要表现在：可以减轻公司的财务压力，避免公司在赢利大幅度下降的年份，因支付较多的固定股利而陷入财务困境；可使股利与公司的盈余紧密地结合，体现多盈多分、少盈少分、不盈不分的原则；对于内部职工持股比例较高的公司，如果采用这种股利政策，可将职工利益与公司利益紧密地结合起来，充分调动广大职工的积极性和创造性。

采用固定股利支付率政策的主要缺点表现在：由于各年股利的支付额不稳定，这在一定程度上增加了股东回报的不确定性，也容易使投资者产生公司经营不稳定的印象，对稳定股票价格也很不利；同时，固定股利支付率政策不像剩余股利政策那样能够保持相对较低的资金成本。

在这一股利政策下，由于公司历年支付的股利具有波动性，股利的多少通常被认为透露着公司未来发展状况，投资者可能会认为股利的波动意味着风险的增加，而要求提高其投资报酬率，引起股价下跌。因此，从理论上说，这种股利政策不可能使公司股价最大化。

四、低正常股利加额外股利政策

低正常股利加额外股利政策，是指公司一般情况下每年向股东支付固定的、数额较低的股利，在盈余多的年份，再根据实际情况向股东发放额外股利。但额外股利并不固定化，不意味着公司永久地提高了规定的股利率。这是将固定股利政策和固定股利支付率政策折中的一种股利政策。

低正常股利加额外股利政策是一种弹性很强的股利政策，它使公司在确定股利分配方案时具有较大的灵活性。当公司盈余较少或需用较多资金进行投资时，可维持固定的、数额较低的股利，股东就不会有太大的失落感；而当盈余有较大幅度增加时，可追加股利，增强股东对公司的信心，这也有利于稳定股票价格。另一方面，这种股利政策可使那些依靠股利度日的股东每年至少可以得到虽然较低但稳定的股利收入，从而吸引这部分股东长期持有公司股票。正因为低正常股利加额外股利具有这样的优点，所以那些赢利水平波动较大、现金流量难以把握的公司喜欢采用这种政策。

采用低正常股利加额外股利政策也存在一些不足，倘若公司连续几年内由于经营状况较好而发放较多的额外股利,这容易提高股东对股利发放的期望值,将额外股利视为公司的正常股利。一旦公司因赢利下降而发放较少的额外股利,便会导致部分股东的不满。

上述各种股利分配政策各有所长,也各有不足。在利润分配的实际工作中,很难说某一公司的股利分配一直在奉行哪种股利政策;公司的股利政策不是一成不变的,往往随着实际情况的不同会有所改变。综观我国上市公司的利润分配方案,采用剩余股利政策的公司似乎占大多数,这些公司从自身发展出发,首先考虑满足内部筹资的需要。当然,政府监管部门的政策引导对上市公司的股利决策会产生很大影响,例如,2001年底,中国证监会提出把现金分红派息作为上市公司再融资的必要条件,这在很大程度上影响着上市公司的股利决策,近年来派发现金股利的上市公司明显增多。

下面举例说明各种股利政策的运用。

【例7-6】卫华电子科技股份有限公司上市五年来,一直保持较好的发展势头和较高的赢利水平。每年的净利润基本上以10%的速度持续增长。公司目前总股本为12000万股,其中限制性流通股7000万股,实际流通股5000万股。公司近五年每年均分配现金股利,没有分配股票股利,也没有实施公积金转增股本的方案。2009年公司实现净利润15000万元,分配现金股利6000万元。2010年公司实现净利润17200万元,尚未分配,公司2010年年末的资本结构为:权益资本占35%,债务资本占65%。公司2011年准备扩大生产能力需要筹资16000万元。2011年初公司董事会讨论2010年度的股利分配方案。财务部门设计了下面几种利润分配方案:

(1) 采用稳定增长的股利政策,每年分配的现金股利按照10%的速度稳定增长。

(2) 采用固定股利支付率政策,保持上年的股利支付比率。

(3) 如果公司管理当局认为目前的资本结构是较为理想的资本结构,将继续维持,采用剩余股利政策,2011年投资所需债务资本通过长期借款满足,所需权益资本全部通过2010年的收益留存满足,多余利润作为现金股利。

(4) 公司管理当局认为公司目前的债务资本比例偏高,应当适当降低负债比率。投资所需要的大部分资金通过配股筹措,拟定的配股方案为:以2010年的年末总股本为基数,按10∶2的比例配股,拟定配股价格为每股4.20元,所有股东均全额参加配股。配股筹资不能满足投资需要的资金缺口由2010年收益留存融资,2010年留存收益以外的净利润全部用来分配现金股利。

要求:针对上述各种利润分配方案,分别计算该公司2010年度应分配的现金股利。

【解答】(1) 采用稳定增长的股利政策。由于公司2009年分配现金股利6000万元,要求每年分配的现金股利按照10%的速度稳定增长,所以2010年度应分配的现金股利为6000×(1+10%)=6600(万元)。

(2) 采用固定股利支付率政策。公司2009年实现净利润15000万元,分配现金股利6000万元,股利支付率为40%。2010年股利分配将保持该股利支付比率,因此2010年度应分配的现金股利为17200×40%=6880(万元)。

(3) 采用剩余股利政策。按照目标结构的要求,公司投资需筹集权益资本16000×35%=5600(万元),需负债筹资16000×65%=10400(万元)。公司从17200万元净利润中划出5600万元作为留用利润,以满足投资所需的权益资本,然后将剩余的11600万元作为股利予以分配。

(4) 先计算配股筹资的资金。配股数量 2400 万股，配股筹资额为 2400×4.20＝10080（万元）。除配股外，需用留存收益的融资额为 16000－10080＝5920（万元），2010 年留存收益以外的净利润 11280 万元作为股利分配。

第四节 股利决策

一、股利决策的影响

财务管理的目标是追求股东价值的最大化，所以公司在制定股利决策时应当考虑什么样的股利政策对投资者的投资行为会产生什么样的影响，从而保证公司的股价不会因为股利政策而产生下跌的结果。

就公司内部而言，股利政策会影响下一年度的可用资金数量，对公司的筹资及投资决策带来一定的影响，股利分得多了，公司留存的利润就少了。当投资总额不变时，负债筹资必定会增加，以致财务风险增加。

同时，市场对于公司的股利决策往往较为关心，较高的现金股利向外界传达着赢利良好、经营稳定的信息，有利于提振市场的信心，促使股价的上涨。股票股利虽没有直接增加股东的资产总额，但同样有着提升股价的作用。而股利波动较大，或者近年来一直有下降的趋势，外界会对公司的经营能力产生怀疑，使得公司的股价下行。

因此，采用什么样的股利政策会直接影响股价，企业应当权衡各方利弊，根据实际情况确定最佳的股利政策。

二、股利理论

股利理论主要是为股份制企业的收益分配提供理论参考，更好地协调企业各相关方面的利益，以及企业本身的长远利益与短期利益的关系。目前，用得较多、发展较成熟的股利理论主要有两类：股利无关论和股利相关论。

（一）股利无关论

所谓股利无关，是指公司的市场价值与股利分配无关。这是由米勒和莫迪格利安尼在 1961 年提出的。这一理论是建立在完美资本市场的前提假设之上的，其主要观点如下：

第一，投资者对公司的股利分配并不关心。如果公司股利分配较少，将较多收益留存于企业用于再投资，这会导致公司的股价上升，投资者可以通过出售股票获得较高收益；如果公司分配较多的股利，投资者会用现金去购买更多的股票。也就是说，投资者对于股利和股价上升带来的资本利得没有偏好。

第二，公司价值与股利支付率无关。公司的价值主要由经营效率及其投资政策决定，与它的分配政策无关，股利分配的多少并不影响投资者对公司的估值，即不影响公司股权资本的筹集。

（二）股利相关论

股利相关论是在打破了股利无关论中的某些理想假设的基础上，做了相应的延伸而得到的，它认为股利政策对于公司价值会产生影响。它主要包括税差理论、"一鸟在手"理论、代理理论、信号理论等。

1. 税差理论

股利无关论假设不存在税收，但现实中必定会对股利及股票的资本利得征税。发放现金股利一般会征收所得税，由于股利分配在企业交纳所得税之后实施，所以存在着重复征税的现象。而资本利得税是在投资者出售股票时，对股票出售格高于购入价的部分征税。税差理论就是考虑了股利收益与资本利得的税负差异而得出的。一般地，出于健全和保护资本市场投资的目的，现金股利的税负要高于资本利得的税负，这使得一些大股东偏好于少发或不发现金股利。但如果股票的交易成本较高，使得获取现金股利更有利时，投资者又会倾向于多派股利。

2. "一鸟在手"理论

西方有句名谚"一鸟在手，强于百鸟在林"。现金股利可能虽不及资本利得增加来得多，但毕竟是实实在在到手的钱。对于投资者而言，靠将收益留存于企业，以期获得股价上升带来的好处，其不确定性较大，而现金股利就没有这样的风险。因此，根据"一鸟在手"理论，股东更偏好于现金股利而非资本利得，他们会倾向于股利支付率较高的股票，当公司的股利支付率提高时，其所要求的权益报酬率会相应有所降低。

3. 代理理论

由于股东、债权人、经理人员等的目标并不完全一致，一方利益的实现可能会以伤害另一方的利益为代价，这种利益冲突在公司的股利分配过程中表现为不同形式的代理成本。

（1）股东与债权人的代理冲突。股东为实现自身的利益可能会选择风险较大的投资方案，从而给债权人带来了额外的风险。债权人为保证自己的利益实现，会要求公司减少股利的分配，以提高公司的偿债能力。

（2）经理人员与股东之间的代理冲突。当公司拥有较为充裕的现金流时，经理人员为了个人业绩可能把资金投资于低回报项目，或者为了用于在职消费，希望将更多的钱留在公司，因此，他们会选择低股利政策，这便损害了股东的利益，不仅降低了股利，还降低了股东的投资回报率。

（3）控股股东与小股东的代理冲突。拥有较多股份的股东可能会出于少交个人所得税的考虑，希望公司少发股利，多将利润留存于企业，用于再投资，他们更希望股价上涨带来收益。但对于小股东而言，他们要交的个人所得税也比较有限，由于公司未来的股价存在不确定性，所以更希望公司可以多发股利，来降低自己的投资风险。

4. 信号理论

股利无关论假设不存在信息不对称，但实际上是不可能的，外部投资者只能通过有限的途径获取企业经营状况的与发展状况的部分信息，因此，投资者处于相对弱势的地位。股利支付信息以及股利支付水平的变化有利于投资者对公司的赢利能力、赢利的持续性及增长性等做出较为合理的判断。若股利支付增加，会被认为企业未来的赢利能力良好，有利于公司股价的上涨；反之，股利支付波动较大或有明显的下降，则对公司的股价不利。

当然，增发股利在有些人看来并不是公司发展向好的迹象，反而说明公司缺乏回报率较高的投资机会。因此，股利信号不同的人会有不同的理解，这也决定了人们对企业的价值会做出不同的判断。

三、影响股利决策的基本因素

股利决策的形成受企业内外各种因素的影响，如法律因素、经济环境因素、股东偏好、企业内部的各种因素等。

(一) 法律因素

为保护债权人和股东的利益,国家法律、法规对企业的利润分配予以一定的硬性规定。这些限制主要体现在以下几个方面。

1. 资本保全的约束

它要求企业所发放的股利和投资分红不得来自于资本（股本和资本公积）,只能来自于企业的各种当期利润或保留盈余。特别地,当企业出现年度亏损时,除非以前年度留有足够的保留盈余,否则当年不得分配利润。利润分配中的资本保全约束可以保证企业有完整的产权基础,保护债权人和投资者等各方的利益。

2. 资本积累的约束

公司的税后利润应先按一定的比例提取法定公积金,以用于企业今后发展的需要。同时,企业也可适当提取任意盈余公积金,这样可以避免由于虚增利润而导致的过度利润分配的不良后果。但在西方国家,利润的积累到一定程度会受到法律的限制,由于股东接受股利交纳的所得税高于其进行股票交易的资本利得税,所以,许多公司往往通过积累利润推动股价上涨而帮助股东避税。为了制止这种行为,有些国家的法律明确规定公司不得超额累积利润,否则将被加征额外税额。我国目前尚未作出此种规定。

(二) 股东因素

1. 稳定收益和规避风险的考虑

一些收入较低而依靠股利维持生活的股东,往往希望公司支付稳定的股利,而不愿意公司留存较多的利润。另外,在某些股东看来,通过增加留存收益引起股价上涨而获得的资本利得是有风险的,而目前的股利是确定的,即便是现在的股利较少,也强于未来较多的资本利得,所以他们往往要求较多的股利支付。

2. 避税考虑

由于发放股利会引起股东交纳个人所得税,而公司在分配利润之前已经交纳了企业所得税,所以分配股利会导致重复征税,给股东带来较重的税负。出于避税的考虑,有一些股东并不在乎发放的股利,他们更多是希望将资金留存于企业,让企业将资金用于报酬率更高的投资项目,取得更多的赢利,以期获得股价上涨的好处。

3. 控制权考虑

如果公司实行高股利支付率,那么留存收益就会减少,未来经营资金紧缺的可能性就会增大,这意味着将来发行新股的可能性增大。发行新股（通常指普通股）,意味着公司控制权有进一步被稀释,甚至旁落他人的可能。因此,出于保持控制权的目的,股东要求限制股利支付。

4. 所持股票流动性考虑

在我国,上市公司的股份分为流通股和非流通股两种。流通股股东和非流通股股东对待股利分配的偏好是不同的。持有流通股的股东虽分得现金股利,但股票价格会因除权而下落,股东实际并没有增加财富,相反发放股利会让流通股股东缴纳所得税而造成损失,所以他们宁愿公司将利润留存于公司,以享受未来丰厚的资本利得。而持有非流通股的股东由于其股票不能上市交易,不能直接享受股价上涨带来的好处,他们希望公司能分配现金股利,而且对法人投资者来说,现金股利一般无须征收企业所得税。

(三) 公司因素

公司股利的发放与企业的生产经营状况是密切相关的，公司生产经营对现金的需求是影响公司股利政策的最重要的因素。

1. 资产流动情况

持有一定数量的现金，保持其资产较好的流动性，是企业生产经营顺利进行的基础和必要条件。资产流动性越强，则支付现金股利的可能性越大。反之，如果企业的资产流动性差，即使收益可观，暂时也不宜分配过多的现金股利。尤其是那些高成长的、赢利性强的企业，愿意将大部分资金投资在固定资产和永久性流动资产上，为了保持一定的流动性，它们不愿意支付大额股利而对企业的生存造成威胁。

2. 举债能力

举债能力是指企业在一定期间以负债形式从外界获得资金的能力。对于股份有限公司，其举债能力越强，就越能够筹措到所需的资金，就可以采取比较宽松的股利政策；而举债能力较弱的公司，则应采取比较紧缩的股利政策，少发放现金股利，多留存利润。

3. 投资机会

投资机会是影响公司股利决策的一个重要因素。当公司预计有良好的投资机会时，需要有强大的资金支持，公司就会考虑少发股利而增加留存利润，用于再投资；当公司缺乏良好的投资机会时，保留大量现金就会造成资金的闲置，于是公司应增加股利支付。

4. 资金成本

资金成本是公司选择筹资方式的基本依据。假如公司现正为一项目筹措资金，如果资本市场利率较高，即公司获得外部资金的成本较高，那么公司应采取低股利政策，让更多的利润留存公司，反之即可发放相对较高的股利。

5. 盈余稳定状况

由于盈余相对稳定的公司能够更好地判断未来的收益情况，所以其股利支付率通常较高；反之，若公司盈余不稳定，对未来的把握程度小，往往会害怕盈余下降而造成的股利无法支付、股价下降的危险，因而出于安全性考虑，其股利支付率就会较低。

(四) 其他因素

1. 合同条款限制

合同条款限制主要是指企业发行债券的协议、借贷合同、租赁合同以及优先股协议中所包含的对企业股利支付方面的限制。它对企业股利政策的影响很大。第一，这类限制限定了企业所能支付股利的总额，有时可能规定只有当企业的赢利达到某个水平时，才能支付股利。第二，借款协议中要求企业必须从偿债基金中拿出一部分用于支付债务，从而减少股息支付。第三，当企业的流动比率低于某个预定的水平时，债权人可能会禁止股息支付。特别是公司有长期债务合同，债权人出于自我保护的考虑，往往会限制公司现金股利的支付程度，致使公司不得不采取低股利政策。

2. 通货膨胀

在通货膨胀的情况下，企业的折旧经常可能不足以补偿固定资产的更新。在这种情况下，企业不得不保留较高的留存收益以满足固定资产更新时资金不足的需要。另外，通货膨胀还影响企业营运资本的需求。公司的各种材料成本会上升，为了支持大批量的产品生产，投资于存货的资金数量将相应增加。同时，由于应收款项数额增加，企业的现金数量相应增加；应付款项数额增加，企业的现金支出将随之上升；现金投资也必须相应增加。因此，在通货膨胀时期，公司往往采取偏紧的股利政策。但投资人在通货膨胀时，可能要求比之前更高的股利支付率，所以公司在制定股利政策时应协调双方利益进行考虑。

【思考与练习】

一、思考题

1. 企业的营业利润由哪些项目构成？
2. 试述股份有限公司收益分配的一般程序。
3. 分配股票股利和实施资本公积金转增股本都会使公司的股本增加，请指出这两种方式存在哪些区别？
4. 我国上市公司中，遵循固定支付率股利政策的公司并不多见，除了教材中介绍的申能股份有限公司外，请再列举一个公司。
5. 简要说明从企业层面看，在进行收益分配决策时应考虑哪些因素？

二、单项选择题

1. 在分配优先股股利之前，企业不能（   ）。
   A. 弥补亏损   B. 缴纳所得税
   C. 提取任意盈余公积金   D. 提取法定盈余公积金
2. 按照我国《公司法》规定，当公司累计的法定盈余公积金达到注册资本的（   ）时，可以不再提取。
   A. 5%   B. 10%   C. 25%   D. 50%
3. 若用法定盈余公积金转增资本，转增资本后的法定盈余公积金一般不得低于注册资本的（   ）。
   A. 10%   B. 25%   C. 35%   D. 50%
4. 按规定，股份有限公司实现的净利润在计提法定盈余公积金后，应当（   ）。
   A. 计提任意盈余公积金   B. 弥补以前年度的亏损
   C. 分配优先股股利   D. 分配普通股股利
5. 在股利支付方式中，最常见也是最易被股东接受的是（   ）。
   A. 现金股利   B. 股票股利
   C. 财产股利   D. 负债股利
6. 公司采取固定股利支付率政策，（   ）。
   A. 是为了保持理想的资本结构
   B. 有利于树立公司良好的形象，稳定股票价格
   C. 能使股利与公司盈余紧密结合
   D. 能使公司股利分配具有较大的灵活性
7. 某企业因投资需要筹措资金 1000 万元，目标资本结构（权益资本∶负债资本）是 3∶2，现有净利润 1300 万元，如果采用剩余股利政策，则需要支付股利（   ）万元。
   A. 400   B. 520   C. 600   D. 700
8. 2009 年末宏鑫公司总股本为 2000 万股，2010 年 4 月 20 日公司公布 2009 年利润分配

方案：以2009年末总股数为基数，每10股转增3股。股权登记日为2010年5月12日，除权除息日为2010年5月13日。5月12日公司股价为28元，请问除权后公司股价将变为（　　）元。

A. 28　　　　　　B. 18.67　　　　　　C. 27.18　　　　　　D. 21.54

三、多项选择题

1. 以下属于收益分配的原则的有（　　）。
    A. 资本保全原则　　　　　　　　　B. 按需分配原则
    C. 兼顾各方利益原则　　　　　　　D. 分配与积累并重原则
2. 下列（　　）会影响企业一定时期的营业利润。
    A. 公允价值变动收益　　　　　　　B. 投资收益
    C. 资产减值损失　　　　　　　　　D. 期间费用
3. 按现行制度规定，公司从税后利润中留存的法定公积金，可用于（　　）。
    A. 弥补以后年度经营性亏损　　　　B. 作为职工奖励基金
    C. 按法定程序转增资本　　　　　　D. 以后年度分配股利
4. 企业发生的经营性亏损，一般可用（　　）进行弥补。
    A. 以前年度的提存的法定盈余公积金　　B. 以前年度的提存的法定公益金
    C. 以后年度的税前利润　　　　　　　　D. 以后年度的税后利润
5. 目前，我国上市公司的股利分派形式是（　　）。
    A. 现金股利　　　B. 财产股利　　　C. 负债股利　　　D. 股票股利
6. 在其他条件不变的前提下，若不考虑股利分配中的所得税因素，则分配股票股利会引起公司（　　）。
    A. 所有者权益增加　　　　　　　　B. 股本总额增加
    C. 每股收益减少　　　　　　　　　D. 每股市价下落
7. 公司内部的下列因素中，对股利决策产生影响的有（　　）。
    A. 资本成本　　　　　　　　　　　B. 举债能力
    C. 盈余稳定状况　　　　　　　　　D. 投资机会
8. 股利理论中的"股利无关论"的基本观点是（　　）。
    A. 投资者对于股利和资本利得两种收益没有偏好
    B. 投资者获得的股利与资本利得所承受的所得税没有差异
    C. 公司价值与股利支付率无关
    D. 股利分配对公司的资产结构和资本成本不会产生影响

四、计算分析题

1. 思特惠有限责任公司开始经营的前7年中实现税前利润（发生亏损以"—"表示）见下表（单位：万元）。

年份	1	2	3	4	5	6	7
利润	−200	50	−50	30	50	50	150

假设除弥补亏损以外无其他纳税调整事项，且该公司的所得税税率一直为25%，且该公司按规定享受连续5年税前利润弥补亏损的政策，税后利润（弥补亏损后）按10%的比例提

取法定公积金。要求：

(1) 计算该公司第 7 年应缴所得税额和税后利润；

(2) 计算该公司第 7 年应当提取法定公积金；

(3) 通过计算后回答：该公司第 7 年可以分配给投资者的利润最多能达到多少？

2. 正大股份有限公司发行在外普通股为 6000 万股，去年实现净利润 4500 万元，分配现金股利每股 0.45 元，而今年公司的净利润只有 3750 万元。该公司对未来仍有信心，决定投资 3600 万元引进新生产线，所需要资金的 60% 来自举债，40% 来自权益资本。要求：

(1) 如果公司采用剩余股利政策，计算该公司今年可以分配的每股现金股利；

(2) 如果公司遵循固定股利支付率政策，维持上年的股利支付比率，计算今年应分配的每股现金股利。

3. ABC 公司 2009 年全年实现净利润为 5000 万元，年末在分配股利前的股东权益账户余额见下表。

项目	金额
股本（面值 1 元）	5000 万元
盈余公积	2500 万元
资本公积	20000 万元
未分配利润	7500 万元
合计	35000 万元

公司 2010 年 3 月 7 日经年度股东大会审议通过的利润分配方案为：以 2009 年年末的总股本为基数，每股分配现金股利 0.20 元，并按照 20% 的比例分配股票股利（按面值计算）。股权登记日为 2010 年 3 月 28 日，除权除息日为 3 月 29 日。股权登记日的股票收盘价为 10.40 元/股。假如不考虑股利分配中的税金因素，试求解以下互不相关的问题：

(1) 2010 年实施 2009 年利润分配方案后该公司股东权益结构有何变化？

(2) 该公司股票因实施利润分配方案而除权后的每股价格应该是多少？

(3) 若 2010 年公司净利润比上年增长 15%，2010 年度的利润分配若保持分配 20% 的股票股利与固定的现金股利支付率，则 2010 年利润分配中应发放多少现金股利？

(4) 若预计 2010 年净利润将增长 15%，且年底将要有一个大型项目上马，该项目需资金 7500 万元，若要保持负债率 40% 的目标资本结构，按照剩余股利政策，则 2010 年度利润分配中能否发放现金股利？能发放多少现金股利？

五、案例题

【案例】 科华生物利润分配方案

资料：

上海科华生物工程股份有限公司（简称：科华生物，股票代码 002022）于 2006 年 3 月 3 日公布 2005 年年报：每股收益 0.68 元，每股收益（扣除）0.66 元，每股净资产 4.13 元，净资产收益率为 16.56%，加权平均净资产收益率为 17.31%，扣除非经常性损益后净利润为 54175723.32 元，主营业务收入为 300565543.51 元，净利润为 56427520.33 元，股东权益为 340784235.77 元。

公司董监事会议于 2006 年 3 月 1 日召开，通过了如下议案：

(1) 关于修改公司章程的议案；

(2) 公司 2005 年度利润分配及公积金转增股本的预案。

以 2005 年 12 月 31 日总股本 8250 万股为基数，向全体股东每 10 股派发现金红利 5 元（含税），每 10 股送红股 1 股，合计派发股利 4950 万元（含税）；同时，用资本公积金向全体股东按每 10 股转增 6 股的比例转增股本。

2006 年 4 月 13 刊登 2005 年分红派息、资本公积金转增股本实施公告：

以 2005 年 12 月 31 日总股本 8250 万股为基数，向全体股东每 10 股派发现金红利 5 元（扣税后实际每 10 股派 4.40 元），每 10 股送红股 1 股，合计派发股利 4950 万元（含税）；同时，用资本公积向全体股东按每 10 股转增 6 股的比例转增股本。本次股利分配后剩余利润结转至以后年度分配；送红股和资本公积金转增股本后，公司股本总数由 8250 万股变更为 14025 万股。

股权登记日、除权除息日和新增无限售条件流通股份上市日如下。

(1) 股权登记日：2006 年 4 月 19 日；

(2) 除权除息日：2006 年 4 月 20 日；

(3) 新增无限售条件流通股份上市日：2006 年 4 月 20 日（深市），2006 年 4 月 21 日（沪市）；

(4) 红利发放日：2006 年 4 月 20 日。

问题：

(1) 上海科华生物工程股份有限公司在 2005 年需要对上述 2005 年度利润分配及资本公积金转增股本方案进行会计处理吗？2005 年度的会计报表中需要反映上述利润分配及资本公积金转增股本方案吗？如果不需要，请说明原因；如果需要，请说明应如何反映？

(2) 该公司分配现金股利税前为每股 0.50 元，税后却为 0.44 元，其中的所得税是如何计算的？是否所有股东获得的现金股利都要缴纳所得税？

(3) 已知该公司 2006 年 4 月 19 日（股权登记日）的股票收盘价为 19.40 元，而 4 月 20 日（除权除息日）的收盘价为 10.48 元，请问：与 4 月 19 日相比，4 月 20 日该股票的价格是上涨还是下跌？增减的幅度为多少？

(4) 上述利润分配及资本公积金转增股本方案实施后，公司 2006 年一季度的每股收益（摊薄）、每股净资产（摊薄）和净资产收益率是否发生变化？如没有变化，请说明原因；如发生变化，请计算变化后的数额（详见下表）。

日期 项目	2006-04-20	2006-03-31	2005-12-31	2005-09-30	2005-03-31
每股收益（摊薄）（元）	?	0.1900	0.6800	0.5100	0.1700
每股净资产（摊薄）（元）	?	4.3200	4.1300	3.9800	4.3200
净资产收益率（%）	?	4.30	16.56	12.91	3.87
总股本（亿股）	1.4025	0.8250	0.8250	0.8250	0.6875
实际流通 A 股（亿股）	0.4994	0.2938	0.2938	0.2160	0.1800
限售流通 A 股（亿股）	0.9031	0.5312	0.5312		

第八章 资本成本和资本结构

资本成本和资本结构是企业财务管理的重要内容。资本成本是企业筹资的代价，它既是资本结构决策的重要因素，也会影响企业价值。本章首先阐述资本成本的概念和计量方法，然后介绍经营杠杆和财务杠杆的基本原理，在此基础上探讨企业最优资本结构决策问题。

第一节 资本成本

资本成本是财务管理中非常重要的概念，它在企业筹资决策、投资决策、企业价值评估中具有十分重要的地位。因此，作为企业管理人员，必须正确认识资本成本的意义，掌握资本成本的计量方法。

一、资本成本的概念和内容

（一）资本成本的概念

一般地说，资本成本是企业为筹集和使用资本而付出的代价。这里的资本是指各种长期资金，包括长期负债和所有者权益；财务管理中将长期负债称为债务资本，而所有者权益则称为权益资本。需要指出的是：将短期内（通常指1年以内）可以使用但随时需要偿还或至少在一年内需要偿付的债务排除在资本之外。这主要是出于两点考虑：一是短期资本的需要量及其筹资是经常变化的，且在整个资金总量中所占比重不稳定；二是短期资本通常没有直接的资本成本（短期借款除外），或者其资本成本相对于长期资本来说可以忽略不计。

从筹资的角度看，资本成本是筹集资本所付出的代价，而从投资的角度看，资本成本又是资本供给者要求的报酬。企业的资本来自两种债权人和股东，他们将资本投入企业，需要获得相应的报酬。债权人要求企业定期支付利息，股东则要求企业支付股利。因此，资本成本既是筹资的概念，也是投资的概念。

（二）资本成本的内容

企业的资本成本包括筹资成本和用资成本两部分内容。

（1）筹资成本是指企业在资金筹集资本过程中支付的各项费用，主要包括借款的手续费、发行股票、债券而支付的各项承销费用等。筹资费用通常是筹集资金过程中一次性支付的，它与筹资数量的多少有关，而与资本使用的时间长短无关。因此，在计量资本成本时筹资费用实际上作为资本筹集额的减项来处理。

（2）用资成本是指企业在生产经营、投资过程中因使用资本而支付给资本供给者的报酬，主要包括支付给股东的股利、向债权人支付的利息等。用资费用一般与筹集数额的大小和使用时间的长短有关，具有经常性、定期性支付的特点，是资本成本的主要内容。

资本成本按其在决策中的作用不同，可以区分为个别资本成本、加权平均资本成本和边际资本成本三种。个别资本成本是指各单一筹资方式的成本，用于比较各种筹资方式的优劣；加权平均资本成本是指各种资本的加权平均成本，用于资本结构决策和企业价值评估；边际资本成本是指增量资本所需要增加的资本成本，主要用于追加筹资决策。

(三) 资本成本的性质

资本成本不同于生产经营成本。生产经营成本是资源消耗的价值，资本成本是使用资源的成本。从资金运动的过程来看，资本成本的发生实际上是资金退出企业的过程。

（1）资本成本是资本所有权和使用权相分离的产物。对于筹资企业来说，资本成本是其取得和占有资本使用权的代价；对于提供资本的债权人和股东来说，资本成本是让渡资本使用权所要求的报酬。

（2）资本成本不同于一般的经营支出。虽然资本成本也是企业的一种支出，但它与企业的生产经营没有直接的关系，一般不计入产品生产成本；而应当将其作为企业的期间费用处理（如利息费用），或在企业的税后利润中列支（如股利支出）。

（3）资本成本包含资金时间价值，但不等于货币时间价值。货币时间价值是指资金在没有风险、没有通货膨胀的条件下，随时间的推移而发生的增值。可以说，时间价值是资本成本的下限，资本成本除包括时间价值外，还包括对投资风险和通货膨胀的补偿价值。

（4）从现金流量净现值看，资本成本是筹资项目现金流量净现值等于零的贴现率。即第二章所说的筹资活动的内含成本率。

(四) 资本成本的作用

资本成本在企业财务管理中具有十分重要的地位。尤其在筹资决策和投资决策中，资本成本是决策者必须考虑的重要因素之一。

（1）从企业筹资角度讲，资本成本是选择筹资方式、进行资本结构决策的重要依据。企业筹集资金的方式多种多样，不同的筹资方式，其个别资本成本各不相同。企业一般通过计算和比较不同筹资方式的资本成本，以选择资本成本尽可能低的筹资方式。资本结构是由债务资金和权益资金组合而成，这种组合有多种方案，企业一般通过计算和比较不同方案的加权平均资本成本，选择最小的加权平均资本成本的筹资方式，以实现最优的资本结构。

（2）从企业投资角度讲，资本成本是评价投资项目、制定投资方案的主要经济标准。任何投资项目，只有其投资收益率高于资本成本，企业才有利可图；反之，如果预期投资收益率低于资本成本，则是不可行的。因此，投资决策中通常将资本成本视为是否采用投资项目的"取舍率"。

（3）从企业经营管理的角度讲，资本成本是衡量企业经营业绩的重要标准。资本成本是企业从事生产经营必须实现的最低收益率，将企业的加权平均资本成本总额与相应的息税前利润进行比较，则可以评价企业的经营业绩。若息税前利润率高于资本成本，可以认为经营良好；反之，则认为企业经营不利，应加强改善经营管理，进一步提高经济效益。

二、个别资本成本的计量

个别资本成本是计量加权平均资本成本和边际资本成本的基础。不同的筹资方式其资本成本各不相同。资本成本可以用绝对数表示，但为了便于不同筹资方式资本成本的比较，一般用相对数表示资本成本的高低。

(一) 计量个别资本成本的基本原理

本书第二章中已经提到筹资活动现金流量净现值等于零的贴现率是筹资活动的内含成本率。基于这一原理，可以通过分析一项筹资活动的现金流量来计量其资本成本。筹资活动的现金流入是筹资中获得的现金资产或其他资产，如借款取得的现金、发行股票或债券取得的现金；其现金流出则主要表现为归还借款或收回债券偿还的本金和支付的利息，以及支付给股东的股利等。一项筹资活动引起的现金流入和现金流出总量往往是不相等的，但流入现金与流出现金的现值可以达到相等。使筹资活动现金流入量现值等于现金流出量相等的贴现率就是筹资的资本成本。这就是计量个别资本成本的基本原理。

如果以 P 表示筹资项目产生的现金流入量，$P(K)$ 表示流入量在贴现率为 K 时的现值，如果筹资项目的现金流入在筹资最初一次获得，那么 P 本身就是现值；假如筹资项目的现金流入并非全部在筹资时一次筹足，而是陆续取得，$P(K)$ 是 K 的递减函数。同样，以 F 表示筹资项目发生的现金流出量，$F(K)$ 表示流出量在贴现率为 K 时的现值，它一定是 K 的递减函数。根据前面的分析，筹资活动的资本成本便是下式的一个合理的根

$$P(K) - F(K) = 0 \tag{8-1}$$

式（8-1）是计量筹资项目资本成本的一个通用模型。当然，当筹资项目的现金流量所涉及的期限较长时，求解式（8-1）会比较困难；但可以运用数学方法（如第六章介绍的逐步测试法），求出资本成本的近似值。

（二）债务资本成本的计量

债务资本的资本成本主要是利息，而利息具有抵减所得税的作用。债务资本成本有税前资本成本和税后资本成本。税前资本成本和税后资本成本的关系如下

$$税后资本成本 = 税前资本成本 \times (1 - 所得税税率) \tag{8-2}$$

因此，只要先计算税前资本成本，再计算税后资本成本。债务筹资产生的现金流入量是借款或发行债券获得的现金（扣除发行费用），现金流出则表现为支付给债权人的利息和偿还的本金。设债务筹资总额为 P_0，每年需支付的利息为 I_t，到期偿还本金为 P_n，贴现率为 K，则资本成本是满足下式的 K 值

$$P_0 - \left(\sum_{t=0}^{n} \frac{I_t}{(1+K)^t} + \frac{P_n}{(1+K)^n}\right) = 0 \tag{8-3}$$

对于按年付息到期一次还本的债务，其资本成本的计算公式可以简化为

$$K = \frac{B \times i(1-T)}{B_0(1-f)} \tag{8-4}$$

式中，B 为借款的本金或债券的面值；B_0 为债券的发行价格；i 为债务的年利率；T 为适用的所得税税率；f 为发行成本占筹资总额的比例（筹资费用率）。

如果不存在筹资费用，且债券平价发行，按年付息，到期一次还本，债务利息全部可以在所得税前列支，则债务资本的税前资本成本就等于其年利率，税后资本成本按照下式计算

$$K = i(1-T) \tag{8-5}$$

如果债务筹资属于到期一次还本付息（单利计息，年利率为 i），则税前资本成本为

$$K = \sqrt[n]{\frac{P+nI}{P}} - 1 = \sqrt[n]{1+ni} - 1 \tag{8-6}$$

【例 8-1】XYZ 公司采用如下两种债务筹资方案：
(1) 向工商银行取得 3 年期借款 3000 万元，年利率为 6.9%，规定到期一次还本付息，

利息按单利计算。

(2) 发行面额 100 元的债券 500000 份，期限为 5 年，票面利率为 7.5%，规定按年付息，到期一次还本。该债券按面值发行，发行费用按筹资额的 1% 计算支付，假设公司按年支付利息，公司适用的所得税税率为 25%。

要求：计算上述两种筹资方式的资本成本。

【解答】(1) 根据式 (8-6)，借款的税前资本成本为

$$K=\sqrt[3]{1+3\times 6.9\%}-1\approx 6.47\%$$

税后资本成本约为：$6.47\%\times(1-25\%)\approx 4.85\%$。

(2) 分析发行债券筹资活动的现金流量。

现金流入量：$5000\times(1-1\%)=4950$（万元）。

现金流出量：每年支付利息 375 万元，到期偿还的本金 5000 万元。

现金流量的净现值为

$$NPV=4950-[375\times 年金现值系数(K,5)+5000\times 复利现值系数(K,5)]$$

用逐步测试法找出净现值为 0 的 K 值，取 $K=7.5\%$，计算出其净现值为 -50 万元；再取 $K=8\%$，计算出其净现值为 49.82 万元。根据逐步测试法得到税前资本成本为

$$K=7.5\%+\frac{-50}{(-50-49.82)}\times(8\%-7.5\%)\approx 7.75\%$$

税后资本成本约为 5.81%。

如果直接运用式 (8-4)，计算债券筹资的税后资本成本为

$$K=\frac{5000\times 7.5\%\times(1-25\%)}{5000\times(1-1\%)}\approx 5.68\%$$

这一结果与前面通过分析现金流量净现值的解法所得到的结果存在一定的差异，所以式 (8-4) 只能作为计算债务资本成本的近似公式。

（三）权益资本成本的计量

权益资本的筹资方式主要有发行普通股、发行优先股和收益留存等。从筹资的角度看，收益留存与发行普通股实质上是一样的①。因为收益留存实际上就是增加了普通股股东对公司的投资，这种投资的回报就是未来的股利和资本利得。

发行普通股和优先股引起的现金流入是发售股票获得的现金扣除发行成本后的筹资净额；现金流出则主要是股利支出和赎回股票时付出的现金。当然，公司赎回已发行的普通股或优先股这种行为是很少发生的。假设公司不赎回股票，那么资本成本在很大程度上取决于公司的股利水平，而优先股的股利是事先确定的，普通股的股利取决于公司的赢利水平和股利分配政策。下面分别介绍发行普通股和发行优先股的资本成本计算公式。

1. 发行普通股资本成本

设公司发行普通股的筹资总额为 P，发行成本占筹资总额的比例为 f，预计公司未来各年支付的普通股股利为 D_t，普通股的资本成本为 K，这样，公司发行普通股筹资产生的现金流量净现值为

---

① 从计量资本成本的角度看，收益留存与发行普通股的主要差异在于收益留存不需要支付发行费用。

$$NPV = P(1-f) - \sum_{t=1}^{\infty} \frac{D_t}{(1+K)^t} \tag{8-7}$$

显然，资本成本 K 的高低取决于每年的股利 D_t。从理论上说，股利分配有多种模式，如固定股利模式、固定增长股利模式等。如果公司采用固定股利模式，则未来股利的现值是永续年金的和，因此，式（8-7）变为

$$\text{NPV} = P(1-f) - \frac{D_0}{K} \tag{8-8}$$

式中，D_0 为每年的股利额。令式（8-8）中的 NPV＝0，得到计算资本成本的公式为

$$K = \frac{D_0}{P(1-f)} \tag{8-9}$$

【例 8-2】大秦铁路股份有限公司（简称：大秦铁路，股票代码：601006）于 2006 年 7 月 21 日向社会公开发行人民币普通股 303030.30 万股，每股发行价 4.95 元，筹资总额 1500000 万元，发行费用 26578.97 万元，筹资净额 1473421.03 万元。据查，上市后四年中该公司每年分配的现金股利均为每股 0.30 元（税前）。假设以后每年分配的现金股利均为每股 0.30 元，股利于每年 8 月 1 日分配。试计算该公司发行普通股的资本成本。

【解答】运用式（8-9），按一股计算资本成本，$P=4.95$，$f \approx 1.7719\%$，$D_0=0.30$。则普通股筹资的资本成本为

$$K = \frac{0.30}{4.95 \times (1-1.7719\%)} \approx 6.17\%$$

固定股利模式并不符合大多数公司的股利分配政策，采用固定增长股利模式更为现实，即各年的股利呈等比级数增长，递增的百分比为 G，于是第 t 年股利可表示成：$D_t = D_1(1+G)^{t-1}$，因此式（8-7）变为

$$\text{NPV} = P(1-f) - \frac{D_0}{K-G} \tag{8-10}$$

令式（8-10）中的 NPV＝0，得到此时计算资本成本的公式为

$$K = \frac{D_0(1+G)}{P(1-f)} + G \tag{8-11}$$

这就是固定增长股利模式下普通股资本成本的计算公式。该公式表明，普通股资本成本分为两部分：一是第一年支付的股利相对于股票发行价格的百分比 $\frac{D_0(1+G)}{P(1-f)}$，二是股利的增长率 G。

【例 8-3】郑州宇通客车股份有限公司（简称：宇通客车，股票代码：600066）于 1997 年 4 月 23 日向社会公开发行人民币普通股 3500 万股，每股发行价 9.75 元，筹资总额 34125 万元，发行费用 1050 万元，筹资净额 33075 万元。上市后的 13 年中（1999 年和 2002 年未分配外）每年分配的每股现金股利在 0.40～1.00 元，考虑到该公司历年送转股本和配股增加的股本，实际分配的股利（按上市之初的股本计算）远超过上述水平。根据历年分配的现金股利总额初步计算，该公司上市后分配现金股利的年平均增长率约为 16.2%（见本书第四章第二节【例 4-3】）。已知该公司 1998 年分配的现金股利（属于 1997 年的利润分配）为每股 0.60 元，假设该公司以后每年分配的现金股利按 16.2% 的平均增长率持续增长。

要求：根据上述资料和假设计算宇通客车发行普通股的资本成本。

【解答】根据该公司历年的股利分配情况，可以认为该公司的股利分配基本遵循固定增长模式。运用式 (8-11)，按 1 股计算，$P=9.75$，$f=3.0769\%$，$D_0(1+G)=0.60$①。则普通股筹资的资本成本为

$$K=\frac{0.60}{9.75\times(1-3.0769\%)}+16.2\%\approx 22.55\%$$

2. 发行优先股的资本成本

发行优先股资本成本主要是优先股股利。优先股股利通常按照固定的比率定期支付，且为所得税后支付，没有抵税效应。因此优先股成本的计算公式（D 表示优先股每年的股利）为

$$K=\frac{D}{P(1-f)} \tag{8-12}$$

【例 8-4】XYZ 股份有限公司发行优先股 2000 万股，每股面值 1 元，发行价格为每股 1.50 元，总价款 3000 万元，筹资费用率为 3%，预定年股利率为 12%。则发行优先股成本计算如下

$$K=\frac{2000\times 12\%}{3000\times(1-3\%)}\approx 8.25\%$$

由于优先股股利在税后支付，不减少企业所得税。而且在企业破产时，优先股的求偿权位于债券持有人之后，优先股股东的风险比债券持有人的风险要大。所以，优先股的资本成本明显高于债券的资本成本。

3. 收益留存的资本成本

收益留存是将实现的利润留存公司，满足公司发展的需要，这是内部筹资的一种方式，所形成的资金来源称为留存收益（包括盈余公积和未分配利润），它是公司尚未分配的累计利润，其所有权归全体股东。从表面上看，公司使用留存收益不需要花费任何成本；但实际上，股东愿意将其留用于公司而不作为股利分配，意味着股东总是要求得到与普通股相同的投资报酬。因此，留存收益资本成本的计算方法与普通股成本基本相同，但无须考虑筹资费用。在股利固定增长的前提下，资本成本的计算公式为

$$K=\frac{D}{P}+G \tag{8-13}$$

（四）加权平均资本成本

1. 加权平均资本成本的概念和计算

前面介绍的个别资本成本的计量方法是针对某一种特定的筹资方式而言的。实际上企业的资本不可能来源于单一的渠道和单一的方式，企业可能同时从多种渠道、用多种方式筹集资金，而各种方式的筹资成本是不同的。为了正确进行筹资和投资决策，就必须计算企业的加权平均资本成本。加权平均资本成本就是企业各种资本的加权平均数，其计算公式为

$$K_W=\sum_{i=1}^{n}K_iW_i \tag{8-14}$$

式中，K_W 为加权平均资本成本；K_i 为第 i 种资金的成本；W_i 为第 i 种资金占全部资金的比重，即

---

① 1998 年的股利属于发行股票后的第一年股利，实际上是 2007 年度利润分配方案在 2008 年实施。

权数，满足 $\sum_{i=1}^{n} W_i = 1$；n 为筹资方式的种类。

从式（8-14）可以看出，加权平均资本成本受到个别资本成本和权数两个因素的影响。在企业资本总规模一定的前提下，资本来源的不同组合会产生不同的加权平均资本成本，这便是本章后面资本结构决策中要研究的问题之一。

【例8-5】 XYZ股份有限公司目前的资本总规模为20000万元，其中通过长期借款筹资3000万元，发行债券筹资5000万元，发行优先股筹资2000万元，发行普通股筹资10000万元。根据【例8-1】和【例8-4】的计算结果可知，借款筹资的资本成本为4.85%，发行债券筹资的资本成本为5.81%，发行优先股的资本成本为8.25%。假设该公司发行普通股筹资的资本成本为10%。试计算该公司20000万元资本的加权平均资本成本。

【解答】 先确定各种资本占资本总额的比重：长期借款为15%，债券为25%，优先股为10%，普通股为50%。根据式（8-14），得到加权平均资本成本为

$$K_W = 4.85\% \times 15\% + 5.81\% \times 25\% + 8.25\% \times 10\% + 10\% \times 50\% \approx 8.01\%$$

2. 加权平均资本成本中权数的选择

在加权平均资本成本计算中，个别资本成本相对容易确定，而权数主要有三种选择：账面价值、市场价值和目标价值。

账面价值权数是指以账面价值为依据确定各种长期资金的权数。使用账面价值权数，资料可直接从资产负债表上取得，数据真实。【例8-5】中的加权平均资本成本就是按照各种筹资方式所筹集资本的账面价值计算的。但是当债券、股票的市场价格与账面价值差别较大时，计算得出的加权平均资本成本就会偏离实际，不利于筹资决策。

市场价值权数是指债券、股票以现行的市场价格确定权数来计算加权平均资本成本。由于证券市场价格波动频繁，所以可选用平均的市场价格。使用市场价值权数计算的加权平均资本成本能够反映企业目前的实际情况。

【例8-6】 假设在例8-5中，XYZ股份有限公司的加权平均资本成本按照市场价值作为权数来计算。同时假设借款的市场总价值与账面价值相同，为3000万元，债券的市场总价值为6000万元，优先股的市场总价值为3600万元，普通股的市场总价值为17400万元。那么各种长期资本占资本总额的比重分别为：长期借款10%，债券20%，优先股12%，普通股58%。假设各种筹资方式的个别资本成本不变。则按市场价值为权数的加权平均资本成本为

$$K_W = 4.85\% \times 10\% + 5.81\% \times 20\% + 8.25\% \times 12\% + 10\% \times 58\% \approx 8.44\%$$

目标价值权数是指债券、股票等以未来预计的目标市场价值确定资本权数。这种权数能够体现企业目标资本结构，而不是像账面价值权数和市场价值权数那样只反映过去和现在的资本结构，所以按目标价值权数计算的加权平均资本成本更适用于企业筹措新的资金。

计算加权平均资本成本时，确定资本权数的三种思路各有利弊，但由于资本的账面价值容易确定，在实际工作中，企业一般使用账面价值权数。

（五）边际资本成本

当企业筹集的资本不足以满足投资需要时，企业往往要采用适当的方式增加资本。这就引出了边际资本成本的概念。边际资本成本是指资本每增加一个单位而增加的资本成本，也就是企业筹资额每增加一个单位所引起的资本成本的变动。边际资本成本是企业追加筹资决策的主要依据。若企业同时以多种不同的方式追加筹资，新增的几种不同资金的加权平均成本，称为

加权平均边际资本成本。

一般来讲，随着企业筹资规模的不断扩大，企业资本成本也会相应增大，追加筹资的加权平均资本成本也会增加。但是，在追加投资中，并非每增加一定量的资金都会引起资本成本的变动，而是有一定的范围。在原有资金量的基础上，追加筹资在某一数量范围内，其资本成本仍保持原有资本结构的平均成本；当某种新增资金突破某一限度时，边际资本成本将会提高。

在进行追加筹资决策时，使用边际资本成本的基本步骤为：①确定目标资本结构；②确定各种筹资方式的资本成本分界点；③计算筹资总额分界点；④计算边际资本成本；⑤比较各筹资范围内新增筹资总额的边际资本成本，选择筹资方案。

其中筹资总额分界点就是指各种筹资方式下资本成本发生变动的最大筹资总额。计算筹资总额分界点的公式为

$$筹资总额分界点 = \frac{某一资本成本范围筹集到的最大资本额}{该种资本在资本总额中所占的比重} \tag{8-15}$$

下面仅对筹资总额分界点和各筹资范围的边际资本成本的计算举例说明，不涉及筹资决策问题。

【例8-7】ABC有限公司目前的资本结构为：长期借款4000万元，普通股6000万元。公司因投资新项目需要再筹集一定数量的资本，并维持目前的资本结构。公司财务人员对金融市场进行分析后认为，随筹资额增加，借款和发行普通股的资本成本会相应地提高，具体资料见表8-1。

表8-1 各种方式追加筹资的资本成本资料

资本来源	筹资额	资本成本
长期借款	1000万元及以下	5%
	1000万元以上	6.5%
普通股	2250万元及以下	10%
	2250万元以上	12%

要求：

(1) 计算各筹资方式的筹资总额分界点及各筹资范围的边际资本成本；

(2) 假设该公司为投资新项目需要新筹集资本3000万元，试计算筹集该3000万元资本的边际资本成本。

【解答】(1) 首先，计算确定各种筹资方式的筹资比重：长期借款为40%，普通股为60%。

其次，计算各种筹资方式的筹资总额分界点。

长期借款的筹资总额分界点为：1000/40%＝2500（万元）。

发行普通股的筹资总额分界点为：2250/60%＝4250（万元）。

最后，计算各个筹资总额区间的边际资本成本。根据以上筹资总额分界点的计算结果，将筹资总额分为三个区间：2500万元及以下、2500～4250万元、4250万元以上。

筹资总额在2500万元以下的边际资本成本＝5%×40%＋10%×60%＝8%。

筹资总额在2500～4250万元之间的边际资本成本＝6.5%×40%＋10%×60%＝8.6%。

筹资总额在4250万元以上的边际资本成本＝6.5%×40%＋12%×60%＝9.8%。

（2）该公司需要新筹集资本 3000 万元，属于上述第二个区间，故其边际资本成本为 8.6%。

第二节 经营杠杆和财务杠杆

经济学中所称"杠杆"是指对某一经济变量的调整引起其他经济变量发生相应变化的现象。例如，调整利率会引起投资、消费和汇率发生相应的变化，我们说这是利率的杠杆作用。再如，税收是一种经济杠杆，那是因为税收政策的调整会引起财政收入、国内生产总值等经济指标发生相应变化。财务管理中所说的"杠杆"，一般是指企业销售量（或业务量）的变化引起企业赢利发生更大幅度变化的现象。杠杆作用可给企业带来一定的杠杆利益，同时也会给企业带来相应的风险。企业在进行资本结构决策时就需要在杠杆利益与其相关的风险之间进行合理的权衡。财务管理中的杠杆主要有经营杠杆、财务杠杆和总杠杆。

一、基础知识

为了阐述杠杆作用，必须先简要介绍成本、产销量和利润之间的数量关系，包括成本习性分析、边际贡献和盈亏平衡点等概念。

（一）成本习性分析

所谓成本习性分析，是指研究成本总额与业务量之间的依存关系。在这里，业务量是指企业的生产经营活动水平的标志量。它可以是产出量也可以是投入量；可以使用实物度量，也可以使用货币度量。例如，产品产量、销售量、劳务量、销售额等都可以作为业务量大小的标志。当业务量变化时，各种成本有不同的习性。按照成本的习性不同可以将成本分为三种：固定成本、变动成本和混合成本。

固定成本是指在一定时期和一定业务范围内，其总额不受业务量增减变动影响而固定不变的成本。按照平均年限法计提的折旧费、财产保险费和房屋租赁费等通常都是固定成本。

变动成本是指在一定条件下，成本总额同业务量的总量成同比例增减变动的成本。如制造产品所发生的直接材料成本和直接人工成本、按照工作量法计提的固定资产折旧、按照营业额计算的营业税等。

混合成本是指成本总额随业务量的变动而变动，但不成正比例变动的成本。混合成本介于固定成本和变动成本之间，它有不同的模式。通常将混合成本看成固定成本和变动成本的复合，将成本总额分解成固定成本和变动成本两部分。这样就可以建立成本习性模型，即

$$C = F + vQ \tag{8-16}$$

式中，C 为成本总额；F 为固定成本总额；v 为单位变动成本；Q 为业务量。

财务会计提供的成本核算资料并没有分解后的固定成本和变动成本数据，需要运用一定的方法，将混合成本进行分解。也就是求出 F 和 v 的值，得到反映成本与业务量之间依存关系的直线方程。具体分解方法请读者参见管理会计中的相关内容，这里不再介绍。式（8-16）是一个非常重要的成本模型，它在成本预测、成本决策中十分有用。

（二）边际贡献

将成本分解成固定成本和变动成本后，引出一个新的概念——边际贡献。边际贡献是指销售收入减去变动成本以后的差额，又称贡献毛益。从边际贡献的构成内容上来看，它包括固定

成本总额和息税前利润两部分。因此,边际贡献是补偿固定成本、创造利润的来源,是评价企业获利能力的重要指标。边际贡献总额的计算公式如下

$$M = pQ - vQ = (p-v)Q \qquad (8-17)$$

式中,M 为边际贡献总额;p 为单位业务量或单位产品的售价。

边际贡献不仅可以用绝对额表示,也可以用相对额和相对数表示,从而产生所谓单位边际贡献和边际贡献率的概念。单位边际贡献是指单位业务量(或单位产品)所产生的边际贡献;边际贡献率是边际贡献总额与销售额的比值。它们的计算公式分别为

$$m = p - v \qquad (8-18)$$

$$\mathrm{MR} = \frac{M}{S} \times 100\% = \frac{m \times Q}{p \times Q} \times 100\% = \frac{m}{p} \times 100\% \qquad (8-19)$$

式中,S 为销售收入总额;m 为单位边际贡献;MR 为边际贡献率。

边际贡献率与第六章第三节中提及的变动成本率相关。变动成本率是指变动成本在销售收入中所占的百分比。显然,变动成本率与边际贡献率之和等于 100%。

应当指出,边际贡献并不是企业的经营利润,它必须补偿固定成本(不包括利息费用)后,才形成企业的息税前利润,即

$$息税前利润(\mathrm{EBIT}) = M - F = (p-v) \times Q - F \qquad (8-20)$$

(三) 盈亏平衡点

盈亏平衡是指企业收入总额和成本总额相等的状态,即企业处于既不赢利也不亏损的状态,也称为保本,这时企业的边际贡献等于固定总额,息税前利润为零。企业在盈亏平衡状态的销售量或销售额称为盈亏平衡点,也称为保本点。盈亏平衡点是企业经营决策中一个十分重要概念,其基本含义在于:企业在既定的售价和成本水平下,业务量或产销量必须超过盈亏平衡点才能赢利,否则就会发生亏损。

就生产单一产品的企业来说,盈亏平衡点的计算并不困难。只要令式(8-20)中的息税前利润等于零,此时的销售量(或销售额)就是所求的盈亏平衡点。因此,盈亏平衡点销售量(用字母 A 表示)的计算公式为

$$A = \frac{F}{p-v} = \frac{F}{m} \qquad (8-21)$$

根据式(8-21),不难得到计算盈亏平衡点销售额(用字母 B 表示)的公式,推导如下:

$$B = A \times p = \frac{F}{p-v} \times p = \frac{F}{m} \times p = \frac{F}{\mathrm{MR}} \qquad (8-22)$$

式(8-21)和式(8-22)表明,盈亏平衡点销售量等于固定成本与单位边际贡献的比值,盈亏平衡点销售额等于固定成本总额与边际贡献率的比值。

【例 8-8】飞龙实业公司 2007 年生产销售甲产品 2250 件,单位售价 2740 元,单位变动成本 1781 元,固定成本总额 1553580 元。根据上述资料,计算得到:

(1) 单位边际贡献 m=2740−1781=959(元)。
(2) 边际贡献总额 M=2250×2740−2250×1781=2157750(元)。
(3) 边际贡献率 MR=959÷2740=35%。
(4) 息税前利润 EBIT=2157750−1553580=604170(元)。
(5) 保本点销售量 A=1553580÷959=1620(件),保本点销售额 B=1620×2740=

4438800（元），或 1553580÷35%＝4438800（元）。

二、经营杠杆

为了说明经营杠杆作用，先看下面一个例子。

【例 8-9】天然塑料制品有限公司主要经济指标 2010 年实际完成情况及 2011 年计划数见表 8-2。

表 8-2　天然塑料制品有限公司 2010 年与 2011 年有关经营资料

财务指标	2010 年实际	2011 年计划	计划比上年增减幅度
产销量（Q，件）	120000	135000	12.5%
价格（p，元/件）	3000	3000	—
单位变动成本（v，元/件）	1800	1800	—
边际贡献总额（M，万元）	14400	16200	12.5%
固定成本总额（F，万元）	5400	5400	—
息税前利润（EBIT，万元）	9000	10800	20%

从表 8-2 的资料可以看出，该公司 2011 年计划销售量比上年增加 12.5%，在价格、单位变动成本和固定成本总额保持不变的前提下，最后的息税前利润却比上年增加了 20%。这是什么现象？是什么原因引起这样的结果呢？

这是经营杠杆作用，它是由于存在固定成本而引起的。下面就一般情形对经营杠杆的概念和计量方法进行阐述。

（一）经营杠杆的概念

经营杠杆也称营业杠杆，它是指由于存在固定成本而引起的企业息税前利润的变动率大于业务量变动率的现象。

由于存在固定成本，当产销量发生变化时，单位产品分摊的固定成本会随之变动，最后导致利润更大幅度的变动。具体地说，在其他条件不变的情况下，产销量的增加虽然一般不会改变固定成本总额，但却会降低单位固定成本，从而提高单位产品利润额。这样使得利润的增长率大于产销量的增长率。例如在表 8-2 中，2011 年计划的销售量由上年的 12 万件增长到 13.5 万件，增幅为 12.5%，而固定成本 5400 元保持不变。这样，随着销售量的增长，息税前利润以更快的速度增长。反之，产销量的减少会提高单位固定成本，降低单位产品利润，使得利润下降幅度大于产销量幅度。假设不存在固定成本，所有成本都是变动的，那么边际贡献就是利润，这时利润变动率就会等于产销量变动率。但是，由于固定成本的存在，产销量的变动率与利润变动率不相等，利润变动率总是大于产销量变动率。

（二）经营杠杆的计量

只要存在固定成本，就存在经营杠杆的作用。但是不同企业或同一企业在不同业务量水平下的经营杠杆作用程度是不完全一致的。为此，需要对经营杠杆程度加以计量。计量经营杠杆的指标是经营杠杆度，也称经营杠杆系数。所谓经营杠杆度，是指息税前利润变动率相当于产销业务量变动率的倍数。其计算公式为

$$\text{DOL} = \frac{\Delta \text{EBIT}/\text{EBIT}}{\Delta Q/Q} = \frac{\Delta \text{EBIT}/\text{EBIT}}{\Delta S/S} \tag{8-23}$$

式中，DOL 为经营杠杆度；EBIT 为息税前利润；Q 为业务量（产销量）；S 为销售额；Δ 为变动符号。

显然，经营杠杆度实际上是经济学中的弹性系数。但运用式（8-23）计算经营杠杆度，必须以变动前后的相关资料为前提，实务中不便使用。为此，需要将上式进行变换，以便简化计算。

我们知道，息税前利润可以表示成式（8-20）的形式，在 p、v 和 F 不变的前提下，EBIT 的增量可以表示为

$$\Delta EBIT = \Delta Q(p-v) \tag{8-24}$$

将式（8-20）和式（8-24）代入式（8-23），化简后可以得到

$$DOL = \frac{Q(p-v)}{Q(p-v)-F} \tag{8-25}$$

或者写成下面的形式

$$DOL = \frac{S-vQ}{S-vQ-F} \tag{8-26}$$

式（8-25）和式（8-26）表明，经营杠杆度等于基期边际贡献总额与基期息税前利润之比。由于上述公式中的分子必然大于分母（企业赢利的情况下），所以其数值一定大于 1。进一步分析可以看出：

第一，经营杠杆度的大小与固定成本总额呈同方向变化，即企业的固定成本越大，其经营杠杆度越大；反之亦然。

第二，在固定成本不变的情况下，经营杠杆度会随着产销量的增加而呈下降趋势；反之亦然。这说明同一企业在微利状态下的经营杠杆作用比高赢利状态下的经营杠杆作用更为明显。

利用前面所给的天然塑料制品有限公司的资料，可以计算该公司的经营杠杆度为

$$DOL = \frac{120000 \times (3000-1800)}{120000 \times (3000-1800) - 54000000} = 1.6$$

1.6 倍的经营杠杆度表明：当该公司的销售量在 2010 年的基础上增长 1% 时，其息税前利润将增长 1.6%；反之，当企业销售量下降 1% 时，息税前利润将下降 1.6%。

（三）经营杠杆与经营风险

经营风险也称为营业风险，是指企业由于生产经营方面的不确定因素给企业的收益所带来的不确定性。影响经营风险的主要因素有：产品需求的变化、产品销售价格的变动、固定成本比重、单位产品变动成本的变化等。其中最重要的是产品销售量所引起的不确定性，随着产销业务量的变动，息税前利润将以 DOL 倍数的幅度变动。可见，经营杠杆扩大了产品销量变动对息税前利润的影响。一般来说，在其他因素不变的情况下，经营杠杆度越高，息税前利润变动越剧烈，企业的经营风险就越大。当然，经营杠杆本身并不是产生经营风险的原因，但它会加剧利润的不稳定性。

三、财务杠杆

为了清楚地说明财务杠杆作用及其计量方法，下面继续来看天然塑料制品有限公司的例子。

【例 8-10】天然塑料制品有限公司经营方面的资料见【例 8-9】。资本结构有关资料如下：

2010年年末资产总额80000万元,负债总额为50000万元,负债的平均年利率为6%,总股本5000万股(每股面值1元),公司所得税税率为25%,这些财务指标2011年不会有明显改变。

来看2011年计划的每股收益与2010年实际每股收益的变化情况。在不存在优先股的情况下,每股收益的计算公式如下

$$\text{EPS} = \frac{(\text{EBIT} - I)(1-T)}{N} \tag{8-27}$$

式中,EPS为每股收益;I为年利息额;T为所得税税率;N为普通股股数。

根据前面的资料,计算得到天然塑料制品有限公司的有关财务指标,详见表8-3。

表8-3 天然塑料制品有限公司2010年与2011年有关财务资料

财务指标名称	2010年实际	2011年计划	2010年计划比2011年增减幅度
息税前利润(EBIT,元)	9000	10800	20%
利息支出(I,万元)	3000	3000	—
税前利润(EBIT,万元)	6000	7800	30%
所得税(T,万元)	1500	1950	30%
净利润(EAIT,万元)	4500	5850	30%
每股收益(EPS,元)	0.90	1.17	30%

从表8-3可以看出,该公司2011年息税前利润计划比上年增加20%,但每股收益却比2010年增长了30%。为什么每股收益的增长幅度会超过息税前利润的增长幅度?是什么原因引起这样的结果呢?

这是一种财务杠杆作用,它是由于企业存在债务资本而支付固定利息费用所引起的结果。下面就一般情况阐述财务杠杆的概念及其计量方法。

(一)财务杠杆的概念

简单地说,财务杠杆是由于负债经营而引起每股收益的变动率大于息税前利润变动率的现象。在一定的负债水平下,由于企业支付的利息费用是固定不变的。随着息税前利润的增加,单位息税前利润所负担的利息费用相对减少;反之,当息税前利润减少时,单位息税前利润负担的利息费用就会相对增加。这样,息税前利润的变动就会在更大程度上影响普通股每股收益的变动。从表8-3可以看出,天然塑料制品有限公司2011年计划的息税前利润由2010年的9000万元增长到10800万元,增幅为20%,而利息支出3000万元保持不变。在这个条件下,随着息税前利润的增长,每股收益以1.5倍的速度,即30%的幅度增长。

由于优先股的股利是按照固定的数额或固定的比率计算的,企业赢利时必须支付。从这一点看,优先股股利与债务利息有相似之处,只是前者是所得税税后支付的,而后者是所得税税前支付的。因此,当企业的资本来源中存在优先股时,普通股每股收益的变动率大于息税前利润变动率的现象也会出现。从这个意义上说,财务杠杆作用不仅产生于负债筹资,而且产生于优先股筹资。不过,通常所说的财务杠杆往往指由于负债筹资引起的上述现象。

(二)财务杠杆的计量

只要在企业的筹资中有固定财务支出(利息或优先股股利)的债务和优先股,就会存在财务杠杆作用,但是不同企业财务杠杆的作用程度是不完全一致的。为此,需要对财务杠杆作用

程度进行计量。计量财务杠杆最常用的指标是财务杠杆度,也称为财务杠杆系数。它是指普通股每股收益变动率相当于息税前利润变动率的倍数。其计算公式为

$$\text{DFL} = \frac{\Delta \text{EPS}/\text{EPS}}{\Delta \text{EBIT}/\text{EBIT}} \tag{8-28}$$

式中,DFL 表示财务杠杆度。

上述公式反映的是财务杠杆度的定义,但运用该公式计算财务杠杆度,必须以已知变动前后的相关资料为前提,计算比较麻烦。可以将式(8-28)进行变换,以便简化计算。根据式(8-27),可以得到

$$\Delta \text{EPS} = \frac{\Delta \text{EBIT}(1-T)}{N} \tag{8-29}$$

将式(8-27)和式(8-29)代入式(8-28),经过演算后便可得到

$$\text{DFL} = \frac{\Delta \text{EPS}/\text{EPS}}{\Delta \text{EBIT}/\text{EBIT}} = \frac{\text{EBIT}}{\text{EBIT} - I} \tag{8-30}$$

式(8-30)表明,财务杠杆度等于基期的息税前利润与基期的税前利润之比。

在有优先股的条件下,由于优先股股息应当在税后利润支付。此时,财务杠杆系数的计算公式应改写成以下形式

$$\text{DFL} = \frac{\text{EBIT}}{\text{EBIT} - I - \dfrac{D_p}{1-T}} \tag{8-31}$$

式中,D_p 表示优先股股息。

从式(8-30)和式(8-31)可以看出,在一定的经营环境下,财务杠杆度的数值必定大于1,它与利息额和优先股股利呈同方向变化。支付的利息和优先股股利越多,其财务杠杆度越大;反之亦然。特别地,当不存在负债和优先股,或者虽存在负债和优先股但利息和优先股股利为零时,财务杠杆度为零,没有财务杠杆效应,这时普通股每股收益随息税前利润的变动而发生同方向、同比例变化。同时,与经营杠杆作用一样,在其他条件不变的情况下,企业在微利状态的财务杠杆度强于高赢利状态的财务杠杆度。

利用前面天然塑料制品有限公司的资料,利用式(8-30)计算该公司的财务杠杆度为

$$\text{DFL} = \frac{9000}{9000 - 3000} = 1.5$$

1.5 倍的财务杠杆度表明:当该公司的息税前利润在 2010 年的基础上增长 1% 时,普通股每股收益将增长 1.5%;反之,当息税前利润下降 1% 时,普通股每股收益将下降 1.5%。

(三)财务杠杆与财务风险

财务风险也称为筹资风险,它是指企业由于负债经营而给企业财务成果带来的不确定性。前面曾经提到过,负债经营可以给企业带来财务杠杆效应,即当企业的资产报酬率高于债务利率,企业的股东权益报酬率将会提高,这可以认为是财务杠杆作用的正面影响。从这一点上说,企业应当增加债务资本。但一旦息税前利润下降,企业的每股收益就会以更快的速度下降。所以,财务杠杆度越大,债务资本所产生的财务杠杆作用越强,每股收益的变动幅度越大,财务风险也就越大。所以,在企业资本结构中,债务资本的比例越大,企业的财务风险也越大;相反,当债务比例较低时,财务风险相对较小。

四、总杠杆

(一) 总杠杆的概念

如前所述,由于存在固定的生产经营成本,产生经营杠杆作用,使息税前利润的变动率大于业务量的变动率;同样,由于存在固定的财务支出(固定利息和优先股股息),产生财务杠杆作用,使得企业每股收益的变动率大于息税前利润的变动率。从整个经营过程和财务活动来看,企业既存在固定的生产经营成本,又存在固定的财务支出,这就意味着两种杠杆会共同产生作用,表现为业务量的变动最终会使每股收益产生更大幅度的变动。这种由于固定生产经营成本和固定财务支出的共同存在而导致每股收益的变动大于业务量变动的现象称为总杠杆作用。

(二) 总杠杆的计量

与经营杠杆和财务杠杆的度量相似,衡量总杠杆程度大小指标是总杠杆度,记为 DTL,它是每股收益变动率相当于业务量变动率的倍数。其计算公式为

$$\text{DTL} = \frac{\Delta \text{EPS}/\text{EPS}}{\Delta Q/Q} = \frac{\Delta \text{EPS}/\text{EPS}}{\Delta S/S} \tag{8-32}$$

上式显示,总杠杆度是每股收益变动率相当于产销业务量变动率的倍数。为便于计算,式(8-32)可进一步变换为下面的形式

$$\text{DTL} = \frac{Q \times (p-v)}{Q \times (p-v) - F - I} \tag{8-33}$$

如果企业发行了优先股,则应在分母中扣除税前的优先股股息。

显然,总杠杆系数与经营杠杆度、财务杠杆度之间存在如下关系总杠杆度等于经营杠杆度与财务杠杆度的乘积。用公式表示便是

$$\text{DTL} = \text{DOL} \times \text{DFL} \tag{8-34}$$

【例 8-11】利用前面所给的天然塑料制品有限公司的有关资料,可以计算该公司的总杠杆度为

$$\text{DTL} = \frac{120000 \times (3000-1800)}{120000 \times (3000-1800) - 54000000 - 30000000} = 2.4$$

或

$$\text{DTL} = 1.6 \times 1.5 = 2.4$$

以上计算结果表明,当该公司的销售量或销售额在 2010 年的基础上增长 1% 时,普通股每股收益将比上年增长 2.4%;反之,当销售量或销售额下降 1% 时,普通股每股收益将下降 2.4%。

(三) 总杠杆与总风险

从杠杆原理的角度来理解,总风险是指由于总杠杆的作用使每股收益大幅度波动而形成的风险。在总杠杆的作用下,当企业销售量增加时,每股收益会大幅度上升;而当企业销售量减少时,每股收益就会大幅度下降。因此,企业总杠杆度越大,每股收益的波动幅度越大。也就是说,在其他因素不变的情况下,总杠杆度越大,企业承受的总风险越大;总杆杠度小,承受的总风险就越小。

五、经营杠杆和财务杠杆的协调

在企业财务管理中,经营杠杆和财务杠杆的协调是至关重要的。任何一个企业,能够承担的风险总是有限度的。例如,一个赢利企业不希望自己在未来年度发生亏损,那么利润的下降幅度不应超过100%,这是基本的目标。再来分析市场的情况,不同的企业经营的业务不同,其销售量和销售额的变动幅度是不同的。例如,预计某一企业未来年度的销售额变动幅度会在上年的基础上增减20%左右,那么企业的总杠杆度不应超过5倍(100%/20%)。假如要求计划年度最后的利润不低于上年的50%,那么总杠杆度不该超过2.5倍。

当然,不同的企业承担风险的能力也是不相同的,对风险的态度也不同。评价一个企业的风险承受能力的主要因素有:资本实力、多角化经营的程度、以往的赢利状况、融资能力等。

式(8-34)使我们看到了经营杠杆与财务杠杆之间的相互关系,即为了使企业的总杠杆度控制在一定的水平,经营杠杆和财务杠杆可以有很多不同的组合。例如,经营杠杆度比较高的公司可以在较低程度上使用财务杠杆;经营杠杆度较低的公司可以在较高程度上使用财务杠杆。它告诉企业管理当局,在企业承受的风险水平一定的前提下,经营杠杆和财务杠杆起到相互制约的作用,制约的结果是达到某种协调。例如,企业可以承受的总杠杆度为4倍,而经过分析知,经营杠杆度为2.5倍,则在确定资本结构时,要求企业的财务杠杆度限定在1.6倍。

需要指出,产业之间以及同一产业的不同企业之间,运用财务杠杆的程度有很大的差异,从而资本结构也有很大的差异。不同的企业其理想的资本结构存在很大的差异。一般来说,零售商大量运用负债,尤其是短期负债,其原因是能维持存货水平,经营风险较小。制造业的存货较少,尤其是小型制造企业,因为它很难进入股票市场,所以负债会多一些。当然,制造企业的杠杆组合也有很大差异。例如,飞机制造业会大量运用财务杠杆,电力设备制造商因其生产周期长,而需要举借大量负债。但制药行业很少举债,因为生产周期很短,且偏重科研,不宜大量举债。总杠杆能够估计出销售收入变动对每股收益的影响,同时还可通过对经营杠杆和财务杠杆的不同组合,达到某一总杠杆度。例如,经营杠杆度较低的企业可以在较大的程度上利用财务杠杆;而经营杠杆度较高的企业则需要谨慎负债,在较低的程度上利用财务杠杆。

第三节 资本结构理论

一、资本结构概述

要阐述资本结构和资本结构理论,先要说明资本的不同口径。最大口径的资本是指企业全部资金来源,包括负债与所有者权益。负债是债权人提供给企业的资本,分为流动负债和长期负债,财务上常将流动负债称为短期债务资本,长期负债被称为长期债务资本。较宽口径的资本是指长期负债和所有者权益的统称,这种划分强调了资金来源可供企业使用的时间长短。较小口径的资本仅指所有者权益,即通常所说的权益资本,这种资本不构成法定偿还义务。最小口径的资本指企业的注册资本或实收资本。[①]

不同口径的资本形成了不同口径的资本结构。资本结构也有广义和狭义的说法,广义的资

---

① 按照新公司法的规定,公司的实收资本可以与注册资本不相等。

本结构是指全部资金来源中不同资本的构成比例,这些资本可以分为权益资本(所有者权益)、长期债务资本(长期负债)和短期债务资本(流动负债)三大部分。狭义的资本结构仅指权益资本和长期债务资本(简称债务资本)的构成比例。财务管理教科书中介绍的资本结构理论是针对狭义的资本结构而言的,本章后面提及的资本结构一般也限制在狭义资本结构范围内。

权益资本是企业经营的本钱,每个企业都必须有权益资本,通常也有债务资本。有两种情形除外:一种情形是企业刚设立时,投资者已经投入资本而企业基本上还没有开展正常的生产经营活动,尚未向金融机构或其他债权人举借长期负债,这时企业只有权益资本,没有债务资本;另一种情形是当企业由于经营亏损或资本抽回(法律规定不允许)等原因,企业出现资不抵债时,企业账面上只有债务资本,权益资本已经为零或负数(虽然这时从法律形式上看企业的注册资本仍然存在)。

同时存在债务资本和权益资本的企业,就有一个资本的搭配问题,这就是资本结构问题。资本结构的核心是两类资本的比例,不同的搭配形成不同的资本结构,不同的资本结构会导致不同的财务结果,这是资本结构理论要重点研究的问题。

二、早期资本结构理论

企业资本结构是由于企业采用不同筹资方式筹措资金而形成的,各种筹资方式的不同组合决定着企业的资本结构及其变化。总体上说,企业的资本可以分为债务资本和权益资本两类。

资本结构理论就是通过研究财务杠杆、资本成本和企业价值之间的关系,以阐述债务筹资或财务杠杆对企业的加权平均资本成本和企业总价值的影响。西方财务管理理论对这一问题存在许多争议,由此形成了不同的资本结构理论。早期资本结构理论是美国学者大卫·杜兰特提出的,包括净收入理论、营业收益理论和折中理论。

(一) 净收入理论

选择何种资本结构,财务上的一个重要标准之一是评价其加权平均资本成本。加权平均资本成本是各种资本成本的加权平均数。由于企业的资本分为债务资本和权益资本两类,加权平均资本成本的大小取决于债务资本和权益资本成本的高低以及资本结构。如果设权益资本价值为 E,债务资本价值为 D,则权益资本在全部资本中所占比例为 $\frac{E}{E+D}$,债务资本所占比例为 $\frac{D}{E+D}$,再设权益资本成本为 K_e,债务资本成本为 K_d,那么加权平均资本成本可以写成:

$$K_w = \frac{E}{E+D}K_e + \frac{D}{E+D}K_d \tag{8-35}$$

净收入理论认为,债务资本成本和权益资本成本均不受负债程度的影响,无论负债程度多高,企业的债务资本成本和权益资本成本都不会变化。而且债务资本成本一定低于权益资本成本,即上式中 $K_d < K_e$,那么,企业债务资本比例越高,加权平均资本成本就越低,企业的价值就越大。当负债比率为 100% 时,企业加权平均资本成本最低,企业价值将达到最大。

净收入理论忽视一个重要的事实,那就是:相对于债务资本的比例高低来说,K_e 和 K_d 都不是常数,而都会随着债务资本比例的提高而增加。这是因为,债务资本比例的提高,意味着财务风险增大,投资者会要求增加报酬率,即权益资本成本 K_e 增加;其次,由于债务资本比例的提高,债权人的保障程度下降,风险增大,K_d 也会增大。因此,加权平均资本成本最低不会出现在债务资本比例最高的资本结构中。

(二) 营业收益理论

当债务资本比例发生变化时,有两种力量在影响着加权平均资本成本:一是式(8-35)中的权数;二是由于债务资本比例变动而引起的 K_e 和 K_d 的变动。例如,随着债务资本比例的提高,式(8-35)中债务资本成本的权数增大,权益资本成本的权数减小,加权平均资本成本会降低;而另一方面,债务资本比例的提高会引起债务资本成本和权益资本成本都上升,这又会使加权平均资本成本上升。这两种力量从不同的方向影响着加权平均资本成本,影响的结果要看哪种力量占上风。营业收益理论认为,上述影响加权平均资本成本的两种力量刚好能够抵消,加权平均资本成本与债务资本比例高低无关,即债务资本与权益资本的任何配比都会产生相同的加权平均资本成本,企业价值取决于企业的营业收益,而与资本结构无关。按照这种理论,企业不存在最佳资本结构,任何资本结构都没有优劣之分。

(三) 折中理论

关于债务资本比例高低对加权平均资本成本的影响,净收入理论和营业收益理论是一个问题的两种极端观点。事实上债务资本成本的权数增大导致加权平均资本成本的降低程度,与提高债务资本比例而引起资本成本上升的程度,无法完全抵消,这两种力量从不同的方向影响着加权平均资本成本,其强弱程度在不同的债务资本比例下有所不同。当债务资本比例开始上升时,它对资本成本的影响比较小,所以债务资本成本权数的增大所带来的影响使加权平均资本成本降低。而债务资本比例进一步上升后,它对资本成本的影响开始显现,债务资本成本权数的增大所引起的加权平均资本成本降低开始被资本成本的上升所抵消。这两种力量在债务资本比例的某一水平会完全抵消,达到平衡,此时加权平均资本成本最低。这就是折中理论,它介于净收入理论和营业收益理论之间。折中理论认为,企业利用财务杠杆尽管导致资本成本的上升,但在一定程度内却不会完全抵消利用低成本的债务资本所获得的好处,因此会使加权平均资本成本下降、企业总价值上升。但是,超过一定程度地利用财务杠杆,债务资本和权益资本成本的上升就不能为债务的低成本所抵消,加权平均资本成本便会上升。加权平均资本成本从下降变为上升的转折点,是加权平均资本成本的最低点,这时的债务资本比例就是企业的最佳资本结构。上述分析可用图8-1表示。

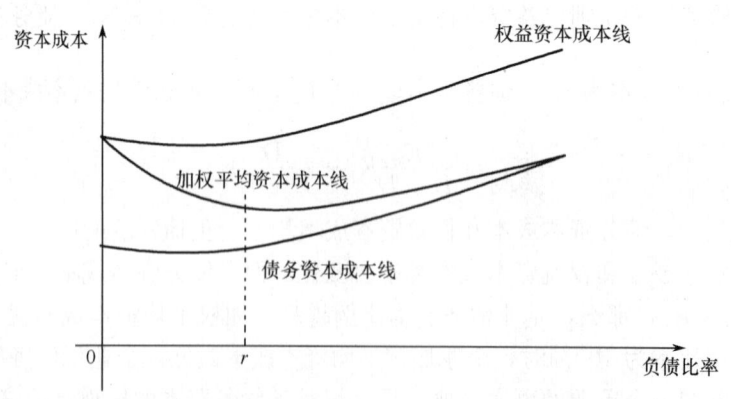

图 8-1 折中理论图示

三、现代资本结构理论

现代资本结构理论研究的起点是美国学者莫迪格利尼和米勒提出的 MM 理论,随后这两位学者又提出了权衡理论。随着现代企业资本结构理论的发展,许多学者又先后提出了代理理论、信号传递理论等。下面简要介绍 MM 理论和权衡理论。

(一) MM 理论

最初的 MM 理论是基于完美资本市场的假设提出的,其基本观点是:企业价值是由全部资产的赢利能力决定的,而与资本结构无关。后来,莫迪格利尼和米勒进一步研究所得税对企业加权平均资本成本和企业价值的影响,提出了较为完整的 MM 理论。MM 理论的焦点是资本结构对企业价值和加权平均资本成本是否产生影响及产生何种影响,具体分两种情形加以阐述。

1. 无所得税情形下的 MM 理论

在不考虑所得税的情况下,MM 理论得出了两个命题:

命题一: 在没有所得税的情况下,有负债企业的价值与无负债企业的价值相等,即无论企业是否有负债,企业的价值与企业的资本结构无关。其表达式为

$$V_L = \frac{\text{EBIT}}{K_W^O} = V_U = \frac{\text{EBIT}}{K_W^U} \tag{8-36}$$

式中,V_L 为有负债企业价值;V_U 为无负债企业价值;EBIT 为企业全部资产创造的息税前利润(假定是永续的);K_W^O 为有负债企业的加权平均资本成本;K_W^U 为无负债企业的权益资本成本

命题二: 在没有所得税的情况下,有负债企业的权益资本成本随着财务杠杆(以债务资本与权益资本的比值表示)的提高而增大。有负债企业的权益资本成本等于无负债企业的权益资本成本加上风险溢酬,而风险溢酬与以市值计算的财务杠杆成正比。其表达式为

$$K_E^L = K_E^U + \frac{D}{E}(K_E^U - K_D) \tag{8-37}$$

式中,K_E^L 为有负债企业的权益资本成本;K_E^U 为无负债企业的权益资本成本;D 为有负债企业的债务市场价值;E 为有负债企业的权益市场价值;K_D 为税前债务资本成本;$\frac{D}{E}(K_E^U - K_D)$ 表示对有负债企业财务风险的补偿(风险溢酬)。

在无所得税的情况下,有负债企业的加权平均资本成本与无负债企业的资本成本(即权益资本成本)相等,加权平均资本成本的表达式为

$$K_W^O = K_E^U = \frac{E}{E+D}K_E^L + \frac{D}{E+D}K_D \tag{8-38}$$

事实上式(8-38)与式(8-37)是可以互换的(请读者自己思考)。

2. 有所得税情形下的 MM 理论

显然,不考虑企业所得税得出的资本结构的有关理论是不切实际的。莫迪格利尼和米勒于 1963 年对最初的 MM 理论进行了修正,提出了考虑企业所得税的 MM 理论的两个命题。

命题一: 在存在所得税的情况下,有负债企业的价值等于无负债企业的价值加上债务利息抵税收益的现值。其表达式为

$$V_L = V_U + T \times D \tag{8-39}$$

式中，T 为企业所得税税率；D 为企业债务总额。

利息抵税价值 $T \times D$ 又称为财务杠杆收益，是企业由于支付利息而抵减的所得税所获得收益（$D \times i$）的永续年金现值（以利率 i 为贴现率计算）。

命题一表明，债务利息可以在税前扣除导致有负债企业的现金流量大于无负债企业的现金流量，从而增加企业的价值。

命题二： 在存在所得税的情况下，有负债企业的权益资本成本等于无负债企业的权益资本成本加上风险溢酬，该风险溢酬与以市值计算的财务杠杆和所得税税率有关。其表达式为

$$K_E^L = K_E^U + \frac{D}{E}(K_E^U - K_D) \times (1 - T) \tag{8-40}$$

式中，$\frac{D}{E}(K_E^U - K_D) \times (1 - T)$ 表示风险溢酬。

有所得税的情况下，有负债企业的利息抵税收益也可以通过加权平均资本成本来反映。企业使用债务资本所支付的利息中，有一部分被利息抵税所抵消，其实际债务利息成本（税后债务资本成本）为 $K_D \times (1 - T)$。考虑所得税因素时有负债企业的加权平均资本成本的表达式为

$$K_W^T = \frac{E}{E + D} K_E^L + \frac{D}{E + D} K_D (1 - T) \tag{8-41}$$

（二）权衡理论

权衡理论实际上是 MM 理论的进一步发展。前面所述的 MM 理论的一个重大缺陷是只考虑了负债带来的抵税收益，却忽略了负债带来的风险和额外费用。而在现实中，随着负债的增加，财务风险和相关的费用都是不可避免的。因此，有必要在传统资本结构理论中加入更多的现实因素，其中财务危机成本是最为典型的因素。

财务危机成本是指企业因无力支付到期债务或需付出极大努力才能勉强支付这些债务而付出的代价。财务危机成本包括直接财务危机成本和间接财务危机成本。

直接财务危机成本是企业依法破产时实际支付的费用。负债给企业增加了财务压力，因为利息和本金的支付是企业必须承担的合同义务。如果企业无法偿还债务，它将面临财务危机，有可能最后导致破产。破产是一个法律过程，企业将其资产让渡给债权人，与之相关会发生一些破产成本，如法律诉讼费、管理费、律师费和顾问费等。破产成本是典型的直接财务危机成本。财务危机会增加企业的费用，进而减少企业资产创造的现金流，留给股东和债权人分配的现金会减少。由于债权人对企业资产有优先索偿权，所以股东承担了绝大部分财务危机成本。

在宣布依法破产之前，企业可能已经承担了巨大的间接财务危机成本。例如，由于负债过多，企业不得不放弃有价值的投资机会、减少研发费用、缩减市场开发来积累现金并避免破产。消费者可能会因此对企业的长期生产能力和服务质量产生质疑，最终决定消费其他企业的产品，供应商可能会因此拒绝向该企业提供商业信用，优秀的员工可能会因此离开企业，管理者、股东、债权人和员工之间可能因此产生矛盾。所有这些都间接地给企业造成负面影响，并且随着企业负债的增加，这些影响越来越显著。

引入了财务危机成本的资本结构理论就是通常所说的权衡理论。权衡理论考虑了负债利息

抵税收益与财务危机成本对企业价值的综合影响，认为有负债企业价值等于无负债企业价值加上利息抵税价值，再扣除财务危机成本的价值，即

$$V'_L = V_u + T_B - PV_F \tag{8-42}$$

式中，V'_L为考虑了利息抵税收益与财务危机成本的有负债企业价值；V_u为无负债企业价值；T_B为负债利息抵税收益的现值；PV_F为财务危机成本的现值。

权衡理论认为，负债可以为企业带来利息抵税收益，但债务资本成本会随着负债比率的提高而上升。而且当负债比率到某一高度时，由于财务危机成本的出现，不仅资本成本会上升，息税前利润也会下降，企业承担破产的可能性增大。在图8-2中，当负债比率未达到D_1点时，财务危机成本不明显，几乎可以忽略不计；当负债比率超过D_1点时，财务危机成本开始显得比较重要，负债获得的利息抵税收益开始被财务危机成本所抵消，但还不能完全抵消；当负债比率超过D_2点时，财务危机成本与利息抵税收益正好抵消，边际财务危机成本和边际利息抵税收益相当，这时企业价值最大；当负债比率超过D_2点后，财务危机成本超过利息抵税收益，企业价值开始回落。因此，D_2的负债比率是最优资本结构。

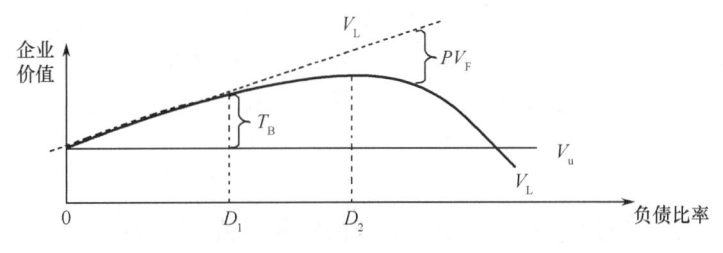

图 8-2　权衡理论的最佳资本结构

资本结构理论还在不断发展，一些学者在研究中还提出了代理理论、信号传递理论、融资优序理论等。各种资本结构理论为企业融资决策提供了有价值的参考，可以指导决策行为。但是应该看到，由于筹资活动本身和外部环境的复杂性，目前仍难以准确地描述出存在于财务杠杆、资本成本及企业价值之间的关系，财务学家还在做进一步的探索和研究。因此，在财务管理实践中还要依靠有关人员的经验和主观判断。

第四节　资本结构决策

一、影响资本结构决策的因素

在企业财务管理的实践中，要进行资本结构决策，必须首先考虑影响企业资本结构的因素。决定资本结构的因素有很多，归纳起来，主要有以下几个方面。

1. 资本成本

资本成本无疑是资本结构决策中需要考虑的最重要的因素。不同的筹资渠道和筹资方式，其资本成本存在很大差异。通常债务资本的成本低于权益资本的成本，但过度负债会增加企业的财务压力，导致不能还本付息的风险，对企业的经营产生不利影响。因此，企业不能一味地追求低成本而提高债务资本的比例，应权衡各种筹资方式的利弊。

2. 企业自身的风险程度

企业的经营风险对筹资方式有很大影响。如果企业本身的经营风险很大，或者已经具有较

高的负债水平，再举债筹资就不如发行股票等股权筹资方式来得明智。因为股票不需要定期支付利息，也无须按时偿还本金。从前面经营杠杆和财务杠杆的合理组合看，经营风险大的企业不宜再冒更大的财务风险。

3. 企业的经营状况和经营效益

如果企业经营状况良好，预期收益稳定或成长性较好，那么增加债务资本的比重，可以获得财务杠杆利益；相反，经营状况不好、赢利水平较低、资金拮据的企业，则应增加权益资本的比重，以降低财务风险。

4. 管理人员的态度

由于普通股股东拥有表决权，为了不分散公司的控制权，企业一般不愿意通过增发新股来筹措资金，而尽可能用债务筹资的方式来增加资本。如果管理人员愿意冒风险，就会增加债务资本的比重；如果管理人员倾向于稳健保守，不愿承担过大的风险，则会减少债务资本的比重。

5. 企业所在行业的差别

在确定资本结构时，行业的差异是十分明显的。实际工作中，不同行业以及同一行业的不同企业，在运用债务筹资的策略和方法上并非千篇一律。企业在资本结构的决策中，应以行业资本结构的一般水准为参照，具体分析差别，以确定企业合理的资本结构，并根据实际情况进行及时的调整。

6. 税收因素

税收是影响资本结构的重要因素，由于企业的债务利息在税前列支，具有抵税作用，而股票股利则在税后列支，没有抵税效应，所以，利用债务资本可以得到减税的好处。而且，企业的所得税税率越高，债务资本的这种减税效应就越明显，企业会越倾向于举债筹资。相反，对于一个低税负或免税的企业，债务资本所带来的税收好处不甚明显，企业就会更乐于股权筹资。由此可见，税收政策尤其是所得税政策对企业资本结构的影响是相当明显的。

7. 金融机构的态度

虽然企业对如何恰当地使用财务杠杆，进行资本结构的决策有自己的见解，但在涉及大规模的债务筹资时，金融机构与信用评定机构的态度实际上会成为决定企业资本结构的关键因素。当金融机构与信用评定机构认为企业的负债过高，潜在的风险过大，信用等级下降时，贷款人将会认为企业过高地运用了财务杠杆作用，不愿意接受大额贷款的要求，除非附有抵押物、第三方担保或相当高的利率，才会同意增加贷款。因此，企业的资本结构受金融机构和信用评定机构的制约。

二、最优资本结构的确定

最优资本结构的含义实际上是相当模糊的。一般来说，最优资本结构是指企业在一定时期内使其加权平均资本成本最低同时企业价值最大的资本结构。根据现代资本结构理论，一个企业的最优资本结构是存在的，即在资本结构的最佳点上，这时企业的加权平均资本成本达到最低，同时价值达到最大。

根据上述最优资本结构的含义，可以认为衡量企业资本结构是否达到最佳的标准主要有两个：一是企业的加权平均资本成本最低，即筹资所花费的代价最小；二是有利于最大限度地增加股东的财富，能使企业价值最大化。除此之外，有时人们将控制财务风险，确保企业健康发展也作为确定最优资本结构的标准。

从财务管理的目标出发，企业选择最优资本结构的标准应当是企业价值最大化，这就是资本结构决策的比较公司价值法。然而，这种方法比较抽象，很难在实践中加以应用。在财务管理实际工作中，确定最优资本结构常用的定量分析方法有每股收益分析法和比较资本成本法等。下面分别以股份有限公司为例介绍每股收益分析法和比较资本成本法。

1. 每股收益分析法

这里所说的每股收益是指普通股每股收益（非股份有限公司就是"单位资本收益"），它是投资者最关注的赢利指标之一。财务管理中每股收益的计算公式见式（8-27），存在优先股情况下的每股收益计算公式如下[①]

$$\text{EPS} = \frac{(\text{EBIT} - I) \times (1-T) - D_p}{N} \tag{8-43}$$

式中，D_P表示优先股股利。

以提高普通股每股收益作为资本结构决策的标准有其合理性。这是因为，公司价值等于未来收益的现值和，每股收益最大在某种程度上也体现了公司价值最大的目标。资本结构决策的每股收益分析法，就是将息税前利润和每股收益这两大指标结合起来，利用每股收益无差别点来进行资本结构决策的方法。所谓每股收益无差别点，是指两种筹资方式下普通股每股收益相等时的息税前利润点，也称为息税前利润平衡点或筹资无差别点。

该方法测算每股收益无差别点的计算公式为

$$\frac{(\text{EBIT}-I_1) \times (1-T) - D_1}{N_1} = \frac{(\text{EBIT}-I_2) \times (1-T) - D_2}{N_2} \tag{8-44}$$

式中，EBIT为每股收益无差别点处的息税前利润；I_1、I_2为两种筹资方式下的年利息；D_1、D_2为两种筹资方式下的优先股股利；N_1、N_2为两种筹资方式下流通在外的普通股股数。

每股收益无差别点的息税前利润计算出来以后，可与预期的息税前利润进行比较，据以选择筹资方式。当预期的息税前利润大于无差别点息税前利润时，应采用负债筹资方式；当预期的息税前利润小于无差别点息税前利润时，应采用普通股筹资方式。现举例说明这种分析方法的运用。

【例8-12】盛龙股份有限公司现有资产总额20000万元，现行的资本结构为：债务资本占40%，年利率为7.5%；普通股权益资本占60%，共1500万股。公司欲新筹集资金5000万元以扩大生产经营规模。筹集资金的方式有增发普通股和长期借款。如果采用增发普通股的方式筹资，则计划以每股10元的价格增发500万股；如果采用长期借款的方式筹款，则以9%的年利率借入5000万元。有关资料归纳见表8-4。

假定增加资本后预期息税前利润为3600万元，所得税税率为25%，试采用每股收益分析法计算分析应选择何种筹资方式。

【解答】（1）计算两种筹资方式的每股收益无差异点：

$$\frac{(\text{EBIT}-600) \times (1-25\%)}{1500+500} = \frac{(\text{EBIT}-1050) \times (1-25\%)}{1500}$$

[①] 财务管理中所说的每股收益与我国会计准则中的基本每股收益或稀释每股收益不尽相同。财务管理中一般按照期末发行在外的普通股股数计算每股收益。

求得 EBIT＝2400 万元。此时的每股收益 EPS＝0.675 元。

（2）计算两种增资方案的每股收益（见表8-5），并选择最佳筹资方式。

表 8-4 现行和增资后资本结构表 （单位：万元）

资金种类	现行资本结构		增资后的资本结构			
			增发普通股方案		增加长期借款方案	
	金额	比例	金额	比例	金额	比例
长期借款	8000	0.40	8000	0.32	13000	0.52
普通股权益	12000	0.60	17000	0.68	12000	0.48
资本总额	20000	1.00	25000	1.00	25000	1.00
年利息额	8000×7.5% ＝600	—	8000×7.5% ＝600	—	8000×7.5%＋5000×9% ＝1050	—
普通股股份数（万股）	1500	—	2000	—	1500	—

表 8-5 预计增资后资本结构下的每股收益计算表

项　　目	增发股票方案	增加长期借款方案
预计息税前利润（万元）	3600	3600
减：利息（万元）	600	1050
税前利润（万元）	3000	2550
减：所得税（万元）	750	637.5
税后利润（万元）	2250	1912.5
普通股股数（万股）	2000	1500
每股收益（元）	1.125	1.275

由表 8-5 计算得知，预期息税前利润为 3600 万元时，增加长期借款方案能产生更高的每股收益，故应采用增加长期借款的方式筹集资金。

事实上，根据每股收益无差别点的意义，可以得到该公司两种筹资方案下每股收益更一般的结论：当息税前利润等于 2400 万元时，采用负债与发行股票两种方式的每股收益是相等的（为 0.675 元）；当息税前利润大于 2400 万元时，采用负债筹资方式能产生更高的每股收益；当息税前利润小于 2400 万元时，则采用发行股票方式筹资能产生更高的每股收益。由于该公司预计息税前利润为 3600 万元，大于无差别点，所以采用长期借款筹资较为有利。

（3）绘制每股收益无差别点分析图。上述关于资本结构的每股收益无差别点的分析也可通过每股收益无差别点分析图加以说明，如图 8-3 所示。

由图 8-3 可以看出，当息税前利润为 2400 万元时，两种筹资方式的每股收益直线相交；当息税前利润大于 2400 万元时，采用增加借款筹资方式的每股收益直线在普通股筹资方式的每股收益线上方，这时应采用负债筹资方式；当息税前利润小于 2400 万元时，采用普通股筹资方式的每股收益直线在借款筹资方式的每股收益线上方，这时应采用普通股筹资方式。

每股收益分析法直接将资本结构与企业财务目标、企业市场价值等相关因素结合起来，简单明了，在企业筹资决策中得到广泛运用。但本方法的缺点也很明显，主要是没有考虑企业债

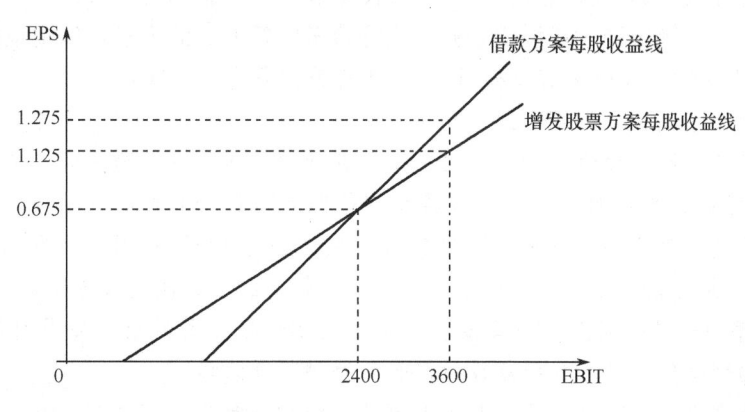

图 8-3 每股收益无差别点分析图

务比例变化引起的风险增加而可能减少企业价值。

2. 比较资本成本法

比较资本成本法以资本成本的高低作为确定最优资本结构的标准,它是指通过计算不同资本组合的加权平均资本成本,并以其中加权平均资本成本最低的组合为最优资本结构的一种方法。其具体决策过程如下:第一步,确定不同筹资方案的资本结构;第二步,计算不同方案的加权平均资本成本;第三步,选择资本成本最低的资本组合,即最优资本结构。

【例 8-13】宏大股份有限公司拟筹资 1000 万元,准备采用发行债券、普通股和优先股方式筹集,现有三种方案可供选择。有关资料如表 8-6 所示。试运用比较资本成本法确定该公司三种筹资方案中的最优资本结构。

表 8-6 筹资方案资本成本资料

项目	债券		普通股		优先股	
	所占比例	资本成本	所占比例	资本成本	所占比例	资本成本
甲方案	50%	9%	40%	14%	10%	12%
乙方案	40%	8%	30%	13%	30%	12%
丙方案	30%	7%	50%	15%	20%	11%

根据上述资料,三种方案的加权平均资本成本分别计算如下。

甲方案:$K_W = 50\% \times 9\% + 40\% \times 14\% + 10\% \times 12\% = 11.3\%$。

乙方案:$K_W = 40\% \times 8\% + 30\% \times 13\% + 30\% \times 12\% = 10.7\%$。

丙方案:$K_W = 30\% \times 7\% + 50\% \times 15\% + 20\% \times 11\% = 11.8\%$。

从计算结果可知,乙方案的加权平均资本成本最低,可认为乙方案为最佳筹资组合,它所确定的资本结构为最优资本结构。

比较资本成本法通俗易懂,计算过程也不是十分复杂,是确定资本结构的一种常用的方法。但由于所拟定的筹资方案数量有限,决策者不可能将所有可能的筹资组合全部设计出来,有时可能会将真正最优的筹资方案遗漏,而只是选择了一个相对较好的方案。

需要指出的是,上述资本结构决策方法可帮助企业的财务管理人员对资本结构的合理性进行评价,但不能将它们作为确定资本结构的绝对标准,实践中还应考虑影响资本结构的其他因素,加之财务管理人员的经验加以确定,力争使企业的资本结构趋于最佳。

下面通过一个实例来进一步说明企业应当综合考虑各方面的因素,确定最优资本结构。

【例8-14】力拉钢丝绳股份有限公司2010年有关财务资料如下:

(1) 年末资产总额80000万元。

(2) 年末股东权益总额为48000万元;发行在外的普通股股数为10000万股(每股面值1元);普通股的资本成本为12%,公司股票目前每股市价14.50元。

(3) 年末负债总额32000万元,均为长期负债,负债的平均年利息率为6.5%。

(4) 2010年实现销售额60000万元,边际贡献率为25%,固定成本总额为3000万元。

(5) 2011年公司进行新产品项目投资需要筹集20000万元资金。公司财务部对金融市场的现状和公司的理财环境进行分析后设计了如下两种筹资方案。

A方案:长期借款12000万元,年利率为7.5%;同时发行优先股8000万股,按面值发行(每股1.00元),筹集8000万元资金,优先股股利为面值的9%。

B方案:全部资金通过配股筹集,拟向原股东配股2000万股,配股价每股10元。

(6) 据公司财务部门分析,无论采纳哪项筹资方案,公司普通股边际资本成本将保持不变。同时不考虑发行优先股和配股的发行费用;所有负债均为每年付息、到期还本;利息费用可以全额在所得税税前扣除;所得税税率一直维持在25%的水平。

(7) 据公司相关部门测算,2011年新产品项目投入营运后,公司的销售额将比上年增加15000万元,边际贡献率保持不变,固定成本将增加750万元。

公司董事会正在讨论该筹资问题。

公司证券部经理认为,每股收益是股东最关注的指标,因此,本次筹集决策应以提高公司每股收益为主要目标。

公司董事长认为,降低资本成本应该是本次筹资决策的最重要目标。

公司总经理则认为,公司目前的经营风险已经较大,所以本次筹资决策应考虑的主要目标是控制财务风险。

问题:

假如你是力拉公司的财务顾问,公司董事会请你为他们的筹资决策完成以下工作。

(1) 公司2011年的息税前利润达到何种水平时,两种筹资方案的每股收益(以年末总股本计算)相等?

(2) 按照公司董事长的观点,从降低加权平均资本成本(以期末账面价值为权数,不考虑2011年实现的净利润)来考虑,应该选择A方案还是B方案?

(3) 按照公司总经理的观点,以控制风险(以总杠杆度衡量)为主要目标,应该选择A方案还是B方案?

(4) 如果公司董事会最终达成的意见是:从提高每股收益同时降低加权平均资本成本作为筹资决策的目标,你认为该公司应采纳哪个筹资方案?

【解答】(1) 根据已知条件,公司2010年的边际贡献总额为15000万元(即60000×25%),息税前利润为12000万元(即15000-3000)。

2011年的边际贡献总额为:(60000+15000)×25%=18750(万元),息税前利润为:18750-3000-750=15000(万元)。

设两种筹资方案的每股收益相等的息税前利润为EBIT,得到下列方程

$$=\frac{(EBIT-32000\times6.5\%-12000\times7.5\%)\times(1-25\%)-8000\times9\%}{10000}$$

$$=\frac{(EBIT-32000\times6.5\%)\times(1-25\%)}{10000+2000}$$

解得：EBIT＝13240

即当 2011 年息税前利润达到 13240 万元时，上述两种筹资方案的每股收益相等。

（2）公司 2010 年的每股收益、加权平均资本成本和总杠杆度分别为

$$每股收益=\frac{(12000-32000\times6.5\%)\times(1-25\%)}{10000}=0.744（元）$$

$$加权平均资本成本=\frac{48000\times12\%+32000\times6.5\%\times(1-25\%)}{48000+32000}=9.15\%$$

$$总杠杆度=\frac{15000}{15000-3000-32000\times6.5\%}\approx1.512$$

（3）采纳 A 方案的每股收益、加权平均资本成本和总杠杆度分别为

$$每股收益=\frac{(15000-32000\times6.5\%-12000\times7.5\%)\times(1-25\%)-8000\times9\%}{10000}$$

$$=0.8295（元）$$

$$加权平均资本成本=\frac{48000\times12\%+(32000\times6.5\%+12000\times7.5\%)\times(1-25\%)+8000\times9\%}{48000+32000+20000}$$

$$=8.715\%$$

$$总杠杆度=\frac{18750}{18750-3750-32000\times6.5\%-12000\times7.5\%-720/(1-25\%)}\approx1.695$$

（4）采纳 B 方案的每股收益、加权平均资本成本和总杠杆度分别为

$$每股收益=\frac{(15000-32000\times6.5\%)\times(1-25\%)}{10000+2000}=0.8075（元）$$

$$加权平均资本成本=\frac{(48000+20000)\times12\%+32000\times6.5\%\times(1-25\%)}{48000+32000+20000}=9.72\%$$

$$总杠杆度=\frac{18750}{18750-3750-32000\times6.5\%}\approx1.451$$

（5）将上述计算结果汇总于表 8-7。

表 8-7 力拉公司 2010/2011 年有关财务指标计算结果

财务指标	2010 年	2011 年 A 方案	2011 年 B 方案
每股收益（元）	0.744	0.8295	0.8075
加权平均资本成本	9.15%	8.715%	9.72%
总杠杆度（倍）	1.512	1.695	1.451

由表 8-7 得出以下结论：

按照公司董事长的观点，从降低加权平均资本成本来考虑，应该选择 A 方案。

按照公司总经理的观点，以控制总风险为主要目标，应该选择 B 方案。

按照公司董事会最终达成的意见，从提高每股收益同时降低加权平均资本成本来考虑，应采纳 A 方案。

【思考与练习】

一、思考题

1. 债务资本的资本成本和权益资本的资本成本相比较，为何前者一般低于后者？这是否意味着企业应当尽可能提高债务资本的比例，而降低权益资本的比例？为什么？

2. 经营杠杆系数的大小与哪些因素有关？财务杠杆系数的大小又与哪些因素有关？

3. 赢利水平高的企业可以适当提高负债比率，而微利企业不宜采用高负债的资本结构，请从经营杠杆和财务杠杆的协调性加以分析。

4. MM 理论认为："有负债企业的价值等于相同等级的无负债企业的价值加上债务利息抵税收益的现值。"用公式表示为：$V_L = V_U + T \times D$。请思考如下两个问题：

（1）有负债企业需要向债权人支付利息，这会导致企业的现金流量减少；利息的抵税作用只是使企业实际负担的利息费用小于支付的利息费用。既然如此，企业有负债情况下的现金流量必定小于无负债情况下的现金流量，那么，有负债企业的价值怎么可能大于相同等级的无负债企业的价值呢？

（2）教材中为什么将债务利息抵税收益的现值表述为 $T \times D$？

5. 什么叫每股收益无差别点？它在资本结构决策时具有什么意义？

6. 某股份有限公司半年前发行了可转换债券，现在债券持有人将公司可转换债券转换成公司股票。公司财务人员认为：公司可转换债券转换成股票会引起公司资产负债率下降，减少利息支出，降低公司的资本成本；同时会增加以后年度的利润总额和每股收益，也会提高以后年度的净资产收益率。

请你指出这样理解存在哪些错误？

7. 结合企业实际谈谈在确定资本结构时主要应考虑哪些因素？

二、单项选择题

1. 不存在筹资费用的筹资方式是（　　）。

　　A. 发行普通股　　B. 发行优先股　　C. 发行债券　　D. 利用留存收益

2. A 公司向银行取得 3 年期借款 500 万元，年利率 7%，银行规定每年付息一次，到期一次还本，无筹资费用，所得税税率为 25%。则该借款的资本成本为（　　）。

　　A. 4.92%　　B. 5.25%　　C. 6.56%　　D. 7.00%

3. B 公司发行普通股 5000 万股，发行价格每股 10 元，发行费用占筹资总额的 4%，估计该公司第一年分配的股利为每股 0.72 元，以后每年递增 10%。那么，该公司发行普通股的资本成本为（　　）。

　　A.、7.2%　　B. 7.5%　　C. 17.2%　　D. 17.5%

4. 与边际贡献总额大小无关的因素是（　　）。

　　A. 销售量　　B. 销售价格　　C. 单位变动成本　　D. 固定成本总额

5. 如果经营杠杆系数为 1.5 倍，财务杠杆系数为 2 倍，则当销售额增加 10% 时（其他条件不变),其息税前利润将增加( )。

  A. 15%   B. 20%   C. 25%   D. 30%

6. 调整企业的资本结构并不能( )。

  A. 降低财务风险   B. 降低资本成本

  C. 降低经营风险   D. 提高每股收益

7. 一种资本结构理论认为,不论企业的财务杠杆程度如何,其加权平均资本成本不变,企业的价值也就不受资本结构的影响,所以不存在最优基本结构,这种理论叫( )。

  A. 净收入理论 B. 营业收益理论 C. MM理论 D. 代理理论

8. 每股收益无差异点是指两种筹资方式方案下,普通股每股收益相等时的( )。

  A. 成本总额 B. 筹资总额 C. 息税前利润 D. 资本结构

三、多项选择题

1. 资本成本包括筹资费用和用资费用。筹资费用通常( )。

  A. 与筹资额相关   B. 与资金使用时间长短有关

  C. 与筹资额无关   D. 与资金使用时间长短无关

2. 在计量个别资本成本中,须考虑所得税因素的是( )。

  A. 债券资本成本   B. 长期借款资本成本

  C. 优先股资本成本   D. 普通股资本成本

3. 计算加权平均资本成本时,所采用的权数可以是各种资本的( )。

  A. 账面价值 B. 市场价值 C. 目标价值 D. 估计价值 E. 重置价值

4. 下列诸因素中,( )的变动会影响产品的盈亏平衡点销售量。

  A. 产销量   B. 单位产品售价

  C. 单位产品变动成本   D. 固定成本总额

5. 下列( )与息税前利润没有直接关系。

  A. 固定成本总额   B. 资本结构

  C. 债务利息费用   D. 所得税

6. 在企业赢利的情况下,财务杠杆度的大小与( )呈同方向变化(假设某一因素变动时其他因素不变)。

  A. 债务资本比例   B. 债务的利率水平

  C. 息税前利润总额   D. 固定成本总额

7. 早期资本结构理论主要有( )。

  A. 净收入理论   B. 营业收益理论

  C. 权衡理论   D. 折中理论

8. 无所得税情形下的MM理论认为:( )。

  A. 有负债企业的价值与无负债企业的价值相等

  B. 企业价值与资本结构无关

  C. 有负债企业的加权平均资本成本等于无负债企业的权益资本成本

  D. 有负债企业的权益资本成本随着财务杠杆的提高而增大

9. 企业债务资本成本过高时,调整其资本结构的方式有( )。

  A. 利用税后留存收益归还长期债务

B. 鼓励投资者将可转换债券转换为普通股

C. 发行普通股筹集资金，用于提前偿还长期债务

D. 以资本公积金转增股本

10. 某股份公司的投资项目需追加筹资 3000 万元。现有两种方式：一是发行普通股，二是增加长期债务。假设追加筹资后，公司的债务资本和权益资本的资本成本保持不变。经分析两种筹资方式的每股收益无差别点为 2500 万元，则下列关于息税前利润（EBIT）和每股收益（EPS）的分析正确的是（　　）。

A. 当 EBIT 等于 2500 万元时，两种筹资方式的 EPS 相等

B. 当 EBIT 小于 2500 万元时，发行普通股筹资方式的 EPS 较大

C. 当 EBIT 大于 2500 万元时，增加长期负债筹资方式的 EPS 较大

D. 当 EBIT 小于 2500 万元时，增加长期负债筹资方式的 EPS 较大

四、计算分析题

1. 星星股份有限公司为新建生产基地，作出如下筹资计划：

(1) 向银行借款 800 万元，期限为 4 年，年利率 8%，规定到期一次还本付息，单利计息，无筹资费用。

(2) 发行债券 1000 万元，期限为 5 年，票面年利率 8%，规定每年支付一次利息，债券按照面值的 95% 发行，筹资费用为筹资总额的 1.5%。

(3) 发行优先股筹资 700 万元，每年按面值的 10% 分配股利，筹资费用为筹资总额的 2%。

已知该所得税税率为 25%。试根据以上资料：

(1) 计算该公司采用上述三种方式能够筹集的可使用资金净额。

(2) 分别计算上述三种筹资方式的个别资本成本。

(3) 计算该公司利用上述三种方式筹资的加权平均资本成本（以每一种方式实际筹资净额为权数）。

2. 四通公司的财务人员经过分析后认为，该公司的债务资本成本（Y_L）与权益资本成本（Y_S）均会随着债务资本比率（X）的变化而变化，其相互关系近似地可以用下列函数描述。

债务资本成本：$Y_L = 0.04 + 0.12X$。

权益资本成本：$Y_S = 0.17 + 0.08X$。

要求：

(1) 如果该公司的债务资本比率为 50%，计算其债务资本成本和权益资本成本。

(2) 用 X 表示该公司加权平均资本成本。

(3) 当债务资本比率为多高时，其加权平均资本成本最低？计算此时的加权平均资本成本。

3. 假设 A 公司只生产一种甲产品，有关资料如下：

(1) 2010 年甲产品的销售量为 2.4 万件，单位售价为每件 5000 元，单位变动成本为每件 3500 元，固定成本总额（不含利息费用）为 600 万元。

(2) 2010 年年末发行在外普通股 3000 万股（每股面值为 1 元），股东权益总额为 15000 万元，普通股的资本成本为 12%；长期负债为 10000 万元，长期负债的平均年利率为 10%，规定每年支付利息。假设公司没有流动负债。

(3) 假设公司适用的所得税税率为 25%。

要求：

(1) 根据 2010 年的数据计算该公司的经营杠杆度、财务杠杆度和每股收益。

(2) 计算该公司 2010 年的加权平均资本成本。

(3) 欲使该公司 2011 年的每股收益比上年增加 30%，则该公司 2011 年的息税前利润应比上年增加百分之几（计算时假设 2011 年经营甲产品的单位售价、单位变动成本和固定成本总额将保持 2010 年的水平）？

4. 信赖公司本年度销售额为 8000 万元，边际贡献率为 25%，全部经营性固定成本 1300 万元（不包括利息支出），总资产 7500 万元，资产负债率 52%，全部负债的平均年利率为 10%，假设所得税税率为 25%。

下一年该公司拟改变经营计划和财务计划，需追加投资 1000 万元，这样估计每年可以使销售额增加 20%，固定成本增加 200 万元，并使边际贡献率上升至 30%。

对于 1000 万元资金的筹集问题，公司财务部根据当时的融资环境和公司的实际情况，设计了如下两种筹资方案。

A 方案：由投资者追加投入资本获得。假定此项筹资不会使负债利率发生变化。

B 方案：向银行取得借款。假定此项筹资将使全部负债（原有负债和新借入资金）平均利息率上升至 13%。

现公司董事会正在讨论 1000 万元资金的筹集问题。董事长认为 A 种方案较好，理由是：投资者追加资本可以增强公司的财务实力，降低资产负债率，同时资本成本也较低，提高企业的赢利水平。总经理则认为 B 方案较好，理由是：向银行取得借款，可以增加负债经营的力度，利用财务杠杆作用。

尽管董事长和总经理的意见不一致，但有一点董事会的意见是一致的，即公司应以提高净资产收益率同时降低总杠杆度作为改造经营计划和财务计划的目标。

根据以上情况回答：

(1) 上述两种改变经营计划和财务计划的方案各有什么利弊（结合公司董事长和总经理的观点进行分析，只要求作定性分析）？

(2) 通过计算说明 A 方案和 B 方案能否达到改造经营计划和财务计划的目标。

(3) 在上述目标下，采纳哪种方案更好？为什么？

五、案例题

【案例】 ABC 公司的投融资决策

（一）公司基本财务资料

ABC 化工股份有限公司是一家上市公司，公司股票自 2005 年 3 月在上海证券交易所上市以来，其股本总额一直为 15000 万元（15000 万股，每股人民币 1 元）。该公司 2010 年 12 月 31 日的资产负债表（简化）和 2010 年度的利润表（简化）如下。

2010 年 12 月 31 日资产负债表（简化）　　　　（单位：万元）

资产	年末数	负债及所有者权益	年末数
货币资金	7000	短期借款	14000
应收票据	1600	其他流动负债（经营性）	25000

(续表)

资产	年末数	负债及所有者权益	年末数
应收账款	20400	流动负债合计	39000
预付账款	3500	长期负债合计	24000
存货	16500	负债合计	63000
流动资产合计	49000	股本	15000
固定资产	56000	资本公积	18000
无形资产	1000	留存收益	24000
其他资产	500	所有者权益合计	57000
合　计	120000	合　计	120000

2010年度利润表（简化）　　　　（单位：万元）

项目	本年实际数
营业收入	125000
减：营业成本	86100
营业税金及附加	1350
销售费用	4250
管理费用	10450
财务费用（均为利息支出）	2850
利润总额	20000
减：所得税费用	5000
净利润	15000

公司全部资产均与产品生产经营有关，不存在投资性资产；除短期借款以外的流动负债均不发生资本成本；短期借款和长期负债为有息负债，与生产经营无直接关系。

（二）投资项目基本资料

1. 该公司2010年底准备扩建一个生产基地，2011年投产某一新产品。该项目的投资估算如下。

项目	金额（万元）
征地费用（形成无形资产）	4000
建筑布置费（构成房屋、建筑物）	6000
设备购置费（含设备运费、安装费）	5580
水、电设施（形成固定资产）	920
其他投资支出（形成长期待摊费用）	620
合　计	17120

假定上述全部投资均在2010年年末完成，新产品可在2011年投产并销售。

2. 该产品投产后，估计寿命期为5年，根据市场预测，新产品每年的销售额为15000万元。有关付现成本费用资料如下（不含固定资产折旧及摊销）。

项目	金额（万元）
销售额	15000
变动性生产成本合计	8400
固定性生产成本合计	1000
变动性销售和管理费用	900
固定性销售及管理费用	400
营业税金及附加	300

（三）折旧政策与摊销方法

该公司对新增固定资产采用平均年限法计提折旧。折旧年限为：房屋、建筑物30年；机器设备5年；长期待摊费用在5年内摊销；土地使用权摊销年限为50年。预计房屋、建筑物30年后的净残值率为10%；设备在5年后项目结束时的净残值估计为原价的4%。以上会计政策为税法所允许。房屋、建筑物在运营5年后将整体出售，预计出售价格为7000万元；所有设备能够按照预计的金额收回残值。

（四）融资需求估计

项目投产前期公司需要增加固定资产投资等17120万元，同时为新产品的生产经营，公司2010年年末需要投入2880万元的营运资金。投资总额为20000万元。投入的营运资金在项目寿命结束时可全部变现收回。

（五）税项

估计公司经营新产品的增值税销项税额为销售额的17%，进项税额为原材料成本的17%。该产品不涉及营业税和消费税等流转税，城建税和教育费附加分别按照增值税的7%和4%计算。公司的所得税税率为25%，该公司不存在任何纳税调整事项。

（六）资金筹措

根据财务部门分析，公司经营新产品所需的资金有如下两种筹集方式。

方案1：向金融机构借款20000万元，该借款的期限为5年，年利率约为7.5%，要求每年付息，到期还本。

方案2：通过增发新股方式筹资。拟增发5000万股，每股价格为4.20元，扣除发行费用，实际筹资为20000万元。

（七）资本成本

在公司目前的资本结构下（见资产负债表），短期借款和长期负债的平均年利率为7.5%。权益资本的资本成本估算如下：当前的无风险收益率6%，预期市场风险溢酬为10%，根据历史资料估计该公司的贝他系数1.25。据估计，新产品生产、销售需要增加的资金，如果通过增发新股筹集，其资本成本与目前水平相当。

（八）股利分配政策

假设公司每年实现的利润在当年年末立即分配，全部净利润均分配现金股利。

（九）该公司在二级市场的股票交易有关资料

2010年末该公司股票的收盘价为9.50元。该公司在2010年底向市场推出了一种标的资产为ABC公司股票的欧式认股权证，该权证的执行价格为9.00元，有效期为1年。根据以往的交易情况看，ABC公司股票收益率的标准差为0.3。

问题：

(1) 在评价新产品投资项目的可行性时，是否应当考虑不同筹资方式对投资项目现金流量的影响？

(2) 如果不考虑投资项目的资金来源，试分析新产品投资项目在寿命期内的经营现金净流量。

(3) 在计算该公司加权平均资本成本时，是否应当将短期借款包括在内？请计算该公司2010年末资本结构下的加权平均资本成本，并以该资本成本作为贴现率，对该投资项目的可行性做出评价。

(4) 针对给定的两种筹资方案，分别计算该公司2011年（新产品投产后）的每股收益。

(5) 在选择20000万元的筹资决策方案时，财务经理提出的目标是降低整个公司的加权平均资本成本和降低财务杠杆度，总经理提出的目标是提高整个公司的净资产收益率（按年末净资产计算），请你以2011年的数据为例进行计算和分析，分别为财务经理和总经理选择筹资方案。

(6) 根据资料（九）和其他相关资料，请按布莱克—斯科尔斯定价模型对ABC公司的认股权证做出估价。

第九章 财务报表分析

财务报表分析是财务分析的重要组成部分,而财务分析又是企业财务管理的重要手段。作为企业管理人员,必须掌握财务分析的基本理论和方法,并能运用这些方法对企业的财务报表进行各种有价值的分析,为企业内外的信息使用者提供有益的帮助。本章阐述的内容并不是财务报表分析的全部内容,更不是财务分析的全部内容。本章首先从理论上阐述企业财务报表分析的目的和基本方法,并结合上市公司财务报表和其他有关信息,介绍重要财务比率的计算与分析,最后简要介绍财务比率的综合分析方法。

第一节 财务报表分析概述

一、财务报表分析的含义

在阐述财务报表分析的含义时,有必要先说明什么是财务分析。财务分析是以财务信息和其他相关信息为依据,采用一系列专门的分析技术和方法,对企业等经济组织的财务活动和经营活动的赢利能力、营运能力、偿债能力和增长能力等进行分析与评价的一种管理活动。这是广义的财务分析,它包含了前面介绍的许多财务管理的内容。

对财务报表分析内涵的界定,理论界和实务界一直存在一些分歧。归纳起来主要有两种观点:一种观点认为,财务报表分析等同于财务分析,财务报表分析就是财务分析的全部内容。另一种观点认为,财务报表分析是财务分析的一部分,企业财务分析分为相互联系的两大领域:一是内部财务分析,二是外部财务分析。前者是指企业内部管理当局为判断其财务状况、经营成果而进行的分析,通常也称为财务诊断分析;后者是指企业外部的利益关系人(如投资者、债权人)所做的分析。由于外部财务分析主要以财务会计报表为依据,因此通常被称为财务报表分析。

本书对财务报表分析的解释遵循后一种观点,将财务报表分析理解为:以财务报表和其他经济信息为依据,采用专门方法,系统分析和评价企业过去的经营成果、财务状况及其变动趋势,以支持财务报表使用者作出正确决策。理解这一概念,应注意以下几点:

(1) 财务报表分析的主体是财务信息使用者和相关的决策者,包括企业的投资者、债权人、企业内部管理者、政府等利益相关者。当然,很多情况下企业外部有关人士并不擅长于财务报表分析,他们只是使用分析的结果。

(2) 财务报表分析的客体是指财务报表分析的对象,是指企业的经营成果、财务状况等方面。

(3) 财务报表分析的依据主要是财务报表提供的财务信息,当然在进行财务报表分析时,还要用到其他有关经济信息,如报表附注的内容、企业的预算资料、行业发展的有关资料等。

(4) 财务报表分析的方法是财务分析的各种方法,从这一点看,财务报表分析与财务分析没有明显的区别。

(5) 财务报表分析的目的是为财务信息使用者进行各种决策提供帮助。

二、财务报表分析的目的及其演变

前面已经指出,财务报表分析的目的是将财务报表数据转换成更为有用的信息,帮助财务报表使用者做出更为合理的决策。

最早的财务报表分析主要是为银行服务的信用分析。由于借贷资本在公司资本中的比重不断增加,债权人需要对借款人进行信用调查和分析,逐步形成了偿债能力分析等有关内容。

资本市场出现以后,财务报表分析由为债权人服务扩展到为各种投资人服务。社会筹资范围扩大,非银行债权人和股权投资人增加,公众进入资本市场。投资人要求的信息更为广泛,逐步形成了赢利能力分析、筹资结构分析和利润分配分析等新的分析内容,形成比较完善的外部财务报表分析体系。

公司组织发展起来以后,经理人员为获得股东的好评和债权人的信任,需要改善公司的赢利能力和偿债能力,逐步形成了内部财务分析的有关内容,并使财务报表分析由外部分析扩大到内部分析,内部财务分析的目的是找出管理行为和报表数据的关系,通过管理来改善未来的财务报表,这时财务报表分析逐渐渗透到财务分析的各个领域,形成财务分析理论体系。

由于财务报表使用的概念越来越专业化,提供的信息越来越多,报表分析的技术日趋复杂。许多报表使用人感到从财务报表中提取有用的信息日益困难,于是开始求助于专业人士,并促使财务分析师发展成为专门职业。专业财务分析师的出现,对于报表分析技术的发展具有重要的推动作用。传统的财务报表分析逐步扩展成为包括经营战略分析、会计分析、财务分析和前景分析等内容组成的更完善的体系。

三、财务报表分析的基本方法

财务报表分析运用的方法很多,但最基本方法有四种,即比较分析法、比率分析法、因素分析法和趋势分析法。它们各有所长,在实际分析时应当相互结合使用。

(一)比较分析法

人们常说"分析比较",就是说"分析"总是与"比较"联系在一起的。或者说,最简单的分析就是比较。所以比较是财务报表分析最基本的方法。财务报表的比较分析法是指通过对财务报表相关数据和指标的对比,从数量上确定差异,从而揭示和评价企业财务状况和经营成果的一种分析方法。

运用比较分析法应当明确一个问题——比较的形式,即拿什么来进行比较,也就是比较的参照物。在实际工作中,比较的形式是多种多样的,其中最主要的有如下三种。

1. 与历史水平比较

这是不同时期相同项目或相同指标的数值之间的对比,可以将本期实际完成数与上年实际数对比,也可以与历史最好水平相比较,还可以与过去某一时期的平均水平相比较。通过这种纵向比较,可以了解财务指标的发展、变化情况,有助于吸取历史经验和教训,合理评价现状。

与上年数据相比较时,通常要计算增减额和增长率。计算公式如下

$$增减额 = 本期实际值 - 上期实际值 \qquad (9-1)$$

$$增长率 = \frac{增长额}{上期实际值} \times 100\% \qquad (9-2)$$

2. 与计划数比较

比较分析另一种最基本的形式是将本期某一财务指标的实际完成数与该指标的计划数相比较，进而说明该指标的计划完成情况。这种比较通常需要计算某项财务指标的计划完成程度相对指标。其计算公式如下

$$计划完成程度相对指标 = \frac{实际完成额}{计划完成额} \times 100\% \tag{9-3}$$

3. 与行业平均水平比较

前面两种比较形式都局限于本企业的范围，为了客观地评价一个企业的经营业绩，需要将本企业的主要财务指标与该企业所在行业的平均水平进行比较，特别地，可以与主要竞争者的相同财务指标进行比较。通过这种横向比较，可以发现本企业与同类企业之间存在的差异，找出产生差异的原因，有利于有针对性地提出改进措施。

在运用比较分析法时，分析者还可以根据需要，采用其他的比较形式。例如，将本企业本期的实际数与国内同类企业的先进水平比较等。

（二）比率分析法

比率分析法是指会计报表中具有内在联系的几个项目之间进行对比，用比率反映它们的相互关系，据此分析和评价企业财务状况和经营成果的一种分析方法。

比率分析实际上是"选择、计算、评价"的过程。"选择"就是将会计报表中相互联系的项目选择出来，如资产负债表中的"资产总额"和利润表中的"净利润"具有某种相关性，将它们选择出来作分析；"计算"就是将选择的项目进行数值运算，计算出财务比率，如根据"资产总额"和"净利润"可以计算出"资产净利率"这个财务比率；"评价"就是运用一定的标准对财务比率的高低作出优劣的评判。

比率分析法有它的优点，它运用相对数进行分析，排除了企业不同规模的影响，使不同分析对象之间建立起可比性，适合不同企业之间及同一企业不同时期的比较。比率分析法是财务报表分析重点运用的方法。同时，它必须和比较分析法结合使用，因为对各种财务比率的评价必须借助比较的手段。例如，资产负债率是一个财务比率，在财务分析时，不仅要计算该指标本年度的数值，而且要将该指标本年度的数值与上年度的数据进行对比，观察其增减变化的情况，进而分析其变动的原因。

（三）**因素分析法**

因素分析法是依据分析指标与其影响因素之间的关系，从数量上确定各因素对分析指标影响程度的一种分析方法。因素分析法的理论依据是现象之间的相关性，即经济变量之间存在着某种因果关系。应该说，因素分析法是一种深层次的分析方法，运用这种方法可以揭示产生差异的原因及各因素的影响程度。

因素分析法最常用的是连环替代法，它是运用指数分析法的基本原理，将各个因素的实际数与基期数（或计划数）进行逐一替代，从而计算各因素的影响程度。连环替代法的一般步骤如下：①比较指标的实际数与基数，确定分析对象；②分解指标，确定影响指标的各项因素；③连环顺序替代，计算替代结果；④比较各因素的替代结果，确定各因素对分析指标的影响程度；⑤加计影响数值，验算分析结果。连环替代法在统计学教科书中有详细的介绍，本章第四节【例 9-3】介绍了如何运用此方法进行因素分析。

(四) 趋势分析法

趋势分析法是通过比较企业持续几期的会计报表或财务指标，来了解财务指标的变化情况，并以此来预测企业未来的发展趋势的一种方法。应当指出，趋势分析法与比较分析法是有区别的。比较分析可以与历史数据进行比较，也可以与计划数相比较，或者与行业平均水平相比较；而趋势分析必然是将本期实际完成数与本企业以前各期的实际完成数相对比。另外，趋势分析是通过观察某项财务指标连续若干期数据的变化情况，来认识过去的变化规律，预测未来的发展趋势。

趋势分析有两种基本形式：定基趋势分析和环比趋势分析。定基趋势分析法是指在连续几期的会计数据中，以某期为固定基期（一般为第一期），分别计算其他各期对固定基期的变动情况，以判断其发展趋势。环比趋势分析法是指在连续几期的会计数据中，每一期分别与上期进行比较，分别计算各期的变动情况，以判断发展趋势。

在运用趋势分析法时，应注意以下几点：

(1) 选择合适的基期。基期必须具有代表性、正常性和可比性。

(2) 进行趋势分析所需要的期数一般应在三期以上。一般而言，选择的期数越多，分析结果的准确性越高。

(3) 分析过程应排除不可比因素，在计算口径上力求一致，当会计政策、会计制度等变化时，应对相关因素进行适当调整，并注意偶然事件的影响。

除了上述四种主要基本方法外，财务报表分析的方法还有平衡分析法、本量利分析法等。由于篇幅的限制，在此不再详细介绍。

第二节 财务报表分析依赖的信息

财务报表分析必须以充分、有用的信息作为依据。总的来说，财务报表分析的主要依据是财务会计报告所提供的信息。财务会计报告（简称财务报告）是综合反映企业在一定时期的财务状况、经营成果和现金流量情况的书面文件，它包括财务会计报表（简称财务报表或会计报表）和表外信息。财务报表是对企业财务状况、经营成果和现金流量的结构性表述，它们是企业财务报表分析所依赖的主要信息。财务报表包括资产负债表、利润表、现金流量表、所有者权益（或股东权益）变动表和附注。各种财务报表按照反映的会计主体不同可以分为个别报表和合并报表。个别报表是某一会计主体编制的反映单个经济实体的财务状况、经营成果和现金流量情况的会计报表；合并会计报表是以母公司和子公司组成的企业集团为一会计主体，以母公司和子公司单独编制的个别会计报表为基础，由母公司编制的综合反映企业集团财务状况、经营成果和现金流量的会计报表。

关于企业财务报表的意义、作用、结构和编制方法，一般会计学教材都有详尽的介绍。下面简要介绍资产负债表、利润表和现金流量表的作用，并给出我国上市公司财务报表的基本结构。

一、资产负债表

资产负债表是反映企业在某一定特定日期的财务状况的会计报表。它是以"资产＝负债＋所有者权益"这一会计等式为依据，把企业一定日期的资产、负债和所有者权益各项目，按照一定的分类标准和一定的顺序排列形成的。

资产负债表是最早出现的会计报表，它表明企业在某一特定日期所拥有或控制的经济资源、所承担的现有义务和所有者对净资产的要求权。通过阅读和分析资产负债表，可以看出企业至某一日期止拥有多少资产，资产的结构如何；企业未来需要用多少资产或劳务偿清债务，负债的构成情况怎样；企业的所有者在企业资产中享有多少经济利益。同时，根据资产负债表的要素构成，可以计算企业的资产负债率、流动比率、速动比率等财务指标，分析企业的偿债能力，判断企业的财务状况，为会计信息使用者（尤其是债权人）进行决策提供重要的依据。

资产负债表分为左、右两方，左方列示资产各项目，右方列示负债和所有者权益各项目，资产各项目的合计数等于负债和所有者权益各项目的合计数。同时，资产负债表提供"年初数"和"期末数"的比较资料，便于使用者分析比较。表 9-1 列示的是东北制药集团有限公司（以下简称"东北制药公司"）2009 年 12 月 31 日的合并资产负债表。

表 9-1　东北制药公司 2009 年 12 月 31 日资产负债表（合并）　　　　（单位：万元）

资产	2009 年末	2008 年末	负债及所有者权益	2009 年末	2008 年末
流动资产：			流动负债：		
货币资金	176402.86	76800.27	短期借款	160927.00	150779.31
交易性金融资产			应付票据	8676.90	21000.00
应收票据	11037.30	19902.48	应付账款	59335.83	38251.76
应收账款	70042.89	50867.80	预收款项	6996.67	7025.72
预付款项	26096.59	31418.74	应付职工薪酬	895.06	545.59
应收利息			应交税费	5064.21	6244.35
应收股利	26.03	10.98	应付利息	705.00	0
其他应收款	4923.16	9075.39	应付股利	278.66	266.15
存货	65968.67	67314.19	其他应付款	21174.01	14670.01
一年内到期的非流动资产			一年内到期的非流动负债	658.11	5558.11
其他流动资产		2.60	其他流动负债		266.15
流动资产合计	354497.50	255392.45	流动负债合计	264711.45	244341.00
非流动资产：			非流动负债：		
可供出售金融资产			长期借款	42000.00	600.00
持有至到期投资			应付债券	59130.00	
长期应收款			长期应付款		2820.46
长期股权投资	638.10	821.47	专项应付款	33249.77	3132.00
投资性房地产			预计负债		
固定资产	142064.27	71908.77	递延所得税负债	117.61	120.10
工程物资	1104.71	2096.22	其他非流动负债	3326.00	1931.38
在建工程	16703.08	40384.48	非流动负债合计	137823.38	8603.94
固定资产清理	5898.56		负债合计	402534.83	252944.94
无形资产	82790.04	34656.19	股东权益：		
开发支出	992.11	788.18	股本	33381.00	33381.00

(续表)

资产	2009 年末	2008 年末	负债及所有者权益	2009 年末	2008 年末
商誉			资本公积	82110.01	81611.06
长期待摊费用			减：库存股		
递延所得税资产	3204.43	4351.14	盈余公积	9484.63	5316.73
非流动资产合计	253395.30	155006.45	未分配利润	77019.44	36917.49
			外币报表折算差额	−72.72	−72.10
			归属于母公司所有者权益合计	201922.36	157154.18
			少数股东权益	3435.61	299.78
			股东权益合计	205357.97	157453.96
资产总计	607892.80	410398.90	负债与股东权益总计	607892.80	410398.90

二、利润表

利润表是指反映企业在一定会计期间的经营成果的会计报表。企业在持续不断的生产经营过程中，取得各种收入，同时发生各种成本、费用和损失。利润表把一定时期的收入与同一会计期间相关的费用进行配比，计算出企业一定时期的经营成果。

通过阅读和分析利润表，可以看出企业在某一会计期间实现了多少收入，发生了多少费用，进而了解其生产经营的收益或损失情况。同时，通过利润表提供的不同时期的比较数字（本月数、本年累计数和上年数），可以揭示企业实现收益的变动趋势，分析企业的获利能力。投资者可以通过利润表提供的信息，了解投资者投入资本的完整性，分析企业的投资价值；企业的经营者可以据此分析企业经营计划的实现情况，并在分析的基础上，抓住影响企业经营成果的主要因素，采取有效措施，增利扭亏，提高企业的经济效益。

不同国家和地区规定企业利润表的结构存在一定的差异，目前各国普遍使用的利润表有多步式利润表和单步式利润表两种格式。我国会计准则规定采用多步式利润表。表 9-2 是东北制药公司 2009 年度的合并利润表。

表 9-2　东北制药公司 2009 年度利润表（合并）　　　（单位：万元）

项目	2009 年度	2008 年度
营业总收入	509358.83	460977.32
营业总成本		411482.28
其中：营业成本	353587.17	303152.37
营业税金及附加	3783.59	3370.46
销售费用	45812.68	34190.53
管理费用	40904.10	34809.59
财务费用	9482.36	13320.99
资产减值损失	2587.66	22638.34
加：公允价值变动收益（损失以"−"号填列）		
投资收益（损失以"−"号填列）	38.77	0.26
营业利润	53240.04	49495.30

(续表)

项目	2009年度	2008年度
加：营业外收入	7386.09	976.37
减：营业外支出	2188.29	504.14
利润总额	58437.84	49967.53
减：所得税费用	10829.46	14173.81
净利润	47608.38	35793.72
其中：归属于母公司所有者的净利润	47607.94	35790.65
少数股东损益	0.44	3.07
每股收益		
其中：基本每股收益	1.43	1.16
稀释每股收益	1.43	1.16

三、现金流量表

现金流量表是指反映企业在一定会计期间的现金和现金等价物流入和流出的会计报表。现金流量表是以现金为基础编制的财务状况变动表。这里的现金是指企业的库存现金、可以随时用于支付的存款以及现金等价物。现金等价物是指企业持有的期限短、流动性高、易于转换为已知金额的现金、价值变动风险很小的短期投资。编制现金流量表的主要目的是为会计报表使用者提供企业在一定会计期间有关现金的流入量、流出量和净流量的信息。通过对现金流量表的阅读和分析，可以掌握企业现金流量的分布情况，揭示现金流量增减变动的原因，使企业的投资者和债权人了解企业从何处取得现金流量，如何使用现金，进而更准确地分析企业的偿债能力和赢利的质量等。

企业一定时期内现金的流入和流出是由各种因素产生的，有些是与企业日常的经营活动相关的，有些则是企业的理财活动中产生的。因此，要反映现金流量的信息，首先要对各种经营业务产生或运用的现金流量进行合理的分类，在现金流量表中分类地加以反映。通常按照企业经营业务发生的性质不同，将现金流量分为三类：经营活动产生的现金流量；投资活动产生的现金流量；筹资活动产生的现金流量。表9-3是东北制药公司2009年度的合并现金流量表。

表9-3 东北制药公司2009年度现金流量表（合并） （单位：万元）

项目	2009年度	2008年度
经营活动产生的现金流量		
销售商品、提供劳务收到的现金	403858.99	494038.30
收到的税费返还	1121.31	
收到的其他与经营活动有关的现金	1278.85	11625.72
经营活动现金流入小计	406259.15	505664.02
购买商品、接受劳务支付的现金	229155.74	324111.05
经营租赁所支付的现金		
支付给职工以及为职工支付的现金	37887.75	31303.47

(续表)

项目	2009 年度	2008 年度
支付的各项税费	30774.58	27376.04
支付其他与经营活动有关的现金	46850.52	51970.95
经营活动现金流出小计	344668.59	434761.51
经营活动产生的现金流量净额	61590.56	70902.51
投资活动产生的现金流量		
收回投资所收到的现金		
取得投资收益收到的现金	33.25	35.49
处置固定资产、无形资产和其他长期资产而所收回的现金净额	829.37	381.79
处置子公司及其他营业单位收到的现金净额		
收到的其他与投资活动有关的现金	32417.77	3826.70
投资活动现金流入小计	33280.39	4243.98
购建固定资产、无形资产和其他长期资产支付的现金	86278.18	35926.91
投资支付的现金		
取得子公司及其他营业单位支付的现金净额	−1014.42	−151.74
支付其他与投资活动有关的现金	0.16	
投资活动现金流出小计	85263.92	35775.17
投资活动产生的现金流量净额	−51983.53	−31531.19
筹资活动产生的现金流量		
吸收投资收到的现金		2815.61
取得借款收到的现金	272750.00	204600.82
发行债券收到的现金	59130.00	
收到其他与筹资活动有关的现金	5331.06	500.00
筹资活动现金流入小计	337211.06	207916.43
偿还债务所支付的现金	231449.36	187329.93
分配股利、利润或偿付利息所支付的现金	12310.09	12901.47
支付其他与筹资活动有关的现金	4251.63	21955.82
筹资活动现金流出小计	248011.08	222187.22
筹资活动产生的现金流量净额	89199.98	−14270.79
汇率变动对现金及现金等价物的影响额	0.24	−0.14
现金及现金等价物净增加额	98807.25	25100.39
加：期初现金及现金等价物余额	57038.82	31938.44
期末现金及现金等价物余额	155846.07	57038.83

资产负债表、利润表和现金流量表分别从不同角度反映企业的财务状况、经营成果和现金流量情况。资产负债表反映企业一定日期所拥有的资产、需偿还的债务，以及投资者拥有的净资产情况；利润表反映企业一定期间内的经营成果，即利润或亏损的情况，表明企业运用资产的效益状况；现金流量表则反映企业一定期间现金的流入和流出情况，表明企业获得现金和现

金等价物的能力。这三张会计报表为财务报表分析提供了丰富的数据资料，是财务报表分析所依赖的主要信息。

四、其他有关信息

进行财务报表分析，仅仅使用财务报表提供的信息是不够的，还要利用报表以外的信息（简称表外信息）作为分析的依据。表外信息涉及很多内容，如企业采用的会计政策、关联交易的情况、注册会计师对会计报表的审计意见、所在行业发展状况的数据、企业财务计划和财务预算有关资料、证券市场有关信息等。其中，附注是表外信息的重要载体，它是指对在会计报表中列示项目所作的进一步说明，以及对未能在这些报表中列示项目的说明等。就是对会计报表不能包括的内容，或者披露不详尽的内容作进一步的解释说明。每一个上市公司年度报告中都列示了附注的内容，请读者选择某一上市公司的年度报告，阅读附注的内容。

第三节 基本财务比率

财务比率是根据相互联系的财务报表数据和其他有关数据计算得到的比值。财务比率按照比率分析的目的不同可以分为资产权益结构比率、偿债能力比率、资产营运比率、赢利能力比率、现金流量比率等，对于上市公司还有一些特殊的财务比率。本节将重点介绍这些财务比率的意义及其计算公式，并结合东北制药公司2009年财务报表数据和附注的相关内容进行简单的分析和说明。

一、资产权益结构比率

资产权益结构比率是反映企业在某一特定日期各种资产项目、权益项目构成情况，以及资产和权益对比关系的财务比率，用以评价资产负债表中的资产、权益结构的合理性，以及资产权益的匹配关系。这类比率可以进一步分为资产构成比率、权益构成比率和资产—权益对比关系比率等三类。计算这些比率主要是依赖于资产负债表的相关数据。

（一）资产构成比率

资产构成比率是反映企业在某一特定日期（通常是年末）各类资产构成情况的结构相对数，主要通过资产负债表左边提供的各项资产数额加以计算。最基本的资产构成比率有流动资产比率和长期资产比率。

1. 流动资产比率

流动资产比率是衡量企业资产流动性的财务比率，它反映企业总资产中有多大比例属于流动资产。该比率的高低在一定程度上说明企业偿还债务的能力。其计算公式如下

$$流动资产比率 = \frac{流动资产合计}{资产总额} \times 100\% \tag{9-4}$$

该比率越高说明企业拥有的流动资产在总资产中所占的比重越大，表明企业资产的流动性越强。但该比率并不是越高越好，因为流动性强的资产其赢利性通常较差，过高的流动资产比率可能会影响企业资产的赢利能力。而且该比率的行业差异也很大，例如，交通运输企业的流动资产比率通常很低，而商品流通企业的流动资产比率往往比较高。

流动资产比率只能粗略地反映企业的资产结构。进一步分析，可以计算流动资产各主要项

目的构成比率，如存货比率、应收账款比率等。它们的计算公式分别如下

$$存货比率 = \frac{存货总额}{资产总额} \times 100\% \tag{9-5}$$

$$应收账款比率 = \frac{应收账款总额}{资产总额} \times 100\% \tag{9-6}$$

上面计算公式中的存货总额是扣除了存货跌价准备后的可变现净值（下同），应收账款总额是扣除了坏账准备金数额后的（估计）可收回净额（下同）。这说明这两项比率的高低在一定程度上受到会计政策的影响。

存货比率和应收账款比率分别反映了存货和应收账款在企业总资产中的份额。这两项比率越高，说明企业占用在这两类资产的资金量越大，企业资产的整体流动性在很大程度上依赖于存货和应收账款的变现力。分析时应关注企业是否存在存货积压和收款不得力的现象。当然，若存货比率和应收账款比率过低，可能说明企业的产品很畅销，货款收回很及时；也可能意味着企业的经营不景气，或者出于停产状态，基本不存在存货和应收账款。因此，评价存货比率和应收账款比率时，一定要结合企业销售规模及其增长情况，并考虑会计处理方法的谨慎性程度，作出合理的判断。

根据东北制药公司2009年的资产负债表数据，可以计算该公司2009年年末的流动资产比率如下

$$流动资产比率 = \frac{354497.50}{607892.80} \times 100\% \approx 58.32\%$$

2008年年末该比率为62.23%（计算过程从略，下同），存货比率为10.85%（2008年年末为16.40%），应收账款比率为11.52%（2008年年末为12.39%）。总体上说，该公司2009年年末的流动资产比率较上年末有所下降，存货比率和应收账款比率都有不同程度的下降。

2. 长期资产比率

长期资产比率反映企业总资产中有多大比例属于长期资产[①]，它与流动资产比率正好相反。其计算公式如下

$$长期资产比率 = \frac{长期资产总额}{资产总额} \times 100\% \tag{9-7}$$

显然，长期资产比率与流动资产比率此消彼涨，二者之和等于1，即

$$长期资产比率 + 流动资产比率 = 100\% \tag{9-8}$$

为进一步分析需要，可以计算长期资产中主要项目在总资产中所占的比率，如固定资产比率、无形资产比率等，它们的计算公式与前面式（9-5）、式（9-6）类似，这里不再列示。

不同行业的企业，固定资产比率的高低存在很大差异。例如，酒店的固定资产比率较酿酒制造企业高得多，从事产品经营实体的企业比投资公司的固定资产比率更高。至于无形资产比率，企业之间的差异可能会更大。因为企业会计报表上反映的无形资产主要是土地使用权和研发支出资本化金额，而一个企业土地使用权和研发支出在各个时点的占用额往往不太均匀。

东北制药公司2009年年末的长期资产比率为41.68%（2008年末为37.77%），固定资产比率为23.37%（2008年末为17.52%），无形资产比率为13.62%（2008年末为8.44%）。结

---

① 会计上称其为非流动资产。

果表明，该公司 2009 年年末长期资产比率比上年年末有较大幅度上升，固定资产比率和无形资产比率的上升是其主要原因。

(二) 权益构成比率

权益构成比率是反映企业债权人权益和所有者权益构成情况的结构相对数，这类比率主要有资产负债率、产权比率、短期资本比率、长期资本比率等。对负债结构作进一步分析，还可以有经营负债比率和金融负债比率、有息负债比率和无息负债比率等。

1. 资产负债率

资产负债率简称负债比率，它是衡量企业负债程度的财务指标。该比率越高，说明企业负债经营的程度越高，同时表明企业承担的财务风险越大。资产负债率的计算公式如下

$$资产负债率 = \frac{负债总额}{资产总额} \times 100\% = \frac{负债总额}{权益总额} \times 100\% \tag{9-9}$$

式中，权益总额是指负债与所有者权益总额，在数值上等于资产总额。

显然，资产负债率也是一个反映企业权益构成情况的财务比率，它说明企业的资金来源中多大比例由债权人提供。

应当注意：不能将资产负债率理解为负债与所有者权益之比。如果一个企业拥有 2000 万元的资产规模，而负债和所有者权益各占一半，那么其资产负债率是 50%，而不是 100%。

东北制药公司的 2009 年年末的资产负债率为

$$资产负债率 = \frac{402534.83}{607892.80} \times 100\% \approx 66.22\%$$

可见比 2008 年年末的 61.63% 提高了 4.59 个百分点。总的来说，该公司的资产负债率处于一个较为合理的水平。

应当指出，对资产负债率的评价没有一个绝对合理的标准，因为每个企业的规模不同、经营业务的性质不同、赢利状况也不同，其筹资能力也存在很大差异。过高或过低的资产负债率都不可取。按照资本结构理论，赢利水平高的企业应当适当提高负债比率，以取得财务杠杆作用；而赢利差的企业则不宜过高负债，以控制财务风险。

2. 产权比率

产权比率又称为负债与所有者权益比率，它反映债权人权益与所有者权益的比例关系。其计算公式如下

$$产权比率 = \frac{负债总额}{所有者权益总额} \times 100\% \tag{9-10}$$

显然，产权比率是资产负债率的变换形式，它们之间存在如下数量关系

$$产权比率 = \frac{资产负债率}{1 - 资产负债率} \times 100\% \tag{9-11}$$

因此，对产权比率高低的评价与资产负债率的评价是相同的，只是数学表述方式不同而已。

东北制药公司 2009 年年末的产权比率为

$$产权比率 = \frac{402534.83}{205357.97} \times 100\% \approx 196.02\%$$

该指标 2008 年年末为 160.65%，说明由于负债的增加快于所有者权益的增加，该公司 2009 年年末的债权人权益比 2008 年年末有明显提高。

3. 短期资本比率

短期资本是指企业的短期负债，即流动负债。短期资本比率反映企业的权益总额中有多大比例属于流动负债。其计算公式如下

$$短期资本比率 = \frac{流动负债总额}{权益总额} \times 100\% \qquad (9\text{-}12)$$

对该比率高低也应该辩证地看待。该比率越高说明企业短期债务越多，相比之下长期负债与所有者权益相对较少，企业出现财务危机的可能性较大；同时，也说明企业的加权平均资本成本较低，因为短期资本的成本通常低于长期资本的成本。

东北制药公司2009年年末短期资本比率计算如下

$$短期资本比率 = \frac{264711.45}{607892.80} \times 100\% = 43.55\%$$

该数值比2008年年末的59.54%有大幅下降，说明该公司2009年资产的大幅增加主要依赖于长期负债与所有者权益提供的资金来源。从另一方面也说明了企业的短期还款压力有所下降。

4. 长期资本比率

长期资本比率反映企业的权益总额中有多大比例属于长期负债和所有者权益。长期负债和所有者权益是在较长时期内可以由企业支配的资金，称为长期资本。该比率的高低说明了企业资金来源的稳定程度。其计算公式如下

$$长期资本比率 = \frac{长期负债总额 + 所有者权益总额}{权益总额} \times 100\% \qquad (9\text{-}13)$$

该比率越高，说明企业资金来源比较稳定，较长时期内可支配的资金比例较高。显然，长期资本比率与短期资本比率此消彼涨，二者之和等于1，即

$$长期资本比率 + 短期资本比率 = 100\% \qquad (9\text{-}14)$$

东北制药公司2009年年末的长期资本比率为56.45%，2008年年末为40.46%，表明该公司2009年年末的资金来源的稳定性比2008年年末有明显提高。

5. 经营负债比率和金融负债比率

前面介绍的权益构成比率只能粗略反映企业权益结构的大致情况。实际上可以对债权人权益（负债）的构成情况作进一步分析，得到反映负债结构的比率。按照负债形成的原因不同，可以将企业的负债分为经营负债和金融负债。所谓经营负债，是指在企业日常经营活动中形成的负债，如应付票据[1]、应付账款、预收账款、应付职工薪酬、应交税费、应付股利[2]等，它们与企业的生产经营有直接关系，而且在正常情况下，这些负债的多少与企业的销售额有较为固定的比例关系。金融负债是指企业在筹资活动中获得的负债，如短期借款、长期借款、应付债券和融资租赁引起的长期应付款[3]等属于金融负债，它们与企业的生产经营没有直接关系。财

---

[1] 在我国，应付票据通常与企业的经营活动有直接的关联，属于经营负债。但在有些信用比较发达的国家里，应付票据是票据贴现形成的负债，是一种融资手段。

[2] 优先股的应付股利因其事先确定，具有一定的强制性，属于金融负债；普通股的应付股利没有强制性，属于经营负债。

[3] 融资租赁引起的长期应付款应当属于金融负债，应付引进设备款等与经营活动有关的长期应付款属于经营负债。

务管理中将负债分为经营负债和金融负债，主要是满足融资需求预测的需要。在财务分析中，有必要分析经营负债和金融负债在全部负债中所占的比重，为此需要计算经营负债比率和金融负债比率，它们的计算公式分别如下

$$经营负债比率=\frac{经营负债总额}{负债总额}\times 100\% \tag{9-15}$$

$$金融负债比率=\frac{金融负债总额}{负债总额}\times 100\% \tag{9-16}$$

经营负债比率和金融负债比率分别反映了企业的负债在多大程度上源于经营活动或筹资活动。财务报表分析中通过对这两项财务比率的对比，可以揭示企业负债与经营活动的关联程度，为编制融资计划提供依据。通常企业在进行财务预测时，先估计经营中自然产生的负债数额，再考虑通过金融工具筹集不足的资金。

显然，经营负债比率和金融负债比率之和为100%。根据东北制药公司资产负债表的资料，分别计算该公司2009年年末和2008年年末的金融负债如下：

2009年年末金融负债＝短期借款＋应付利息＋长期借款＋应付债券＋长期应付款＝160927＋278.66＋42000＋59130＋0＝262335.66（万元）。

2008年年末金融负债＝短期借款＋应付利息＋长期借款＋应付债券＋长期应付款[①]＝150779.31＋0＋600＋0＋2820.46＝154199.77（万元）。

$$2009 年年末金融负债比率=\frac{262335.66}{402534.83}\times 100\% \approx 65.17\%。$$

$$2008 年年末金融负债比率=\frac{154199.77}{252944.94}\times 100\% \approx 60.96\%。$$

从而计算得到该公司2009年年末和2008年年末的经营负债比率分别为34.83%和39.04%。

6. 有息负债比率和无息负债比率

按照负债是否需要支付利息，可以将企业的负债分为有息负债和无息负债。有息负债是需要向债权人支付利息的负债，企业获得有息负债会直接发生资本成本。有息负债大多是金融活动中形成的，主要包括应付票据[②]、短期借款、长期借款、应付债券和长期应付款[③]等。无息负债是除有息负债以外的负债，从表面上看它没有直接资本成本，无息负债通常是经营活动中形成的。财务管理中将负债分为有息负债和无息负债，主要是为了研究资本成本与资本结构的关系。

有息负债比率和无息负债比率是反映这两种负债在全部负债中所占份额的比率。它们的计算公式分别如下

$$有息负债比率=\frac{有息负债总额}{负债总额}\times 100\% \tag{9-17}$$

$$无息负债比率=\frac{无息负债总额}{负债总额}\times 100\%=1-有息负债比率 \tag{9-18}$$

---

① 根据该公司会计报表附注披露，2008年年末长期应付款属于融资租赁应付款，归入金融负债。
② 带息商业汇票形成的应付票据为有息负债，不带息商业汇票形成的应付票据属于无息负债。
③ 长期应付款通常是带息的，属于有息负债。

显然，有息负债比率和无息负债比率之和为100%。可以分别计算该公司2009年年末和2008年年末的有息负债如下：

2009年年末有息负债＝短期借款＋长期借款＋应付债券＋长期应付款＝160927＋42000＋59130＋0＝262057（万元）。

2008年年末有息负债为154199.77万元（与金融负债相等），从而计算出2009年年末和2008年年末的有息负债比率分别为65.10%和60.96%，无息负债比率分别为34.90%和39.04%。

（三）资产-权益对比关系比率

众所周知，资产负债表两边反映的资金来源和资金运用在总量上是平衡的，但其中的各个部分并没有固定的平衡关系。尽管如此，仍然可以这样认为：长期资产应当由相对比较稳定的长期资本来满足，而流动资产应当由短期资本来满足。资产和权益的这种对比关系可以通过长期资产适合率来衡量。该指标说明长期资本对长期资产的保证程度。其计算公式如下

$$长期资产适合率 = \frac{长期资本总额}{长期资产总额} \times 100\% \tag{9-19}$$

该比率一般要求在100%以上，如果指标值低于100%，说明一部分长期资产需要由短期债务资本来保证，这说明资产和权益在内部结构上存在某种失衡的状态。

东北制药公司2009年年末的长期资产适合率为

$$长期资产适合率 = \frac{137823.38 + 205357.97}{253395.30} \times 100\% \approx 135.43\%$$

而该指标2008年年末为107.13%，说明该公司2009年长期资本对长期资产的保障程度显著增强，主要是长期负债和所有者权益的增长幅度大大超过了长期资产的增长幅度。

二、偿债能力比率

偿债能力的强弱是企业财务状况优劣的重要标志。偿债能力是指企业偿还各种债务的能力，包括短期偿债能力和长期偿债能力。一个企业偿债能力的好坏主要体现在企业负债比例的高低及其构成情况、资产的流动性等方面。因此，分析企业的偿债能力，需要将资产负债表中的相关资产与负债进行对比，计算出财务比率，并作出评价。反映企业偿债能力的财务比率分为短期偿债能力比率和长期偿债能力比率。

（一）短期偿债能力比率

短期偿债能力是指企业偿还流动负债的能力。反映企业短期偿债能力的财务比率主要有流动比率、速动比率、现金比率和现金流量比率等。

1. 流动比率

流动比率指流动资产相当于流动负债的倍数，它是衡量一个企业以流动资产偿还短期债务的能力，即每1元流动负债有多少流动资产作为支付的保障。其计算公式如下

$$流动比率 = \frac{流动资产总额}{流动负债总额} \tag{9-20}$$

从偿债能力看，流动比率越高越好。但是，过高的流动比率可能说明企业在其他方面存在问题。因为如果企业的流动比率过高，可能是流动资产过多，也可能是流动负债相对较少，这两种情况对企业通常会产生不利的影响。流动资产过多，可能是现金闲置，或者应收账款过

多,或者存货过多。流动负债过少,通常表明企业的加权平均资本成本较高,这是因为,流动负债较少意味着长期负债或所有者权益较多,而长期负债和所有者权益的筹资成本远高于流动负债的筹资成本。

一般认为企业流动比率较合理的标准为 2 倍。当然,这一标准不是绝对的。例如,酒店业、旅游业等服务行业的流动比率比较低,2 倍的标准显然是太高了;而商品流通企业的流动比率相对都比较高,2 倍的标准似乎又偏低了。同一企业在产销旺季时的流动比率会比较高,而淡季时流动比率会比较低。所以同一企业在不同时期对流动比率的评价标准也不是一成不变的。

根据前面东北制药公司的 2009 年度的财务报表,可以计算该公司 2009 年年末的流动比率为

$$流动比率 = \frac{354497.50}{264711.45} \times 100\% \approx 1.34$$

而 2008 年年末的流动比率为 1.05。2009 年年末流动比率比上年末有明显上升,表明总体上流动资产的增长速度略高于流动负债的增长速度;而流动资产增加的主要原因是货币资金的大幅度增加。

2. 速动比率

速动比率是速动资产与流动负债的比率,它能更合理地反映企业的短期偿债能力。其计算公式如下

$$速动比率 = \frac{速动资产总额}{流动负债总额} \tag{9-21}$$

速动资产是指流动资产中变现能力较强的那些资产,通常以流动资产扣除存货后的差额来表示。之所以把存货从流动资产中剔除,主要考虑到存货的变现速度较慢,有些存货可能已抵押给债权人,或者已经出现跌价损失的存货企业未计提跌价准备而存在着价值被高估的现象。从谨慎的角度来看,把存货从流动资产总额中扣除而计算出的速动比率,会更加令人信服。

速动比率越高,说明企业短期偿债能力越强。一般认为该比率较合理的标准为 1∶1,即速动资产刚好抵付短期债务,但评价时应当注意行业的特殊性。

东北制药公司 2009 年年末的速动比率计算如下

$$速动比率 = \frac{354497.50 - 65968.67}{264711.45} \times 100\% \approx 1.09$$

这一水平比 2008 年年末的 0.77 有明显上升,其主要原因是 2009 年年末在流动资产大幅增加的情况下,存货却比上年有所减少,速动资产的增长速度远高于流动负债的增长速度。说明该公司的短期偿债能力有所提高。

需要指出的是,以速动比率来评价企业的短期偿债能力,应注意以下问题:

(1) 速动资产只是从流动资产中扣除了存货,其中还包含变现能力较差的预付账款。因此有人建议在流动资产中扣除存货的基础上,再减去预付账款,然后再与流动负债相比,这一比率称为保守速动比率。保守速动比率比一般的速动比率能更准确地体现企业偿还短期债务的能力。

(2) 速动资产中仍含有应收账款,如果应收账款的金额过大或质量较差,事实上也会高估速动比率。在评价速动比率指标时,应结合应收账款周转率指标分析应收账款的质量。

(3) 速动比率同流动比率一样，它反映的是报告期末的情况，并不代表企业长期的财务状况。企业为筹借资金可能会人为地粉饰速动比率，作为债权人应进一步对企业不同时点的速动资产、流动资产和流动负债情况进行分析。

3. 现金比率

现金比率是反映企业以现金资产偿付短期债务的财务比率，它反映的是一种直接的偿债能力。其计算公式如下

$$现金比率 = \frac{现金资产总额}{流动负债总额} \times 100\% \tag{9-22}$$

其中现金资产包括货币资产和现金等价物。该比值越大，说明企业立即偿付短期债务的能力越强。当企业将应收账款和存货抵押出去或已有迹象表明其变现能力存在较大问题情况下，计算现金比率反映短期偿债能力更有现实意义。对现金比率的评价很难说有绝对合理的标准，一般认为该比率应在 20%～30%，在这水平上直接偿付流动负债不会有太大问题。

东北制药公司 2008 年的现金比率约为 0.31，处于正常水平。2009 年年末的现金比率约为 0.67，现金资产占全部流动负债的 2/3 左右，这一方面说明企业立即偿还短期债务的能力很强，但另一方面也使人感觉到该公司年末的现金资产存在闲置的可能。在流动负债没有明显增加的前提下，造成现金比率过高的主要原因是年末货币资金存量比上年有大幅增加。

4. 现金流量比率

现金流量比率是从现金流入和流出的动态角度对企业实际（短期）偿债能力进行的再次修正。其计算公式如下

$$现金流量比率 = \frac{年经营现金净流量}{流动负债总额} \times 100\% \tag{9-23}$$

该比值越大，说明经营活动产生的现金流量在较大程度上能保证短期债务的偿付。用该指标评价企业短期偿债能力更为谨慎。

查阅东北制药公司 2009 年度的现金流量表和年末资产负债表，可以计算该公司 2009 年的现金流量比率如下：

$$现金流量比率 = \frac{61590.56}{264711.45} \times 100\% \approx 23.27\%$$

而 2008 年年末该比率约为 29.02%。导致 2009 年现金流量比率下降的主要原因是该公司经营活动产生现金的能力有所降低。从动态看，该公司的短期偿债能力不容乐观。

【例 9-1】欢乐食品有限公司根据 2010 年 11 月 30 日财务会计报表计算的流动比率为 120%，公司拟向银行借款，银行对借款人流动比率有一定的要求，为此公司总经理希望在年末将流动比率适当提升。请指出：该公司可以采取哪些（可能的）临时措施来提高流动比率？

【解答】可以采取的临时措施有（不限于下列答案）：

(1) 如果公司有足够的货币资金，可以突击地用一部分货币资金偿还银行借款，或偿付应付款；

(2) 临时出售一些闲置的长期资产（如闲置的设备等），以增加流动资产；

(3) 可能的话，与债权人实施债务重组，如以固定资产偿付所欠货款；

(4) 在会计准则允许的前提下，对生产部门使用的固定资产多计提折旧，因其折旧计入产品成本，增加存货成本，从而增加流动资产（假如 12 月份生产的产品在年底前多数未出售）。

(二) 长期偿债能力比率

长期偿债能力是指企业偿还长期负债本金和支付利息的能力，它实际上是指企业偿还全部债务的能力。从评价指标来看，反映企业长期偿债能力的主要财务比率有资产负债率、产权比率、有形净值债务率和利息保障倍数等。由于资产负债率和产权比率在前面已经有介绍，这里着重说明其他两项财务比率。

1. 资产负债率

资产负债率既是权益结构比率，也是反映偿债能力的比率。从债权人的角度看，该比率越低说明企业的还债能力越强，其出借资金越安全；较高的资产负债率则意味着企业具有较高的财务风险，债权人出借资金的风险也会增大。因此，债权人总希望放贷对象保持较低的资产负债率水平。从股东和经营者的角度看，在企业赢利水平能力较强的情况下，较高的资产负债率可为其带来更高的收益率。

另外，对资产负债率的评价不能用静止的观点。资产负债率是一项时点指标，即资产负债率是企业某一日期（通常是期末）的资产负债率，而这一日期的资产、负债又受到许多人为因素和偶然因素的影响。其实，在一定时期内的不同时点上，企业的资产负债率是在经常发生变化的。而分析人士和会计信息使用者所见到的资产负债率只有"一瞬间"的状态。因此，不能过分轻信企业12月31日的资产负债率。例如，在期末企业实施突击还债，实行债务重组等，都有可能降低企业的资产负债率。资产、负债的不同结构可能会使相同的资产负债率产生不同的偿债能力和财务状况。例如，在一定的资产负债率条件下，资产的流动性强弱，负债的到期日远近都会影响实际的偿债能力。

2. 产权比率

产权比率一方面反映了企业债权人权益和所有者权益的比例关系，同时也能反映企业的长期偿债能力，它说明的是企业净资产对债权人利益的保障程度。其计算公式在前面已有介绍，这里不再赘述。产权比率较高，意味着债权人利益的保障程度较低。

3. 有形净值债务率

有形净值债务率是对产权比率的修正，它能更保守、谨慎地反映债务的保障程度。其计算公式如下

$$有形净值债务率 = \frac{负债总额}{有形净资产} \times 100\% \tag{9-24}$$

"有形净值债务率"中的"有形净资产"是指扣除无形资产以后的净资产，之所以将无形资产扣除，是因为某些企业（尤其是高科技企业）中无形资产所占的比重较高，而无形资产给企业带来经济利益具有很大的不确定性，一旦企业的财务状况恶化，企业的无形资产将会大大贬值，所以将净资产中扣除无形资产后的差额（有形净值）与负债相对比，更能反映债权人利益的受保障程度。该比率越低，债务保障程度越高，说明企业有效偿债能力越强；反之亦然。

东北制药公司2009年年末的有形净值债务率计算如下

$$有形净值债务率 = \frac{402534.83}{205357.97 - 82790.04} \times 100\% \approx 328.42\%$$

2008年年末该指标值仅为205.98%。说明该公司2009年年末有形净资产对负债的保障程度比上年末有所提高。显然，有形净值债务率较前面的产权比率高出许多，主要是该公司年末存在数额较大的无形资产所引起的，而2008年年末这种影响相对较小。

4. 利息保障倍数

利息保障倍数也称为已获利息倍数,它是息税前利润与利息费用的比率,用于反映企业支付债务(主要是长期债务)利息的能力。其计算公式如下

$$利息保障倍数 = \frac{息税前利润}{利息费用} \qquad (9\text{-}25)$$

式中,息税前利润是企业可以用来支付利息的总收益,它是税前利润和利息费用之和。关于式(9-25)中"利息费用"的口径,有如下不同的观点:

(1) 使用按照权责发生制基础的利息费用,包括应当由本期负担且在本期支付的利息费用和应由本期负担但本期尚未支付的应计利息费用,但不包括前期已经计提但在本期支付的利息费用。作为企业外部人员,很难获得上述口径的利息费用,往往以利润表中"财务费用"项目的数额来替代。但实际上财务费用的构成项目很多,如外币业务会计中的汇兑损益、发行债券的利息调整摊销额及支付给金融机构的手续费等。

(2) 使用收付实现制下的利息口径,即本期实际支付的利息数额。支持这种计算口径的观点是:如果将利息保障倍数作为反映企业偿还债务和支付利息能力的一个财务指标,公式中的利息必须以本期实际支付的利息数额来衡量。因为,如果负债的利息仅仅是一种应计费用,尚未实际支付,很难说它能够反映支付能力,至少不能反映它过去的利息支付能力。

(3) 无论是使用权责发生制基础的利息费用还是收付实现制下的利息口径,都有一个问题要明确,即利息保障倍数中的利息是否应当包括已经资本化的利息?笔者认为,作为反映企业偿债能力的财务指标,利息保障倍数中的利息应当包括费用化和资本化的全部利息。

据报表附注的披露,东北制药公司2009年和2008年发生的利息费用分别为9729.94万元和11110.50万元,那么2009年和2008年的利息保障倍数分别为

$$2009\text{年利息保障倍数} = \frac{58437.84 + 9729.94}{9729.94} \approx 7.01$$

$$2008\text{年利息保障倍数} = \frac{49967.53 + 11110.50}{11110.50} \approx 5.50$$

应当说,这个倍数相当高,这一方面说明企业的赢利能力较强,另一方面也反映了该公司有息债务比例相对较低。

在评价利息保障倍数比率高低时,要注意其评价标准的合理性。利息保障倍数至少要达到一倍,这是肯定的;从偿付利息能力看,该指标的值越高越好。但在评价一个企业的利息保障倍数时需要考虑其负债经营程度。企业负债比率越高,支付的借款费用越多,该指标的评价标准应越低;反之亦然。试想,一个负债率极低的企业,只要稍有赢利,其利息保障倍数可能很高;而一个负债率很高的企业,其利息保障倍数若能达到1.5倍也许很了不起了。

另外,需要澄清一个错误的认识,即认为利息保障倍数只是反映企业偿还债务能力的指标。实际上,该指标也反映企业的获利能力。

三、资产营运能力比率

资产营运能力是指企业运用现有资源从事生产经营活动的能力,实际上就是指资金的使用效率。反映企业资产营运能力的指标是各种资产周转率。资产周转率有两种计算方法:周转次数和周转天数,二者成反比。资产周转次数越高,说明企业资产的营运能力越强;而资产周转

天数越大，则说明资产的使用效率越差。它们的计算公式分别如下

$$某类资产周转次数=\frac{流转额}{该类资产平均总额} \tag{9-26}$$

$$某类资产周转天数=\frac{360}{该类资产周转次数}=\frac{该类资产平均总额}{流转额}\times 360 \tag{9-27}$$

式（9-26）、式（9-27）中的流转额可以是营业收入，也可以是赊销净额或营业成本，计算时应根据资产的类别确定。资产周转率各种指标的计算，既要运用资产负债表的数据，还要运用利润表的资料。而且，资产平均余额应按该种资产全年的平均余额计算，由于一般外部人员无法获得各项资产的时点资料，因此，通常以年初余额和年末余额的平均值来估计资产平均余额。

根据企业资产的重要性，一般反映资产营运能力的财务比率主要有以下几项。

1. 总资产周转率

总资产周转率是反映全部资产的周转速度的财务比率。它有两种形式：周转次数和周转天数。周转次数的计算公式如下

$$总资产周转次数=\frac{营业收入总额}{资产平均总额} \tag{9-28}$$

总资产周转次数越大，即总资产周转天数越小，说明在一定资产规模下企业能实现更多的销售额，资产的总体使用效率越高。

东北制药有限公司的2009年度的总资产周转次数为

$$总资产周转次数=\frac{509358.83}{\frac{1}{2}(607892.80+410398.90)}\approx 1.00$$

周转天数约为360天。在进行总资产周转率分析时，应以企业以前年度的实际水平、同行业平均水平作为参照物进行分析，从中找出差距，挖掘企业潜力，提高资产利用效率。

2. 流动资产周转率

总资产周转率反映的是企业全部资产的使用效率，而资产周转速度的快慢主要受流动资产周转速度的影响。因此，为进一步分析资产的周转情况，需要计算和分析流动资产周转率。流动资产周转率反映流动资产的周转速度，可以用周转次数和周转天数两种形式表示。周转次数的计算公式为

$$流动资产周转次数=\frac{营业收入总额}{流动资产平均总额} \tag{9-29}$$

该比率越高，说明流动资产的周转速度越快，流动资金的使用效率高；相反，周转速度慢，会引起流动资金的追加投入，形成资金闲置或浪费，说明资产管理效率低。

根据东北制药公司2009年度的利润表和资产负债表，可以计算该公司2009年流动资产周转次数如下

$$流动资产周转次数=\frac{509358.83}{\frac{1}{2}(354497.50+255392.45)}\approx 1.67$$

流动资产周转天数约为216天。这一周转速度是否正常，需要与同行业可比公司相对比，这里不再展开。

流动资产周转率说明企业流动资产总体周转情况，而流动资产又包括应收账款、存货等项目。因此，可以进一步分析反映构成流动资产各项目周转情况的财务比率，主要有应收账款周转率和存货周转率。

3. 应收账款周转率

应收账款周转率是反映企业应收账款周转情况的财务比率。它有两种表示形式：一是周转次数，二是周转天数。它们的计算公式分别如下

$$应收账款周转次数 = \frac{赊销净额}{应收账款平均总额} \tag{9-30}$$

式中，赊销净额是指全部销售收入中扣除销售退回、销售折扣、折让以及现销部分后的销售额。在财务分析时，由于企业外部人员无法直接获得赊销净额的资料，往往以利润表中的"营业收入"来替代"赊销净额"计算应收账款周转率。但这种替代可能会严重歪曲应收账款周转率的实际值。作为企业内部管理人员，在财务分析时最好直接查阅账簿记录，以实际发生的赊销净额来计算应收账款周转率，而赊销净额最准确的数据应当是"应收账款"账户借方发生额的合计数。

由于无法获得东北制药公司2009年赊销净额的数据，只能用利润表中的营业收入来代替赊销净额计算该公司2009年应收账款周转率。

$$应收账款周转次数 = \frac{509358.83}{\frac{1}{2}(70042.89+50867.80)} \approx 8.43$$

应收账款周转天数约为43天。上述计算结果高估了实际应收账款周转次数。有些教科书中将应收账款周转天数理解为企业在一定时期（通常指一年）应收账款周转一次所需要的时间，也就是应收账款平均收回天数。这样理解很不贴切。应收账款周转天数只能粗略地反映企业应收账款的周转速度及款项收回的快慢，但不能准确计量应收账款收回的平均天数。

应收账款周转次数越高，即应收账款周转天数越短，这说明企业应收账款周转越快，企业收回应收账款的时间越短。但财务评价时，不能一味认为应收账款周转次数越高越好。因为有时严格的信用政策会使企业几乎没有应收账款余额，这种情况下计算的应收账款周转次数会很大，但实际上企业的销售却由于严格的信用政策而受到严重影响。因此，对应收账款周转率的评价应当结合企业所采用的信用政策的实际，通过不同时期相同指标的比较，再作出合理的评判。

4. 存货周转率

存货周转率是反映存货周转情况的财务比率。它也有周转次数和周转天数两种表示形式。存货周转次数是销货成本与存货平均余额之比值。而周转天数则是计算期天数与周转次数的比值。即

$$存货周转次数 = \frac{销货成本总额}{存货平均总额} \tag{9-31}$$

式（9-31）中的"销货成本"是指本期已售商品的制造成本或进价。企业外部人员很难获得销货成本的准确信息，一般用利润表中"营业成本"加以替代，这样处理在一定程度上夸大了存货周转率的数值。

东北制药公司2009年度的存货周转率计算如下（以营业成本替代销货成本）

$$存货周转次数=\frac{353587.17}{\frac{1}{2}(65968.67+67314.19)}\approx 5.31$$

存货周转天数约为 68 天。存货周转次数越高，存货周转天数越短，说明存货周转速度越快，其流动性越强；而且表明存货的资金占用额越低，存货积压不明显。对该指标评价时，必须考虑行业的特点，不能简单地以数值的高低作出判断。

四、赢利能力比率

赢利能力也称获利能力，是指企业赚取利润的能力。根据赢利产生的动因不同，可以将反映赢利能力的财务比率分为两类：一是反映经营业务赢利能力的财务比率，二是反映资源使用效果的财务比率。

（一）经营业务赢利能力比率

经营业务赢利能力是指企业从事的生产经营活动为企业创造利润的能力。它与企业经营的产品有关，而与企业的资本结构无关。反映企业经营业务赢利能力的财务比率主要有销售毛利率、边际贡献率、销售利润率和成本费用利润率等，而这些财务比率的计算主要利用利润表的数据。

1. 销售毛利率

销售毛利率简称毛利率，它可以反映企业经营的产品或劳务的直接赢利能力，即每 1 元销售收入能带来多少毛利。其计算公式如下

$$销售毛利率=\frac{毛利额}{销售收入}\times 100\% \tag{9-32}$$

式中，毛利额指销售收入扣除销售成本后的差额。

毛利率可以按每一产品和业务分别计算，以衡量各种产品和业务的赢利能力。商业企业就常以毛利率作为商品定价的依据。例如，进价为 100 元的商品，若核定的毛利率为 20%，则其售价应为 125 元〔100/（1-20%）=125〕。毛利率也可以按企业经营的全部产品和业务计算，这时销售毛利率就是整个企业的毛利额与销售额的比值，这个比值也是各种产品（业务）毛利率按照销售额为权数计算的加权平均数（请读者自行证明）。作为企业外部人员分析财务报表，不可能获得企业每一产品或业务的销售额和销售成本的资料，他们只能根据利润表中的"营业收入"和"营业成本"来计算整个企业的销售毛利率，这样计算出来的销售毛利率实际上是一个近似数[①]。

按照上述思路，东北制药公司 2009 年度的销售毛利率计算如下

$$销售毛利率=\frac{509358.83-353587.17}{509358.83}\times 100\%\approx 30.58\%$$

这一比率比上年度的 34.24% 略有下降。一般地说，导致毛利率下降的直接原因有三个：一是产品成本提高；二是产品价格下跌；三是产品结构变化。当然，深层次的原因就比较复杂，必须通过阅读公司内部有关成本项目构成的明细资料，才能进行更深入的分析。

毛利率具有很明显的行业特征，不同的行业、不同的经营业务，其毛利率可能千差万别。

---

① 利润表中列示的营业收入和营业成本不一定都属于销售商品的收入与成本，真正意义上的销售毛利率应当按照商品销售业务计算。

例如，经营钻石、珠宝的企业其毛利率必然高于经营家电产品的企业，但家电企业的销售额却远远高于钻石、珠宝企业。因此，对毛利率指标的评价应考虑产品的销售规模和营销策略等因素，不能仅以毛利率的高低随意下结论。例如，采用薄利多销策略的企业其毛利率必然远远低于实行精品化营销策略的企业，不能以此否认薄利多销的优势。

2. 边际贡献率

边际贡献率是指边际贡献于销售收入的比率，它说明了 1 元销售收入给企业创造的贡献大小，该指标能较合理地反映企业经营各种产品和业务对企业赢利的直接贡献。有关边际贡献率的计算公式，在本书的第八章第二节已有详细介绍，这里不再赘述。

由于目前大多数企业未能提供固定成本和变动成本的资料，所以准确计算边际贡献率还存在一些障碍。这也从一个侧面反映了我国企业管理的基础还是相当薄弱。

3. 营业利润率

营业利润率也称为销售利润率，它是反映企业全部营业收入所具有的赢利能力，即每 1 元营业收入能带来多少利润。其计算公式如下

$$营业利润率 = \frac{利润}{营业收入} \times 100\% \tag{9-33}$$

式 (9-33) 中分子可以用利润总额或净利润，如果考虑到公式中分子、分母的可比性，营业利润率应当按照营业利润计算。该比率越高，说明企业经营的产品和业务的赢利水平越强，成本的节约和费用的控制成效越显著。该比率行业之间的差异较大。一般来说，技术密集型企业的营业利润率高于资本密集型企业，资本密集型企业的营业利润率高于劳动密集型企业。因此，对该指标评价时应结合不同行业的具体情况进行具体分析。

根据东北制药公司的 2009 年度的利润表，可以计算其 2009 年度和 2008 年度的营业利润率（按营业利润计算）分别为 10.45% 和 10.74%（计算过程略）。从计算结果看，该公司 2008 和 2009 年的营业利润率没有显著变化。但这并不能说明该公司这两年日常经营活动的赢利能力没有明显差异，因为现行会计实务的利润表中"营业利润"包含了一些受会计政策影响较大的项目，如公允价值变动收益、资产减值损失等。

为了消除这些非完全经营因素对营业利润的影响，有人认为应以"调整后营业利润"和营业收入作为计算营业收入利润率的依据。调整后营业利润是指利润表中的营业利润剔除公允价值变动损益、投资收益和长期资产减值损失等项目后的金额。也有一些学者认为应按照息前营业利润和营业收入作为营业利润率的依据。理由是：营业利润率既然作为反映企业经营的产品和业务的赢利能力的指标，其数值不应受企业负债水平高低的影响。

4. 成本费用利润率

成本费用利润率是指企业在经营过程中实现的利润与发生的全部成本费用的比率，它表示企业每 1 元成本费用能够取得多少营业利润。其计算公式如下

$$成本费用利润率 = \frac{营业利润总额}{成本费用总额} \times 100\% \tag{9-34}$$

式 (9-34) 中的成本费用包括营业成本（主营业务成本和其他业务成本）、营业税金及附加和期间费用（销售费用、管理费用和财务费用）等。关于式 (9-34) 中分子的口径，与前面"营业利润率"指标的解释相同，可以用营业利润，也可以用调整后营业利润，或者用利润总额、息税前利润。成本费用利润率实际上反映了企业获取的利润与消耗资源的关系，即投入产

出的对比关系；该比率的提高有赖于扩大销售和成本、费用的节约。

下面来计算东北制药公司的 2008 年度和 2009 年度的成本费用利润率。2008 年的成本费用总额为 388843.94 万元（303152.37＋3370.46＋34190.53＋34809.59＋13320.99），2009 年的成本费用总额为 453569.90 万元（353587.17＋3783.59＋45812.68＋40904.10＋9482.36），由此计算得到 2008 年和 2009 年的成本费用利润率（按营业利润计算）分别为 12.73% 和 11.74%。说明该公司 2009 年成本费用利润率与上年基本持平。

（二）资源使用效益比率

资源使用效益是指企业使用其拥有的经济资源而产生的财务成果。这里所指的经济资源就是企业的资产，它有两种口径：一是总资产，二是净资产。因此，反映资源使用效益的财务比率主要有总资产报酬率和净资产收益率两项。

1. 总资产报酬率

总资产报酬率反映企业全部资产获取收益的能力，它是反映赢利能力中综合性最强的财务指标之一。其计算公式如下

$$总资产报酬率 = \frac{息税前利润总额}{资产平均总额} \times 100\% \tag{9-35}$$

由于总资产报酬率是将企业赚取的总收益与全部资产的比值，与企业的负债程度无关，便于不同资本结构的（同类）企业之间进行比较。

东北制药公司的 2009 年度的总资产报酬率为

$$总资产报酬率 = \frac{58437.84 + 9729.94}{\frac{1}{2}(607892.80 + 410398.90)} \times 100\% \approx 13.39\%$$

在财务分析实务中，通常将某一企业的总资产报酬率与该企业所在行业该项指标的平均水平加以比较。也可以将总资产报酬率与企业债务的平均利率作对比，如果资产报酬率大于平均利率，举债经营是有利的，企业可以充分利用财务杠杆进行负债经营，获取尽可能多的收益。

2. 净资产收益率

净资产收益率也称为所有者权益报酬率或权益净利率，它是反映股东投入企业的权益资本获取收益的财务比率，是投资者最为关注的财务指标之一。其计算公式如下：

$$净资产收益率 = \frac{净利润}{净资产} \times 100\% \tag{9-36}$$

注意，式（9-36）中的净利润是指属于母公司所有者的净利润，净资产为属于母公司所有者权益，可以按平均净资产计算，也可以按年末净资产计算。该比率越高，说明该公司股东的投资报酬率越高。股东在阅读财务报表时通常将公司的净资产收益率与预期报酬率相比较，或与其他可比公司的净资产收益率相比较。

东北制药公司的 2009 年度按平均净资产计算的净资产收益率为

$$净资产收益率 = \frac{47607.94}{\frac{1}{2}(201922.36 + 157154.18)} \times 100\% \approx 26.52\%$$

按年末净资产计算的净资产收益率为

$$净资产收益率 = \frac{47607.94}{201922.36} \times 100\% \approx 23.58\%$$

计算结果表明，对该公司的股东来说，平均每 100 元的投资额在该公司使用一年能够赚取 26.52 元的净收益，这一收益水平与股东期望收益率的高低，是股东决定是否继续持有公司股份的重要依据。

【例 9-2】ABC 公司按照 2010 年 11 月末及 1—11 月份的财务数据计算的流动比率为 200%，速动比率为 120%，资产负债率为 40%，利息保障倍数为 3 倍，存货周转率为 4 次，销售毛利率为 25%。该公司 2010 年 12 月决定向客户赊销一批商品，该批商品的生产成本为 250 万元，售价为 200 万元，该货款在 2010 年末未收回。如果其他条件不变，也不考虑增值税、所得税等税收因素。

请指出：上述赊销业务会引起该公司的流动比率、速动比率、资产负债率、利息保障倍数、存货周转率和销售毛利率发生怎样的变化（指出指标值比原来是提高、下降还是不变）？并简要说明理由。

【解答】(1) 该业务发生以后，年末流动资产减少，而流动负债不变，故流动比率下降。

(2) 该业务发生以后，年末存货减少，速动资产增加，而流动负债不变，故速动比率提高。

(3) 该业务发生以后，年末资产总额减少，而负债不变，故资产负债率上升。

(4) 该业务发生以后，本年度利润减少，利息费用不变，故利息保障倍数下降。

(5) 该业务发生以后，年末存货减少，而本年度营业成本增加，故存货周转率提高。

(6) 该业务发生以后，本年度毛利减少，销售额增加，故销售毛利率下降。

五、现金流量比率

现金流量比率是指根据现金流量表的信息和其他有关信息计算的财务比率，该类比率主要反映企业在一定时期的现金流量与资产、负债、所有者权益及收入、费用、利润之间的相关性和协调性。根据财务报表分析的需要，现金流量比率可以有很多种类，有些在前面已有介绍，如现金流量比率等。这里主要介绍其中常用的几个现金流量比率。

1. 营业收入收现率

营业收入收现率是反映企业在一定时期内销售收入的收现程度的比率，它是本期销售商品和提供劳务收到的现金与本期营业收入的比值。其计算公式如下

$$营业收入收现率 = \frac{本期销售商品、提供劳务收到的现金}{本期营业收入总额} \times 100\% \qquad (9-37)$$

该比率中分子的数据直接来源于现金流量表，分母的数据来自利润表。营业收入收现率越高，通常说明企业实施了较为严格的信用政策，销售可能出现萎缩，而强调货款的回收，导致企业年末应收款项较年初大幅减少或预收账款较年初大幅增加；反之，说明企业可能实施了较为宽松的信用政策，过度赊销导致销售收入剧增，而货款的回收不够及时，销售商品的兑现程度不高。所以，分析者应当结合企业的实际情况，观察该比率连续几年的数值，做出综合评价。

东北制药公司 2009 年度的营业收入收现率计算如下

$$营业收入收现率 = \frac{403858.99}{509358.83} \times 100\% \approx 79.29\%$$

这说明该公司 2009 年销售商品、提供劳务收回的现金占这一年营业收入的比率还不足

80%，这一比率较 2008 年的 107.17%（计算过程略）有大幅度下降，说明该公司 2009 年的销货款回收程度很不理想。

对营业收入收现率指标的评价，应注意该比率分子分母计算口径的差异。对于缴纳增值税的企业来说，现金流量表中"销售商品、提供劳务收回的现金"的数额包含了增值税销项税额，而利润表中"营业收入"的数额则是不含增值税的销售额。因此，假如企业在一定时期内的销货款均在本期收到，该比率应在 117% 左右（假定增值税税率为 17%）。

2. 利润兑现率

利润兑现率说明企业在一定时期内实现的利润在多大程度上获得现金流量的增加。其计算公式如下

$$利润兑现率 = \frac{本期经营活动现金净流量}{本期净利润} \times 100\% \tag{9-38}$$

式中，经营活动现金流量净额直接取自现金流量表。

本书第二章曾经指出，经营现金净流量和净利润是两个不同的概念。现金净流量是现金流入量减去现金流出量的差额，而净利润是收入减去成本费用的差额。由于一定时期内的收入不等于现金流入，成本费用也不等于现金流出，所以经营现金净流量与净利润一般是不相等的。其中最主要的原因是折旧（含无形资产摊销等，下同）。因为计算利润时需要将折旧作为一种费用扣除，而折旧并没有形成现金流出，所以，企业在一定时期内的经营现金净流量应该大于净利润。换言之，利润兑现率应该大于 100%。当然，有些企业的利润兑现率远低于 100%，甚至出现负值（如经营活动现金流量为负，净利润为正），这表明企业的利润兑现程度很差，同时也说明利润的质量较差，或者说利润存在虚假的可能性较大。

东北制药公司 2009 年度的利润兑现率为

$$利润兑现率 = \frac{61590.56}{47608.38} \times 100\% \approx 129.37\%$$

2008 年度这一比率为 198.08%。说明该公司这两年净利润的兑现程度比较理想。

3. 现金流量利息保障倍数

现金流量的利息保障倍数，是指经营现金净流量为利息费用的倍数。其计算公式如下

$$现金流量利息保障倍数 = \frac{本期经营活动现金净流量}{本期利息费用} \times 100\% \tag{9-39}$$

式中，本期利息费用应基于收付实现制的利息费用，即本期实际发生的利息支出，包括作为财务费用的利息和资本化的利息。

这一指标是对前面利息保障倍数的修正，它是从企业产生现金流量能力的角度去衡量利息的保障程度，比前面以收益为基础的利息保障倍数更可靠。因为实际用于支付利息的是现金，而不是收益。

东北制药公司 2009 年的利息费用为 9729.94 万元，经营活动现金净流量为 61590.56 万元，所以 2009 年的现金流量利息保障倍数约为 6.33 倍（2008 年度为 6.38 倍）。该公司每支付 1 元钱的利息，有 6 元多的经营现金净流量加以保证，说明其利息支付能力很强。

4. 股利现金流量保障倍数

股利现金流量保障倍数反映企业经营现金净流量为所需支付现金股利的倍数。其计算公式如下

$$\text{股利现金流量保障倍数} = \frac{\text{本期经营活动现金净流量}}{\text{本期现金股利}} \times 100\% \qquad (9-40)$$

股利现金流量保障倍数用于衡量现金股利的支付能力。该倍数越大，说明公司支付现金股利的能力越强。式中的"本期现金股利"有两种口径：一是本年度实际支付的现金股利，一般属于上一年度利润分配的现金股利；二是本年度利润分配方案拟发放的现金股利（注：本年度的股利一般在下一年度分配，年度会计报表附注中只反映本年度利润分配的预案）。

东北制药公司 2009 年实际支付的属于 2008 年利润分配的现金股利为 3338.10 万元，2009 年实现利润中拟分配的现金股利为 4005.72 万元（拟以 2009 年年末总股本为基数，每 10 股派现金股利 1.20 元），经营活动现金净流量为 61590.56 万元，所以该公司 2009 年两种口径的股利现金保障倍数分别为 18.45 倍（按实际支付股利计算）和 15.38 倍（按拟分配股利计算）。应该说该公司经营现金净流量对现金股利的保障相当有力，支付现金股利不存在问题。当然，这从一个侧面也说明了该公司分配的现金股利相对于公司创造的现金流量，实在是微不足道，公司对股东的眼前利益不够重视。

六、上市公司特殊的财务比率

上市公司是股份有限公司的典型代表，由于其股票在证券交易所挂牌交易，会计信息备受投资者的关注。在分析上市公司的财务报表时，除了计算分析前面的财务比率外，分析者还应当计算上市公司特有的财务比率。这些比率包括每股收益、每股净资产、每股经营现金净流量、股利收益率等。

1. 每股收益

每股收益是反映股份有限公司普通股股东持有每一股份所能享有公司利润或承担企业亏损的业绩评价指标。该指标有助于投资者、债权人等信息使用者评价公司或公司之间的赢利能力，预测公司成长潜力，进而作出经济决策。

会计准则中将每股收益分为基本每股收益与稀释每股收益两种。基本每股收益是按照归属于普通股股东的当期净利润，除以发行在外普通股的加权平均数计算的。其计算公式如下

$$\text{基本每股收益} = \frac{\text{净利润} - \text{优先股股利}}{\text{发行在外普通股平均股数}} \qquad (9-41)$$

如果公司在报告期内普通股数量保持不变，则发行在外普通股加权平均数就是该公司期末普通股股数；如果在报告期内普通股数量发生变化，则发行在外普通股加权平均数应当根据股份增减的数量按照时间长短加权平均计算。具体计算方法比较复杂，这里不再展开。

稀释每股收益是指存在稀释性潜在普通股[①]时，按规定分别调整归属于普通股股东的当期净利润和发行在外普通股的加权平均数，并据以计算的每股收益。

每股收益越高，说明公司按单位股本计算的获利能力越强，该公司的股票投资价值越高。但在分析中应该注意，每股收益不能反映股票所含有的风险大小，而且每股收益多，并不意味着股利分配就丰厚。

由于东北制药公司 2009 年的总股本年内未发生变化，为 33381 万股（每股面值 1 元），且不存在优先股或可转换债券等，所以其基本每股收益约为 1.43 元（47607.94/33381），这一结

---

① 稀释性潜在普通股，是指假设当期转换为普通股会减少每股收益的潜在股。

果在利润表中有直接列示。

将公司股票每股市价与每股收益相比得到的比值叫做股票的市盈率。市盈率的意义和计算方法在本书的第三章第二节中有详细介绍。

2. 每股净资产

每股净资产表示股东每股股票所拥有的净资产份额,它反映了公司股票的账面价值。在不存在优先股的前提下,其计算公式如下

$$每股净资产 = \frac{股东权益总额}{发行在外普通股股数} \tag{9-42}$$

式中,发行在外普通股股数通常按照年末数计算。该指标越高,说明公司股票的每股账面价值越大。分析时可用连续几期的该指标数值进行对比,来分析企业净资产的积累速度及成长性。同时可以将该指标的数值与股票的市价进行对比,计算公司股票的市净率(见本书第三章第二节),以确定该股票的投资价值。

根据东北制药公司2009年的财务报表数据,可以计算出该公司2009年年末和2008年年末的每股净资产分别为6.32元(210922.36/33381)和4.71元(157154.18/33381)。2009年年末每股净资产比2008年末有较大幅度增加,其主要原因是2009年实现收益增加了净资产的账面数额。

3. 每股经营活动现金净流量

每股经营活动现金净流量反映股份公司普通股每股所拥有的经营现金净流量。其计算公式如下

$$每股经营现金净流量 = \frac{经营现金净流量}{发行在外普通股股数} \tag{9-43}$$

式(9-43)也可以按"年末发行在外的普通股股数"计算。该指标越大,说明公司经营成果的质量越高;同时,公司支付现金股利的能力越强。分析时通常将该指标与每股收益指标进行对比,以评价每股收益的现金保障程度。

东北制药2009年和2008年的每股经营现金净流量(按年末总股本计算)分别为1.85元(61590.56/33381)和2.12元(70902.50/33381)。计算结果说明该公司虽然2009年的赢利水平比上年有一定幅度的增加,但每股经营现金净流量却比上年略有下降,不过总体情况还不错。

4. 股利收益率

股利收益率是按照报告年度的股利水平和目前股票价格计算的投资收益率。它是假定投资者以目前的市价购进公司股票,准备长期持有,按照获得的现金股利作为投资收益而计算的投资收益率。其计算公式如下

$$股利收益率 = \frac{报告年度每股现金股利}{目前股票市价} \times 100\% \tag{9-44}$$

从理论上说,股利收益率中分子应该使用未来预计的年均现金股利,但未来的现金股利具有很大的不确定性,以报告年度的现金股利计算该指标有较强的可操作性和实际意义。而报告年度的现金股利又有两种口径:一是当年实际支付的现金股利,二是当年利润分配预案,分析时可以根据需要选择。

据查,东北制药公司2009年利润分配方案为每10股派1.20元现金。此方案于2010年4

月 30 日实施，以 4 月 29 日股权登记日公司股票收盘价格 20.45 元计算，股利收益率约为 0.59％。这一水平远低于银行一年期存款利率，说明仅从获得股利这一目的，当时购买东北制药公司股票没有什么意义。当然，大多数投资者购买上市公司股票的主要目的是获得资本利得，而不是现金股利。

第四节 财务比率的综合分析

计算和分析单项财务比率，只能说明企业某一状况的优劣和某一方面能力的强弱，显然这种孤立的财务分析并不能完全满足决策者的需要。信息使用者希望通过财务报表分析，对企业各个方面进行全面、综合的分析和评价。这就需要将反映企业资产负债结构、偿债能力、资产营运能力、赢利能力和现金流量情况的财务比率有机地结合起来，作出系统、深入、综合的评价。这是财务比率的综合分析要解决的问题。财务比率的综合分析在实际应用中有许多方法，这里主要介绍杜邦财务分析体系和沃尔综合评分法。

一、杜邦财务分析体系

杜邦财务分析体系又称为杜邦分析法，是利用各主要财务指标间的内在联系，对企业财务状况及经济效益进行综合系统分析评价的方法。这种方法由美国杜邦公司创立并最先采用，所以称为杜邦财务分析体系。

（一）杜邦财务分析指标体系

杜邦财务分析体系是通过一组财务指标体系来构建的，其核心指标是净资产收益率（股东权益报酬率）。围绕该核心指标可以建立一个完整的杜邦财务分析系统图，如图 9-1 所示。

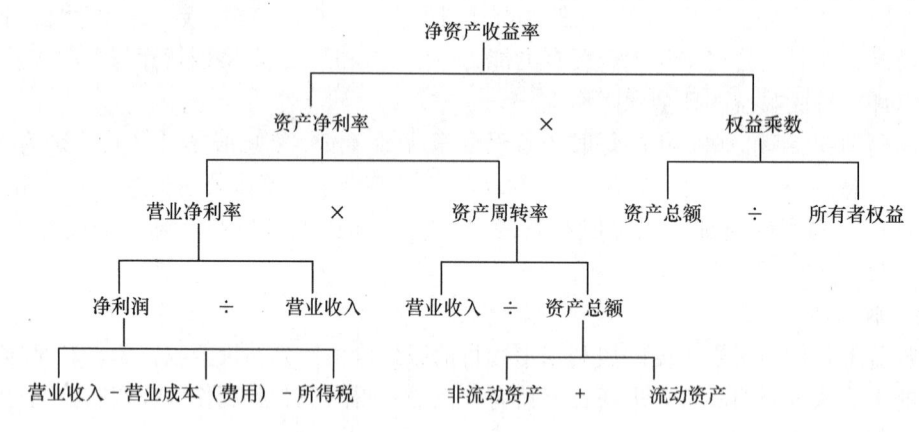

图 9-1 杜邦财务分析系统图

从杜邦财务分析体系图中，可以建立各项财务指标的关系如下

$$净资产收益率＝资产净利率\times权益乘数$$
$$资产净利率＝营业净利率\times资产周转率$$
$$权益乘数＝资产\div所有者权益$$

将上述公式联系起来，可以得到各种财务指标的相互关系为

$$净资产收益率 = \frac{净利润}{所有者权益} = \frac{净利润}{营业收入} \times \frac{营业收入}{资产总额} \times \frac{资产总额}{所有者权益}$$

$$= 营业净利率 \times 总资产周转率 \times 权益乘数 \tag{9-45}$$

由图9-1和式（9-45）可以看出，杜邦分析系统是把有关财务比率和财务指标以系统分析图的形式连接在一起，从中可以得到以下启示。

（1）作为该系统的核心指标，净资产收益率是一个综合性很强、与企业财务管理目标相关性最大的指标，它由企业的营业净利率、总资产周转率和权益乘数所决定。

（2）资产净利率是影响净资产收益率的重要指标之一，具有较强的综合性，它集中反映了销售、利润及资产周转之间的数量关系。

（3）营业净利率说明了企业净利润与营业收入之间的关系。从营业净利率和资产周转率来看，要提高这两项财务比率，营业收入和净利润是关键。扩大销售收入、降低成本费用开支是提高企业营业净利率的根本途径，扩大销售同时也会使资产周转速度加快。另一方面，降低成本、费用也是提高营业净利率的一个重要措施，可以从成本费用的构成中看出其结构是否合理，从而找出降低成本、费用的途径和加强成本费用控制的方法。

（4）杜邦分析图的右半部分，主要是分析资本结构对利润率的影响。在一定的赢利水平下，如果资产总额保持不变，适当的负债经营，可以相应地减少所有者权益所占的比例，从而达到提高净资产收益率的目的。

（二）杜邦财务分析体系的意义

杜邦财务分析体系实际上是将比率分析法、比较分析法和因素分析法有机结合的一种综合性的财务分析方法。该方法将企业的各种财务活动、各项财务指标相互联系起来加以综合分析，也就是将企业财务活动及财务指标看做一个大系统，对系统内的相互依存、相互作用的各种因素进行综合分析。因此，杜邦财务分析体系是企业改善经营管理、提高获利能力的一种有效分析工具，其作用主要体现在以下几个方面。

第一，从杜邦分析图中能够直接地解释有关重要财务指标的变动原因，揭示有关财务指标的内在联系。从而能够把各项指标进行相互比较分析，引导管理者进行正确决策分析。从杜邦财务分析体系可以看出，净资产收益率的大小受到三个指标值的影响：营业净利率、总资产周转率和权益乘数。营业净利率反映了企业所经营产品（或服务）的赢利能力；总资产周转率反映了企业资产使用效率的高低，即在相同的产品赢利能力下，企业的赢利水平与资产使用效率成正比关系；权益乘数反映了企业负债经营的程度，也就是企业利用财务杠杆的程度。即在相同的赢利水平下，权益乘数越大，净资产收益率越高。因此，要提高企业的净资产收益率，不仅要有赢利能力强的产品和业务，而且要加速资金周转，同时要充分利用财务杠杆作用，尽可能负债经营。

第二，能帮助企业成本管理部门研究和寻求降低产品成本的途径，使管理人员能根据成本变化的趋势来下达企业在计划年度的定额成本控制和目标成本控制。

第三，有助于决策部门合理配置企业的经济资源，优化企业资本结构，充分运用企业资产，提高所有者的投资报酬率。

（三）杜邦财务分析体系的运用

从以上分析中可以知道，杜邦财务分析体系突破了财务分析中各项指标间的孤立性，从而使各项指标间的相互关系、相互作用简明、直接地表现出来。通过这种逐层分析,不仅可以了解企业财务状况的全貌以及各项财务分析指标间的结构关系,查明各项主要财务指标增减变动的影响因素及存在问题,而且还可以帮助决策者优化经营结构和财务结构,为企业提高偿债能力和经营效益提供基本思路。下面运用东北制药公司 2008—2009 年的财务数据,来说明杜邦财务分析体系的应用。

【例 9-3】东北制药公司 2008—2009 年的净资产收益率及影响该指标的有关因素见表 9-4。

表 9-4　东北制药公司 2008—2009 有关财务指标一览表①

财务比率	2009 年实际数	2008 年实际数
净资产收益率	23.577%	22.774%
营业净利率	9.347%	7.764%
总资产周转率	0.838	1.123
权益乘数	3.010	2.612

现在运用杜邦财务分析体系来比较该公司 2009 年的净资产收益率与 2008 年的净资产收益率,并应用连环替代法定量分析各个因素对净资产收益率的影响程度。

【解答】(1) 该公司 2009 年的净资产收益率为 23.577%,比 2008 年的 22.774% 提高了 0.803%。

(2) 该公司 2009 年净资产收益率的杜邦财务分析体系为

$$23.577\% \approx 9.347\% \times 0.838 \times 3.010$$

2008 年净资产收益率的杜邦财务分析体系为

$$22.774\% \approx 7.764\% \times 1.123 \times 2.612$$

按照杜邦财务分析体系确定的指标顺序,进行连环替代,计算各因素对净资产收益率的影响方向和影响程度。

营业净利率的影响:$1.123 \times 2.612 \times (9.347\% - 7.764\%) \approx 4.643\%$。

总资产周转率的影响:$9.347\% \times 2.612 \times (0.838 - 1.123) \approx -6.958\%$。

权益乘数的影响:$9.347\% \times 0.838 \times (3.010 - 2.612) \approx 3.118\%$。

根据上述计算结果,可以作如下分析:东北制药公司 2009 年净资产收益率比 2008 年提高 0.803%。其中,营业净利率上升使净资产收益率提高了 4.643 个百分点;总资产周转率下降使净资产收益率下降 6.958%;权益乘数上升使净资产收益率上升 3.118%。

当然,上面的因素分析是比较粗浅的,更深入的分析需要公司内部经营和财务方面的数据资料,尤其是销售和成本方面的资料。

二、沃尔评分法

沃尔评分法是由亚历山大·沃尔提出的一种评价企业信用状况的综合财务评价方法。亚历山大·沃尔在 20 世纪初出版的《信用晴雨表研究》和《财务报表比率分析》中首次比较完整地应用沃尔分析法对企业财务状况进行分析,以评价企业信用水平的高低。

---

① 表中净资产收益率按归属于母公司所有者的净利润和归属于母公司所有者权益年末数计算,权益乘数按年末总资产和归属于母公司所有者权益年末数计算。

沃尔评分法的基本思路是：将若干个财务比率用线性关系结合起来，计算信用能力指数。沃尔最初选择了七个财务比率：流动比率、净资产与负债比率、资产与固定资产比率、销售成本与存货比率、销售额与应收账款比率、销售额与固定资产比率和销售额与净资产比率，并分别给定了它们在综合评价中的比重（得分），总和为100分。同时，确定了各财务比率的评价标准，将实际值与标准比率相对比，得到每项指标的得分，最后计算出总得分。

下面运用沃尔评分法对东北制药公司的财务状况作出综合评价。计算过程和计算结构见表9-5。

表9-5　东北制药公司2009年财务比率的沃尔评分法

考核指标	比重（%）①	标准比率②	实际比率③	相对比率④＝③÷②	评分⑤＝①×④
流动比率	25	1.85	1.34	0.7243	18.11
净资产与负债比率	25	1.20	0.51	0.4250	10.63
资产与固定资产比率	15	2.50	3.80	1.5200	22.80
销售成本与存货比率	10	6.00	5.36	0.8933	8.93
销售额与应收账款比率	10	5.00	7.27	1.4540	14.54
销售额与固定资产比率	10	4.00	3.19	0.7975	7.98
销售额与净资产比率	5	3.00	2.48	0.8300	4.15
合计	100	—	—	—	87.14

表中的"标准比率"是作者假设，"实际比率"是根据东北制药公司2009年财务报表及相关资料计算得到（部分比率前面已有计算结果）。按照沃尔评分法，东北制药公司财务状况的综合得分为87.14分。由于计算过程中"标准比率"是假设的，所以这一结果并不能真实说明东北制药公司的综合财务状况，这里只是给出一个运用沃尔评分法的例子。

从理论上说，沃尔评分法存在缺陷，主要是：为什么财务评价要选择这七个指标，而不是更多或更少；为什么不选择别的财务比率；凭借什么依据确定各项指标在综合评价中所占的比重。也许这只是沃尔的经验总结，不可能有什么严格的理论证明。

虽然现代社会与沃尔的时代相比，已经发生很大的变化，但是沃尔分析法作为一种基本的财务指标评判方法，目前仍有借鉴作用，其思想理念、思维方式一直影响着人们去构造各种财务综合分析的模式。

【思考与练习】

一、思考题

1. 财务报表分析中计算"长期资产适合率"的目的是什么？该指标是不是越高越好？为什么？
2. 企业的资产负债率既不是越高越好，也不是越低越好。请说明：债权人和投资者对资产负债率高低的评价有何不同？
3. 由于激烈的市场竞争，汽车制造商会对大多数汽车采取降价策略。M公司是一家汽车贸易商行，其日常会计核算中对于发出商品的计价方法一直采用先进先出法。现在他们想将存货计价方法改为月末一次加权平均法，主要是为了顺利获得银行贷款。请根据下列情况为他们作出选择：

（1）若银行审阅公司财务报表主要关注公司的成本费用利润率，为获得银行贷款，你认为M公司是否应当改变原来的存货计价方法？为什么？

（2）若银行审阅公司财务报表主要关注公司的存货周转速度，为获得银行贷款，你认为M公司是否应当改变原来的存货计价方法？为什么？

4. 在计算财务比率时，发现有些企业的应收账款周转次数竟然高达50次，请说明导致应收账款周转次数如此之高的可能原因有哪些？

5. 杜邦财务体系是综合财务分析的重要工具。请回答：

（1）杜邦财务体系将权益净利率进行怎样的分解？请写出表达式，并简述这种分解的意义何在？

（2）有人认为，在企业的经营效率和经营效益不变的情况下，企业的负债比率越高，则权益乘数越大，根据杜邦财务体系可知其权益净利率也就越高。这样理解存在什么缺陷？

6. 联合实业股份有限公司是一家上市公司，半年前发行了可转换公司债券，且可转换公司债券也在证券交易所上市交易。现在债券持有人可以将可转换公司债券转换成股票。公司财务人员认为：可转换公司债券转换成股票会引起公司资产负债率下降，利息支出减少，从而降低公司的资本成本；同时会增加以后年度的利润总额和每股收益，也会提高以后年度的净资产收益率。

请指出该公司财务人员的观点存在哪些错误？

二、单项选择题

1. 运用比较分析法时，必须合理确定比较的参照系，下列各项属于横向比较时使用的参照系是（　　）。

　　A. 企业上年的实际数　　　　B. 企业历史最好水平
　　C. 行业平均数　　　　　　　D. 企业制定的计划数

2. 如果某企业年末流动比率远高于行业平均值，而速动比率却低于行业平均值，这通常说明该企业（　　）。

　　A. 流动资产比率高于行业平均水平　　B. 存货比率高于行业平均水平
　　C. 应收账款比率高于行业平均水平
　　D. 短期资金（流动负债）比率高于行业平均水平

3. 某企业本期所有的利息费用均计入财务费用核算，其利息保障倍数等于1，说明该企业（　　）。

　　A. 负债比率很高　　　　　　　B. 利润总额等于利息费用
　　C. 利润总额等于利息费用的两倍　D. 处于盈亏平衡状态

4. 下列反映资产负债率、产权比率和有形净值债务率三项财务比率数值的大小关系中，正确的是（　　）。

　　A. 资产负债率＜产权比率≤有形净值债务率
　　B. 产权比率＜资产负债率＜有形净值债务率
　　C. 资产负债率＜有形净值债务率≤产权比率
　　D. 有形净值债务率＜资产负债率＜产权比率

5. 计算赢利能力比率时，主要利用的财务报表是（　　）。
   A. 资产负债表　　　　　　　　　B. 利润表
   C. 现金流量表　　　　　　　　　D. 所有者权益变动表

6. 已知某公司本年度的营业收入（均为商品销售收入）为20000万元，净利润为1250万元，本年度现金流量表中"销售商品提供劳务收到的现金"项目的金额为25000万元，"经营活动现金流量净额"项目为2000万元。则本年度的营业收入收现率为（　　），利润兑现率为（　　）。
   A. 62.5%　　　　B. 80%　　　　C. 125%　　　　D. 160%

7. 杜邦财务分析体系的核心指标是（　　）。
   A. 权益乘数　　　　　　　　　　B. 总资产报酬率
   C. 净资产收益率　　　　　　　　D. 营业利润率

三、多项选择题

1. 下列属于金融负债项目的有（　　）。
   A. 应付账款　　B. 短期借款　　C. 长期借款　　D. 应付债券

2. 下列属于反映企业短期偿债能力的财务比率有（　　）。
   A. 流动比率　　　　　　　　　　B. 速动比率
   C. 现金比率　　　　　　　　　　D. 有形净值债务率

3. 某公司原来的流动比率为2∶1，速动比率为1∶1，若该公司实施突击性偿债，即用货币资金偿还短期借款，会引起（　　）。
   A. 流动比率上升　　　　　　　　B. 速动比率上升
   C. 流动比率下降　　　　　　　　D. 速动比率不变

4. 下列财务比率属于反映企业赢利能力的有（　　）。
   A. 总资产报酬率　　　　　　　　B. 权益乘数
   C. 营业利润率　　　　　　　　　D. 成本费用利润率

5. 下列关于财务比率之间的数量关系，正确的有（　　）。
   A. 流动资产比率＋长期资产比率＝100%
   B. 产权比率×权益乘数＝100%
   C. 经营负债比率＋金融负债比率＝100%
   D. 边际贡献率＋变动成本率＝100%

6. 下列财务比率属于现金流量比率的有（　　）。
   A. 营业收入收现率　　　　　　　B. 利润兑现率
   C. 现金流量利息保障倍数　　　　D. 股利现金流量保障倍数

7. 某上市公司创办5年来，每年均赢利。那么下列关于该上市公司本年度财务比率数值大小的判断，正确的有（　　）。
   A. 每股收益必定大于零
   B. 每股净资产必定大于每股面值
   C. 每股经营活动现金净流量必定大于零
   D. 股利收益率必定低于净资产收益率

四、计算分析题

1. ABC 公司本年度产品销售收入净额为 1680 万元，销售毛利率为 25%，销售收入中现销收入占 30%，其余 70% 为赊销。本年年初的流动资产为 720 万元，其中应收账款为 187 万元，存货为 420 万元；本年年末流动资产为 840 万元，其中应收账款 205 万元，存货为 480 万元，流动负债年初为 480 万元，年末为 500 万元。

要求：计算该公司本年度应收账款周转次数、存货周转次数及年末的流动比率和速动比率。

2. 力达公司目前的流动比率为 200%，速动比率为 100%，资产负债率为 40%。如果该公司发生下列各项经济业务（假设该公司处于赢利状态，所得税税率为 25%，无纳税调整事项，均不考虑增值税）：

(1) 向 A 单位购入材料计 120 万元，材料已入库，货款未付；
(2) 以银行存款支付前期"应交税费"；
(3) 出售固定资产，其账面净值 50 万元，出售价款 60 万元已收存银行；
(4) 向社会公众发行 5 年期的债券 20000 万元，款项已存入银行；
(5) 以远低于成本的价格出售（处理）一批积压商品，取得货款 50000 元。

请指出：上述各项业务的发生，对力达公司有关指标的影响方向。（指标值提高的画上"＋"，下降的画上"－"，不变的画上"○"，不必说明理由。）

指标名称	业务 1	业务 2	业务 3	业务 4	业务 5
长期资产比率					
有息负债比率					
流动比率					
速动比率					
资产负债率					

3. 新科技公司是一家化工原料生产企业，目前正处于免税期。2010 年、2009 年该公司有关财务比率及其行业平均数见下表。

财务比率	2010 年行业平均数	2010 年本公司实际数	2009 年本公司实际数
应收账款周转天数（天）	35	36	36
存货周转次数	2.5	2.59	2.11
销售毛利率	38.00%	40.00%	40.00%
营业利润率（息税前利润）	10.00%	9.60%	10.63%
营业净利率	6.27%	7.20%	6.81%
总资产周转率	1.14	1.11	1.07
固定资产周转率	1.4	2.02	1.82
资产负债率	58.00%	50.00%	61.30%
利息保障倍数	2.68	4	2.78

要求：

(1) 运用杜邦财务分析原理，比较 2010 年公司与同行业平均的净资产收益率，定性分析其差异的原因。

(2) 运用杜邦财务分析原理，比较本公司 2010 年与 2009 年的净资产收益率，定性分析其变化的原因。

五、案例题

【案例】 江南食品公司财务报表分析

资料：

江南食品股份有限公司是一家食品制造商，2010 年 12 月 31 日简化资产负债表（单位：万元，下同）和 2010 年度简化利润表分别见下表。

江南食品股份有限公司 2010 年 12 月 31 日资产负债表（简化）

资产	年末数	年初数	负债及所有者权益	年末数	年初数
流动资产：			流动负债：		
货币资金	362	250	短期借款	320	350
应收票据	183	120	应付票据	40	0
应收账款	790	650	应付账款	625	540
其他应收款	393	360	其他应付款	115	180
存货	1472	1020	应付职工薪酬	140	110
其他流动资产	0	0	应交税费	40	20
流动资产合计	3200	2400	流动负债合计	1280	1200
非流动资产：			非流动负债合计	1250	600
持有至到期投资	50	50	负债合计	2530	1800
长期股权投资	100	100	股东权益：		
固定资产	1320	1400	股本	2000	2000
在建工程	650	200	资本公积	313	190
工程物资	30	120	盈余公积	263	218
无形资产及其他资产	150	230	未分配利润	394	292
非流动资产合计	2300	2100	股东权益合计	2970	2700
资产总计	5500	4500	负债及股东权益总计	5500	4500

江南食品股份有限公司 2010 年度利润表（简化）

项目	本年金额	上年金额
营业收入	8544	7500
减：营业成本	7476	6600
营业税金及附加	63	50
销售费用	140	130
管理费用	378	324
财务费用	140	125
加：投资收益	85	115
营业利润	432	386
加：营业外收入	35	44
减：营业外支出	17	20
利润总额	450	410
减：所得税费用	135	100
净利润	315	310

2010 年该公司其他财务数据如下：全年赊销额为 5400 万元；全年利息费用为 150 万元；2010 年已向股东分配现金股利 150 万元。

又已知食品行业 2010 年度有关财务指标的行业平均值如下：

流动比率＝155％　　　速动比率＝90％
资产负债率＝52％　　　利息保障倍数＝3.5 倍
存货周转率＝9 次　　　应收账款周转率＝6 次
销售毛利率＝18％　　　成本费用利润率＝6.5％
总资产报酬率＝8％　　　净资产收益率＝12％

要求：

(1) 根据所给资料，用比率分析法和比较分析法分析该公司 2010 年年末的偿债能力、流动资产的营运能力和赢利能力。

(2) 运用杜邦财务分析体系比较该公司 2010 年和 2009 年的净资产收益率（均按年末净资产计算），并应用连环替代法定量分析营业利润率、总资产周转率和权益乘数对净资产收益率变化的影响程度。

(3) 你认为该公司的经营活动和财务活动暴露出哪些问题？请给出一些改进的建议。

第十章 重组与清算

前面各章介绍的是企业处于正常产品经营环境下财务管理的主要内容。然而，企业的产品经营通常不能满足其快速发展的需要，有时甚至会面临困境，这时企业管理当局可能会实施企业重组，以实现企业跨越式发展或走出困境。如果企业无法继续经营，就要实施清算。企业重组和企业清算也涉及许多财务问题。本章主要介绍非正常经营情况下企业财务管理的若干专题，包括企业并购、企业分立、资产重组、债务重组以及托管中一些财务管理问题。

第一节 企业重组

企业重组，是指出资者或授权经营者以企业战略目标为导向，针对企业产权关系和资产、债务、管理结构所展开的企业改组、整顿与整合的过程，以此从整体上和战略上改善企业经营管理状况，增强企业的市场竞争能力，推进企业持续发展。

企业重组的目的主要体现在获取战略机会，提高管理效率，降低成本。通过企业重组可以实现资源的优化配置，有利于企业的后续健康发展。

企业重组通常是围绕企业的资本而展开的，它是资本经营的重要内容。企业重组大致可以分为四类：资本扩张、资本收缩、资本重整和表外资本经营。资本扩张主要表现为企业增资扩股、企业并购等；资本收缩表现为资产剥离或出售、企业分立、股票回购等；资本重整的方式包括企业改制、股权置换或资产置换、债务重组、管理层收购等；表外资本经营是指不在报表上反映的但会导致控制权发生变化的行为，具体形式包括企业托管和战略联盟等。由于篇幅的限制，本书只简要介绍企业增资扩股、企业并购、企业分立、股票回购、债务重组和企业托管等内容。

一、企业增资扩股

企业增资是资本扩张重组的方式之一，也是企业实现快速发展的标志。扩股是股份有限公司实现增资的方式，因此，对股份有限公司而言，增资和扩股总是联系在一起的。下面简要介绍股份有限公司增资扩股的主要方式和基本程序。

(一) 增资扩股的方式

扩股是指股份有限公司股本扩张的行为。在公司成长过程中，股本扩张是必不可少的基本条件。仅就股本增加的结果看，实现股本扩张主要有以下方式。

1. 配股

配股是公司依据有关规定和相应程序，以一定的价格向原有股东配售股份以实现增资的行为。配股是我国出现最早、历史最久的一种再融资方式，在2001年之前一直占据着我国上市公司再融资活动的主导地位。按照惯例，公司配股时新股的认购权按照原有股权比例在原股东之间分配，即原股东拥有优先认购权。配股相对于其他几种股权再融资方式，其门槛相对较低，发行手续也较为简便，因此它仍然是目前上市公司普遍采用的增资扩股方式之一。

2. 增发

增发是上市公司为了再融资需要而再次发行股票的行为，按发行对象是否特定分为公开增发和定向增发。公开增发和IPO是相似的，也就是向市场公开再次发行股票融资。定向增发也称为非公开增发，它是指向特定的投资者（一般不超过10人）发行股票的增资行为。在我国，定向增发是上市公司实施并购的重要手段和助推剂，也是引入战略投资者的一种主要形式。

3. 可转换公司债券转股

可转换公司债券是一种可以在特定时间、按特定条件转换为普通股票的公司债券。可转换债券进入转股期后，其持有人可以选择将债券转换成股票，享受股利分配或资本增值。可转换债券转股后公司的股本增加，权益资本也随之增加，从这个意义上说，公司实现了增资扩股。

4. 认股权证行权

认股权证是一种股票期权，它赋予持有人在未来某一日期或在一定时期内按照约定的价格购买一定数量公司股票的权利。有关认股权证的融资属性，在本书的第四章第四节已有详细介绍。在我国，认股权证通常附在债券中一起发行，发行完成后分离交易。值得注意的是，发行附认股权证的公司债券虽然会增加公司的资金，但并不会增加公司的股本，只有当持有认股权证的投资者行权时公司才会实现增资扩股。

5. 股票股利

股票股利即送红股，是指公司以增发股票的方式，按股东持有股份的比例向股东支付的股利，包括未分配利润转增股本和盈余公积转增股本两种形式。送红股之后，对公司而言，资产、负债和股东权益的总额不变，但股东权益内部结构发生改变，留存收益（盈余公积和未分配利润）转化为股本；对股东而言，股东持有的股票数量增加，但持股比例不变。发放股票股利后，公司股票数量增加，通常每股收益、每股净资产和每股市价都会下降。

6. 资本公积金转增股本

这是指公司将一部分资本公积金转化为股本，上市公司应同时无偿增发股票并按照股东持有股份的比例分配给现有普通股股东。资本公积金转增股本之后，资产、负债和股东权益的总额也不发生改变，但股本规模增加，其客观结果与股票股利相似，也有摊薄每股收益与每股净资产的效应。

需要指出的是，前四种股本扩张方式都是由于股权性融资形成的股本增加，能够达到增资的目的。而后两种股本扩张的形式是单纯增加公司股本的行为，并没有引起公司权益资本的增加。

（二）增资扩股的程序

公司增资必须按照严格的法律程序进行。我国上市公司实施增资扩股的基本流程如下：

（1）公司董事会应当依法就增资的具体方案、募集资金使用的可行性及其他必须明确的事项作出决议，并提请股东大会审议批准。

（2）公司股东大会审议后就增资方案作出决议，并修改公司章程。

（3）发行公司应当按照中国证监会的有关规定制作申请文件和招股说明书，由保荐人保荐并向中国证监会申报。

（4）招股说明书经证监会审核通过后，可以实施增资方案。包括公司进行股票发行路演，通过询价确定发行价格，与承销商签订承销协议，投资者投入资金或办理相关资产转让手续，认购股份，发行公司向认股人交割股票等。

(5) 聘请会计师事务所出具验资报告。

(6) 办理工商、税务等系列变更登记。

(三) 股本扩张的财务影响

公司实施增资扩股的直接效应是股本增加，同时相应的现金资产或其他资产流入公司。公司的股本增加后，净资产也会相应增加，在一定程度上会降低公司的资产负债率，减少公司的财务风险。由于增资获得的资产还没有产生新的收益，所以增资扩股会降低公司的每股收益和净资产收益率。但这都是暂时性的，当这些资产在公司日后的经营中发挥效用，公司的收益会有所增加，以后的每股收益和净资产收益率会有所改观。

至于增资扩股对公司股票价格的影响则很难说。若公司股本扩张属于前面所述的单纯股本增加，没有相应的资产流入公司，那么公司的股票价格会因为股本的增加而下降。当然股数的增加和每股价格的下跌通常是协调的，股东持有的股票总价值一般不会因为股本的扩张而发生显著的变化。若公司实施具有增资功能的股本扩张，由于股票增发价格或可转换债券转股价格（通常接近每股市价）一般高于原来的账面净资产，所以，增资扩股后公司的每股净资产通常会提高。至于股本增加对股票价格产生的影响，主要还是看新增加的资产的赢利能力。

(四) 股本扩张实例

【例 10-1】 厦门国贸集团股份有限公司（简称：厦门国贸，股票代码：600755）1996 年 9 月 18 日首次向社会公开发行人民币普通股 1000 万股，每股发行价 10.68 元，1996 年 10 月 3 日公司股票在上海证券交易所挂牌交易。上市之初，公司总股本 7800 万股，其中流通股 1000 万股。据查，该公司上市之后实施了一系列增资扩股方案，具体见表 10-1。

表 10-1 厦门国贸集团股份有限公司历年增资扩股方案汇总 （单位：万元）

实施时间	增资扩股方案内容	实际筹措资金	实施后股本总额
1997-5	10：4 分配股票股利	—	10920
1997-10	10：2 分配股票股利，10：4 资本公积金转增股本	—	17472
1998-7	10：3 比例配股（以 1996 年年末总股本为基数），配股价 11.28 元，实际配股 2340 万股	23017	19812
2004-5	10：8 资本公积金转增股本	—	35661.6
2006-7	实施股改方案：向全体流通股股东 10：4.5 资本公积金转增股本	—	45948.6
2007-8	公开增发 3700 万股，发行价 19.24 元	68469	49648.6
2009-12	10：3 比例配股，配股价 7.31 元，实际配股 143338948 股	101437	63982.49
2010-7	10：6 资本公积金转增股本	—	102371.99

本例中，厦门国贸集团股份有限公司自 1996 年 10 月 3 日上市以来，共实施两次配股增资方案和一次公开增发股票增资方案，共募集资金约 192923 万元；分配股票股利及实施资本公积金转增股本方案共五次，公司目前总股本为 102371.99 万元，达到上市之初的 13 倍之多。

二、企业并购

企业并购是企业兼并与收购的统称，是企业资本经营的重要形式。在市场经济环境下，优胜劣汰的市场竞争机制迫使经营困难的企业将闲置的生产要素转移给那些发展迅速、急需扩大生产经营规模的企业，而完成这一转移的最有效途径就是兼并、收购。

(一) 企业并购的含义

企业并购是指涉及目标公司控股权发生转移的各种形式的总称，它是企业合并的主要方式。一般来说，企业合并有三种形式：新设合并、吸收合并和控股合并。一般意义上所说的并购是指吸收合并和控股合并。

吸收合并是指一家企业吸收另外一家或几家企业的行为，并且合并后只有合并企业仍保持原来的法人地位，其他被合并企业则失去其法人实体地位。合并的方式可以通过现金购买方式或发行股票的方式来换取被吸收企业（目标企业）的各种资产并承担其所有的债务。这种合并也就是人们所说的"兼并"。兼并与新设合并最主要的区别就在于兼并中有一方企业存续下来，而新设合并中没有任何一方企业得以继续存在，原有企业一律被新设企业所替代。

控股合并，是指一家企业通过某种方式主动购买目标企业的全部资产或股权，以最终获得目标企业控制权的行为。控股合并也就是通常所说的收购。在收购中，被收购企业作为经济实体仍然存在，具有法人资格。收购企业作为被收购方的新股东，对被收购企业的原有债务不负连带责任，仅以控股出资的股金为限度对被收购企业承担有限风险。

兼并和收购最主要的区别在于兼并中除兼并方存续外，其他被兼并方的法人地位将不复存在，而收购只是企业相关资产产权或企业的控制权的转移，收购行为发生后，收购双方的法人地位将不受影响。

(二) 企业并购的类型

企业并购的类型很多，按照不同的标准可以有不同的分类。

1. 按双方所属产业与产品的联系分类

按双方所属产业与产品的联系分类，企业并购可以分为横向并购、纵向并购和混合并购三种。

(1) 横向并购是指同一行业中的企业之间的并购。例如，生产同类商品的厂商间或是在同一市场领域出售相互竞争的商品的分销商之间的并购。这种竞争对手之间的合并将导致资本在同一生产、销售领域或部门集中。例如，三九医药股份有限公司收购惠州中药厂属于典型的横向并购。横向并购的目的通常在于扩大企业生产经营规模，实现最佳经济规模；扩大市场份额，减少竞争对手，以获取某种形式上的垄断，谋求垄断利润。

(2) 纵向并购是对生产工艺或经营方式上有前后关联的企业进行的并购。实际上是指生产或经营同一产品而处于不同阶段的企业间的合并，合并双方是原材料供应商或产成品购买者，所以对彼此之间的生产经营状况比较熟悉，有利于并购后的相互融合。纵向并购可以是向前并购，也可以是向后并购。向前并购即并购其最终客户，如一家纺织品生产企业并购使用其产品的某印染公司；向后并购即并购其供应商，如一家汽车制造企业并购其原材料供应商某汽车塑胶零部件制造企业。纵向并购的主要目的在于组织专业化生产和实现产销一体化，并带来交易成本的大量节约和生产经营计划的协调同步。

(3) 混合并购是指生产和经营彼此没有太强关联度的产品或服务的企业之间的并购行为。例如，深圳三九药业集团公司兼并石家庄啤酒厂就属于混合并购。混合并购可以通过分散投资、多样化经营降低企业风险，克服企业经营的局限性，扩大企业的知名度，达到资源互补、优化组合、扩大市场活动范围的目的。

2. 按并购双方是否友好协商分类

按并购双方是否友好协商分类，企业并购可以分为善意并购和恶意并购。

(1) 善意并购也称为友好并购，是指并购双方通过事先协商，经谈判达成收购条件的一致意见后，再完成收购活动的一种并购方式。善意并购有利于降低并购过程中的风险与成本，加速并购进程，但不得不牺牲并购企业的部分利益，以换取目标企业的合作。而且有时善意并购可能因协商谈判时间过长而导致效率低下、错失商机。

(2) 敌意并购是指收购方在目标企业管理当局对其收购意图尚不知晓或持反对态度的情况下，对目标企业强行进行收购的行为。例如，并购方在二级市场强行收购上市公司的股票，或事先未与上市公司协商而突然进行要约收购等即属于敌意收购。敌意收购的优点在于并购方完全处于主动地位，并购行动节奏快、所耗时间短。但是，被并购企业在知悉并购方的意图之后，通常会作出拒不接受并购的反应，并可能会采取反并购措施，这就使得敌意并购的成本增加，风险加大。

例如 2003 年 7 月 24 日重庆东银实业集团有限公司发布公告称：即日起 30 个自然日内向江淮动力除江苏盐城江动集团之外的全体股东发出全面收购股份的要约，收购价格为 6.05 元，收购目标为江淮动力 11440 万股流通股，占公司总股本的 37.36%。

3. 按并购方出资方式分类

按并购方出资方式不同分类，企业并购可以分为出资购买资产式并购、出资购买股票式并购、以股票换资产式并购和以股票换股票式并购四种类型。

(1) 以现金换资产。这种方式是指并购方以现金购买目标企业的全部资产以获取其产权。并购成功之后，目标企业因无资源已不可能再开展生产经营活动，实质上其法人实体已经取消了。这种并购方式通常并购速度较快，有利于企业调整或盘活资产，不过对并购方的资金实力要求比较高。

(2) 以现金购买股票。这种方式是指并购方以现金来购买目标企业的股票，使其成为自己的全资子公司或控股子公司。这种并购方式与前一种的区别在于目标企业的资产结构和产权在并购前后并未发生变化，只是其控股股东改变了。完成并购之后，并购方如果认为需要将目标企业合并进来，可以设法通过股东大会投票，取消目标企业的法人资格。

(3) 以股票换资产。这类收购是指并购方以定向发行新股的方式吸收目标企业的资产。在这种情况下，并购方可以有选择地承担目标企业全部或部分的债务，同时目标企业应同意解散，并将所拥有的并购方的股票分配给自己公司的股东们。这种并购方式一般没有或很少涉及现金交易，减轻了并购方的资金压力。换股并购中的核心问题是确定换股比例，而确定换股比例的方法有以下几种：①每股市价法，即以并购双方的股票市价为依据确定换股比例，一般适用于上市公司之间的并购；②每股净资产法，就是以并购双方的每股净资产为依据确定换股比例；③每股收益法，即以并购双方的每股收益作为确定换股比例的依据。后两种方法的适用性较强，上市公司与非上市公司之间的并购都可以采用这两种方法。

(4) 以股票换股票。这是指并购方以定向发行新股的方式换取目标企业股东原有的股权以达到对目标企业的并购目的。一般来说，换股的数量至少要达到并购企业能控制目标企业的票数。这种换股方式收购可以避免短期内大量货币资金流出，有效控制企业的财务风险，但是会稀释兼并企业原有股东对企业的控股权，降低企业每股收益。通过收购，目标企业或者成为收购方的子公司，或者解散并入收购方。例如，TCL 集团合并 TCL 通讯就是典型的换股合并。

2003年TCL通讯全部流通股折换为TCL集团合并发行的普通股,TCL通讯全部资产、负债、权益并入TCL集团,合并完成后注销TCL通讯的法人资格。

【例10-2】伊思丽股份有限公司和海星股份有限公司属于同一行业的两家上市公司。现在伊思丽股份有限公司准备采用换股的方式收购海星股份有限公司。并购方管理当局考虑以并购后存续公司每股收益的变化作为并购决策的主要依据。两公司并购前相关财务资料见表10-2。

表10-2　伊思丽公司和海星公司并购前有关财务指标

项目	收购方（伊思丽公司）	被收购方（海星公司）
发行在外普通股股数	17500万股	5400万股
股东权益总额	78750万元	16200万元
目前每股市价	12.00元	6.00元
年净利润	14000万元	2700万元
每股收益	0.80元	0.50元

换股比例的确定有下列几种方案。

方案1：按照目前股价确定换股比例。

方案2：按照每股净资产确定换股比例。

方案3：按照每股收益确定换股比例。

假设并购完成以后，公司的赢利水平不变，即并购后伊思丽公司的收益能达到16700万元。

要求：通过计算后回答：按照上述各种换股方案的并购完成后，伊思丽公司的每股收益是否提高？

【解答】(1) 按照目前股价确定的换股比例为1：2，则伊思丽公司需要发行2700万股股票，并购完成后新伊思丽公司的每股收益为：16700/（17500+2700）≈0.83元，较合并前略有提高。

(2) 伊思丽公司和海星公司的每股净资产分别为4.50元（78750/17500）和3.00元（16200/5400）。因此，按照每股净资产确定的换股比例为1：1.5，则伊思丽公司需要发行3600万股股票。并购完成后新伊思丽公司的每股收益为：16700/（17500+3600）≈0.79元，较合并前略有下降。

(3) 按照每股收益确定的换股比例为1：1.6，则伊思丽公司需要发行3375万股股票，并购完成后新伊思丽公司的每股收益为：16700/（17500+3375）=0.80元，与合并前相等。

（三）企业并购的动因

新设合并、吸收合并、控股合并虽然在法律形式上存在着明显的不同，但其目的都是为了实现财务目标——股东财富最大化。就具体的企业并购行为来说，又会有不同的动机。在现实经济生活中，企业并非仅仅出于一个目的进行并购，而是将多种因素综合平衡。

1. 经营协同效应

经营协同效应俗称"1+1＞2"效应，即企业兼并后，企业总体效益要大于两个独立企业效益的简单算术和。经营协同效应主要是指，兼并给企业生产经营活动在效率方面带来的变化及效率的提高所产生的效益。企业并购对企业效率的最明显作用表现为规模经济效益的取得，主要表现在两个方面：一是生产规模经济。企业通过兼并可以对资产进行补充和调整，使各生产过程有机配合，减少环节问题，降低生产成本，达到企业生产的规模效益。二是企业规模经济。通过兼并精简机构，节省单位产品的管理费用，用同一销售网络为更多的顾客提供服务，降低单位产品的销售费用，从而在企业经营上实现规模效应。

2. 管理协同效应

如果企业拥有一支高效率的管理队伍，其能力超过了企业的日常需求，那么企业就可以并购那些由于缺乏管理人才而效率低下的企业，使过剩的管理资源得以充分利用，以此来提高整体效率而获利，或者通过并购后管理人员的削减或重组提高企业的管理效率。

3. 财务协同效应

财务协同效应主要是指并购为企业在财务方面带来的各种效益。这种效益的取得主要是由于会计准则、证券交易和税法的相关规定的作用而产生的。它主要表现在以下三个方面。

（1）通过并购实现合理避税。各国的税法通常规定，企业发生亏损时当年免交所得税，且其亏损可以用以后年度的税前利润弥补，弥补后的盈余再交纳所得税。因此，兼并亏损企业可以在税收上得到好处，它可以提前发挥"亏损抵税"效应，达到转移"负税金"的目的。此外，不同国家或地区的课税对象、税率以及税收优惠政策都有所差异，企业可利用这些规定，通过并购行为及相应的财务处理合理避税。

（2）提高财务实力。合并后企业的整体偿债能力通常强于合并前各单个企业的偿债能力，因此企业合并可以提高其筹资能力，降低资本成本，并能实现资本在并购方和被并购方之间更低成本的再配置。另外，并购还可以降低企业破产的可能性，寻求良好的投资机会。

（3）预期效应。预期效应是指由于并购使股票市场对企业股票评价发生改变而对股票价格的影响。由于预期效应的推动，企业并购往往伴随着强烈的股价波动，这就形成了股票投机的一大基础，而股票投机反过来又刺激了并购的发生。例如在采用换股方式实施并购时，市场人士会有一种"收购景气"的幻觉，股东预期公司股票的市盈率将上升，从而导致公司股票价格的上涨，公司的市场价值也随之提高。

4. 企业发展动机

企业可以运用两种模式进行发展：一种是通过内部积累直接投资于开发新产品，或者扩大生产能力，实现企业生产经营的内部扩张；二是通过并购获得其他企业的资源，实现企业的外部扩张。相比之下，通过外部并购来获得企业的发展，有以下优点：

（1）并购可减少投资风险和成本，使企业在较短的时间内获得快速发展，投资见效；

（2）并购可以有效地冲破行业壁垒，使企业低成本地迅速进入被并购企业所在的增长相对较快的行业，有效地提高进入新行业的实力；

（3）企业通过并购相关程度较低的不同行业中的企业，可以分散经营风险，稳定收入来源，增强企业资产的安全性；

（4）企业通过并购，不仅在很大程度上保持被并购企业的市场份额以及现有的各种资源，而且获得了被并购企业的一些对企业发展至关重要的专门资产和经营管理经验。

5. 市场能力效应

通过纵向并购，将关键性的投入产出关系纳入到企业的控制范围，可以加强对采购市场和销售市场的控制力，保证原材料及时供应和降低采购成本，并得到稳定的产品销售市场，形成较强的市场能力，从而使企业不易受市场环境变化的影响。通过横向并购，可以不断扩大企业的市场份额，减少竞争对手，使企业获得某种形式的垄断，从而获得高额的垄断利润。

6. 管理层个人动机

现代公司的所有权与管理权的分离，使管理层的追求与股东的权益最大化的目标有所偏离，管理者更关心自身的权利、收入、社会声望和职位的稳定性。因此，企业家可能因个人动机并购企业，如通过并购扩大企业规模来增加自己的收入，提高威望及声望，并且在更大规模的企业中实现个人的权利欲望，甚至有些管理者借此来满足他们的自负需要。

（四）企业并购的价值评估

企业并购的价值评估是指并购方和被并购方对并购标的物（股权或资产）作出的价值判断。在并购活动中，价值评估是决定交易是否成交的基础，是整个并购行为能否成功的核心问题之一。对被并购企业价值评估一般有以下几种方法。

1. 资产价值基础法

资产价值基础法是指通过对被并购企业的资产进行估价来评估其价值的方法。确定被并购企业资产的价值，关键是选择合适的资产评估价值标准。目前通行的资产评估价值标准主要有以下三种。

（1）账面价值：指会计核算中账面记载的资产价值。这类价值极易获取，但由于会计账簿记录采用的大多是历史成本计价原则，没有充分考虑资产市场的价格波动以及技术进步等客观因素对资产价值及其收益的影响，所以脱离现实的市场价值。

（2）市场价值：指把该资产或股权视为一种商品在市场上公开竞争，在供求平衡状态下确定的价值。托宾（Tobin）提出的 Q 模型理论认为

$$企业价值＝资产重置成本＋增长机会价值＝Q\times 资产重置成本 \qquad (10-1)$$

式中，Q 是企业的市值与其资产重置成本的比率，实际中 Q 值的选择比较困难。在实践中，"市净率"被广泛用做 Q 值的近似值，它等于股票市值与企业净资产值的比率。

（3）清算价值：指当企业因财务危机爆发而破产或歇业清算时，单独出售其所拥有的每一项资产时可能获得的价值总和。清算价值是在企业作为一个整体已经丧失增值能力的情况下的资产估价方法。对于股东来说，公司的清算价值是清算资产偿还债务以后的剩余价值。

2. 收益法

收益法是根据目标企业的收益和市盈率确定其价值的方法，也可称为市盈率模型。

$$目标企业的价值＝估价收益指标\times 标准市盈率 \qquad (10-2)$$

式中的估价收益指标在实务中多采用目标企业最近三年税后利润的平均值。当然，出于可比性考虑，对净利润的分析应考虑目标企业所使用的会计政策与买方企业是否一致，同时应尽量剔除非常项目和特殊业务对净利润的影响，调整由于不合理的关联交易造成的利润增减。

式中的标准市盈率通常可选择的有如下几种：在并购时点目标企业的市盈率、与目标企业具有可比性的企业的市盈率或目标企业所处行业的平均市盈率。

3. 贴现现金流量法

贴现现金流量法就是根据估计并购后的增量现金流量和贴现率来计算增加的现金流量的现值，这就是兼并方愿意支付的最高价格。

贴现现金流量法的一般模型为

$$FV = \sum_{t=1}^{n} \frac{CF_t}{(1+K)^t} \qquad (10-3)$$

式中，FV 为企业价值；CF_t 为第 t 期的自由现金流量；K 为现金流量的折现率；n 为预测期。

（五）企业并购的资金筹措

企业实施并购，通常需要大量资金的支持。适时筹措所需资金是并购能否成功的关键。一般来说，筹措并购所需资金通常有以下几种方式。

1. 增资扩股

并购企业可以选择增资扩股的方式取得现金以并购目标企业。增资扩股方式要考虑股东对现金增资意愿的强弱，如上市公司中拥有经营权的大股东可能考虑认购资金来源的资本成本以及小股东的认购愿望等，非上市公司的大股东可能为了保证其控制权而宁愿增加借款也不愿增资扩股。

2. 股权置换

在企业并购活动中，并购方若将其自身的股票作为现金支付给目标公司股东，可以通过两种方式实现：

（1）由并购企业出资收购目标公司的全部股权或部分股权，目标公司股东取得资金后认购并购方的现金增资股。

（2）由并购企业收购目标公司的全部或部分资产，再由目标公司的股东认购并购企业的新增股票。

3. 金融机构信贷

金融机构信贷是企业并购的一个重要资金来源。这种贷款不同于一般的商业贷款，要求并购企业提前向金融机构提出申请，并商讨所有可能出现的情况。即使并购企业认为需要保密，也要在并购初期向金融机构提出融资要求，因为该贷款方式比一般的商业贷款金额大、偿债期限长、风险高，需要较长的商讨时间。

4. 卖方融资

卖方融资方式下，并购企业暂时无须向目标公司股东支付全部价款，而是在未来一定时期内分期支付并购价款。通常，当目标公司经营不当、赢利骤降，急于脱手时，兼并方就可能采取这种方式。

5. 杠杆收购

杠杆收购方式是指并购企业以目标企业的资产或未来的现金流入做担保，大量向银行或金融机构借款，或发行高利率、高风险的债券以筹集并购所需资金。这种融资方式下并购成本高、风险大，一般较少为并购方所采用。

（六）企业并购的风险分析

企业并购是高风险经营，其风险一般包括以下几种：一是营运风险，即并购完成后双方进行整合的程度以及能够实现的经营协同效应、财务协同效应、市场份额效应和规模经济的大小。二是信息风险，即信息是否真实与及时以及对企业并购成功率的影响。三是融资风险，是指资金在时间上和数量上能否保证需要，融资方式是否适应并购动机以及对企业资本结构与偿债风险的影响。四是反收购风险，主要是指在敌意收购时，目标企业采取的反收购措施导致并购成本大幅上升或并购失败带来的风险。五是法律风险，主要是指来自并购方面的法律规定造成并购难度增加带来的风险。六是体制风险，是指政府依靠行政大包大揽企业并购，背离市场原则，给并购企业带来的难以达到预期效果的风险。

（七）企业并购实例

下面以上海医药换股吸收合并上实医药和中西药业为例，来说明换股合并及其对企业的财务影响。

上海市医药股份有限公司（简称：上海医药，股票代码：600849）2010年2月23日采用换股吸收合并的方式合并上海实业医药投资股份有限公司（简称：上实医药，股票代码：600607）和上海中西药业股份有限公司（简称：中西药业，股票代码：600842），换股价格以上海医药、上实医药和中西药业三家上市公司审议本次重大资产重组事项的董事会决议公告日前20个交易日的A股股票交易均价确定，分别为每股11.83元、19.07元和11.36元。由此确定换股比例为：上实医药与上海医药的换股比例为1∶1.61，即每1股上实医药股份换取1.61股上海医药股份；中西药业与上海医药的换股比例为1∶0.96，即每1股中西药业股份换取0.96股上海医药股份。合并前三公司的股份总额分别为上海医药1193490636股，上实医药367814821股，中西药业215594628股。

三公司股票于2010年2月3日完成合并，2月4日起停牌。合并组建后的公司名称改为上海医药集团股份有限公司（股票代码改为601607），股票于2010年3月9日复牌交易。

截至2010年2月23日，上海医药在证券登记公司办理了新增股份的登记过户手续，完成对上实医药和中西药业的换股吸收合并后，股本结构变动情况见表10-3。

表10-3 换股吸收合并前后上海医药股本结构

股份类别	变动前（股）	变动数（股）	变动后（股）	所占比例
有限售条件股份	793298225	372416614	1165714839	58.50%
无限售条件流通股份	400192411	426736088	826928499	41.50%
股份总额	1193490636	799152702	1992643338	100.00%

在本次换股吸收合并实施后，上海医药股份总额增加799152702股，增至1992643338股，其中换股吸收合并上实医药新增公司股份592181860股，换股吸收合并中西药业新增公司股份206970842股。

三、企业分立

随着市场经济的发展，企业出于经营上的特定需要可能进行分立。简单地说，企业分立是指一个企业依法定程序分开设立为两个或两个以上的企业。分立并非总是企业经营失败的标志，它还是企业发展战略的合理选择。企业分立给予企业极大的机动性，使企业能够根据市场的状况调整自身规模，从而保持经营活力，并使资产获得更有效的配置，提高企业资产的质量和资本的市场价值。

（一）企业分立的类型

1. 新设分立与派生分立

按被分立企业是否存续，分立可分为新设分立与派生分立。新设分立，是企业将其全部财产分别归于两个以上的新设企业中，原企业的财产按照各个新成立的企业的性质、宗旨、经营范围进行重新分配，原企业在分立后消失即注销法人资格。派生分立，企业将其部分财产或业务分离出去另设一个或数个新的企业，原企业继续存在。在这种方式下，新设的企业应当依法办理设立登记，原企业存续，应当依法向公司登记机关办理减少注册资本的变更登记。

2. 换股分立和解散分立

换股分立是指母公司将其在子公司中占有的股份分配给一些股东（而不是全部母公司股

东),交换其在母公司中的股份。在换股分立中,由于一部分母公司的股东放弃其在母公司中的股份而转投资于子公司,会导致两个公司的所有权比例发生变化,母公司的股东在换股后甚至可能不能对子公司行使间接的控制权。实际上换股分立也可以看成是一种股份回购,即母公司以下属子公司的股份向部分母公司股东回购其持有的母公司的股份,因此换股后母公司的股本减少。

解散分立,是指母公司将子公司的控制权移交给股东。在解散分立中,母公司拥有的所有子公司都分立出来了,所以原母公司消失了。解散分立会带来管理队伍的变化,并且公司的所有权结构也可能发生变化。

(二) 企业分立的动因

1. 提高企业运营效率

任何企业都是在动态环境中经营的,经营环境的变化可能会使母子公司之间目前的安排成为低效率的联合,通过公司分立,可以使公司的经营方向与战略目标适应环境的变化,从而提高企业运营效率。

2. 提高管理效率,谋求管理激励

企业分立后,管理人员能够更好地集中于子公司相对较少的业务,从而注意到子公司所面临的独特问题与投资机会,可以更加集中母子公司各自的优势业务,从而提高企业的整体管理效率。分立能够更好地将管理人员与股东的利益结合起来,如管理人员签订协议使其报酬的高低直接与该业务单位的股票价格相联系,而不是与母公司的股票价格联系,从而降低代理成本,形成有效的激励机制。此外,管理人员在分立之后的新公司工作比在大公司中的一个部门工作有了更大的自主权和责任感,也可以得到更高的经济收入。

3. 弥补并购决策失误

企业进行并购时可能有各种动机,但并非所有的并购决策都是正确的。例如被并购企业虽然具有赢利机会,但是并购企业可能由于管理或者实力上的原因,无法有效利用这些赢利机会;或者虽然企业规模达到一定程度能取得规模效益,但是并购后企业过大易使其运转的灵活性受到影响,此时,进行适当分立,对并购企业与被并购企业都有利,以弥补并购决策的失误。

4. 获取税收或管制方面的收益

不同国家出于调节经济的需要制定了不同的税收政策。例如,在西方,企业分立对企业和股东都是免税的,而资产剥离等则可能带来巨大的税收负担。再如,在美国,综合性公司将其经营的房地产部门独立出来,并将其投资收益的90%分配给股东,母公司就无须缴纳所得税,这样既实现了合法避税,又给分立出来的子公司的股东带来了利益。

若子公司从事受管制行业的经营,而母公司从事不受管制行业的经营,则将子公司独立出来,既可以使从事不受管制行业经营的母公司不受规章的约束与审查,又可以使子公司有更多的机会提高评级水平。

(三) 企业分立实例分析

东北高速公路股份有限公司(股票简称:ST 东北高;股票代码:600003)于 2009 年 12 月 31 日发布公告称,公司拟分立为两家股份有限公司:黑龙江交通发展股份有限公司(简称:龙江交通,股票代码:601188)和吉林高速公路股份有限公司(简称:吉林高速,股票代码:601518)。该方案 2010 年 2 月 10 日获中国证监会批准,2010 年 3 月 19 日,整个分立方案完成,所分立的两家公司同时上市。

1. 分立方案概要

分立的具体方案为:将ST东北高主要经营性资产按属地原则分立为黑龙江交通发展股份有限公司(简称:龙江交通)和吉林高速公路股份有限公司(简称:吉林高速)。龙江交通和吉林高速将按照分立重组上市方案的约定依法承继原东北高速的资产、负债、权益、业务及工作人员,原东北高速股票在分立完成后依法注销,龙江交通和吉林高速股票经核准后上市。

东北高速在分立日在册的所有股东,其持有的每股东北高速股份将转换为一股龙江交通的股份和一股吉林高速的股份。在此基础上,龙高集团将其持有的吉林高速的股份与吉高集团持有的龙江交通的股份互相无偿划转,上述股权划转是本次分立重组上市的一部分,将在分立后公司股票上市前完成,原东北高速在分立完成后将依法办理注销手续。

2. 龙江交通和吉林高速分立及股份互相划转后的股本结构(见表10-4和表10-5)

表10-4 龙江交通股本结构

股东名称	股本(亿元)	持股比例(%)
黑龙江省高速公路集团公司	5.968	49.19%
华建交通经济开发中心	2.174	17.92%
其他A股公众股东	3.990	32.89%
合计	12.132	100.00%

表10-5 吉林高速股本结构

股东名称	股本(亿元)	持股比例(%)
吉林省高速公路集团有限公司	5.968	49.19%
华建交通经济开发中心	2.174	17.92%
其他A股公众股东	3.990	32.89%
合计	12.132	100.00%

3. 资产负债划分的基本原则

(1) 本次分立重组上市的审计基准日为2009年6月30日。

(2) 基准日资产、业务主要基于属地原则、历史形成原因进行划分,负债随资产、业务归属进行划分。

(3) 基准日前相关期间的损益原则上根据资产归属进行划分,总部费用按分立后两家公司对应期间的模拟营业收入(母公司口径)比例划分。

(4) 或有负债和/或或有资产按其产生原因进行划分,不能确定归属的或有负债和/或有资产,原则上平均分配。

(5) 按照上述原则确认具体分账方案。

4. 资产划分方案要点

(1) 主业资产的划分。主营业务以及相关资产划分根据属地原则,黑龙江省境内的哈大高速公路收费权及相关资产、东北高速持有的黑龙江东绥高速公路有限责任公司48.76%股权进入龙江交通;吉林省境内的长平高速公路的收费权及相关资产、东北高速持有的长春高速公路有限责任公司63.8%股权将进入吉林高速。

(2) 货币资金分配。截至2009年6月30日,东北高速母公司报表上有货币资金5.56亿元。分立后,龙江交通保留4.91亿元货币资金,吉林高速保留6500万元的货币资金。

(3) 非主业长期股权投资的分配。归属龙江交通的非公路长期股权投资共有 7 项，分别为：哈尔滨特宝股份有限公司 42.25％股份、黑龙江东高投资开发有限公司 90％股权、哈尔滨龙庆公路养护有限责任公司 30％股权、洋浦东大投资发展有限公司 98.04％股权、深圳东大投资发展有限公司 98.04％股权、江西智通路桥管理有限公司 35％股权、大连东高新型管材有限公司 92.5％股权。归属于吉林高速的非公路长期股权投资共有 4 项，分别为：吉林东高科技油脂有限公司 95％股权、吉林省长平公路工程有限公司 20％股权、二十一世纪科技有限责任公司 49.25％股权、大鹏证券有限责任公司 4.4％的股权。

(4) 总部资产（除货币资金及长期股权投资外）的划分。结合属地原则和历史形成原因，主要归属于吉林高速。

5. 负债划分方案要点

(1) 应付职工薪酬：分公司的应付职工薪酬按属地原则上划分，总部的应付职工薪酬原则上划归吉林高速。

(2) 应交税费：分公司的应交税费按属地原则划分，总部的应交所得税按分立后两公司模拟营业收入（母公司口径）比例在分立后两公司之间划分，总部的其他应交税费原则上由吉林高速承担。

(3) 长期应付款和专项应付款：按历史形成原因划分。

(4) 其他应付款：分公司的其他应付款按属地原则划分，总部的其他应付款按历史形成原因划分，不能确定归属的平均分配。

6. 权益划分

分立后两公司的股本与原东北高速相同，均为 12.132 亿股。扣除股本后，分立后两公司权益的其余部分转入资本公积。

四、股票回购

(一) 股票回购的含义

股票回购是指由股份公司出资将其发行并流通在外的股票购回予以注销或作为库存股的一种资本运作方式。股票回购是一种通过减少公司实收资本来调节资本结构的重要手段，与股权转让、剥离与分立等同属于资本收缩这一企业重组的方式。股票回购最早可以追溯到 20 世纪 60 年代，由于美国政府对公司支付现金股利加以限制条款，致使许多公司开始采用回购方式来代替现金股利政策，所以股票回购作为一种支付现金股利的替代方法是将公司缺乏有利可图投资机会的多余现金购回股东所持股份，使流通在外的股份减少，每股股利增加，从而会使股价上升，股东能因此获得资本利得。

股票回购一般在每个国家都会受到较为严格的法律法规的限制。我国 2005 年 10 月修订后的《公司法》中第 143 条规定，公司不得收购本公司股票，但有下列情形之一的除外：减少公司注册资本；与持有本公司股份的其他公司合并；将股份奖励给本公司职工；股东因对股东大会做出的公司合并、分立决议持异议，要求公司收购其股份的。此外，我国《公司法》还针对上述不同情况下的股票回购规定了相应的时间和数量限制，如因减资而回购本公司股票的，必须在回购之后起 10 天内注销；作为股权激励的一种模式，将回购股票奖励给本公司职工，允许回购不超过已发行股份总规模 5％的公司股票，且所回购的股票应当在 1 年内转让给受激励的职工。

(二) 股票回购的动机

公司实施股票回购总是出于某种原因,一般地说,公司股票回购主要有如下动机。

1. 传递股票价值被低估的信号

在现实中由于法律规定内部人员不能参与交易,内幕信息不能及时释放到市场上,所以往往存在公司内部管理人员会比市场上的外部人员对公司的经营状况及价值有更深入、确切的了解。在这种信息不对称的情况下,当管理层认为股票价值被低估时,往往会采取股票回购的方式来给投资者提供公司股价被严重低估的信息。公司宣布利用现金购回股票一方面意味着公司利用这些现金不能进行更有利的投资,另一方面说明管理当局认为公司股票价格被市场低估。

2. 优化资本结构及提升股票价值

公开市场股票回购可以减少发行在外的股票数量,增加每股收益,能够提升市值。同时,公司可以通过股票回购减少权益资本,提高资产负债率,从而提高财务杠杆比率进而优化资本结构。无论公司是采用多余现金、有价证券还是债务为回购融资,都会改变公司的资本结构,提高财务杠杆作用。通常公司利用举债方式来回购股票,举债所需支付的利息有抵税效应,可以提升公司价值。与最优负债比率相比,负债比率越低,公司就越倾向于进行股票回购。

3. 增加财务灵活性

股利发放具有规律性,一般而言,一旦公司将股利政策确定下来,管理层会很不愿意再对股利政策作出调整。而股票回购就不一样了,用于回购股票的现金可以具有暂时性和较大的波动性。公司一般不会轻易提高股利,除非新的股利水平能够长期维持,公司一般也不会削减股利。对于暂时的剩余现金,公司宁愿以回购的方式一次性分配给股东。因此,股票回购既可以将公司临时的超额现金一次性发放给股东,又不影响公司股利政策的稳定性。所以股票回购可以使管理者充分利用财务弹性,避免向股东持续支付现金股利,保证财务上的灵活性。

4. 反收购的有效措施

当公司股价过低时,公司可能会成为市场并购的目标,公司管理层为了维持自己对公司的控制权,抵御敌意接管,就会采用公开回购股票的方式以减少发行在外的权益资本来提升股票价格,进而提高收购成本,以达到防止被收购的目的。一般情况下会采用私下协议回购的方式来达到这一目的,或者以要约回购的方式,且支付很高的溢价让收购者知难而退。

5. 将财富在投资者之间转移

股票回购在某种程度上相当于将一部分资产返还给了股东,这样债权人赖以求偿的资产少了,其利益受损。另外如果是溢价回购,财富在股东之间也会转移,只有出售股票的那一部分股东能得到溢价。股票回购并非真正意义上的投资决策行为,只能造成利益主体之间的财富转移,并不能产生新的价值。

6. 实施股票期权计划

现实中一些公司实施股票回购的主要动机是为了便于日后进行期权激励。因为股票回购是上市公司实施股票期权激励机制的股票来源。新《公司法》规定允许回购不超过已发行股份总规模5%的股票,以作为股权激励的一种模式,奖励给本公司职工,且所回购的股票应当在1年内转让给受激励的职工。而且,很多情况下实施激励机制的股票是以前年度股票回购所形成的库存股。

(三) 股票回购的方式

当一家公司开始回购股票时,它有义务向股东公布如何处理购回的股票,是注销还是库存,是以并购为目的,还是为了实行股票期权。只要计划被董事会批准,回购计划就可以开始执行。股票回购一般有以下几种方式。

1. 公开市场回购

公开市场回购是指公司通过证券经营机构在公开的证券市场购回自身发行的股票。当公司在公开市场购回股票时,需要披露购回股票的意图、数量等信息,并遵守公司法和证券法的有关规定。这种回购方式很容易改变市场上的供求关系,将股票价格推高,增加回购成本,因为股票回购会持续一段时间,回购行为驱动市场价格大幅上升的的风险导致实际溢价水平较高。公开市场股票回购能够提高公司股票的流动性,有利于打破公司股票长期沉闷的局面,同时也可以给公司的股票价格进行长期的支撑。所以一般而言,在股票市场表现欠佳、公司股票市场价格低迷时,公司可以用此种股票回购方式来维持股票市场价格的稳定。当然,公司还可能因为对股票有特殊用途的需要,如公司为了实施股票期权计划、员工持股计划等,而采取这种方式进行小规模的回购。

例如,天音通信控股股份有限公司(简称:天音控股,股票代码:000829)2008年11月18日—2008年12月17日实施的股份回购就属于公开市场回购。该公司2008年12月18日发布实施回购社会公众股份的公告称:截至2008年12月17日,天音控股一共在二级市场上通过集中竞价方式回购社会公众股3588900股,占公司总股本的0.378%,购买的最高价为3.49元/股,购买的最低价为3.36元/股,支付总金额为12416326元(含印花税、佣金)。

由于公司回购自身的股票可能会涉及股票价格操纵和内幕交易的问题,为了尽可能的减少股票回购对公司股票价格的影响,各个国家的证券监管部门对公司的公开市场回购的行为都进行了详细的规定和严格的监管,包括回购时间、交易价格、交易数量、信息披露等方面。

2. 要约回购

要约回购是指公司以事先确定的价格向市场发出要约实现回购的一种方式。要约回购一般采用固定价格要约回购,公司必须发布股票回购要约书,在要约书中必须包含回购的时间、回购的价格、回购的数量等方面的内容。其中固定的回购价格是回购要约最重要的部分,因为购买方为了吸引卖方,要约价格一般一定是高于股票当前市场价格水平的价格。根据我国《上市公司回购社会公众股份管理办法》的规定,上市公司以要约方式回购股份的,要约价格不得低于回购报告书公告前30个交易日该种股票每日加权平均价的算术平均值。在要约回购中,对公司而言,关键是要确定回购溢价水平和溢价范围,从而使公司既能够按照计划回购到既定数量的股票,又不用付出过高的成本。溢价的高低与公司股票的集中程度有关,一般公司股权越集中,溢价就可以越低。为了在短时间内回购数量较多的股份,公司可以宣布固定价格要约回购股票。如果回购数量不足时,则可以取消回购计划或延长要约有效期;如果股东提供股票数量超过要约数量,则企业可以决定全部或部分购买超过数量的部分股票,但并不构成义务。

固定价格要约回购的优点是:赋予了所有股东平等的机会,股东既可以按要约的固定价格出售股票,也可以依旧持有股票;公司可以在较短的时间内完成回购股票的任务;产生的市场溢价通常被市场认为是积极的信号,因此这种回购方式会向市场发出有关公司经营稳定、现金富裕的积极信号。但是它的缺点就是回购成本可能会比较高。

3. 协议回购

协议回购,是指公司与一个或几个主要股东进行协商,以协议价格取得所持有的股份实现回购的一种方式。由于参与者相对较少,价格制定一般有利于收购方,其协议价格在多数情况下都要低于市场价格,卖方首先提出希望公司回购其股票的情况下更是如此。但是从另一方面讲,协议回购适用于公司从一个或几个主要股东手中回购的情况,回购的主动性在于股份的出售者而非公司,并且股份的出售者通常是大额的投资者,所以有时公司又会以超常溢价向存在潜在威胁的股东批量购买股票,这样的回购方式往往不是以全体股东财富最大化为出发点的,而是出于管理者巩固其领导地位或其他特殊目的。由于协议回购只涉及一部分股东,协议回购价格的高低会直接影响不同股东之间的利益关系,所以,协议回购的关键是确定回购价格。协议价格过高将不利于剩余的股东,公司如果处理不当,除了会遭受到剩余股东的反对之外,还可能会因为"公司向出售方输送利益",而遭受到股东的起诉。

例如,2000年10月21日云天化股份有限公司召开临时股东大会,审议通过了以协议方式回购国有法人股2亿股的议案。具体方案如下:公司将协议回购云天化集团所持有的公司的国有法人股46818.18万股中的20000万股,占公司总股本的35.2%。回购完成后,公司总股本将减至36818.18万股,云天化集团持股比例将降至26818.18万股,占总股本的72.84%。公司以2000年6月30日经云南亚太会计师事务所有限公司审计确认的每股净资产值2.83元作为股份回购价格。公司以现金资产回购,资金总额为56600万元。股份回购所需要的现金全部由公司自筹,一次性以现金支付。

在我国协议回购较多发生为对国有股的回购。我国上市公司控股股东侵占上市公司资金的现象极为普遍,有些控股股东因无法偿还所欠上市公司的债务,希望通过将其持有的一部分股份卖给上市公司以偿还债务,即"以股抵债"。其实这种"以股抵债",就是股票的协议回购。

4. 可转让出售权

可转让出售权,是指公司赋予股票持有人以某种价格将股票卖给公司的权利。在股票回购中,公司不能强迫股东将手中的股票卖给公司,公司只能设定股票的回购数量和回购价格,每位股东可以按照自己的意愿选择接受或者拒绝接受回购要约。在固定价格回购要约中,公司可以赋予股东一项卖出期权,固定回购价格就是该期权的执行价格。当回购价格高于市场价格时,该期权就有了价值。而当回购价格低于市场价格时股东可以不执行该期权。由于可转让出售权与股票是分离的,所以,如果股票持有人不愿意将股票卖给公司,他就可以将该可转让出售权在市场上卖出,获取利益。

无论采用哪种回购方式,公司在收购股票之前,都必须将自己回购股票的意图告知全体股东,让股东能够充分地了解公司收购股票的原因,这样股东才能据此做出正确的决策,同时公司也才能按时完成收购任务,从而达到双赢的局面。

(四) 股票回购的财务影响

股票回购是企业资本经营的重要方式,它对企业的财务状况、经营业绩会产生一定的影响,主要包括以下几个方面。

1. 股票回购对资本结构的影响

股票回购能够影响上市公司的资本结构,从而产生财务效应。回购对公司资本结构的影响取决于回购资金的来源。一般而言,回购公司在考虑具体情况后可以采取多种方式筹集所需回购资金,不同的方式会改变公司的资本结构,不同的资金来源会产生不同的财务效果。股票回购的资金来源主要包括自由资金和债务融资。

(1) 股票回购中使用公司内部留存资金,主要是公司经营活动所获的收益,当然也可以是其他资产(如长、短期对外投资等)变现得到的现金。对于一些净资产积累较多、自有资金持有量较多的上市公司，如果公司能在短期内创造新的利润增长点，在不增加公司负债的情况下，利用自有资金进行股票回购可以迅速降低权益资本比例。

（2）通过债务融资回购股票，当公司自有资金不足时，在不影响公司的正常经营，并且不会产生财务风险的情况下，可以考虑采用举债资金进行股票回购。举债回购股票增加了公司的抵税效应并且降低公司的总资本的加权平均资本成本，这样股东的收益水平能得到有效提高的。一般债务融资的渠道是向银行借款、发行公司债券等。显然，举债回购股票对资产负债率造成的变化会比自由资金回购所产生的变化更大。

2. 股票回购对赢利的影响

股票回购对公司赢利的影响是比较复杂的。这种影响主要是通过企业回购前后的经营效应变化而体现的。一般来说，回购对公司的利润总额将产生负面影响，因为股票回购使得现金流（或非现金资产）大幅减少，或者负债规模扩大。然而投资者比较关注的赢利指标是每股盈余，它是企业实现的赢利（一般是指净利润）与其总股本数量的对比。每股收益被认为是最能反映企业赢利能力的财务指标。但从每股收益指标看，回购不一定导致该指标的下降，因为股本总量随股票回购而减少，所以每股收益的增减是不一定的，主要看股本的减少与赢利的降低的变化幅度谁更大。如果股本减少更多则每股收益会变大，反之变小。所以在看到股票回购对公司赢利能力的影响、改善公司形象的优点时，也应该清楚地明白，这种赢利能力的提高并不是因为企业的经营情况有所改善导致的，仅仅是通过减少股本来实现的，只是一种资本运作的结果。

3. 股票回购对股利分配的影响

股票回购作为一种支付现金股利的替代方法，是将公司缺乏投资机会的多余现金通过收购公司流通在外的股票方式分给股东。公司购回本身发行的部分股票后，流通在外的股票就相应减少；再由于收购股票的资金主要是企业闲置的资金，所以，也不会对公司收益产生不利影响。这样，流通在外的股票的每股收益就会增加，从而导致股票价格上涨。同时由于股利收入与资本收益在纳税方面存在着差异，前者的税率高于后者，所以，从理论上来说，用股票回购来替代股利支付对股东更为有利。

4. 股票回购对实施股票期权激励机制的影响

股票回购是一种有效的股票期权激励机制。公司的所有权与经营权分离，投资者与经营者往往会产生利益冲突和不同的追求目标。公司经理人往往会产生"逆向选择"和"道德风险"，而克服这种行为比较有效的方法是实行股票期权这种长期激励与约束机制。因为股票期权将经营者的远期利益与企业的长远发展结合起来，鼓励他们采取符合企业长远的最大利益的行为，在很大程度上避免了企业的短期行为。经理人要在未来行权时达到收益，就必须使公司的股价持续上涨，所以经理人必须努力经营以保证公司股价的上涨，以达到企业经营目标趋于长期化。公司通过股票回购使股价上升，继而可以使经理人在行权时获得收益，从而起到激励的效果。

5. 股票回购对股东财富的影响

实施股票回购会改变公司的股权结构，打破公司原有的合约制衡，产生新的合约。因此，股票回购不仅是上市公司自主进行的一种理财合约，同时也是一种公司治理结构的选择行为。股票回购有利于公司治理结构的优化，这样对于将来的经营业绩必然会有好的影响，从而达到增加股票内在价值的目的。如果从这个角度去观察，股票回购可以增加股东财富。

股票回购对上市公司可能产生一些负效应，主要体现在：(1) 股票回购需要大量资金流出，易造成公司资金紧张，影响公司后续的生产经营和资金周转；(2) 有些公司的发起人股东可能通过回购股票兑现其创业利润，忽视公司的长远发展，损害其他股东的利益；(3) 股票回购使公司的股权更加集中，容易造成内幕交易，操纵股价，从而造成公司面临有关部门查处而影响其公众形象与正常经营秩序。此外，股份回购容易误导投资者，造成市场运行秩序混乱。

【例 10-3】飞龙股份有限公司 2010 年有关资料如下：
(1) 息税前利润 5400 万元；
(2) 所得税率 25%；
(3) 年末总负债 12000 万元，均为长期债券，平均年利息率为 6%；
(4) 年末股东权益总额为 20000 万元；
(5) 年末发行在外的普通股股数为 6000 万股，每股面值 1 元，目前每股市价 8.00 元，普通股资本成本为 12%。

2011 年该公司董事会讨论有关优化公司资本结构的问题。财务部提出如下方案：以 8% 的年利率向银行取得长期借款 8000 万元，以便在现行价格下购回股票。假设此项举措将使普通股资本成本由 12% 提高到 14%，而息税前利润保持不变。如果公司以提高每股收益和降低加权平均资本成本为此次调整资本结构的目标，请问该公司按上述方案改变资本结构是否有利？

【解答】(1) 2010 年改变资本结构前每股收益为

每股收益 = (5400 − 12000 × 6%) × (1 − 25%) ÷ 6000 = 0.585（元）

(2) 按账面价值计算 2010 年的加权平均资本成本为

K = [12000 × 6% × (1 − 25%) + 20000 × 12%] ÷ 32000 ≈ 9.19%

(3) 改变资本结构以后，公司负债总额为 20000 万元，收回股票数量为 1000 万股，权益总额为 12000 万元。这样公司每股收益为

每股收益 = (5400 − 12000 × 6% − 8000 × 8%) × (1 − 25%) ÷ 5000 = 0.606（元）

加权平均资本成本为

K = [(12000 × 6% + 8000 × 8%) × (1 − 25%) + 12000 × 14%] ÷ 32000 = 8.44%

由于改变资本结构以后公司的每股收益增加，而平均资本成本降低，所以改变资本结构对公司是有利的。

五、财务重整

在市场经济条件下，竞争日趋激烈，企业面临着各种各样的风险和危机，一些管理不善或业绩不佳的企业可能出现财务危机或经营失败。一般来说，企业失败有两种含义：一是指经营失败，即企业的收入、收益不能补偿其成本费用，或其投资报酬率低于企业的资本成本的现象。二是指财务失败，即企业不能清偿到期债务，或者出现资不抵债的现象。财务管理中所提到的企业失败常常是指财务失败。

当一个企业出现财务失败时，可以采用各种不同的挽救措施，这些措施主要有两类：一类是非法律措施，包括债务重整、清算；另一类是法律措施，包括合并、重组、破产等。这里介绍非法律措施的财务重整，关于企业清算将在后面进行介绍。

(一) 企业财务重整的含义

企业财务重整是指对陷入财务危机但仍有转机和重建价值的企业，根据一定的程序进行重

新整顿，使企业得以维持和复兴的做法。通过财务重整，可以使濒临破产企业中的一部分，甚至大部分都能重新振作起来，减少债权人和股东的损失，也尽可能减少社会财富的损失和因破产转为失业的人数。财务重整按是否通过法律程序分为非正式财务重整和正式财务重整两种。

（二）非正式财务重整

非正式财务重整是指企业面临暂时性的财务危机时，债权人对企业尚有信心，而直接与债务人（重整企业）进行协商，以延缓或减轻债务人的负债，帮助其走出困境的一种补救措施。非正式财务重整可以避免进入正式法律程序，因而不需要庞大的费用开支以及较长的诉讼时间。非正式财务重组主要是指债务展期和债务和解。

（1）债务展期。债务展期是指债权人同意推迟到期债务的偿付日期。当企业发生暂时性财务困难时，债务的延期能给予企业资金周转上的帮助，使其在延期时间内调整经营策略和财务结构，从困境中解脱出来，避免破产，并偿还全部债务。

（2）债务和解。债务和解是债权人自愿同意减少债务企业的债务，包括同意减少债务人偿还本金的数额、同意降低利率，或同意将一部分债权转为股权，当然也可以将上述几种方式混合使用。

非正式财务重整具有避免履行正式手续所需发生的大量费用、所需律师和会计师人数较少、减少重整所需时间，以及使企业在较短时间内重新进入正常经营的状态等优点，因此，在实际工作中，债务展期和债务和解作为两种非正式的财务重整方式经常被采用。虽然债权人会由于作出让步而暂时蒙受一些损失，但如果债务企业进行破产清算，其蒙受的损失可能更大，所以采取债务展期和债务和解方式对债权人和债务企业双方都是有利的。

当企业拟采用债务展期和债务和解方式来进行财务重整时，首先要由债务人向有关管理部门提出申请，召开由企业和债权人参加的会议；其次，由债权人任命一个由1~5人组成的债权人委员会，负责调查企业的资产、负债情况，并制定出债权重整计划；最后，召开债权人、债务人会议，对委员会提出的财务重整方案进行商讨并取得一致意见，达成最终协议。债务展期和债务和解必须得到所有债权人的同意，如果某些债权人不同意，则这些债权人的要求必须得到满足。

（三）正式财务重整

正式财务重整就是按照正式的法律程序改变企业的资本结构，合理地解决所欠债权人的债务，以使企业摆脱所面临的财务困难。正式财务重整实际上是将非正式重整的做法按照规范化的法律程序来完成。它是在法院受理债权人申请破产案件的一定时期内，经债务人及其委托人申请，与债权人会议达成和解协议，对企业进行整顿、重组的一种制度。在正式财务重整中，法院起着重要的调解和仲裁作用，特别是要对协议中的公司重整计划的公正性和可靠性作出判断。

依照规定，在法院批准重整之后不久，应成立债权人会议，所有债权人均为债权人会议成员。其主要职责是：审查有关债权的证明材料，确认债权有无财产担保；讨论通过改组计划，保护债权人的利益，确保债务企业的财产不至流失。债务人的法定代表必须列席债权人会议，回答债权人的询问。我国还规定要有工会代表参加债权人会议。

正式财务重整的基本程序如下。

（1）向法院提出财务重整申请。法院受理破产案件后三个月内，债权人申请宣告破产案件后三个月内，债权人申请宣告破产的企业的上级主管部门可以向法院申请对该企业进行重整，整顿期以两年为限。在向法院申请企业重整时，必须阐明对企业实施重整的必要性，以及未能采用非正式重整的原因。如果企业重整的申请符合有关规定，法院将批准该重整申请。

（2）法院任命债权人委员会。债权人委员会的权限与职责是：挑选并委托若干律师、注册会计师或者其他中介机构作为其代表履行职责；就企业财产的管理情况向受托人和债务人提出质询；调查企业的经营活动、企业的财产及债务状况等，了解希望企业继续经营的程度以及其他任何与制定重组计划有关的问题，在此基础上，制定企业的继续经营计划并呈交法院；参与重整计划的制定，并就所制定的重整计划提出建议提交给法院；如果事先法院没有任命受托人，应向法院提出任命受托人的要求等。

（3）制定企业重整计划。法院批准重整申请后，为保护原有企业债权人的利益，在公司重整期间公司股东会和董事会的权力被终止，而由法院指定受托人接管债务企业并处理重整事务，制定企业重整计划。重整计划既可能改变企业债权人的法定的或者契约限定的权利，也可能改变企业股东的权益，无财产担保的债权人则往往选择以牺牲其部分债权为代价而收回部分现金。经法院批准的重整计划，对企业本身、全体债权人及全体股东均有约束力。

重整计划是对公司现有债权、股权的清理和变更作出安排，重整公司资本结构，提出未来的经营方案与实施办法。制定重整计划一般包括以下三个步骤：①估算重整企业的价值。这是最困难、也是最重要的工作，常采用的方法是收益现值法，即以估算的未来现金净流量为依据，按某一恰当的贴现率折算为现值，以估算公司的价值。②构建重整企业的目标资本结构。为削减公司的债务负担和利息支出，企业的现有债务将转换为优先股、普通股等证券，也可以改变负债条款，如延期偿还债务、减少年度偿债金额等。③公司新的资本结构确定之后，用新的证券替换旧的证券，实现公司资本结构的转换。

（4）提交法院审批。法院在接受托管人提交的重整计划后，应对该计划的公平性和可行性进行审批。在法院批准企业重整计划后，要提请债权人和股东认可。公平性是指在企业重整过程中对债权人的求偿权按照法律和财产合同规定的先后顺序予以确认；可行性是指从财务上对压缩固定性开支和对负债企业的偿债要求做出计划，以保证重整后企业能有一个合理的生存机会。

（5）执行企业重整计划。即按照重整计划所列示的措施逐项予以落实，包括整顿原有企业、联合新的企业，以及随时将整顿情况报告债权人会议，以便债权人及时了解企业重整情况。

（6）经法院认定宣告终止重整。终止重整通常发生于：其一，企业经过重整后，未能按协议及时偿还债务，法院宣告破产清算而终止重整；其二，重整期间，不履行重整计划，严重损害债权人利益，致使财务状况继续恶化，法院终止企业重整，宣告其破产清算。

六、企业托管

企业托管是企业重组的重要内容之一，由于其可选择性、实用性和相对低成本性的特点，对优化企业资源具有积极的影响。企业托管体现了现代企业制度的若干特点，其基点是以企业法人财产权为基础，以有限责任为核心，以专家管理为特征。

1. 企业托管的含义

企业托管是指企业的法人财产以契约形式全部或部分委托给有较强经营能力并能承担相应风险的法人或自然人管理，并要求受托人在一定条件下实现委托资产的保值和增值。作为一种企业资本经营方式，它要求不改变产权的归属，其实质是使企业所有权和经营权有条件地实施分离，最终搞活企业。

企业托管一般涉及三个方面的关系，即委托方、托管对象和受托方。委托方是企业资产的终极所有者或能够代表其资产所有者的部门、机构、自然人。托管对象既可以是具有法人资格的企业，也可以是虽不具法人资格但业务或技术具有相对独立性的经营实体。一般情况下，托管对象多为经营不善的亏损企业、资不抵债或者濒临破产的企业，这类企业的托管有利于借助外来力量使企业重获生机。受托方是接受委托的企业法人或自然人，必须具备以下几方面条件：第一，受托方必须有雄厚的资产实力，能够承担托管经营所需要的资金及足以承担托管经营受阻所需承担的经济损失，并且拥有一支力量雄厚的专业技术人才和管理人才队伍；第二，受托方应该有一些关键性资源，能够结合委托方的资源创造更多的价值；第三，受托方应该了解被托管企业的行业特点，并拥有在相关领域开展经营的技能和经验，能够保证托管经营工作正常地进行。

受托方对托管对象的具体运作内容主要包括以下三方面：

（1）资金注入，包括托管公司自己的资金注入，以及协助或担保获得银行贷款的资金注入；

（2）改善管理，对托管公司职工进行培训或者聘请高级管理人员等；

（3）重新选择项目，当托管公司原来的项目发展前景不好或者市场进入困难时，受托方需要帮助其重新选择合适的项目。

2. 企业托管的特征

（1）企业托管只是以托管公司的资金、人才改造企业，并不变更产权主体，不改变企业所有制性质。

（2）企业托管有助于盘活存量资产，转换企业的经营机制，扩大融资渠道，缓解企业资金紧张的局面，实现企业的规模生产和资产的有效流动与重组。企业托管比兼并、收购更具有可操作性，使其成为经济结构和产业结构调整、低成本、轻震荡退出的有效途径。

（3）企业托管满足了以下四方面的客观需要：一是地方政府需要弥补企业亏损等社会负担问题和维护社会安定；二是职工需要就业；三是银行需要处理不良债权；四是亏损企业需要寻找生机。

（4）企业托管改变了企业承包经营的风险与责任不对称的问题，是"承包的有效延伸"。在企业承包经营方式下，因为个人承担风险的能力有限，所以一般都不负责亏损，企业对承包人的约束显得比较无力。但是在企业托管方式下，因为托管公司多为具有法人资格的专业性托管机构，更有能力承担责任与义务，所以企业经营的好坏、托管资产是否得到保值增值对双方都有很强的约束力。

（5）托管公司可以同时介入多家企业，综合运用各种手段，解决企业可能存在的结构不合理、负债率过高、规模过大或过小等问题，使企业适应市场的要求。

（6）政府将国有企业委托他人管理，应通过财产权的商业行为而非行政权来实现。国有企业所有权的托管可以把行政机关因所有权越位或缺位承担的行政责任转化为以法人财产补偿的有限责任形式承担民事责任，并且原来由国家承担的经营风险责任通过所有权托管后可以得到转移和一定程度的释放。

3. 企业托管经营形式

就受托方的性质不同，企业托管经营形式可以分为企业法人托管经营和非企业法人托管经营。

（1）企业法人托管经营是指具有独立法人资格的企业以契约的形式接受委托，在一段时期内对被托管企业或资产实施经营管理的活动。由于受托方是具有独立法人资格的企业，相比之下具有一定资金实力、管理人才、企业规章等优势，加大了托管经营的深度和广度。企业法人托管经营又可以分为独立托管经营、联合托管经营和参股托管经营。

（2）非企业法人托管经营是指具有独立承担民事责任能力的社会自然人以契约的形式接受委托，在一段时期内对被托管的企业或资产实施经营管理的活动。这种经营方式最大的特点是受托方是自然人，由于自然人各方面能力有限，所以一般只拥有对被托管企业或资产的经营管理权和代理权，权利范围受到委托人的限制。非企业法人托管经营可以分为个人托管经营和合伙托管经营两种。

就托管对象不同，企业托管经营形式可分为企业整体托管、企业部分托管和专向业务托管三种形式。

（1）企业整体托管经营是指受托方对托管对象的整体全面行使企业法人的权力和责任，并充当企业法定代表人的一种托管经营形式。在该种形式下，企业法人财产的经营权由委托方让渡给受托方，并伴随着产权经营风险的转嫁。

（2）企业部分托管经营是指受托方对被托管企业或资产的一部分，代表委托方从事法人财产的产权经营活动，不能充当托管对象的法定代表人的托管经营形式。在实践中，大型企业可以对其下属的分厂或车间单独授权，实行托管经营。

（3）专向业务托管经营是指受托方对被托管企业或资产的某个项目、某项业务、某项工作，代表委托方行使经营管理权力的形式。

4. 企业托管经营的程序

为了能使企业托管经营顺利进行，确保资源的优化配置和资产的保值、增值，企业托管经营应遵循下列程序进行操作。

（1）选择企业托管经营目标对象。企业托管经营主体依据托管经营战略目的寻找、选择托管经营目标对象。

（2）委托方和受托方相互进行调查，了解对方的基本情况。委托方主要是调查研究受托企业的经济能力、资信、生产经营现状、管理水平等方面，而受托方则是对目标企业或资产的相关资料、环境、条件进行调查。

（3）进行可行性论证。

（4）对托管对象进行资产评估，清理债权和债务，制定托管经营方案。

（5）洽谈并签订托管经营协议。订立托管经营合同，明确受托方和委托方的主要权利、义务。

（6）受托方严格按照托管经营协议的要求对托管对象实施运营。

（7）委托方通过实施有效的监督和必要的控制，确保受托方正确合法地占有和使用法人财产权，并履行约定的义务，保证托管经营正常顺利进行。

（8）到受托经营截止日期时，委托方应考核受托经营行为结果，评估资产的保值增值，按照托管经营协议约定的受托经营报酬及标准进行资产清算，完成托管对象由受托方向委托方的交接。

第二节 企业清算

企业清算是指企业宣告终止后,为保护债权人、所有者等利益关系者的合法权益,依法对企业财产、债权等进行清理、变卖,清偿债务并分配剩余财产的行为。

一、企业终止经营的原因

导致企业清算的原因是多种多样的,既有企业无法左右的政治、经济、自然等外部原因,也有企业管理无能,从而缺乏市场竞争力的内部原因。企业终止经营的原因主要包括:公司章程规定的营业期限届满或公司章程规定的其他终止经营的事由出现(如经营目的已达到而不需要继续经营的,或经营目的无法达到而公司无发展前途的);公司股东大会决定终止经营;企业合并或分立需要终止经营;公司违反法律或者从事其他危害社会公众利益的行为而被依法撤销;发生严重亏损或投资一方不履行协议、章程规定的义务,或因外部经营环境变化而无法继续经营;企业不能清偿到期债务,并且资产不足以清偿全部债务或明显缺乏清偿能力,即企业破产。

破产是企业财务失败的一种极端形式,企业的资金匮乏和信用匮乏同时出现时,企业破产便无可挽回,只能终止经营了。破产有法律上的破产和事实上的破产两种情形。法律上的破产是指债务人因对到期债务不能清偿而被法院依法宣告破产,此时债务人资产数额可能低于负债,也可能等于或超过负债。于是可能出现债务人资产数额虽然超过负债,却因为无法获得足够的现金或以债权人同意的其他方式偿还到期债务而不得不破产的情况,此时尚有还清全部债务的可能。事实上的破产是指债务人全部负债超过全部资产的公允价值,不能清偿到期债务时发生的一种状况。

我国《破产法》指出,企业因经营管理不善造成严重亏损,不能清偿到期债务的依法宣告破产。可见企业经营管理不善是企业破产的直接原因,也是企业终止经营的根本原因。企业经营管理不仅是指企业投产后围绕着人、财、物、供、产、销等进行的计划、组织、指挥、协调和控制工作,还包括企业投产前的项目选择、项目建设等方面的工作。

在企业投产前可能导致企业破产的原因主要有项目选择失误和项目建设管理不善,未能达到原设计的技术水平和生产能力等。在企业投产后可能导致企业破产的原因主要有以下三方面:

(1)生产经营管理决策失误,如产品和技术选择失误、市场定位不准、产品质量管理不佳和市场营销不力等;

(2)财务管理决策不当,如企业超越自身能力搞外延扩张、成本费用失控、企业盈余分配不当等;

(3)企业文化建设不佳,如企业缺乏良好的社会形象和商业信誉,内部管理制度不相容,管理者素质不高等。

二、企业清算的种类

企业清算按照清算的原因不同,有自愿清算、行政清算和司法清算之分。自愿清算和行政清算属于解散清算，司法清算属于破产清算。

（1）自愿清算是指企业法人自愿终止其经营活动而进行的清算，如企业经营期满或发生严重亏损等原因引起企业终止。这种清算一般由企业内部人员组成清算机构自行清算。

（2）行政清算是指企业法人依法被撤销所进行的清算，如企业违反法律、法规的规定被撤销而进行的清算。这种清算通常由政府有关部门组织清算机构并监督清算工作的进行。

（3）司法清算是指企业因不能清偿到期债务，法院依据债权人或债务人的申请宣告企业破产，并依照有关法律的规定组织清算机构对企业进行的清算。

三、企业清算的程序

企业清算是指企业终止过程中，为保护债权人、所有者的合法权益，依法对企业财产、债务等进行清理、变卖，以终止其经营活动，并依法取消其法人资格的行为。企业清算按照其原因不同，可以分为解散清算和破产清算。

（一）一般清算程序

企业解散清算应进入一般清算程序，主要包括以下环节。

1. **提出解散申请**

由董事会作出决议并提交解散申请书，报经有关部门批准，即宣布解散。

2. **成立清算机构**

根据我国《公司法》的规定，公司应在宣布解散的 15 天内成立清算小组，有限责任公司的清算小组由股东组成，股份有限公司的清算小组由股东大会确定人选。逾期不成立清算组的，由法院根据债权人的指定成立清算组。

清算机构的主要任务如下：

（1）负责按清算程序和原则制定清算方案；

（2）清理公司财产，全面清查各项财产、物资，进行资产评估计价，编制资产负债表和财产清单；

（3）通知或者公告债权人；

（4）处理与清算有关的公司未了结业务；

（5）清缴所欠税款，处置企业的剩余财产；

（6）全面清查、清理债权和债务，催收追索债权，偿还债务；

（7）代表公司参与民事纠纷活动。

企业从成立清算机构之日起，除结束原有经营业务和完成生产收尾工作外，应对外停止一切新的业务活动，由清算机构负责企业有关清算解散的一切事务。清算机构在发现公司财产不足清偿债务时，应立即停止清算，并向人民法院申请宣告破产，转入按破产程序进行清算。

3. **债权人登记债权**

清算组成立后，应在一定期限内通知债权人申报其债权，要求债权人在规定的时间内申报其债权的数额及有无财产担保，并提供证明材料。

4. **清理公司财产，编制清算日资产负债表和财产清单**

清算机构应对企业的财产、债权、债务进行全面清查，并按照编报年度决算会计报表的办法，编制自年初至解散日的资产负债表、损益表、财务状况变动表以及有关的附表附注和财产目录、债权、债务明细表。经中国注册会计师审查验证后，即为企业清算开始日的会计报表。

5. 制定清算方案

清算方案包括清算的程序和步骤,财产定价方法和估价结果,债权收回和财产变卖的具体方案,债务的清偿顺序和剩余财产的分配等事项。

6. 执行清算方案

(1) 清算财产的范围及作价。清算财产包括宣布清算时企业的全部财产及清算期间取得的资产。清算财产的作价一般以账面净值为依据,也可以用重置成本或者可变现净值等作为依据。

(2) 确定清算损益。企业清算中发生的财产盘盈、财产变价净收入、因债权人原因确实无法归还的债务,以及清算期间的经营收益等作为清算收益;发生的财产盘亏、确实无法收回的债权,以及清算期间的经营损失等作为清算损失;发生的清算费用优先从现有财产中支付。

(3) 债务清偿。对有限责任公司和股份有限公司来说,最高还款能力为其注册资本额。企业财产拨付清算费用后,按照应付未付的职工工资、劳动保险等、应缴未缴的国家税金以及尚未偿付的债务的顺序进行清偿。同一顺序不足清偿的,按照比例清偿。

(4) 分配剩余财产。清算终了,企业的清算净收益,依法缴纳所得税后的财产,除公司章程另有规定者外,独资企业全部归原投资者所有;有限责任公司、国内联营企业、中外合资企业按投资各方出资比例分配;股份有限公司,按照优先股股份面值对优先股股东分配,剩余部分按照普通股股东的股份比例进行分配,如果剩余财产不足以分配优先股股票面值,按比例分配;国有企业,其剩余财产要上交财政。

(5) 办理清算的法律手续。企业清算结束后,应编制清算终了日的资产负债表和损益表,并经注册会计师验证盖章。其后,由清算机构向企业董事会或职工代表大会作清算工作报告,提请董事会讨论通过,报主管财政机关审批,再向税务部门注销税务登记,向工商行政管理部门办理公司注销手续。

(二) 破产清算程序

破产界定时应注意以下三方面问题:

(1) 只有因经营管理不善造成严重亏损的企业,在不能清偿到期债务时才予以宣告破产,因其他原因导致不能清偿债务的不能采用破产方式解决。

(2) 债务到期不能偿还,除指不能以现金偿还外,还包括不能以债权人指定的其他方式偿还,或没有足够的财产作担保,也没有良好的信誉可以借到新债来偿还到期债务。

(3) 不能清偿债务通常是指债务人对全部或部分主要债务在可以预见的一定时间内持续不能清偿,而不是因资金周转一时不灵而暂停支付。

只有破产清算才能进入破产清算程序。

根据我国《破产法》的有关规定,企业破产清算的基本程序大致可分为三个阶段:一是破产申请阶段;二是和解整顿阶段;三是破产清算阶段。和解整顿阶段已在前面章节介绍,现就破产申请阶段和破产清算阶段的主要操作程序进行介绍。

1. 提出破产申请

破产申请,是指当事人向法院提出的宣告公司破产的指示。破产申请人有四类:债务人、债权人、依法负有清算责任的人、国务院金融监督管理机构。债务人不能清偿到期债务,经过上级主管部门同意,可以向当地人民法院自动申请破产;当债务人不能清偿到期债务时,债权人可以向债务人所在地人民法院申请宣告债务人破产;企业法人已解散但未清算或未清算完毕，负有清算责任的人发现其资不抵债时应当向人民法院申请破产清算；商业银行、证券公司、保险公司等金融机构不能清偿到期债务时，国务院金融监督管理机构可以向人民法院提出对该金融机构进行破产清算的申请。

企业在提出破产申请前，应对其资产进行全面的清查，对债权债务进行清理，然后由会计师事务所对企业进行全面的审计，并出具资不抵债的审计报告。企业向法院提出破产申请时，要提供如下材料：破产申请书，会计师事务所对企业进行审计后出具的审计报告，上级主管部门同意破产的批准文件，企业的会计报表，企业对外投资情况，银行账户情况，各项财产明细表，债权人的名单、地址、金额，其他法院认为需要的材料。

2. 法院受理

人民法院自收到破产申请后即进行受理与否的审查、鉴定。法院受理债权人破产申请案件10日内应通知债务人，并发布破产案件受理公告。受理债务人破产申请案件后，应在案件受理后10日内通知债权人申报债权，直接发布债权申报公告。

3. 债权人申报债权

债权人应当在收到通知后一个月内，未收到通知的债权人应当自公告之日起三个月内，向人民法院申报债权，说明债权的数额和有无财产担保，并且提交有关证据资料。逾期未申报债权的，视为自动放弃债权。

4. 法院裁定，宣告企业破产

人民法院对于企业的破产申请进行审理，符合企业《破产法》规定情形的，即由人民法院依法裁定并宣告该企业破产。

5. 组建清算组

按照《破产法》的规定，人民法院应当自宣告企业破产之日起15日内成立清算组，接管破产企业。清算组的组成人员一般包括财政部门、企业主管部门、国有资产管理部门、审计部门、劳动部门、国土管理部门、社会保障部门、人民银行、工商管理部门等部门的人员。清算组可以依法进行必要的民事活动。

清算组成立后，一般都在法院的指导下，设立若干个小组，负责企业职工的思想工作、财产保管工作、债权债务清理工作、破产财产处理工作以及职工的安置工作等。

6. 接管破产企业，进行资产处置等工作

清算组成立后，应接管破产企业的一切财产、账册、文书、资料和印章等，并负责破产企业财产的保管、清理、估价、处理和分配等事项。

7. 编报、实施破产财产分配方案

清算组在清理、处置破产财产并验证破产债权后，应在确定企业破产财产的基础上拟定破产财产的分配方案，经债权人会议通过，并报请人民法院裁定后，按一定的债务清偿顺序进行比例分配。

8. 报告清算工作

清算组在破产财产分配完毕之后，应编制有关清算工作的报告文件，向法院报告清算工作，并提请人民法院终结破产程序。

9. 注销破产企业

清算组在接到法院终结破产程序的裁定后，应及时办理破产企业的注销登记手续。至此，破产清算工作宣告结束。

第十章 重组与清算

【思考与练习】

一、思考题
1. 股份有限公司股本扩张有哪些方式？其中哪些方式会使公司权益资本增加？
2. 股票换资产和股票换股票这两种并购方式有何区别？
3. 试述非正式财务重整与正式财务重整之间的区别。
4. 简要说明企业回购股票的动机。
5. 导致企业终止经营的原因有哪些？

二、单项选择题
1. 以下不属于股份有限公司股本扩张的是（　　）。
   A. 配股　　　　　B. 增发股票　　　　C. 股份回购　　　　D. 股票股利
2. 某钢铁集团并购某酿酒公司，这种并购方式属于（　　）。
   A. 纵向并购　　　B. 横向并购　　　　C. 混合并购　　　　D. 敌意并购
3. 在企业并购中，资金能否得到时间上和数量上保证的风险属于并购风险中的（　　）。
   A. 营运风险　　　B. 融资风险　　　　C. 法律风险　　　　D. 反收购风险
4. 并购企业以目标企业的资产或未来的现金流入做担保，大量向银行或金融借款，或发行高利率、高风险的债券以筹集并购所需资金。这属于并购筹资方式中的（　　）。
   A. 股权置换　　　　　　　　　　　　B. 金融机构信贷
   C. 卖方融资　　　　　　　　　　　　D. 杠杆收购
5. 企业将其部分财产或业务分离出去另设一个或数个新的企业，原企业继续存在，这种企业分立属于（　　）。
   A. 新设分立　　　B. 派生分立　　　　C. 换股分立　　　　D. 解散分立
6. 以下内容属于债务展期的是（　　）。
   A. 减少债务本金　　　　　　　　　　B. 降低债务利率
   C. 将一部分债务转为股本　　　　　　D. 推迟偿债日期
7. 企业因为不能清偿到期债务，法院依据债权人或债务人的申请宣告企业破产，并依照有关法律的规定组织清算机构对企业进行的清算，属于（　　）。
   A. 自愿清算　　　B. 行政清算　　　　C. 司法清算　　　　D. 解散清算
8. 某企业破产，有下列债务需清偿：a. 破产债权；b. 破产企业所欠职工的工资和劳动保险费；c. 破产企业所欠税款；d. 破产费用。则破产财产的清偿顺序应为（　　）。
   A. bdca　　　　　B. dbca　　　　　　C. dcba　　　　　　D. cdba

三、多项选择题
1. 企业重组可以分为（　　）。
   A. 资本扩张重组　　　　　　　　　　B. 资本收缩重组
   C. 资本重整重组　　　　　　　　　　D. 表外资本经营
2. 股份有限公司实施的以下股本扩张不属于筹资行为的有（　　）。
   A. 配股　　　　　　　　　　　　　　B. 增发股票
   C. 资本公积金转增股本　　　　　　　D. 股票股利

3. 甲是一家铝冶炼公司，乙是一家铝材加工公司，现在乙公司股东与甲公司商定，以1.5股乙公司股票换取甲公司1股股票，该并购属于（   ）。
  A. 横向并购 B. 纵向并购 C. 混合并购 D. 换股并购
4. 下列属于股票回购的动机的有（   ）。
  A. 传递股票价值被低估的信号 B. 优化资本结构
  C. 弥补并购决策失误 D. 作为反收购的有效措施
5. 股票回购的负效应主要体现在（   ）。
  A. 需要大量资金流出，影响公司后续的生产经营和资金周转
  B. 发起人股东可能兑现其创业利润，忽视公司的长远发展
  C. 集中公司股权，容易造成内幕交易，操纵股价
  D. 股份回购容易误导投资者，造成市场运行秩序混乱
6. 下列属于股票回购方式的有（   ）。
  A. 公开市场回购 B. 要约回购 C. 协议回购 D. 可转让出售权
7. 下列属于正式财务重整程序的有（   ）。
  A. 法院任命债权人委员会 B. 债务和解
  C. 制定重整计划 D. 债务展期
8. 以下关于企业托管的说法正确的有（   ）。
  A. 企业托管将变更产权主体，改变企业所有制性质
  B. 托管对象既可以是具有法人资格的企业，也可以是虽不具法人资格但业务或技术具有相对独立性的经营实体
  C. 托管对象多为经营不善的亏损企业、资不抵债或者濒临破产的企业
  D. 受托方可以是企业法人或自然人

四、计算分析题

1. 青岛海信电器股份有限公司（下称海信公司）1997年4月22日上市时总股本为27000万股（每股面值1元），十多年来该公司股本扩张的情况见下表。

实施时间	增资扩股方案
1998-7	10∶3比例配股，配股价11元，实际配股26065337股
1999-6	10∶4资本公积金转增股本
2001-1	10∶6比例配股，配股价12.18元，实际配股79276338股
2009-12	增发8400万股，发行价18.38元
2010-5	10∶5资本公积金转增股本

请根据以上资料回答：
（1）海信公司上市后的各次股本扩张方案中，哪几次方案的实施使公司的股东权益增加？
（2）经过这些年的增资扩股，海信公司目前股本总额约为多少？
（3）已知海信公司1997年3月24日IPO的每股发行价为6.28元，如果你当时以6.28元的价格认购了1000股该公司的股票，一直持有到2010年12月31日（该日股票收盘价为11.55元），那么这1000股海信公司股票的增值约为多少（假如你没有参与配股和增发）。

2. 海金股份有限公司是兰格股份有限公司的供应商，两公司股票均在证券交易所上市。

现在海金公司准备采用换股方式收购兰格公司。两公司并购前的有关财务资料见下表。

项目	海金公司	兰格公司
发行在外普通股股数	20000万股	8000万股
目前每股市价	15.00元	22.50元
每股净资产	3.60元	4.86元
每股收益	0.75元	0.90元
市盈率	20倍	25倍

现在双方在协商换股比例，有以下两种方案。

方案1：按照目前股价确定换股比例；

方案2：按照每股净资产确定换股比例。

估计并购完成以后，新海金公司的净利润将达到22500万元。

要求：

(1) 按照上述两种换股方案实施并购，海金公司为收购兰格公司全部股份需要发行多少股份？

(2) 欲使换股并购完成后新海金公司的每股收益与并购前相等，换股比例应如何确定？

(3) 假设现在按照上述方案1的换股比例完成并购，并购后新海金公司的股价由于并购效应而上涨，其市盈率达到30倍。在此情况下，原兰格公司的股东每持有一股股票实现了多少的财富增值？

3. 神达股份有限公司2004年有关资料如下：

(1) 年末资产总额70000万元，负债总额35000万元，均为长期债券，负债的平均年利息率为5%。

(2) 年末发行在外的普通股股数为8000万股，每股面值1元，其中社会公众股（实际流通股）3500万股，国有法人股（非流通股）4500万股，目前流通股每股市价8.20元。

(3) 普通股资本成本为10%。

(4) 2004年息税前利润为8400万元。

(5) 公司所得税税率为33%。

2005年该公司实施优化资本结构和股本结构，方案如下：回购国有法人股2500万股，经与国有法人股股东协商，回购价格以2004年年末每股净资产确定。回购资金来源有两个：向社会公众增发1000万股普通股，每股发行价7.50元；不足部分向银行取得长期借款，估计年利率为6.5%。估计此项举措将使公司普通股资本成本从10%下降到8%，而息税前利润保持不变。

请通过计算分析：实施上述股票回购方案对公司的资产负债率、每股收益和加权平均资本成本将产生怎样的影响？

五、案例题

【案例一】　　　　　　　　申能股份的股本扩张轨迹

资料：

申能股份有限公司（简称：申能股份，股票代码：600642）是一家从事电力、石油天然气的投资建设和经营管理的上市公司，它的前身是申能电力开发公司，1992年改制为申能股份有限公司,1993 年 4 月 16 日,公司股票在上海证券交易所上市,成为全国电力能源行业第一家上市公司。

上市之初,公司的股本结构见下表。

股份类型	拥有股份数(万股)	持股比例
国家股	212285.67	88.35%
法人股	25000	10.4%
个人股	2988	1.24%
合计	240273.67	100%

上市之后,公司实施了一系列资本运营举措,股本总额和结构发生了错综复杂的变化。下面列示的是该公司股本增减变化及其结构变化的全部事项。

(1) 定向转让。为改变公司国有股比例过大、股本结构不合理的状况,1993 年 7 月,公司国有股按 1∶2 比例,每股 3.50 元的价格,向社会公众股股东定向转让 5976 万股。此次转让,开创了国有股定向转让的先河,是证券市场的一次金融创新。它改善了公司的股本结构,盘活了国有资产,并实现了国有资产保值增值。

(2) 配股筹资。1996 年 10 月,申能股份在全国首家实施了 10 配 8 转配 10 的超比例配股方案,即以 1995 年末总股本 240273.67 万股为基数,每 10 股配售 8 股,社会公众股最多可按 10∶10 比例受让国家股股东和募集法人股股东转让的部分配股权。实际配售数量为 230351069 股,价格 3.20 元。1996 年 12 月 9 日,配股资金全部到位,公司实际募集资金(已扣除发行费用)约 7.2 亿元,主要用于投资建设外高桥电厂一期等国家和上海市重大电力工程项目。通过高比例配股,提高了公司社会公众股比例,进一步完善和规范了公司的股本结构。

(3) 回购股份。1999 年 12 月,申能股份以协议方式向申能(集团)有限公司回购部分国有法人股;公司回购并注销 10 亿股国有法人股,按审计确认的公司截止 1999 年 6 月 30 日调整后的每股净资产 2.51 元的价格回购,回购资金总额为 25.1 亿元,全部使用公司自有资金并以现金支付。回购完成后公司总股本变更为 16.33 亿股,其中社会公众股 2.51 亿股,占总股本 15.37%,达到了《公司法》的要求。同时,申能集团公司承诺将用本次回购所得部分资金,收购置换申能股份的部分非经营性资产,并继续支持申能股份投资重大基础设施项目。

(4) 增发新股。为积极参与"西气东输"工程等国家重点项目的建设和上海能源结构调整,2002 年 2 月,公司成功完成增发新股 1.6 亿股,价格 10.50 元,增发共计募集资金 16800 万元,扣除发行费用 34024331.48 元,实收募集资金净额 1645975668.52 元。资金主要用于投资上海天然气高压输气管网一期工程、上海外高桥电厂二期工程、浙江桐柏抽水蓄能电站和上海化学工业区热电联供等项目。以上项目的投资建设,将提高公司以后年度的获利能力,进一步增强公司的主业和综合竞争力。

(5) 送转股本。2004 年 6 月 8 日,申能股份刊登利润分配及资本公积金转增股本实施公告。公司实施 2003 年度利润分配及资本公积金转增股本方案为:按 2003 年末公司总股本 1 793 087 769 股为基数,每 10 股送 2 股派发现金红利 3.00 元(扣税后 10 送 2 派 2),资本公积金转增股本为每 10 股转增 3 股。股权登记日:2004 年 6 月 11 日;除权除息日:2004 年 6 月 14 日;新增可流通股份上市日:2004 年 6 月 15 日;现金红利发放日:2004 年 6 月 18 日。

(6) 实施股改。2005 年 8 月 17 日,申能股份实施了股权分置改革方案:以 2005 年 6 月

17日公司总股本2689631654股为基数,由申能(集团)有限公司和国泰君安证券股份有限公司向方案实施股权登记日登记在册的流通股股东支付197276160股对价,即流通股股东每持有10股流通股将获得3.2股对价。在该股份支付完成后,公司的非流通股份即获得上市流通权。实施股权分置改革方案后,公司总股本仍为2689631654股,其中有限售条件的流通股合计1875867494股(包括国有股股东持有的股份1472368890股和募集法人持有的股份403498604股),无限售条件的流通股合计813764160股。公司资产、负债、所有者权益、每股收益等财务指标均保持不变。

(7) 再次增发。2006年5月,申能股份实施了增发2亿股的方案,发行价格确定为5.92元/股,募集资金总额为11.84亿元,发行费用合计24592123.42元,募集资金净额为1159407876.58元,主要投资上海外高桥第三发电厂项目、上海化学工业区热电联供项目、收购秦山三核公司10%股权项目和收购池州发电公司20%股权及后续投入项目。

截止2006年6月30日止,公司股本总额为2889631654股,其中有限售条件的流通股1903727550股,无限售条件的流通股985904104股。

问题:

(1) 请指出申能股份上述七个事项中,哪些会引起公司股本发生增减变化?哪些不影响股本总额的变化,而只是股本内部结构的变化?

(2) 对于上述七个事项,该公司会计人员需要做出会计处理吗?如果需要,请写出其会计分录;如果不需要,请说明为什么?

(3) 根据本案例的资料和相关课程内容,请总结我国上市公司股本增加的可能途径主要有哪些?

【案例二】 清华同方合并鲁颖电子

资料:

1998年10月30日清华同方股份有限公司(简称:清华同方,现已改名为同方股份有限公司,股票代码:600100)发布公告,它将采用股权交换的方式吸收合并山东鲁颖电子股份有限公司(简称:鲁颖电子;非上市公司),这是新中国首起以股权交换方式进行的合并。

清华同方自1997年起在上海证券交易所挂牌上市,主要经营计算机产品生产及销售、网络软件集成与信息服务、人工环境工程及设备。鲁颖电子则属于电子元件行业,主要生产瓷介电容器、螺旋滤波器和网络电容器,其社会流通股权证在山东省企业产权交易所上市。

清华同方向鲁颖电子股东定向发行人民币普通股,按照1:1.8的换股比例(即1股清华同方普通股换取1.8股鲁颖电子股份),换取鲁颖电子股东所持有的全部股份,鲁颖电子的法人地位消失。合并后,清华同方原有股东占存续公司(即合并后的清华同方,下同)的91.63%,鲁颖电子占8.37%。清华同方将以鲁颖电子经评估后的净资产出资与其他企业共同投资设立新注册的山东清华同方鲁颖电子有限公司,仍在原地(即山东沂南县)注册,新注册的公司成为清华同方控股的子公司。

换股比例的确定采用每股净资产加成法,即以双方在合并基准日(1998年6月30日)经审计的每股净资产为基础,适当考虑合并双方的未来成长性及所拥有的无形资产等其他反映企业价值的因素,计算预期的增长加成系数,最终确定换股比例。1998年6月30日,清华同方与鲁颖电子经审计的每股净资产分别为3.32元和2.49元,清华同方预期增长加成系数为35%,换股比例[3.32×(35%+1)]/2.49=1.8,即1.8股鲁颖电子股票换取1股清华同方股票。

问题：

(1) 本次合并采用的是哪种合并方式？

(2) 本次合并中换股比例是如何确定的？从理论上说，确定换股比例还有哪些方法？

(3) 本次合并的所有公开资料都没有提及合并采用何种会计处理方法。请查阅有关资料，说明该合并所采用的会计处理方法。

第十一章 企业财务管理体制

前面各章介绍的是企业财务管理的主要内容，也是企业管理人员日常面临的财务管理活动。然而企业管理人员必须在一定的规则和制度约束下开展财务管理工作，这就要求企业建立财务管理体制，并建立相应的运行机制。本章简要介绍财务管理体制的基本概念、财务管理体制的运行机制，以及财务管理体制运行中相关管理人员的职责。

第一节 财务管理体制概述

随着我国现代企业制度的建立，企业投资主体多元化以及组织形式集团化日益普遍，为促进企业完善内部治理结构，需要对企业内部各种财务关系加以协调，建立、健全企业财务管理体制。企业财务管理体制是协调企业利益相关主体之间财务关系的基本规则和制度安排。所以，企业财务管理体制从表面看是企业制定一系列的制度规范；这些制度实质上反映的是企业内部相关各方权利控制和利益分配的需求。

一、公司治理与财务管理体制

（一）公司治理

公司制企业是现代企业的典型组织形式，其根本特点是所有权与经营权的分离，各利益主体是通过一系列的契约联结在一起的。但是，因为交易费用的存在和未来的不确定性导致合约的不完全性，客观上需要通过制度安排规范公司各利益主体的经济利益，从而保障公司有效运行。因此，规范和处理公司各种契约关系的制度安排，称为公司治理。公司治理是通过制度安排合理地配置所有者与经营者之间的权利与责任关系的监督与制衡机制。公司治理一般包括如下两方面的内容。

1. 公司的治理结构

公司的治理结构是企业契约制度下的权利安排。在公司的治理结构中，股东大会、董事会、监事会及经理层之间各司其职，通过权责的划分形成相互激励与约束的关系。股东大会是公司的最高权力机关，享有决定公司的经营方针和投资计划、发行股票和公司债券以及公司合并或解散等重大决策的表决权，同时享有收益分配权；董事会是由股东大会选举产生的全体董事所组成的公司常设最高决策机构，负责运营公司财产，对股东大会负责，享有决定公司的经营计划和投资方案、公司经理人员的任免权等广泛的权利；监事会主要负责监督董事和经理人员执行公司职务行为的合法性和对公司利益的损害；经理层是公司治理结构中的执行机构，对董事会负责，是企业生产经营活动的管理者。

2. 公司的治理机制

在既定的公司治理结构之下，通过治理机制的建设，可以进一步提高公司治理效率。一般可以将公司的治理机制分为外部治理机制和内部治理机制。外部治理机制包括经理市场、资本市场、产品市场、法律法规；而内部治理机制包括决策机制和激励机制。在内部治理机制中，决策机制是核心，它包含对企业全部资源配置的决策权。在公司的权力结构中，财权是最基本和最重要的权力。因为公司的各种经营活动最终都会通过资金运动加以完成，财权的分配和决策流程会对企业运营相关各方的利益产生影响。

（二）财务管理体制

企业的财务管理体制主要体现的是对企业实施的财务治理，它通过建立一套各利益主体在财权上合理配置和相互约束制衡的制度，协调各利益主体在财权流中所处的地位，达到财权配置最优化的目的。公司财务管理体制是整个公司治理的核心和主要内容，但是财务管理体制的架构也必须以公司治理的结构和制度安排为基础。

理解公司财务管理体制的概念，需要明确公司财务管理体制与公司财务管理的关系。公司财务治理与公司财务管理的共同点在于，两者都是公司的财务工作。其区别在于，公司财务管理体制的目标是协调公司各利益相关者之间的利益冲突，解决信息不对称问题，是协调财务关系的制衡机制；而公司财务管理是为实现公司价值最大化目标对企业资金的管理活动。

企业财务管理体制是企业财务管理工作的基础和框架。企业的财务管理体制分为宏观和微观两个层面。宏观企业财务管理体制是协调财政部门与企业之间财务关系的基本规则和制度安排，主要由国家通过制定各种法规形式进行规范；微观企业财务管理体制是对企业内部各种财务关系的基本规则和制度安排，主要由企业投资者和经营者通过制定企业章程、内部财务制度等方式加以规范。微观层面的企业财务管理体制的建立，其根本目的是为了使企业内部各层次、各部门之间的财务关系得到妥善处理，实现各方责、权、利关系的制度化，促进企业财务管理目标的实现。

二、财务管理体制体现的财务关系

财务关系是企业在处理财务活动过程中形成的与各方面关系的总和。这里所指的财务关系比本书第一章介绍的财务关系要宽泛得多，它泛指企业在开展各种财务活动过程中各主体的责、权、利关系。这种财务关系并不仅仅是利益关系，还包括各主体在财务活动中财权的配置等关系。从这个意义上说，建立财务管理体制的目标是协调处理企业的各种财务关系。目前在我国企业财务管理体制中体现的财务关系主要有以下两个层面。

（一）公司与投资者的财务关系

公司作为独立的法人，投资者即股东要表达自己的意志，行使自己的权利，必须通过合法的机构来实现。公司股东通过股东大会、董事会、监事会行使股东权利。

1. 股东大会

股东大会是公司治理结构的一个有机组成部分，掌握着对企业的最终控制权。股东大会由公司全体股东组成，是决定公司经营管理重大事项的最高权力机构。公司的一切重大事项如公司章程的变更、董事的任免、企业的解散与合并等，都必须由股东大会做出决议。有关公司经营的重大方案如投资计划、财务预决算、利润分配等都必须由股东大会审议批准。

股东大会分为年度股东大会和临时股东大会两类。年度股东大会对于保护广大中小股东利益、发挥股东大会治理功能至关重要。年度股东大会对重点事项的审议和决策，在财权配置方面主要集中在财务收益分配权和财务特别决策权行使方面，也包括公司财务决策权及财务监控权的授权与约束等方面，因此其治理功能是尤为重要的。临时股东大会在财权配置方面一般涉及财务特别决策权的行使情况较多，这对于加强股东大会财务决策功能也非常重要。

例如，天津赛象科技股份有限公司于 2010 年 4 月 22 日召开了 2009 年度股东大会，会议以现场记名投票的表决方式，审议通过了以下议案：

（1）《关于更换公司 2009 年度财务审计机构的议案》；
（2）《2009 年度监事会工作报告》；
（3）《2009 年度财务决算报告》；
（4）《2009 年年度报告》及《2009 年年度报告摘要》；
（5）《2009 年度利润分配预案》；
（6）《继续聘请立信大华事务所有限公司进行审计的议案》；
（7）《支付独立董事津贴的议案》。

又如，天津赛象科技股份有限公司于 2010 年 8 月 25 日召开了 2010 年度第三次临时股东大会，会议以现场记名投票的表决方式，审议通过了以下议案：

（1）《关于修正公司章程增设副董事长职务的议案》；
（2）《关于 2010 年度申请银行授信额度的议案》。

2. 董事会

在现实条件下，由于公司大股东股权的过度集中与中小股东股权的分散，股东个人利益与公司有较大程度的偏离，大股东与中小股东的利益也不一致，股东大会按照股份多少进行表决的方式使得股东大会权限弱化。董事会成为公司的实际控制者，是公司治理结构中的核心领导层和最高决策者，它对股东大会负责。

董事会以法人的名义进行活动，是企业法人财产权的主体，能够对公司的投资方向及其他重大问题做出决策。作为行使法人财产权力的机关，董事会的主要职责是对公司经营进行决策并对经理人员进行有效的监督。从这个意义上说，董事会是公司治理结构的中心环节。可以将董事会的主要职能概括为两点：决策和监督。也就是说，公司与董事会的财务关系主要是财务决策和财务监督关系。

3. 监事会

监事会是公司治理结构中一个监督机构，对董事会和经理行使职能情况进行监督。保持监事会的独立性是监事会有效运行的关键和根本保障。监事会代表全体出资者对董事和经理进行监督，从性质上说，它是出资者监督权的实施主体。从实际情况看，监事会与企业的财务关系地位十分尴尬：它属于出资者监督权主体，但我国公司的国有法人股一股独大使得监事会所拥有的财权（主要是财务监督权）无用武之地。在现实中，上市公司的监事会常常处于次要的地位。

（二）公司与经理层的财务关系

经理层是公司日常经营管理活动的组织者，对董事会负责。经理层在董事会授权范围内拥有对公司事务的管理权和代理权，负责处理公司的日常经营事务。我国《公司法》规定，经理行使下列几方面的职权：主持公司的生产经营管理工作，组织实施董事会决议；组织实施公司年度经营计划和投资方案；拟订公司内部管理机构设置方案；拟订公司的基本管理制度；制定公司的具体规章；提请聘任或解聘公司副经理、财务负责人；聘任或者解除应由董事会聘任或者解聘以外的管理负责人员；公司章程中董事会授予的其他职权。我国上市公司与经营者的财务关系主要是财务执行关系。

三、建立财务管理体制的基本原则

《企业财务通则》第八条规定，企业实行资本权属清晰、财务关系明确、符合法人治理结构要求的财务管理体制。这是建立企业财务管理体制的基本原则。

（一）资本权属清晰

资本权属清晰指产权明晰。产权是投资者向企业注资以及获得资本收益的依据，产权明晰要求明确所有者权益的归属。只有在企业产权关系明确的前提下，投资者才会"以本求利、将本负亏"，才能够实现"风险共担、盈亏自负"。国有及国有控股企业根据取得的国有资产产权登记证明确其占有的国有资本金额及主管部门；公司制企业通过公司章程、出资证明书、发行记名或不记名股票等方式明确其股东及出资额。

（二）财务关系明确

财务关系明确是指财政部门与企业的财务隶属关系应该是清晰、明确的。各级人民政府及其部门、机构出资的企业，其财务关系隶属同级财政机关。市场经济下，随着投资主体的多元化，政府很难按照层级明确企业与财政部门之间的关系。实际工作中，对于拥有不同层级国有资本的企业，可以按照其实际控股股东的层级明确其主管财政机关。对于跨地区投资经营的企业，其财务关系和产权关系应该区别对待。例如，浙江省属某公司到广东省投资设立子公司，则广东子公司的财务关系可按属地原则确定，浙江省财政厅和广东省财政厅分别对母公司和子公司履行主管财政机关的财务管理职责。对于非国有性质的企业，一般按照属地原则确定其财务关系，即与企业工商注册的行政管理机关同一级次的财政部门，作为其主管财政机关。

（三）符合法人治理结构要求

法人治理结构是指明确划分投资者如股东会（包括股东）、董事会（包括董事）和经营者之间权力、责任和利益，以及明确相互制衡关系的一整套制度安排。我国《公司法》确立的公司治理结构模式包含股东会（权力机构）—董事会（决策机构）—经理（执行机构）三个层次，外加监事会（监督机构）。但是，并非所有的企业法人都采用上述治理结构模式。例如，全民所有制企业的厂长（经理）办公会兼任投资者和经营者的角色，职工代表大会兼有权力机构、决策机构和监督机构的特点。外商投资企业法要求企业设立董事会或联合管理机构，不要求设立股东会或者投资人会议，甚至不要求设立监事会，但是外商投资企业的董事会或联合管理机构实际上行使着权力机构和执行机构的双重职能。因此，企业构建法人治理结构时，应遵循法定、职责明确、协调运作、有效制衡等原则，但是企业在法律法规等国家规定的制度框架内，享有一定的弹性。

四、建立财务管理体制的要求

存在多元财务管理主体的企业，根据各财务管理主体的独立性不同，我国《企业财务通则》规定了建立财务管理体制的要求。

（一）建立有效的企业内部财务管理级次

对于同一法人内部存在多级财务管理主体的大中型企业而言，由于企业规模、分布区域、部门和产品等原因，企业内部往往需要设置总、分公司、事业部、工厂和项目组等分级的财务管理主体组织各项财务管理工作。因此，《企业财务通则》对企业内部财务管理体制的有效性提出了要求。衡量企业内部财务管理体制是否有效，需要考虑的因素有如下几项。

1. 同一级次各单位的权责是否能清楚界定

企业内部各级次单位权责清晰、职责明确，才能确保财务管理体制的顺利运行。同一级次各单位权责的清楚界定是保障各单位之间分工协作、业绩评定的重要基础。

2. 财务目标是否能够明确分解到各级单位，是否有利于成本归集和利润核算

企业的整体目标必须能逐级分解到各单位，以便事中控制和事后的财务考核分析。企业需要根据各单位的业务范围合理设定财务管理级次和所负责的成本或利润财务管理目标。例如，某企业有三个主要产品，相应设置了三个事业部，每个事业部都有采购、广告和销售科室。该企业在内部财务管理级次设置时，可以将事业部作为二级核算单位对产品利润负责，而事业部下设的采购、广告和销售科室宜设为三级核算单位对采购成本、广告费用和销售收入负责。

3. 是否符合企业生产流程或者商业模式的需要

制造业企业的内部财务管理级次一般结合生产流程的特点确定。而商业企业的内部财务管理级次则需要根据商业模式加以确定。例如，商场一般按照卖场—楼层—商品部—柜组分级进行管理，因此商场的财务管理级次可在商场—卖场—楼层—商品部—柜组五级单位中选择。

4. 是否在财务信息量的增加与财务信息取得成本的增加之间取得平衡

企业内部财务管理级次设置过少，会导致财务信息量不足以及财务人员负荷加重等问题，造成粗放式管理。而企业在内部财务管理级次设置过多，又会使得财务目标逐级分解和财务信息逐级汇总的工作量过大，增加企业获取财务信息的时间成本和人工成本。

（二）企业集团内部财务管理体制的要求

《企业财务通则》规定，企业集团公司自行决定集团内部财务管理体制。对于集团化经营下的同一集团内部多个企业主体之间，财务管理体制在符合资本权属清晰、财务关系明确、符合法人治理结构要求的前提下，还要满足集团内部不同企业之间财务管理集权或分权管理的需要。

1. 企业集团财务管理体制的类型

企业集团财务管理体制按其集权化的程度可分为集权式财务管理体制、分权式财务管理体制和混合式财务管理体制。

1）集权式财务管理体制

所谓集权式财务管理体制，是指重大财务决策权都集中在母公司，母公司对子公司采取严格控制和统一管理方式的财务管理体制。在这种财务管理体制下，母公司对子公司进行严格控制和统一管理，资金调度、资产管理、投资决策、内部控制、人事任免等重大财务事项的决策权都集中在母公司。子公司财会负责人对总部承担责任，实行垂直领导，财务人员的薪酬和福利等均由公司总部决定。子公司经理不得干预财务管理工作，更无权任免财务管理人员。

集权式财务管理体制的优点在于：

（1）重大财务事项由集团最高管理层统一决策，有利于规范各成员企业的行动，促使集团整体政策目标的贯彻与实现。

（2）能最大限度地发挥企业集团各项资源的复合优势，集中力量，实现企业集团的整体目标。

（3）有利于发挥母公司财务专家的作用，降低子公司财务风险和经营风险。

（4）有利于统一调度集团资金，保证资金头寸，降低资本成本。

但这种管理体制的缺点也很明显。首先，集权式管理体制要求最高决策管理层必须具有极

高的素质与能力，同时必须能够高效率地汇集起各方面详尽的信息资料，否则可能导致主观臆断，以致出现重大的决策错误；其次，财务管理权限高度集中于母公司容易挫伤子公司的积极性，抑制子公司的灵活性和创造性。再次，这种管理体制可能由于信息传递时间长，延误决策时机，缺乏对市场的应变力与灵活性。

2）分权式财务管理体制

分权式财务管理体制是指大部分的重大决策权集中在子公司，母公司对子公司以间接管理方式为主的财务管理体制。这种财务管理体制将财务责任和权力分散到子公司，母公司与子公司之间在经营管理、财务等方面保持相对松散的联系。子公司可以根据市场环境和公司情况做出重大财务决策，母公司对其管理以调控和指导为主，并加强自身的信息处理、控制和绩效考评功能。分权式财务管理体制适用于对成本目标、利润贡献目标、资本增值均要负责的投资中心。

分权式财务管理体制的优点在于：

（1）可以调动子公司各层次管理者的积极性。

（2）市场信息反应灵敏，决策快捷，易于捕捉商业机会，增加创利机会。

（3）使最高层管理人员将有限的时间和精力集中于企业最重要的战略决策问题上。

分权式财务管理体制的缺点主要表现在：

（1）难以统一指挥和协调，有的子公司因追求自身利益而忽视甚至损害公司整体利益。

（2）弱化母公司财务调控功能，不能及时发现子公司面临的风险和重大问题。

（3）难以有效约束经营者，从而造成子公司"内部控制人"问题。

3）混合式财务管理体制

在实际工作中，绝对的集权和分权都是比较少见的，大多数企业集团都选择将两者结合，采用混合式财务管理体制，即适度的集权与适度的分权相结合的财务管理体制。混合式财务管理体制将财权在母公司与子公司之间适度分配，形成适度分权或适度集权的组织结构。在权力结构中，一般分为最高决策层、中间管理层和基层三个层次。最高决策层有财务副总参与，主要职能是对整个集团实行战略性管理，进行财务战略决策与管理、长期发展规划、重要人事安排和盈余分配。企业内部财务管理权限配置没有统一的标准，而是因势而异、因时而异、因企业而异。混合式财务管理体制有利于将重大财务决策权集中与一般管理决策权适度分权相结合。恰当的集权与分权相结合既能发挥母公司财务调控职能，激发子公司的积极性和创造性，又能有效控制经营者及子公司风险。所以适度的集权与分权相结合的混合式财务管理体制是很多企业集团财务管理体制所追求的目标。但是如何把握其中的"度"，则是一大难题。

2. 对集团财务级次的要求

集团财务级次的确定是财务管理体制的重要内容。所谓"一级企业一级财务"，即母公司所属独立核算的企业法人有多少级，财务管理级次应当延伸到最底层的企业法人。但集团财务管理级次应当控制在有效范围内，这是企业控制财务风险的必然要求。

新《公司法》取消了累计对外投资总额不得超过净资产50%的限定，增加了公司财务决策自由度，也大大增加企业通过对外投资转移资产或提高集团公司整体财务风险的可能，它是一把"双刃剑"。"德隆系"事件就是一个典型的反面例子，过长投资链条和庞大产业背后隐藏的非法融资及财务风险，一旦爆发，就会给整个集团公司带来毁灭性打击。实践证明企业通过限制财务层次，可以有效降低风险。

除特大型企业集团外，我国的企业集团财务级次一般应限定在三个层次以内，即企业集团的投资链条一般只延伸到孙公司。这样既可以促进企业集团管理的扁平化，降低母公司和政府的监管成本，又能够避免企业财务级次过多后，下属企业利用投资转移企业资产、投资效率低下、偏离集团发展战略、财务风险增加等不良后果。

第二节　财务管理体制的运行机制

财务管理体制的运行机制是指企业财务管理体制的各要素之间彼此依存、有机结合和自动调节所形成的内在关联和运行方式，它是企业财务管理体制存在并发挥作用的依据。财务管理体制的运行机制包括很多内容，这里主要介绍《企业财务通则》规定的三大制度，即财务决策制度、财务风险管理制度和财务预算管理制度。

一、企业财务决策制度

财务决策制度是为了保证企业在拟开展某项财务活动时，决策者能够依据尽可能正确、完备的信息，采用尽可能科学合理的决策方法进行决策，且所涉及的利益相关者能够在决策过程中充分、真实地表达其意志而做出的制度安排，主要内容包括决策规则、程序、权限和责任等。财务决策制度是财务运行机制的核心组成部分，设计合理的财务决策制度能够增加企业经营活动的预见性、计划性，减少盲目性，合理、优化配置企业有限的资源，均衡各方利益，避免摩擦和争执等。

（一）财务决策的一般程序

1. 提出财务决策需求

财务决策类型可以分为经营决策分析（主要确定企业产品、生产结构等重大经营战略）、信用决策分析（主要确定企业投资对象、客户的偿债能力、支付能力、投资的安全性和获利性）、筹资决策分析（主要确定筹资方式、筹资规模、筹资成本）、投资决策分析（主要确定投资项目、投资方案、投资回报）、税务决策分析（主要确定企业的收入与支出情况对企业税负的影响）等。相应地，企业战略、生产、销售、财务等职能部门应当提出相关的财务决策需求。

2. 确定牵头部门

企业应有一套内部授权、审批制度，明确决策部门和权限。从归口管理和控制财务风险考虑，财务决策一般由财务部门牵头，其他相关部门参与。

3. 论证分析

牵头部门应会同有关部门，为制定决策寻找尽可能充分的信息作为参考。收集的信息可能包括宏观经济形势信息、产业或行业情况、企业本身财务信息等，信息来源可能包括公开的经济数据、咨询机构提供的专业调研报告、企业各部门提供的数据等。根据决策类型和收集的信息，再设计各种备选方案，并对每一个方案的得失与利弊进行定性或定量的分析和评价。

4. 方案抉择

按审批权限，将备选方案提交最终决策者，由其根据企业财务目标，选出一个方案，并落实执行的部门和责任。

（二）职工（代表）大会在财务决策中的作用

现行《企业财务通则》中明确规定，法律、行政法规规定应当通过职工（代表）大会审议或者听取职工、相关组织意见的财务事项，依照其规定执行。

在企业的决策制度中，明确企业职工审议或参与与其利益相关的财务决策的权力，让职工审议或参与涉及切身利益财务事项的决策，这不仅是保障职工自身权益的财务制度支持，还有助于解决国有企业中信息不对称条件下投资者难以监控经营者行为的问题。

（三）财务决策回避制度

我国《企业财务通则》规定，企业应当建立财务决策回避制度。对投资者、经营者个人与企业利益有冲突的财务决策事项，相关投资者、经营者应当回避。建立财务决策回避制度的主要目是防范投资者、经营者在个人利益与企业利益不一致时，进行财务决策（尤其是关联交易决策），可能做出损害企业利益的行为。

二、企业财务风险管理制度

财务风险是指在各项财务活动中，企业的实际财务结果与预期财务结果发生偏离，从而蒙受损失的可能性。显然，这里所说的财务风险不仅仅是本书第二章中阐述的狭义财务风险，而是指广义的财务风险。财务风险的来源主要有：筹资风险、投资风险、现金流量风险、利率风险、汇率风险。控制财务风险，是企业财务管理的重要内容，也是《企业财务通则》规定的企业财务管理体制的基本制度要求。

（一）企业财务风险管理的基本原则

我国《企业财务通则》第十条规定，企业应当建立财务风险管理制度，明确经营者、投资者及其他相关人员的管理权限和责任，按照风险与收益均衡、不相容职务分离等原则，控制财务风险。这说明企业实施财务风险管理的基本原则有两条：风险与收益均衡原则和不相容职务分离原则。

1. 风险与收益均衡原则

高风险、高收益是市场经济的一个基本规律，企业必须为追求较高收益而承担较大的风险，或者为减少风险而接受较低的收益。在市场机会既定的情况下，对一个企业而言，风险与收益均衡意味着：一是收益相同或接近的项目，应选择风险最低的；风险相同或接近的项目，应选择收益最高的。二是收益和风险不同的若干项目，收益最高的项目不一定最好，因为其风险往往也最高，应当以企业能承受相应风险为前提，再按前两点要求选择项目。

2. 不相容职务分离原则

引发财务风险的因素除了来自外部市场，还源于企业内部。为了防范风险，企业必须加强内部控制，特别是强调不相容职务相分离。我国财政部发布的《内部会计控制规范》中指出：所谓不相容职务，是指那些如果由一个人担任，既可能发生错误和舞弊行为，又可能掩盖其错误和弊端行为的职务。企业内部应加以分离的不相容职务很多，如审批材料采购和采购材料、销售商品中开票与收款、物资采购前的询价与确定供应商等，都是不相容职务。不相容职务如果不加以分离，出现舞弊从而使企业受损的可能性就会大大增加。因此，财务风险管理中必须遵循不相容职务分离原则，要求每项财务活动都要经过两个或两个以上的部门或人员的处理，使得单个人或部门的工作必须与其他人或部门的工作相一致或相联系，并受其监督和制约。

（二）企业财务风险管理体制

企业财务风险管理体制包括组织系统、信息系统、预警系统和监控系统四个子系统。

1. 组织系统

企业风险管理组织系统的设置可以随企业的规模和组织结构不同而不同，如大型企业可以在董事会下设专门的风险管理委员会，而中小型企业可由专职人员承担风险管理的任务。因此《企业财务通则》只作了原则性规定，即"明确经营者、投资者及其他相关人员的管理权限和责任"。

2. 信息系统

财务风险管理的信息系统是在企业的风险管理过程中，以实现企业内部各部门及外部各企业之间的双向交流为目的，对风险管理信息进行收集、筛选、整理、分析、报告和反馈的专门系统。

3. 预警系统

财务风险管理的预警系统是按一定的指标体系，分析企业财务活动和财务管理环境，对潜在的财务风险进行预测，并在发现财务风险信号后提醒决策者及时采取防范和化解措施。

4. 监控系统

财务风险管理的监控系统，是专门对企业所承受的财务风险动态情况进行监督和跟踪控制的系统，对可能或者已经出现的财务风险及时做出反映，并采取相应防范和化解措施。

（三）企业财务风险管理策略

采用适当的风险管理策略，可以有效控制财务风险发生的可能性及其造成的损失。企业可以采取的财务风险管理策略主要有以下几种：

1. 规避风险

规避风险的策略要求，一是企业事前决策时，事先预测风险发生的可能性及其影响程度，尽可能选择风险较小或无风险的备选方案，对超过企业承受能力、难以掌控的财务活动予以回避；二是实施方案过程中，发现不利的情况应及时中止或调整方案。

2. 预防风险

当财务风险客观存在、无法规避时，企业可以事先从制度、决策、组织和控制等方面提高自身抵御风险的能力。例如，企业通过信用政策的制定和实施来降低坏账发生率，分期提取风险基金和坏账准备金等专项风险补偿金以补偿将来可能出现的损失。

3. 分散风险

财务风险分散是指企业通过采取多元化经营、多方投资、多方筹资、外汇资产多元化、吸引多方供应商、争取多方客户等措施分散相应风险。

4. 转移风险

转移风险是企业通过保险、签订合同、转包等形式把财务风险部分或者全部转嫁给其他单位，但同时往往也需要付出一定代价，如保险费、履约保证金、手续费、收益分成等。转移风险通常有多种形式：购买保险、签订远期合同、开展期货交易和转包经营等。

三、企业财务预算管理制度

财务预算是指企业根据其战略要求和发展规划，在财务预测、决策基础上，利用价值形式对未来一定时期财务活动所做的规划和安排。财务预算是企业实现其经营目标的重要管理手段，企业编制和实施财务预算的根本目的是明确企业内部各部门、各责任单位之间的权、责、利关系，对企业各种财务及非财务资源进行分配、考核和控制，以便有效地组织协调企业生产经营活动全过程。

《企业财务通则》第十一条规定，企业应当建立财务预算管理制度，以现金流为核心，按照实现企业价值最大化等财务目标的要求，对资金筹集、资产营运、成本控制、收益分配、重组清算等财务活动，实施全面预算管理。企业完整的财务预算管理制度包括：财务预算管理的组织机构、预算形式、编制流程、执行与控制、预算调整、分析与考核等内容。企业在设计财务预算管理制度时，可以结合自身特点，注重整合财务预算制度与财务决策、财务风险控制、业绩考核、激励制度。

(一) 企业财务预算管理的组织机构

1. 股东大会

我国《公司法》明确规定，审议批准公司年度财务预算、决算方案、决定投资计划的权力在股东大会；股东大会拥有对公司预算的最终控制权。股东大会对预算管理过程的控制是间接的，但又是关键性的，主要通过提出期望收益为预算设定目标底线。

2. 董事会或类似机构

企业董事会或经理办公会是预算管理的最高决策机构，它负责预算管理的具体事宜，具有制定公司的年度财务预算、决算方案的权力。董事会或经理办公会还可以根据情况设立预算委员会或是指定财务管理部门负责预算管理。

3. 预算委员会

预算委员会是企业董事会或经理办公会授权管理企业预算事项的最高权力机构，主要拟定财务预算的目标、政策，制定财务预算管理的具体措施和方法，审议、平衡财务预算方案，组织下达财务预算，协调解决财务预算编制和执行中的问题，组织审计、考核财务预算的执行情况，督促企业完成财务预算目标[①]。

4. 企业财务管理部门

企业财务管理部门具体负责组织企业财务预算的编制、审查、汇总、上报、下达、报告等具体工作，跟踪监督财务预算的执行情况，分析财务预算与实际执行的差异及其原因，提出改进管理的措施和建议。

5. 企业内部职能部门

企业内部生产、投资、物资、人力资源、市场营销等职能部门具体负责本部门涉及的财务预算的编制、执行、分析、控制等工作，并配合预算委员会做好企业总预算的综合平衡、协调、分析、控制、考核等工作。各职能部门的负责人参与预算委员会的工作，并对本部门财务预算执行结果承担责任。

6. 企业所属基层单位

企业所属基层单位是企业主要财务预算的执行单位，在企业财务管理部门的指导下，负责本单位现金流量、经营成果和各项成本费用预算的编制、控制、分析工作，接受企业的检查、考核。基层单位的负责人对本单位财务预算的执行结果负责。

---

① 有些企业规模相对较小，没有专设预算管理委员会的，由企业财务管理部门履行预算委员会的职责。

(二) 企业财务预算的内容

财务预算包括现金预算和预计财务报表（预计资产负债表、预计利润表和预计现金流量表）等内容。

1. 现金预算

现金预算是按照现金流量表主要项目内容编制的反映企业预算期内一切现金收支及其结果的预算。它以业务预算、资本预算和筹资预算为基础，是其他预算有关现金收支的汇总，主要作为企业资金调控管理的依据。

2. 预计财务报表

预计财务报表是综合反映预算执行单位财务状况、经营成果和现金流量情况的预算报表，包括预计资产负债表、预计利润表和预计现金流量表等。

预计资产负债表是按照资产负债表的内容和格式编制的综合反映预算执行单位期末财务状况的预算报表。一般根据预算期初实际的资产负债表和销售或营业预算、生产预算、采购预算、资本预算、筹资预算等有关资料分析编制。

预计利润表是按照利润表的内容和格式编制的反映预算执行单位在预算期内利润目标的预算报表。一般根据销售或营业预算、生产预算、产品成本预算或营业成本预算、期间费用预算、其他专项预算等有关资料分析编制。

预计现金流量表是按照现金流量表的内容和格式编制的反映预算执行单位在预算期内现金流入、现金流出和净流量目标的预算报表。应根据现金预算和其他业务预算资料分析编制。

(三) 企业财务预算的编制流程

企业财务预算一般按照"上下结合、分级编制、逐级汇总"的程序进行。具体的编制流程如下：

1. 下达目标

企业董事会或经理办公会根据企业发展战略和预算期经济形势的初步预测，在决策的基础上，一般于每年9月底前提出下一年度企业财务预算目标，包括销售或营业目标、成本费用目标、利润目标和现金流量目标，并确定财务预算编制的政策，由预算委员会下达各预算执行单位。

2. 编制上报

各预算执行单位按照企业预算委员会下达的财务预算目标和政策，结合自身特点以及预测的执行条件，提出详细的本单位财务预算方案，并于10月底前上报企业财务管理部门。

3. 审查平衡

企业财务管理部门对各预算执行单位上报的财务预算方案进行审查、汇总，提出综合平衡的建议。在审查、平衡过程中，预算委员会应当进行充分协调，对发现的问题提出初步调整意见，并反馈给有关预算执行单位予以修正。

4. 审议批准

企业财务管理部门在有关预算执行单位修正调整的基础上，编制出企业财务预算方案，报预算委员会讨论。对于不符合企业发展战略或财务预算目标的事项，预算委员会应责成有关预算执行单位进一步修订、调整。在讨论、调整的基础上，企业财务管理部门正式编制企业年度财务预算草案，提交董事会或经理办公会审议批准。

5. 下达执行

企业财务管理部门对董事会或经理办公会审议批准的年度总预算，一般在次年3月底以前，分解成一系列的指标体系，由预算委员会逐级下达各预算执行单位执行。

（四）企业财务预算的执行与控制

1. 企业财务预算的执行责任体系

企业财务预算一经批复下达，各预算执行单位就必须认真组织实施，将财务预算指标层层分解，从横向和纵向落实到内部各部门、各单位、各环节和各岗位，形成全方位的财务预算执行责任体系。

2. 企业财务预算的分期执行控制

企业应当将财务预算作为预算期内组织、协调各项经营活动的基本依据，将年度预算分解为月份和季度预算，以分期预算控制确保年度财务预算目标的实现。

3. 企业以现金流量为核心的预算收支执行与控制

企业应以现金流量为核心，对财务预算执行进行管理。企业需按时组织预算资金的收入，严格控制预算资金的支付，调节资金收付平衡，控制支付风险。对预算内的资金拨付，按照授权审批程序执行；对预算外的项目支出，按照财务预算管理制度规范支付程序。对于无合同、无凭证、无手续的项目支出，不予支付。

4. 企业利润预算的执行与控制

企业应当严格执行销售或营业、生产和成本费用预算，努力完成利润指标。在日常控制中，企业应当健全凭证记录，完善各项管理规章制度，严格执行生产经营月度计划和成本费用的定额、定率标准，加强适时的监控。对预算执行中出现的异常情况，企业有关部门应及时查明原因，提出解决办法。

5. 企业的财务预算报告制度

企业应当建立财务预算报告制度，要求各预算执行单位定期报告财务预算的执行情况。对于财务预算执行中发生的新情况、新问题及出现偏差较大的重大项目，企业财务管理部门以至预算委员会应当责成有关预算执行单位查找原因，提出改进经营管理的措施和建议。

6. 企业财务预算执行中的财务报表监控

企业财务管理部门应当利用财务报表监控财务预算的执行情况，及时向预算执行单位、企业预算委员会以至董事会或经理办公会提供财务预算的执行进度、执行差异及其对企业财务预算目标的影响等财务信息，促进企业完成财务预算目标。

（五）企业财务预算调整

由于内外经营环境的变化，企业对不再适宜的原预算进行调整，是企业在财务预算实施过程中的基本环节。企业财务预算调整通常包括调整条件、调整程序和审批权限等。

1. 财务预算调整的条件

企业正式下达的财务预算，一般不予调整。财务预算执行单位在执行中由于市场环境、经营条件、政策法规等发生重大变化，致使财务预算的编制基础不成立，或者将导致财务预算执行结果产生重大偏差的，可以调整财务预算。

除此之外，企业还应当建立内部弹性预算机制，对于不影响财务预算目标的业务预算、资本预算、筹资预算之间的调整，企业可以按照内部授权批准制度执行，鼓励财务预算执行单位及时采取有效的经营管理对策，保证财务预算目标的实现。

2. 财务预算调整的程序和审批权限

一般情况下,企业财务预算调整需要经过申请、审议、批准三个主要程序。企业调整财务预算,应当由财务预算执行单位逐级向企业预算委员会提出书面报告,阐述财务预算执行的具体情况、客观因素变化情况及其对财务预算执行造成的影响程度,提出财务预算指标的调整幅度。

企业财务管理部门对财务预算执行单位的预算调整报告进行审核分析,集中编制企业年度财务预算调整方案,提交预算委员会以至董事会或经理办公会审议批准,然后下达执行。

3. 财务预算调整事项的要求

对财务预算执行单位的预算调整事项,企业在进行决策时,一般应遵循三点要求:第一,预算调整事项不能偏离企业发展战略和年度财务预算目标;第二,预算调整方案应当在经济上能够实现最优化;第三,预算调整重点应当放在财务预算执行中出现的重要的、非正常的、不符合常规的关键性差异方面。

(六) 企业财务预算分析与考核

企业财务预算的分析与考核是预算管理循环中的关键环节。一方面,通过对预算执行过程的分析,可以及时发现和纠正实际业绩与预算的偏差,从而实现对经营管理活动的控制;另一方面,预算的编制、执行、分析与考核是一个完整的预算管理循环,对财务预算分析与考核既是本次预算管理循环的总结,又是下一次预算管理循环的开始。因此,预算分析与考核包含如下两个方面内容。

1. 财务预算分析对预算执行的监控

企业应当建立财务预算分析制度,由预算委员会定期召开财务预算执行分析会议,全面掌握财务预算的执行情况,研究、落实解决财务预算执行中存在问题的政策措施,纠正财务预算的执行偏差。

企业财务管理部门及各财务预算执行单位应当充分收集财务、业务、市场、技术、政策、法律等方面的有关信息资料,根据不同情况分别采用比率分析、比较分析、因素分析、平衡分析等方法,从定量和定性两个层面充分反映预算执行单位的现状、发展趋势及其存在的潜力。针对财务预算的执行偏差,财务管理部门及各财务预算执行单位应当充分、客观地分析产生的原因,提出相应的措施或建议,提交董事会或经理办公会研究决定。

2. 财务预算考核对预算执行结果的评价

预算年度终了,预算委员会应当向董事会或经理办公会报告财务预算执行情况,并依据财务预算完成情况和财务预算审计情况对预算执行单位进行考核。企业内部预算执行单位上报的预算执行报告,应经本部门、本单位负责人按照内部议事规范审议通过,作为企业进行财务考核的基本依据。企业财务预算按调整后的预算执行,预算完成情况以企业年度财务报告为准。

企业财务预算执行考核是企业绩效评价的主要内容,应当结合年度内部经济责任制考核进行,与预算执行单位负责人的奖惩挂钩,并作为企业内部人力资源管理的参考。

3. 企业财务预算分析与考核中的财务预算审计

企业预算委员会应当定期组织财务预算审计,纠正财务预算执行中存在的问题,充分发挥内部审计的监督作用,维护财务预算管理的严肃性。财务预算审计可以全面审计,或者抽样审计。在特殊情况下,企业还可以组织不定期的专项审计。审计工作结束后,企业内部审计机构应当形成内部审计报告,直接提交预算委员会以至董事会或经理办公会,作为财务预算调整、改进内部经营管理和财务考核的一项重要参考。

总之，企业在设计财务预算管理制度时，必须考虑自身特点，结合企业管理水平，有计划、分步骤地实施预算管理与控制。要明确预算只是管理的手段而非目的，企业不能为完成预算目标而追求形式上的预算。要注重将财务预算制度建设与企业财务决策、财务风险控制、绩效考核、奖惩制度等有机结合，把预算管理置于企业管理系统中，以现金流量为核心，以财务风险控制为手段，以资源优化配置为目的，实施全面预算管理，增强企业预算的约束力，发挥预算管理的功效。

第三节 投资者和经营者的财务管理职责

为了使企业财务管理各项工作顺利开展，保证财务管理体制的有效运行，必须明确投资者和经营者在企业财务管理中的职责。我国《企业财务通则》第十二条、第十三条明确规定了投资者和经营者应履行的财务管理职责。

一、投资者的财务管理职责

投资者凭借对企业资本的所有权，按照《公司法》等法律法规和企业章程，通过企业内部法人治理结构，对企业财务管理事项履行财务管理职责。投资者的财务管理职责主要是利用对若干重大事项的控制权，约束经营者的财务行为，以确保企业资本的安全和增值，最终实现投资者自身的利益。投资者的财务管理职责主要包含下列几个方面。

(一) 基本管理事项决策权

基本管理事项决策权主要包括审议批准企业内部财务管理制度、企业财务战略、财务规划和财务预算。企业内部财务管理制度规定企业内部不同管理层次、不同部门的财务管理权限及责任，明确相互配合、相互制衡的管理关系。企业财务战略、财务规划和财务预算，是保证企业总体战略和财务目标在长期和短期内都能得到贯彻实现的基本手段。这些管理事项的决策权都是投资者掌握财务控制权的基本体现，其最终决定权必须由投资者行使。

(二) 重大财务事项决策权

财务事项包括筹资、投资、担保、捐赠、重组、经营者报酬、利润分配等。判断一个财务事项是否"重大"，除了关注其涉及金额相对于企业资产的比例高低之外，更重要的是看它是否直接影响投资者的权益。

现代企业的所有权和经营权分离，投资者不能直接干预企业的经营。但是，当逆向选择、道德风险和内部人控制等问题存在时，经营者的决策往往是不利于企业长远发展、损害投资者利益的。受制于法人治理结构、成本效益原则等因素的影响，投资者不可能因为两者之间可能的利益冲突，而取代经营者做出每一项决策。因此，投资者只能对一些重大财务事项掌握最终决策权。

(三) 财务监督权

财务监督是根据法律、法规和国家财经纪律及企业内部财务管理制度，对企业生产经营活动和财务收支的合理性、合法性、有效性进行调节和检查，以确保企业遵纪守法地实现发展战略和财务目标。

财务监督是企业财务管理的一项保障性手段。投资者一方面可通过监事会、内部审计部门等机构，对经营者实施内部财务监督；另一方面可通过社会中介机构的审计和评估，保障和增强财务报告的真实性，掌握经营者的工作成果，对经营者实施外部财务监督。

（四）财务考核权

投资者通过一定的考核制度和办法，对经营者财务业绩做出客观、正确的评价，为经营者的任免、职务调整和薪酬激励等提供依据。

（五）委派或者推荐财务总监

财务总监制度是在企业所有权与经营权相分离、组织规模和生产经营规模扩大化和复杂化、财务管理体制级次增多的情况下，投资者为了保障自身利益，按照一定程序向其全资或控股的企业派出特定人员或机构，代表投资者进行财务监督而形成的制度，是企业法人治理结构的有机组成部分。

1. 财务总监的主要职责

建立财务总监制度是为了保障投资者自身利益。从财务总监制度的本质来看，财务总监履行部分投资者财务管理的职责，具体包括督促、指导、协助企业建立健全内部财务监督制度；督促企业按照国家规定和投资者战略要求从事财务活动；及时发现和制止企业违反国家规定和可能造成投资者损失的行为；审核企业财务报表；参与拟定涉及企业财务方面的重大计划、预算和方案；参与企业重大财务决策活动；监督、检查企业重要的财务运作和资金收支情况；对经营者的选拔、任用和考核提出意见等。

2. 财务总监的委派和管理

目前财务总监委派制主要有政府委派模式和董事会委派模式，前者主要适用于股权较为集中的大型国有及国有控股企业，后者则常见于股权较为分散的国有控股企业，主要区别在于委派或者推荐财务总监的机构不同。但即使如此，政府委派的财务总监也必须履行董事会任命程序。一般的做法是：投资者（通常为政府财政部门）对拟委派的财务总监进行严格的任职资格考核；财务总监对委派其履行职责的投资者负责，其薪酬由投资者支付，定期向投资者报告企业的资产营运和财务情况，对特殊、重大的财务事项要及时报告；财务总监应当避免任何可能损害其独立性的活动，不得超出投资者授权的范围履行职责，不能过多干预企业的经营活动。

（六）投资者的管理授权

在现实情况中，由于企业规模大、业务复杂、所有权结构分散、投资者管理能力和精力不允许等多种因素，投资者往往无法履行全部财务管理职责。在这种情况下，根据《企业财务通则》的规定，投资者可以授权经营者行使部分财务管理职责，从而形成一种委托代理关系。在一定条件下，投资者可以通过一定方式将某些财务管理职责授权给经营者，从而形成一种委托代理关系。但是，这种授权不应导致风险的转移，即原来由投资者承担的风险责任在授权后仍应由投资者承担。而且，投资者对经营者的授权应该是有限的，否则就会失去对企业的实际控制。

二、经营者的财务管理职责

经营者凭借企业法人财产的经营权行使财务管理职责。经营者包括企业经理、厂长以及实际负责经营管理的其他领导成员。经营者财务管理权限的明确界定，在企业内部控制中起着基础性的作用。分配权限时，投资者既要赋予经营者充分的自主经营权，又要对经营者的权力有适当的制衡。

在企业正常经营情况下,经营者直接掌握企业财务的控制权。围绕企业价值最大化的财务目标,经营者的财务管理职责表现在以下四个方面。

1. 遵守国家统一规定

根据国家有关企业财务管理的规章制度,拟订企业内部财务管理制度;编制并向主管财政机关和投资者提供企业财务会计报告,如实反映财务信息和有关情况;依法缴纳税费;配合有关机构做好审计、评估和财务监督工作。

2. 执行投资者的重大决策,实施财务控制

按照企业章程和投资者的决策组织、实施企业筹资、投资、担保、捐赠、重组和利润分配等财务方案;拟定企业的财务战略、财务规划,编制财务预算;组织财务预测和财务分析;统筹运用企业资金,对企业各项资源的配置实施财务控制。

3. 保障债权人合法权益

经营者应诚信履行企业偿债义务,不得拖延履行甚至逃废债务偿付义务,维护企业良好的信用形象。

4. 保障职工合法权益

执行国家有关职工劳动报酬和劳动保护的政策规定,依法缴纳社会保险费、住房公积金等;按规定应由职工代表大会审议或者听取职工意见的事项,应当严格履行相关程序。

【思考与练习】

一、思考题

1. 企业建立有效的内部财务管理级次需要考虑哪些因素?
2. 企业集团财务管理体制有哪两种类型?请分别指出它们的优缺点。
3. 什么是不相容职务?举例说明不相容职务分离在企业财务风险管理中的重要性。
4. 企业财务风险管理策略有哪些?试分别加以说明。
5. 试述企业财务预算的编制流程。
6. 查阅我国《企业财务通则》相关条款,指出企业投资者和企业经营者的财务管理职责分别有哪些?

二、单项选择题

1. ( ) 是公司的最高权力机关,享有决定公司的经营方针和投资计划、发行股票和公司债券以及公司合并或解散等重大决策的表决权。

A. 股东大会　　B. 董事会　　C. 监事会　　D. 经理层

2. 企业财务风险管理的基本原则有两条:一是风险与收益均衡原则;二是( )。

A. 资本权属清晰　　　　　　　　B. 财务决策回避
C. 适度的集权与适度的分权相结合　　D. 不相容职务分离原则

3. 我国企业集团财务级次一般应限定在三个层次以内,即企业集团的投资链条一般只延伸到( )。

A. 母公司　　B. 子公司　　C. 孙公司　　D. 孙公司及以下

4. 购买保险属于企业财务风险管理策略中的( );而分期提取风险基金和坏账准备金等专项风险补偿金以补偿将来可能出现的损失,属于( )。

A. 规避风险　　B. 防范风险　　C. 分散风险　　D. 转移风险

5. （　　）是企业董事会或经理办公会授权管理企业预算事项的最高权力机构。

A. 股东大会　　　　　　　　B. 董事会
C. 预算委员会　　　　　　　D. 财务管理部门

6. 企业财务预算编制流程中的"审查平衡"，应由（　　）进行充分协调，对发现的问题提出初步调整意见，并反馈给有关预算执行单位予以修正。

A. 董事会　　　　　　　　　B. 预算委员会
C. 财务管理部门　　　　　　D. 企业内部职能部门

三、多项选择题

1. 股东大会是公司治理结构的一个有机组成部分，掌握着对企业的最终控制权。下列事项应由股东大会审议通过的有（　　）。

A. 公司章程的变更　　　　　B. 利润分配方案
C. 财务预决算方案　　　　　D. 公司部门经理的任免

2. 公司经理层行使下列（　　）方面的职权。

A. 组织实施公司年度经营计划和投资方案
B. 拟订公司内部管理机构设置方案
C. 提出利润分配预案
D. 提请聘任或解聘公司副经理、财务负责人

3. 根据我国《企业财务通则》的规定，企业建立财务管理体制必须符合（　　）原则。

A. 资本权属清晰　　　　　　B. 财务关系明确
C. 适度的集权与适度的分权相结合
D. 符合法人治理结构要求

4. 《企业财务通则》规定企业财务管理体制的运行机制有三大制度，即（　　）。

A. 财务决策制度　　　　　　B. 财务风险管理制度
C. 财务监督制度　　　　　　D. 财务预算管理制度

5. 企业财务风险管理策略有（　　）。

A. 规避风险　　B. 防范风险　　C. 分散风险　　D. 转移风险

6. 企业财务预算主要包括（　　）两部分。

A. 销售预算　　B. 生产预算
C. 现金预算　　D. 预计财务报表

附　　表

附表一　　　　　　　　　复利终值系数表

期数	1%	2%	3%	4%	5%	6%	7%	8%	9%	10%
1	1.0100	1.0200	1.0300	1.0400	1.0500	1.0600	1.0700	1.0800	1.0900	1.1000
2	1.0201	1.0404	1.0609	1.0816	1.1025	1.1236	1.1449	1.1664	1.1881	1.2100
3	1.0303	1.0612	1.0927	1.1249	1.1576	1.1910	1.2250	1.2597	1.2950	1.3310
4	1.0406	1.0824	1.1255	1.1699	1.2155	1.2625	1.3108	1.3605	1.4116	1.4641
5	1.0510	1.1041	1.1593	1.2167	1.2763	1.3382	1.4026	1.4693	1.5386	1.6105
6	1.0615	1.1262	1.1941	1.2653	1.3401	1.4185	1.5007	1.5809	1.6771	1.7716
7	1.0721	1.1487	1.2299	1.3159	1.4071	1.5036	1.6058	1.7738	1.8280	1.9487
8	1.0829	1.1717	1.2668	1.3686	1.4775	1.5938	1.7182	1.8509	1.9926	2.1436
9	1.0937	1.1951	1.3048	1.4233	1.5513	1.6895	1.8385	1.9990	2.1719	2.3579
10	1.1046	1.2190	1.3439	1.4802	1.6289	1.7908	1.9672	2.1589	2.3674	2.5937
11	1.1157	1.2434	1.3824	1.5395	1.7103	1.8983	2.1049	2.3316	2.5804	2.8531
12	1.1268	1.2682	1.4258	1.6010	1.7959	2.0122	2.2522	2.5182	2.8127	3.1384
13	1.1381	1.2936	1.4685	1.6651	1.8856	2.1329	2.4098	2.7196	3.0658	3.4523
14	1.1459	1.3195	1.5126	1.7317	1.9799	2.2609	2.5785	2.9372	3.3417	3.7975
15	1.1610	1.3459	1.5580	1.8009	2.0789	2.3966	2.7590	3.1722	3.6425	4.1772
16	1.1726	1.3728	1.6047	1.8730	2.1829	2.5404	2.9522	3.4259	3.9703	4.5950
17	1.1843	1.4002	1.6528	1.9479	2.2920	2.6928	3.1588	3.7000	4.3276	5.0545
18	1.1961	1.4282	1.7024	2.0258	2.4066	2.8543	3.3799	3.9960	4.7171	5.5599
19	1.2081	1.4568	1.7535	2.1068	2.5270	3.0256	3.6165	4.3157	5.1417	6.1159
20	1.2202	1.4859	1.8061	2.1911	2.6533	3.2071	3.8697	4.6610	5.6044	6.7275
21	1.2324	1.5157	1.8603	2.2788	2.7860	3.3996	4.1406	5.0338	6.1088	7.4002
22	1.2447	1.5460	1.9161	2.3699	2.9253	3.6035	4.4304	5.4365	6.6586	8.1403
23	1.2572	1.5769	1.9736	2.4647	3.0715	3.8197	4.7405	5.8715	7.2579	8.2543
24	1.2697	1.6084	2.0328	2.5633	3.2251	4.0489	5.0724	6.3412	7.9111	9.8497
25	1.2824	1.6406	2.0938	2.6658	3.3864	4.2919	5.4274	6.8485	8.6231	10.835
26	1.2953	1.6734	2.1566	2.7725	3.5557	4.5494	5.8076	7.3964	9.3992	11.918
27	1.3082	1.7069	2.2213	2.8834	3.7335	4.8823	6.2139	7.9881	10.245	13.110
28	1.3213	1.7410	2.2879	2.9987	3.9201	5.1117	6.6488	8.6271	11.167	14.421
29	1.3345	1.7758	2.3566	3.1187	4.1161	5.4184	7.1143	9.3173	12.172	15.863
30	1.3478	1.8114	2.4273	3.2434	4.3219	5.7435	7.6123	10.063	13.268	17.449
40	1.4889	2.2080	3.2620	4.8010	7.0400	10.286	14.794	21.725	31.408	45.259
50	1.6446	2.6916	4.3839	7.1067	11.467	18.420	29.457	46.902	74.358	117.39
60	1.8167	3.2810	5.8916	10.520	18.679	32.988	57.946	101.26	176.03	304.48

（续表）

期数	12%	14%	15%	16%	18%	20%	24%	28%	32%	36%
1	1.1200	1.1400	1.1500	1.1600	1.1800	1.2000	1.2400	1.2800	1.3200	1.3600
2	1.2544	1.2996	1.3225	1.3456	1.3924	1.4400	1.5376	1.6384	1.7424	1.8496
3	1.4049	1.4815	1.5209	1.5609	1.6430	1.7280	1.9066	2.0872	2.3000	2.5155
4	1.5735	1.6890	1.7490	1.8106	1.9388	2.0736	2.3642	2.6844	3.0360	3.4210
5	1.7623	1.9254	2.0114	2.1003	2.2878	2.4883	2.9316	3.4360	4.0075	4.6526
6	1.9738	2.1950	2.3131	2.4364	2.6996	2.9860	3.6352	4.3980	5.2899	6.3275
7	2.2107	2.5023	2.6600	2.8262	3.1855	3.5832	4.5077	5.6295	6.9826	8.6054
8	2.4760	2.8526	3.0590	3.2784	3.7589	4.2998	5.5895	7.2508	9.2170	11.703
9	2.7731	3.2519	3.5179	3.8030	4.4355	5.1598	6.9310	9.2234	12.166	15.917
10	3.1058	3.7072	4.0456	4.4114	5.2338	6.1917	8.5944	11.806	16.060	21.647
11	3.4785	4.2262	4.6524	5.1173	6.1759	7.4301	10.657	15.112	21.119	29.439
12	3.8960	4.8179	5.3503	5.9360	7.2876	8.9161	13.215	19.343	27.983	40.037
13	4.3635	5.4924	6.1528	6.8858	8.5994	10.699	16.386	24.759	36.937	54.451
14	4.8871	6.2613	7.0757	7.9875	10.147	12.839	20.319	31.691	48.757	74.053
15	5.4736	7.1379	8.1371	9.2655	11.974	15.407	25.196	40.565	64.395	100.71
16	6.1304	8.1372	9.3576	10.748	14.129	18.448	31.243	51.923	84.954	136.97
17	6.8660	9.2765	10.761	12.468	16.672	22.186	38.741	66.461	112.14	186.28
18	7.6900	10.575	12.375	14.463	19.673	26.623	48.039	86.071	148.02	253.34
19	8.6128	12.056	14.232	16.777	23.214	31.948	59.568	108.89	195.39	344.54
20	9.6463	13.743	16.367	19.461	27.393	38.338	73.864	139.38	257.92	468.57
21	10.804	15.668	18.822	22.574	32.324	46.005	91.592	178.41	340.45	637.26
22	12.100	17.861	21.645	26.186	38.142	55.206	113.57	228.36	449.39	866.67
23	13.552	20.362	24.891	30.376	45.008	66.247	140.83	292.30	593.20	1 178.7
24	15.179	23.212	28.625	35.236	53.109	79.497	174.63	374.14	783.02	1 603.0
25	17.000	26.462	32.919	40.874	62.669	95.396	216.54	478.90	1 033.6	2 180.1
26	19.040	30.167	37.857	47.414	73.949	114.48	268.51	613.00	1 364.3	2 964.9
27	21.325	34.390	43.535	55.000	87.260	137.37	332.95	784.64	1 800.9	4 032.3
28	23.884	39.204	50.006	63.800	102.97	164.84	412.86	1 004.3	2 377.2	5 483.9
29	26.750	44.693	57.575	74.009	121.50	197.81	511.95	1 285.6	3 137.9	7 458.1
30	29.960	50.950	66.212	85.850	143.37	237.38	634.82	1 645.5	4 142.1	10 143
40	93.051	188.83	267.86	378.72	750.38	1 469.8	5 455.9	19 427	66 521	*
50	289.00	700.23	1 083.7	1 670.7	3 927.4	9 100.4	46 890	*	*	*
60	897.60	2 595.9	4 384.0	7 370.2	20 555	56 348	*	*	*	*

* > 99 999

附表二　　　　　　　　　　复利现值系数表

期数	1%	2%	3%	4%	5%	6%	7%	8%	9%	10%
1	.9901	.9804	.9709	.9615	.9524	.9434	.9346	.9259	.9174	.9091
2	.9803	.9712	.9426	.9246	.9070	.8900	.8734	.8573	.8417	.8264
3	.9706	.9423	.9151	.8890	.8638	.8396	.8163	.7938	.7722	.7513
4	.9610	.9238	.8885	.8548	.8227	.7921	.7629	.7350	.7084	.6830
5	.9515	.9057	.8626	.8219	.7835	.7473	.7130	.6806	.6499	.6209
6	.9420	.8880	.8375	.7903	.7462	.7050	.6663	.6302	.5963	.5645
7	.9327	.8606	.8131	.7599	.7107	.6651	.6227	.5835	.5470	.5132
8	.9235	.8535	.7874	.7307	.6768	.6274	.5820	.5403	.5019	.4665
9	.9143	.8368	.7664	.7026	.6446	.5919	.5439	.5002	.4604	.4241
10	.9053	.8203	.7441	.6756	.6139	.5584	.5083	.4632	.4224	.3855
11	.8963	.8043	.7224	.6496	.5847	.5268	.4751	.4289	.3875	.3505
12	.8874	.7885	.7014	.6246	.5568	.4970	.4440	.3971	.3555	.3186
13	.8787	.7730	.6810	.6006	.5303	.4688	.4150	.3677	.3262	.2897
14	.8700	.7579	.6611	.5775	.5051	.4423	.3878	.3405	.2992	.2633
15	.8613	.7430	.6419	.5553	.4810	.4173	.3624	.3152	.2745	.2394
16	.8528	.7284	.6232	.5339	.4581	.3936	.3387	.2919	.2519	.2176
17	.8444	.7142	.6050	.5134	.4363	.3714	.3166	.2703	.2311	.1978
18	.8360	.7002	.5874	.4936	.4155	.3503	.2959	.2502	.2120	.1799
19	.8277	.6864	.5703	.4746	.3957	.3305	.2765	.2317	.1945	.1635
20	.8195	.6730	.5537	.4564	.3769	.3118	.2584	.2145	.1784	.1486
21	.8114	.6598	.5375	.4388	.3589	.2942	.2415	.1987	.1637	.1351
22	.8034	.6468	.5219	.4220	.3418	.2775	.2257	.1839	.1502	.1228
23	.7954	.6342	.5067	.4057	.3256	.2618	.2109	.1703	.1378	.1117
24	.7876	.6217	.4919	.3901	.3101	.2470	.1971	.1577	.1264	.1015
25	.7798	.6095	.4776	.3751	.2953	.2330	.1842	.1460	.1160	.0923
26	.7720	.5976	.4637	.3604	.2812	.2198	.1722	.1352	.1064	.0839
27	.7644	.5859	.4502	.3468	.2678	.2074	.1609	.1252	.0976	.0763
28	.7568	.5744	.4371	.3335	.2551	.1956	.1504	.1159	.0895	.0693
29	.7493	.5631	.4243	.3207	.2429	.1846	.1406	.1073	.0822	.0630
30	.7419	.5521	.4120	.3083	.2314	.1741	.1314	.0994	.0754	.0573
35	.7059	.5000	.3554	.2534	.1813	.1301	.0937	.0676	.0490	.0356
40	.6717	.4529	.3066	.2083	.1420	.0972	.0668	.0460	.0318	.0221
45	.6391	.4102	.2644	.1712	.1113	.0727	.0476	.0313	.0207	.0137
50	.6080	.3715	.2281	.1407	.0872	.0543	.0339	.0213	.0134	.0085
55	.5785	.3365	.1968	.1157	.0683	.0406	.0242	.0145	.0087	.0053

（续表）

期数	12%	14%	15%	16%	18%	20%	24%	28%	32%	36%
1	.8929	.8772	.8696	.8621	.8475	.8333	.8065	.7813	.7576	.7353
2	.7972	.7695	.7561	.7432	.7182	.6944	.6504	.6104	.5739	.5407
3	.7118	.6750	.6575	.6407	.6086	.5787	.5245	.4768	.4348	.3975
4	.6355	.5921	.5718	.5523	.5158	.4823	.4230	.3725	.3294	.2923
5	.5674	.5194	.4972	.4762	.4371	.4019	.3411	.2910	.2495	.2149
6	.5066	.4556	.4323	.4104	.3704	.3349	.2751	.2274	.1890	.1580
7	.4523	.3996	.3759	.3538	.3139	.2791	.2218	.1776	.1432	.1162
8	.4039	.3506	.3269	.3050	.2660	.2326	.1789	.1388	.1085	.0854
9	.3606	.3075	.2843	.2630	.2255	.1938	.1443	.1084	.0822	.0628
10	.3220	.2697	.2472	.2267	.1911	.1615	.1164	.0847	.0623	.0462
11	.2875	.2366	.2149	.1954	.1619	.1346	.0938	.0662	.0472	.0340
12	.2567	.2076	.1869	.1685	.1373	.1122	.0757	.0517	.0357	.0250
13	.2292	.1821	.1625	.1452	.1163	.0935	.0610	.0404	.0271	.0184
14	.2046	.1597	.1413	.1252	.0985	.0779	.0492	.0316	.0205	.0135
15	.1827	.1401	.1229	.1079	.0835	.0649	.0397	.0247	.0155	.0099
16	.1631	.1229	.1069	.0980	.0709	.0541	.0320	.0193	.0118	.0073
17	.1456	.1078	.0929	.0802	.0600	.0451	.0259	.0150	.0089	.0054
18	.1300	.0946	.0808	.0691	.0508	.0376	.0208	.0118	.0068	.0039
19	.1161	.0829	.0703	.0596	.0431	.0313	.0168	.0092	.0051	.0029
20	.1037	.0728	.0611	.0514	.0365	.0261	.0135	.0072	.0039	.0021
21	.0926	.0638	.0531	.0443	.0309	.0217	.0109	.0056	.0029	.0016
22	.0826	.0560	.0462	.0382	.0262	.0181	.0088	.0044	.0022	.0012
23	.0738	.0491	.0402	.0329	.0222	.0151	.0071	.0034	.0017	.0008
24	.0659	.0431	.0349	.0284	.0188	.0126	.0057	.0027	.0013	.0006
25	.0588	.0378	.0304	.0245	.0160	.0105	.0046	.0021	.0010	.0005
26	.0525	.0331	.0264	.0211	.0135	.0087	.0037	.0016	.0007	.0003
27	.0469	.0291	.0230	.0182	.0115	.0073	.0030	.0013	.0006	.0002
28	.0419	.0255	.0200	.0157	.0097	.0061	.0024	.0010	.0004	.0002
29	.0374	.0224	.0174	.0135	.0082	.0051	.0020	.0008	.0003	.0001
30	.0334	.0196	.0151	.0116	.0070	.0042	.0016	.0006	.0002	.0001
35	.0189	.0102	.0075	.0055	.0030	.0017	.0005	.0002	.0001	*
40	.0107	.0053	.0037	.0026	.0013	.0007	.0002	.0001	*	*
45	.0061	.0027	.0019	.0013	.0006	.0003	.0001	*	*	*
50	.0035	.0014	.0009	.0006	.0003	.0001	*	*	*	*
55	.0020	.0007	.0005	.0003	.0001	*	*	*	*	*

* <0001

附表三　　　　　　　　　　　　　　年金终值系数表

期数	1%	2%	3%	4%	5%	6%	7%	8%	9%	10%
1	1.0000	1.0000	1.0000	1.0000	1.0000	1.0000	1.0000	1.0000	1.0000	1.0000
2	2.0100	2.0200	2.0300	2.0400	2.0500	2.0600	2.0700	2.0800	2.0900	2.1000
3	3.0301	3.0604	3.0909	3.1216	3.1525	3.1836	3.2149	3.2464	3.2781	3.3100
4	4.0604	4.1216	4.1836	4.2465	4.3101	4.3746	4.4399	4.5061	4.5731	4.6410
5	5.1010	5.2040	5.3091	5.4163	5.5256	5.6371	5.7507	5.8666	5.9847	6.1051
6	6.1520	6.3081	6.4684	6.6330	6.8019	6.9753	7.1533	7.3359	7.5233	7.7156
7	7.2135	7.4343	7.6625	7.8983	8.1420	8.3938	8.6540	8.9228	9.2004	9.4872
8	8.2857	8.5830	8.8923	9.2142	9.5491	9.8975	10.260	10.637	11.028	11.436
9	9.3685	9.7546	10.159	10.583	11.027	11.491	11.978	12.488	13.021	13.579
10	10.462	10.950	11.464	12.006	12.578	13.181	13.816	14.487	15.193	15.937
11	11.567	12.169	12.808	13.486	14.207	14.972	15.784	16.645	17.560	18.531
12	12.683	13.412	14.192	15.026	15.917	16.870	17.888	18.977	20.141	21.384
13	13.809	14.680	15.618	16.627	17.713	18.882	20.141	21.495	22.953	24.523
14	14.947	15.974	17.086	18.292	19.599	21.015	22.550	24.214	26.019	27.975
15	16.097	17.293	18.599	20.024	21.579	23.276	25.129	27.152	29.361	31.772
16	17.258	18.639	20.157	21.825	23.657	25.673	27.888	30.324	33.003	35.950
17	18.430	20.012	21.762	23.698	25.840	28.213	30.840	33.750	36.974	40.545
18	19.615	21.412	23.414	25.645	28.132	30.906	33.999	37.450	41.301	45.599
19	20.811	22.841	25.117	27.671	30.539	33.760	37.379	41.446	46.018	51.159
20	22.019	24.297	26.870	29.778	33.066	36.786	40.955	45.752	51.160	57.275
21	23.239	25.783	28.676	31.969	35.719	39.993	44.865	50.423	56.765	64.002
22	24.472	27.299	30.537	34.249	38.505	43.392	49.006	55.457	62.873	71.403
23	25.716	28.845	32.453	36.618	41.430	46.996	53.436	60.883	69.532	79.543
24	26.973	30.422	34.426	39.083	44.502	50.816	58.177	66.765	76.790	88.497
25	28.243	32.030	36.459	41.646	47.727	54.863	63.294	73.106	84.701	98.347
26	29.526	33.671	38.553	44.312	51.113	59.156	68.676	79.954	93.324	109.18
27	30.821	35.344	40.710	47.084	54.669	63.706	74.484	87.351	102.72	121.10
28	32.129	37.051	42.931	49.968	58.403	68.528	80.698	95.339	112.97	134.21
29	33.450	38.792	45.219	52.966	62.323	73.640	87.347	103.97	124.14	148.63
30	34.785	40.568	47.575	56.085	66.439	79.058	94.461	113.28	136.31	164.49
40	48.886	60.402	75.401	95.026	120.80	154.76	199.64	259.06	337.88	442.59
50	64.463	84.579	112.80	152.67	209.35	290.34	406.53	573.77	815.08	1 163.9
60	81.670	114.05	163.05	237.99	353.58	533.13	813.52	1 253.2	1 944.8	3 034.8

附 表

（续表）

期数	12%	14%	15%	16%	18%	20%	24%	28%	32%	36%
1	1.0000	1.0000	1.0000	1.0000	1.0000	1.0000	1.0000	1.0000	1.0000	1.0000
2	2.1200	2.1400	2.1500	2.1600	2.1800	2.2000	2.2400	2.2800	2.3200	2.3600
3	3.3744	3.4396	3.4725	3.5056	3.5724	3.6400	3.7776	3.9184	3.0624	3.2096
4	4.7793	4.9211	4.9934	5.0665	5.2154	5.3680	5.6842	6.0156	6.3624	6.7251
5	6.3528	6.6101	6.7424	6.8771	7.1542	7.4416	8.0484	8.6999	9.3983	10.146
6	8.1152	8.5355	8.7537	8.9775	9.4420	9.9299	10.980	12.136	13.406	14.799
7	10.089	10.730	11.067	11.414	12.142	12.916	14.615	16.534	18.696	21.126
8	12.300	13.233	13.727	14.240	15.327	16.499	19.123	22.163	25.678	29.732
9	14.776	16.085	16.786	17.519	19.086	20.799	24.712	29.369	34.895	41.435
10	17.549	19.337	20.304	21.321	23.521	25.959	31.643	38.593	47.062	57.352
11	20.655	23.045	24.349	25.733	28.755	32.150	40.238	50.398	63.122	78.988
12	24.133	27.271	29.002	30.850	34.931	39.581	50.895	65.510	84.320	108.44
13	28.029	32.089	34.352	36.786	42.219	48.497	64.110	84.853	112.30	148.47
14	32.393	37.581	40.505	43.672	50.818	59.196	80.496	109.61	149.24	202.93
15	37.280	43.842	47.580	51.660	60.965	72.035	100.82	141.30	198.00	276.98
16	42.753	50.980	55.717	60.925	72.939	87.442	126.01	181.87	262.36	377.69
17	48.884	59.118	65.075	71.673	87.068	105.93	157.25	233.79	347.31	514.66
18	55.750	68.394	75.836	84.141	103.74	128.12	195.99	300.25	459.45	770.94
19	63.440	78.969	88.212	98.603	123.41	154.74	244.03	385.32	607.47	954.28
20	72.052	91.025	102.44	115.38	146.63	186.69	303.60	494.21	802.86	1 298.8
21	81.699	104.77	118.81	134.84	174.02	225.03	377.46	633.59	1 060.8	1 767.4
22	92.503	120.44	137.63	157.41	206.34	271.03	469.06	812.00	1 401.2	2 404.7
23	104.60	138.30	159.28	183.60	244.49	326.24	582.63	1 040.4	1 850.6	3 271.3
24	118.16	185.66	184.17	213.98	289.49	392.48	723.46	1 332.7	2 443.8	4 450.0
25	133.33	181.87	212.79	249.21	342.60	471.98	898.09	1 706.8	3 226.8	6 053.0
26	150.33	208.33	245.71	290.09	405.27	567.38	1 114.6	2 185.7	4 260.4	8 233.1
27	169.37	238.50	283.57	337.50	479.22	681.85	1 383.1	2 798.7	5 624.8	11 198.0
28	190.70	272.89	327.10	392.50	566.48	819.22	1 716.1	3 583.3	7 425.7	15 230.3
29	214.58	312.09	377.17	456.30	669.45	984.07	2 129.0	4 587.7	9 802.9	20 714.2
30	241.33	356.79	434.75	530.31	790.95	1 181.9	2 640.9	5 873.2	12 941	28 172.3
40	767.09	1 342.0	1 779.1	2 360.8	4 163.2	7 343.2	27 290	69 377	*	*
50	2 400.0	4 994.5	7 217.7	10 436	21 813	45 497	*	*	*	*
60	7 471.6	18 535	29 220	46 058	*	*	*	*	*	*

* >99 999

附表四　　　　　　　　　　年金现值系数表

期数	1%	2%	3%	4%	5%	6%	7%	8%	9%
1	0.9901	0.9804	0.9709	0.9615	0.9524	0.9434	0.9346	0.9259	0.9174
2	1.9704	1.9416	1.9135	1.8861	1.8594	1.8334	1.8080	1.7833	1.7591
3	2.9410	2.8839	2.8286	2.7751	2.7232	2.6730	2.6243	2.5771	2.5313
4	3.9020	3.8077	3.7171	3.6299	3.5460	3.4651	3.3872	3.3121	3.2397
5	4.8534	4.7135	4.5797	4.4518	4.3295	4.2124	4.1002	3.9927	3.8897
6	5.7955	5.6014	5.4172	5.2421	5.0757	4.9173	4.7665	4.6229	4.4859
7	6.7282	6.4720	6.2303	6.0021	5.7864	5.5824	5.3893	5.2064	5.0330
8	7.6517	7.3255	7.0197	6.7327	6.4632	6.2098	5.9713	5.7466	5.5348
9	8.5660	8.1622	7.7861	7.4353	7.1078	6.8017	6.5152	6.2469	5.9952
10	9.4713	8.9826	8.5302	8.1109	7.7217	7.3601	7.0236	6.7101	6.417
11	10.3676	9.7868	9.2526	8.7605	8.3064	7.8869	7.4987	7.1390	6.8052
12	11.2551	10.5753	9.9540	9.3851	8.8633	8.3838	7.9427	7.5361	7.1607
13	12.1337	11.3484	10.6350	9.9856	9.3936	8.8527	8.3577	7.9038	7.4869
14	13.0037	12.1062	11.2961	10.5631	9.8986	9.2950	8.7455	8.2442	7.7862
15	13.8651	12.8493	11.9379	11.1184	10.3797	9.7122	9.1079	8.5595	8.0607
16	14.7179	13.5777	12.5611	11.6523	10.8378	10.1059	9.4466	8.8514	8.3126
17	15.5623	14.2919	13.1661	12.1657	11.2741	10.4773	9.7632	9.1216	8.5436
18	16.3983	14.9920	13.7535	12.6896	11.6896	10.8276	10.0591	9.3719	8.7556
19	17.2260	15.6785	14.3238	13.1339	12.0853	11.1581	10.3356	9.6036	8.9601
20	18.0456	16.3514	14.8775	13.5903	12.4622	11.4699	10.5940	9.8181	9.1285
21	18.8570	17.0112	15.4150	14.0292	12.8212	11.7641	10.8355	10.0618	9.2922
22	19.6604	17.6580	15.9369	14.4511	13.4886	12.3034	11.0612	10.2007	9.4426
23	20.4558	18.2922	16.4436	14.8568	13.4886	12.3034	11.2722	10.3711	9.5802
24	21.2434	18.9139	16.9355	15.2470	13.7986	12.5504	11.4693	10.5288	9.7066
25	22.0232	19.5235	17.4131	15.6221	14.0939	12.7834	11.6536	10.6748	9.8226
26	22.7952	20.1210	17.8768	15.9828	14.3752	13.0032	11.8258	10.8100	9.9290
27	23.5596	20.7059	18.3270	16.3296	14.6430	13.2105	11.9867	10.9352	10.0266
28	24.3164	21.2813	18.7641	16.6631	14.8981	13.4062	12.1371	11.0511	10.1161
29	25.0658	21.8444	19.1885	16.9837	15.1411	13.5907	12.2777	11.1584	10.1983
30	25.8077	22.3965	19.6004	17.2920	15.3725	13.7648	12.4090	11.2578	10.2737
35	29.4086	24.9986	21.4872	18.6646	16.3742	14.4982	12.9477	11.6546	10.5668
40	32.8347	27.3555	23.1148	19.7928	17.1591	15.0463	13.3317	11.9246	10.7574
45	36.0945	29.4902	24.5187	20.7200	17.7741	15.4558	13.6055	12.1084	10.8812
50	39.1961	31.4236	25.7298	21.4822	18.2559	15.7619	13.8007	12.2335	10.9617
55	42.1472	33.1748	26.7744	22.1086	18.6335	15.9905	13.9399	12.3186	11.0140

附 表

（续表）

期数	10%	12%	14%	15%	16%	18%	20%	24%	28%	32%
1	0.9091	0.8929	0.8772	0.8696	0.8621	0.8475	0.8333	0.8065	0.7813	0.7576
2	1.7355	1.6901	1.6467	1.6257	1.6052	1.5656	1.5278	1.4568	1.3916	1.3315
3	2.4869	2.4018	2.3216	2.2832	2.2459	2.1743	2.1065	1.9813	1.8684	1.7663
4	3.1699	3.0373	2.9137	2.8550	2.7982	2.6901	2.5887	2.4043	2.2410	2.0957
5	3.7908	3.6048	3.4331	3.3522	3.2743	3.1272	2.9906	2.7454	2.5320	2.3452
6	4.3553	4.1114	3.8887	3.7845	3.6847	3.4976	3.3255	3.0205	2.7594	2.5342
7	4.8684	4.5638	4.2882	4.1604	4.0386	3.8115	3.6046	3.2423	2.9370	2.6775
8	5.3349	4.9676	4.6389	4.4873	4.3436	4.0776	3.8372	3.4212	3.0758	2.7860
9	5.7590	5.3282	4.9464	4.7716	4.6065	4.3030	4.0310	3.5655	3.1842	2.8681
10	6.1446	5.6502	5.2161	5.0188	4.8332	4.4941	4.1925	3.6819	3.2689	2.9304
11	6.4951	5.9377	5.4527	5.2337	5.0284	4.6560	4.3271	3.7757	3.3351	2.9776
12	6.8137	6.1944	5.6603	5.4206	5.1971	4.7932	4.4392	3.8514	3.3868	3.0133
13	7.1034	6.4235	5.8424	5.5831	5.3423	4.9095	4.5327	3.9124	3.4272	3.0404
14	7.3667	6.6282	6.0021	5.7245	5.4675	5.0081	4.6106	3.9616	3.4587	3.0609
15	7.6061	6.8109	6.1422	5.8474	5.5755	5.0916	4.6755	4.0013	3.4834	3.0764
16	7.8237	6.9740	6.2651	5.9542	5.6685	5.1624	4.7296	4.0333	3.5026	3.0882
17	8.0216	7.1196	6.3729	6.0472	5.7487	5.2223	4.7746	4.0591	3.5177	3.0971
18	8.2014	7.2497	6.4674	6.1280	5.8178	5.2732	4.8122	4.0799	3.5294	3.1039
19	8.3649	7.3658	6.5504	6.1982	5.8775	5.3162	4.8435	4.0967	3.5386	3.1090
20	8.5136	7.4694	6.6231	6.2593	5.9288	5.3527	4.8696	4.1103	3.5458	3.1129
21	8.6487	7.5620	6.6870	6.3125	5.9731	5.3837	4.8913	4.1212	3.5514	3.1158
22	8.7715	7.6446	6.7429	6.3587	6.0113	5.4099	4.9094	4.1300	3.5558	3.1180
23	8.8832	7.7184	6.7921	6.3988	6.0442	5.4321	4.9245	4.1371	3.5592	3.1197
24	8.9847	7.7843	6.8351	6.4338	6.0726	5.4509	4.9371	4.1428	3.5619	3.1210
25	9.0770	7.8431	6.8729	6.4641	6.0971	5.4669	4.9476	4.1474	3.5640	3.1220
26	9.1609	7.8957	6.9061	6.4906	6.1182	5.4804	4.9563	4.1511	3.5656	3.1227
27	9.2372	7.9426	6.9352	6.5135	6.1364	5.4919	4.9636	4.1542	3.5669	3.1233
28	9.3066	7.9844	6.9607	6.5335	6.1520	5.5016	4.9697	4.1566	3.5679	3.1237
29	9.3696	8.0218	6.9830	6.5509	6.1656	5.5098	4.9747	4.1585	3.5687	3.1240
30	9.4269	8.0552	7.0027	6.5660	6.1772	5.5168	4.9789	4.1601	3.5693	3.1242
35	9.6442	8.1755	7.0700	6.6166	6.2153	5.5386	4.9915	1.1644	3.5708	3.1248
40	9.7791	8.2438	7.1050	6.6418	6.2335	5.5482	4.1659	4.1659	3.5712	3.1250
45	9.8628	8.2825	7.1232	6.6543	6.2421	5.5523	4.9986	4.1664	3.5714	3.1250
50	9.9148	8.3045	7.1327	6.6605	6.2463	5.5541	4.9995	4.1666	3.5714	3.1250
55	9.9471	8.3170	7.1376	6.6636	6.2482	5.5549	4.9998	4.1666	3.5714	3.1250

参 考 文 献

[1] 财政部会计资格评价中心.2011年中级会计资格财务管理［M］.北京：中国财政经济出版社，2010.

[2] 中国注册会计师协会.财务成本管理［M］.北京：中国财政经济出版社，2010.

[3] 刘方乐.财务管理理论与实务［M］.北京：清华大学出版社，2009.

[4] 祝锡萍.企业财务系统：平衡、均衡和权衡［M］.杭州：浙江大学出版社，2009.

[5] 高雷，李建标.财务学基础［M］.北京：清华大学出版社，2008.

[6] 赵德武.财务管理理论（第二版）［M］.北京：高等教育出版社，2007.

[7] 栾庆伟，迟国泰.财务管理［M］.大连：大连理工大学出版社，2006.

[8] 祝锡萍.财务管理基础［M］.北京：人民邮电出版社，2005.

[9] 张鸣，王蔚松，陈文浩.财务管理学［M］.上海：上海财经大学出版社，2003.

[10] 伍中信.资本经营财务概论［M］.成都：西南财经大学出版社，2002.

[11] 竺素娥.新编财务管理学［M］.上海：立信会计出版社，2002.

[12] 郭复初.公司高级财务［M］.上海：立信会计出版社，2001.

[13] 傅依，张平.公司价值评估与证券投资分析［M］.北京：中国财政经济出版社，2001.

[14] 朱惠芹，王惠敏，祝锡萍.财务管理与分析［M］.杭州：浙江大学出版社，2000.

[15] 许晓峰.融资与投资分析［M］.北京：社会科学文献出版社，1998.

[16] 黄济生.西方公司财务管理［M］.上海：华东师范大学出版社，1996.

[17] 祝锡萍，王春，朱惠芹.以对立统一观透视投融资行为的税负平衡点［J］.财会月刊，2005，（11）.

[18] 祝锡萍，谢莉，端木青.投融资行为的收益—成本平衡点分析［J］.工业技术经济，2005，（6）.

[19] 祝锡萍.离差比系数——计量财务风险的新指标［J］.财会通讯，2004，（8）.

[20] 祝锡萍.财务风险计量方法探微［J］.财会月刊，2004，（8）.

[21] 郭颖.现代资本结构理论的发展综述和评价［J］.经济与管理.2004，（5）.

反侵权盗版声明

电子工业出版社依法对本作品享有专有出版权。任何未经权利人书面许可，复制、销售或通过信息网络传播本作品的行为；歪曲、篡改、剽窃本作品的行为，均违反《中华人民共和国著作权法》，其行为人应承担相应的民事责任和行政责任，构成犯罪的，将被依法追究刑事责任。

为了维护市场秩序，保护权利人的合法权益，我社将依法查处和打击侵权盗版的单位和个人。欢迎社会各界人士积极举报侵权盗版行为，本社将奖励举报有功人员，并保证举报人的信息不被泄露。

举报电话：（010）88254396；（010）88258888
传　　真：（010）88254397
E-mail：dbqq@phei.com.cn
通信地址：北京市万寿路173信箱
　　　　　电子工业出版社总编办公室
邮　　编：100036